O Grimório Moderno das Bruxas

O Grimório
Moderno
das Bruxas

Um Guia Prático para se conectar com a Magia das
Velas, Cristais, Plantas, Ervas e criar Feitiços Poderosos

Jason Mankey

Em Colaboração com
Amanda Lynn – Matt Cavalli – Ari Mankey

Tradução
Maíra Meyer

Pensamento

Título do original: The Witch's Book of Spellcraft.
Copyright © 2022 Jason Mankey, Matt Cavalli, Amanda Lynn, Ari Mankey.
Publicado originalmente por Llewellyn Publications, Woodbury, MN 55125 – USA – www.llewellyn.com.
Copyright da edição brasileira © 2023 Editora Pensamento-Cultrix Ltda.
1ª edição 2023./1ª reimpressão 2024.

Todos os direitos reservados. Nenhuma parte deste livro pode ser reproduzida ou usada de qualquer forma ou por qualquer meio, eletrônico ou mecânico, inclusive fotocópias, gravações ou sistema de armazenamento em banco de dados, sem permissão por escrito, exceto nos casos de trechos curtos citados em resenhas críticas ou artigos de revista.

A Editora Pensamento não se responsabiliza por eventuais mudanças ocorridas nos endereços convencionais ou eletrônicos citados neste livro.

As receitas, sugestões e ideias deste livro são baseadas na experiência pessoal dos autores e não constituem aconselhamento médico. Para doenças, consulte um profissional de saúde.

Editor: Adilson Silva Ramachandra
Gerente editorial: Roseli de S. Ferraz
Preparação de originais: Alessandra Miranda de Sá
Gerente de produção editorial: Indiara Faria Kayo
Editoração eletrônica: Cauê Veroneze Rosa
Revisão: Luciane Gomide

Dados Internacionais de Catalogação na Publicação (CIP)
(Câmara Brasileira do Livro, SP, Brasil)

O grimório moderno das bruxas : um guia prático para se conectar com a magia das velas, cristais, plantas, ervas e criar feitiços poderosos / Jason Mankey...[et al.] ; tradução Maíra Meyer. -- 1. ed. -- São Paulo : Editora Pensamento, 2023.

Título original: The witch's book of spellcraft
Outros autores: Amanda Lynn, Matt Cavalli, Ari Mankey

Bibliografia.
ISBN 978-85-315-2281-9

1. Bruxaria 2. Esoterismo 3. Magia - Esoterismo 4. Paganismo 5. Rituais I. Mankey, Jason. II. Lynn, Amanda. III. Cavalli, Matt. IV. Mankey, Ari.

23-149479   CDD-133.43

Índices para catálogo sistemático:
1. Bruxaria : Magia : Ocultismo 133.43
Eliane de Freitas Leite - Bibliotecária - CRB 8/8415

Direitos de tradução para o Brasil adquiridos com exclusividade pela
EDITORA PENSAMENTO-CULTRIX LTDA.,
que se reserva a propriedade literária desta tradução.
Rua Dr. Mário Vicente, 368 – 04270-000 – São Paulo – SP – Fone: (11) 2066-9000
http://www.editorapensamento.com.br
E-mail: atendimento@editorapensamento.com.br
Foi feito o depósito legal.

ADVERTÊNCIA

Este livro não tem intenção de oferecer orientações médicas ou substituir os conselhos e tratamentos de seu clínico pessoal. Aconselha-se aos leitores que consultem seus médicos ou outros profissionais de saúde qualificados para tratar problemas clínicos. Nem o autor nem o editor assumem a responsabilidade por possíveis consequências de qualquer tratamento, ação ou aplicação de remédios, suplementos, ervas ou preparados por pessoas que lerem ou seguirem as informações contidas nesta obra.

*Em memória de Michael Harris (1942-2021),
mentor, ancião, amigo querido
e irmão de Bruxaria*

SUMÁRIO

Introdução: O que é Magia?
13

Capítulo Um: Filosofias e Ética do Magista
27

Capítulo Dois: Preparando o Espaço Mágico
41

Capítulo Três: Visualização Criativa e a Palavra Escrita
53

Capítulo Quatro: Feitiços por Visualização e Roteiro
73

Capítulo Cinco: Sua Vontade, Poder Pessoal, e o Céu e a Terra
87

Capítulo Seis: Feitiços da Lua e da Vontade
107

Capítulo Sete: Magia com Velas
121

Capítulo Oito: Feitiços à Luz de Velas
143

Capítulo Nove: Magia com Ervas e Plantas
169

Capítulo Dez: Feitiços por Plantas, Árvores e Flores
201

Capítulo Onze: Pedras e Cristais
225

Capítulo Doze: Feitiços por Pedras e Cristais
247

Capítulo Treze: Óleos essenciais e Incensos
261

Capítulo Catorze: Feitiços com Aromas e Defumação
295

Capítulo Quinze: Nós Mágicos, Amuletos e Impedimentos
319

Capítulo Dezesseis: Feitiços com Nó e Corda
343

Capítulo Dezessete: Bonecos, Garrafas de Bruxa e Feitiços em Frascos
371

Considerações Finais: Faça seu Próprio Feitiço
409

Apêndice I: Tipos de Feitiços e Correspondências Mágicas
419

Apêndice II: Propriedades Gerais de Ervas, Óleos, Cores, Pedras e Cristais
425

Apêndice III: Lista Mestra de Feitiços
431

Apêndice IV: Feitiços por Categoria
439

Glossário
451

Bibliografia e Recursos Extras
457

Agradecimentos
469

INTRODUÇÃO

O QUE É MAGIA?

Era noite de sexta-feira, meados de maio, e nosso coven estava excepcionalmente concentrado. Pela primeira vez na vida estávamos todos participando em conjunto de um grande feitiço para emprego. Vários de nós precisávamos de uma mudança em nossa situação vigente, e um feitiço para emprego parecia o melhor ponto de partida. Nem todos nós estávamos querendo recomeçar do zero. Ari, por exemplo, precisava apenas de um empurrãozinho para progredir na carreira. Independentemente do motivo exato para o envolvimento de cada participante no feitiço, estávamos todos inquietos e buscando novas oportunidades.

Nosso feitiço envolveu disciplinas variadas. Havia símbolos representando riqueza e prosperidade, e uma coleção de pedras e ervas foi exposta, todas associadas a crescimento e novos começos. Embrulhamos todo esse material em pequenos quadrados de tecido, proferindo encantamentos enquanto atávamos nossos amuletos com cordas e os amarrávamos com nós. Com os saquinhos firmemente amarrados, nós os untamos com óleos para sucesso e selamos tudo com algumas gotas de cera de vela. Finalizamos o trabalho cantando juntos, infundindo os saquinhos com energia extra. Naquela noite, cada embrulho era único, no sentido de que cada feitiço era diferente, mas, por conta da energia compartilhada, cada embrulho também era parte de um todo maior.

Os resultados apareceram ao longo das semanas seguintes. Matt conseguiu um novo emprego de gerente em uma livraria esotérica local. Amanda deixou para trás a vida de barista e começou a comandar uma frota de *food trucks* no Vale do Silício. Ari conseguiu a promoção que queria e agora era a líder inconteste de seu departamento no trabalho. Jason recebeu um e-mail da Llewellyn Publications (os editores deste livro), perguntando se ele tinha interesse em escrever um livro para a casa editorial. Os resultados daquela noite foram reais e tangíveis, e todos nós tivemos outros êxitos ao utilizar o poder da magia.

Não é justo dizer que a magia foi a única razão de essas coisas acontecerem. Matt teve que se inscrever para o cargo que conseguiu e ter as habilidades para ser bem-sucedido nele. Amanda trabalhou duro para se formar e, então, teve de buscar um novo empregador. A feitiçaria não tornou Ari uma funcionária espetacular da noite para o dia; ela já o era. Jason escreveu textos *on-line* e ensinou em festivais pagãos durante anos antes que o chamassem para escrever um livro. Já estávamos em uma posição para essas coisas acontecerem, mas todos nós acreditamos que a magia teve um papel em nossos êxitos subsequentes. Ela foi o "empurrãozinho" que trouxe o que estávamos buscando para nossa vida.

Muitas pessoas acham que a magia não é real, e que, na maioria das vezes, é um truque da mente. Vale a pena explorar por alguns instantes por que não compartilhamos esse ponto de vista. E se o sucesso da magia vier simplesmente de uma crença em que podemos mudar nossas próprias circunstâncias? O que haveria de errado nisso? Se o resultado é o mesmo, quem se importa com a maneira como chegamos lá? Porém, porque todos nós vivenciamos a magia funcionando em nossa vida, ignoramos quem não poupa esforços para desacreditá-la.

Se você passou muito tempo lendo sobre magia ao longo dos anos, provavelmente leu várias explicações diferentes para ela. Algumas parecem quase científicas, enquanto outras são doces e fofas. O que todas essas fontes sugerem é que não há acordo real em relação ao que é magia. A definição mais notável de magia é do ocultista inglês Aleister Crowley, que, em seu livro *Magick in Theory and Practice*, de 1929, escreveu que magia é "a ciência e a arte de fazer a mudança ocorrer em conformidade com a Vontade." Ainda que haja muitos motivos para gostar dessa definição, ela está longe de ser completa.

Magia é ciência e arte. Uma Bruxa ou Bruxo bem-organizada(o) manterá um registro dos feitiços que faz e gravará os resultados desses feitiços. Com o tempo, em geral emergem padrões, permitindo que examinemos nossos sucessos e falhas. Em certo sentido, feitiços são como experimentos de laboratório, em que certas ações produzem, de maneira consistente, certos resultados. Então, podemos optar por utilizar o que funciona melhor e descartar o restante.

Feitiços também são como a arte. Pergunte a um grande pintor *como* pintar e é provável que você não receba uma resposta satisfatória. Sem dúvida a prática e o trabalho duro contribuem com a excelência, mas às vezes as pessoas simplesmente nascem com certas habilidades que outros não possuem. Muitas vezes, há pessoas que são simplesmente *muito boas* para trabalhar com magia e o fazem quase de maneira inconsciente. Frequentemente, nossa intuição serve como um poderoso guia mágico.

A maioria de nós provavelmente usa uma combinação de ciência e arte ao praticar feitiçaria. Podemos analisar a fase lunar, consultar alguns livros para descobrir as melhores ervas e pedras, e queimar um incenso específico ao elaborar um feitiço para obter determinado fim. Ao fazer um feitiço, podemos pronunciar alguns versos poéticos que pareçam apropriados para acrescentar à magia que estamos criando. Se sua feitiçaria é arte ou ciência, não importa. O mais importante são os resultados.

A definição de magia de Crowley menciona "Vontade", termo que com frequência vem à tona quando se discute magia[1]. Há várias ideias dissonantes sobre de que se constitui nossa vontade, mas a definição mais simples pode ser resumida como "nossa intenção mais verdadeira". Quando nossa vontade está guiando a magia, estamos buscando manifestar o que mais desejamos. Às vezes nossa vontade está em desacordo com nossa mente consciente sobre o que realmente queremos. Talvez você pense que uma promoção no trabalho vai melhorar sua vida, mas sua vontade, em vez disso, pode estar pressionando por uma mudança de carreira.

Quando nossa mente consciente está alinhada com nossa vontade verdadeira, nossa magia se torna muito mais forte. É por isso que um ditado repetido com frequência na magia é "Magista, conhece a ti mesmo". Se você não se

---

1. Dizer que Aleister Crowley era problemático é um eufemismo. Ele causou enorme impacto na prática da magia moderna, mas muitas de suas obras são sexistas, racistas e antissemitas. É difícil escrever sobre a filosofia da magia sem mencionar Crowley, mas de modo algum concordamos com todo o conjunto de sua obra.

conhece de verdade, será muito mais difícil manifestar as mudanças que quer na vida. Magia efetiva exige mais que apenas conhecer feitiçaria; ela exige que nos conheçamos de verdade.

No sentido mais cru, magia é tão somente energia. Muitas vezes, energia é algo que podemos sentir, embora vez ou outra não possa ser medida por meios convencionais. A energia, por si só, é neutra; ela existe, mas com frequência não tem nenhum propósito específico. Quando infundimos energia em nossa intenção (ou vontade), ela se transforma em magia. Depois de preenchermos essa energia com nossa intenção, a enviamos ao universo para que ela trabalhe para nós.

Quase tudo no mundo contém, pelo menos, um pouquinho de energia. Pedras e ervas podem ser usadas para fins de magia porque contêm energia, e essa energia geralmente afeta a maioria das pessoas de certa maneira. A aventurina (um tipo de quartzo verde) emite uma energia que tende a atrair dinheiro e prosperidade. Carregar um pedaço de aventurina no bolso o tornará beneficiário dessa energia.

Frequentemente, pessoas comuns sofrem do logro de que magia é "sobrenatural". Magia não é sobrenatural; é a força propulsora do universo. Às vezes, é possível explicar a magia como uma semente que se torna broto e cresce da terra, mas ainda assim é magia. Nada se torna menos mágico só porque pode ser explicado. Magia é mais que feitiços à luz de velas; ela pode ser encontrada no espanto, nas maravilhas e no júbilo da existência.

Muitos argumentam que ciência e magia existem em oposição uma à outra, mas nada poderia estar mais longe da verdade. A própria ciência é mágica. O fato de vivermos em um universo em que novas estrelas, galáxias e planetas nascem continuamente é um exemplo da magia em ação. A energia existe em todos os lugares do universo. É a cola que tudo une. Podemos explicar uma enxurrada de coisas por meio da ciência, mas o fato de sistemas complexos de vida e morte serem criados do pó e gás é mágico, e é a magia que mantém cantarolando e se movendo.

O uso da magia é empoderador. Saber que podemos mudar circunstâncias nos proporciona certa confiança e superioridade. A magia mudou nossa vida por fora, mas também a mudou por dentro. Ela nos permite lidar melhor com o que o mundo nos lança. Magia não é uma muleta que usamos para nos mover; é uma potência que fortalece, em vez de enfraquecer.

A magia exige confiança da parte da Bruxa ou Bruxo. Se você duvida de sua capacidade de trabalhar a magia, provavelmente sua magia vai falhar. Em vez de se infundir de sua intenção mágica, ela só conterá dúvida e apreensão. A magia exige que *saibamos* que ela será eficaz para ter qualquer tipo de impacto em nossa vida.

A magia nos permite manifestar mudança para nós e para os outros. Ela transforma pensamento em ação. Enquanto muitas pessoas ficam sonhando acordadas sobre como gostariam que fosse a vida delas, Bruxas e Bruxos trabalham ativamente para transformar seus sonhos em realidade. Magia não é uma atividade passiva; é um processo ativo, e requer tanto nossas próprias contribuições quanto nossa atenção. Se não contribuímos ativamente com os feitiços que lançamos, não os estamos ajudando a se manifestar, e, se pararmos de prestar atenção, não conseguiremos nos dar conta de quando obtivermos os resultados que estamos buscando. A Bruxa e o Bruxo bem-sucedidos conhecem suas intenções mais puras e agem com poder para criá-las.

O QUE A MAGIA PODE E O QUE NÃO PODE FAZER

Porque a magia e a energia são partes naturais do universo, elas se comportam de certas maneiras. A magia não pode alterar o curso de um rio ou violar leis universais, mas pode impulsionar as coisas a nosso favor, e o faz. Magia é uma forma de incentivar a possibilidade de alguma coisa acontecer, seja conseguir um carro novo ou encontrar um lugar adequado para morar.

Céticos em relação à magia muitas vezes dirão coisas como "Se a magia é real, por que você não é rico?". A magia não vai manifestar, sem mais nem menos, em sete números vencedores da loteria. Em vez disso, ela cria oportunidades para conseguirmos e mantermos um emprego. Se está procurando um novo lugar para morar, nenhum proprietário vai ligar para você, mas a magia pode, muito bem, fazer o número de telefone dele cruzar seu caminho.

A magia não pode reescrever as regras da biologia. Ela não tem o poder de curar o câncer. No entanto, quando fazemos magia de cura para amigos doentes, estamos enviando energia que os faz se sentirem melhor e lhes dá poder para combater as próprias infecções. Há vários anos, um amigo nosso estava morrendo de linfoma, e, na noite em que nosso coven lhe enviou energia, ele foi capaz de ver e senti-la chegando até sua cama. Não contamos que estávamos fazendo um trabalho para ele. Ele simplesmente a sentiu e nos contou a respeito no dia seguinte. Nosso coven não curou nada, mas nós lhe demos um pouco de energia e força para enfrentar (e, por fim, vencer) sua batalha.

Um feitiço de amor não trará, como resultado repentino, a pessoa de seus sonhos batendo à sua porta no dia seguinte. O que um feitiço como esse fará é colocar você em uma situação em que poderá encontrar um novo amor ou parceiro. Quando trabalhamos em um feitiço de amor, estamos mais cientes do que procuramos e prestamos mais atenção ao que acontece ao redor. Ao prestarmos atenção, coisas boas acontecem.

A magia vai melhorar sua vida, mas não é um cura-tudo. Se você está doente, consulte um médico. Se sua vida está sendo ameaçada, vá à polícia. Mas, após fazer essas coisas mundanas, a magia pode ajudá-lo a se sentir melhor, e ela pode ajudar a oferecer segurança onde você mora.

A magia funciona melhor quando direcionada a objetivos e problemas muito específicos. Querer um milhão de dólares parece um problema específico, mas não é. Ninguém *precisa* ser milionário. No entanto, encontrar-se sem um lar é um problema real, e o objetivo ao lidar com tal problema é "um lugar onde morar AGORA!". É aí que a magia funciona no ápice: quando usada para encontrar uma solução para um problema real com um objetivo final específico.

A magia, igualmente, é um jogo demorado. Embora algumas vezes os resultados possam ser bem rápidos, em outras pode levar anos. Você quer visitar um país estrangeiro? A magia usada para gerar essa oportunidade se manifestará lentamente com o tempo. Você terá que começar com um passaporte e, então, dinheiro suficiente para o voo, e, depois, dinheiro para um hotel. De tempos em tempos, talvez tenha de reforçar, com mais magia, a magia que lançou ao universo.

Também haverá momentos em que sua magia não vai funcionar, simples assim. Os motivos para uma magia falhar são variados. É possível que seu feitiço tenha sido específico demais. Magia não move montanhas em uma semana ou, mesmo, em uma vida. Ou, talvez, sua magia não estivesse alinhada com o que você mais desejava verdadeiramente. Também é possível que você não tenha trabalhado de coração, ou estivesse cheio de dúvidas, ou focado em algo exterior ao feitiço. Fracassar faz parte da vida, e isso se aplica inclusive à magia. Quando algo não funciona, a Bruxa e o Bruxo produtivos trabalham para descobrir por que e, então, e o mais importante, tentam de novo.

QUATRO BRUXOS, QUATRO PRÁTICAS DIFERENTES

Olá, meu nome é Jason, e serei seu guia enquanto percorremos este livro. Desde o ensino fundamental, sou fascinado por paganismos antigos, magia e o inexplicável. Como jovem adulto, tomei a decisão consciente de viver minha vida como um Bruxo, e venho fazendo isso desde então. Meus primeiros anos como Bruxo foram solitários, mas no fim conheci outros Bruxos e Bruxas (e Pagãos) e comecei a fazer rituais com eles. Com o tempo, acabei liderando e escrevendo muitos desses rituais, que me levaram a fazer *workshops* sobre assuntos variados em vários encontros de magistas. Por fim, comecei a escrever livros. Este volume, em particular, é o oitavo que leva meu nome.

Na maior parte de minha vida como Bruxo, minha prática não foi só minha; eu a compartilhei com minha esposa, Ari. Ela descobriu a Bruxaria no ensino médio e, então, praticou magia em segredo, longe do olhar indiscreto de uma mãe e um padrasto católicos fervorosos. Tive dificuldades com a prática da arte da Bruxaria quando comecei a praticá-la. Ari, por outro lado, é uma bruxa nata. Ela nunca passou muito tempo analisando em livros correspondências para pedras e óleos, mas, em vez disso, consegue segurar esses itens e dizer a você as propriedades mágicas deles, simples assim. Ari tinha 18 anos quando a conheci, e já era uma das Bruxas mais talentosas que eu já vira.

Ao longo dos anos, Ari e eu estivemos em um sem-número de grupos de Bruxaria, e mantivemos nossas práticas individuais, ao lado de ritos e rituais que só compartilhamos um com o outro. Aprendemos a escrever e liderar rituais em um grupo de estudantes do Paganismo na Universidade Estadual do Michigan.

Quando comecei a dar *workshops* e liderar rituais publicamente, Ari estava bem ali, me orientando, moldando e direcionando. Após muitos anos de prática eclética de Bruxaria conjunta, fomos iniciados em um coven de Bruxaria Britânica Tradicional, que tem feito parte de nossa vida desde então.

Em 2011, Ari e eu nos mudamos para a Bay Area da Califórnia, e começamos a visitar todos os grupos de Bruxos e Pagãos que nos receberiam. Dois dos primeiros Bruxos que conhecemos durante essa época foram Amanda Lynn e Matt Cavalli. Um ano depois, quando Ari e eu começamos a organizar rituais em nossa casa, Amanda e Matt foram as primeiras pessoas que convidamos. No fim desse ano, nossos rituais haviam se transformado em uma autêntica prática de coven, e agora já faz dez anos que a praticamos.

Quando elaborei o primeiro esboço deste livro, procurei Matt para que ele opinasse. Achei tão certeiros os comentários de Matt sobre o esboço que perguntei se ele me ajudaria a escrever o livro! Como o restante de nós, Matt começou seu caso de amor com a Bruxaria e a magia na juventude. Na biblioteca local, ele rondava a seção de ocultismo/paranormalidade das estantes, repletas de obras sobre fantasmas, assombrações, Halloween e, é claro, Bruxaria e magia.

Aos 12 anos, Matt afanou da mãe o livro *The Spiral Dance*,[2] de Starhawk, uma das obras essenciais sobre Bruxaria desde sua publicação em 1979, e a semente foi plantada. Pouco depois, quando ele leu *Power of the Witch* (1989), livro de Laurie Cabot, foi um caminho sem volta. Matt abraçou o caminho das Bruxas e Bruxos e começou a estudar e a praticar seriamente.

Os interesses magistas de Matt se estendem além da Bruxaria. Ele foi imensamente influenciado por magia folclórica. Em 2009, começou a estudar formalmente Conjurações por meio da Lucky Mojo Curio Company, e descobriu que essa prática é um complemento perfeito para sua Bruxaria. Caloroso e agregador, Matt é um performer drag talentoso e um dos pilares de nossa loja de bruxaria local mais fabulosa, a Serpent's Kiss, em Santa Cruz, na Califórnia.

Nessa loja, Matt orienta Bruxas e Bruxos antigos e novatos nos pormenores da criação de feitiços poderosos e eficazes. Independentemente de apenas

---

2. *A Dança Cósmica das Feiticeiras*. São Paulo: Cultrix, 2021.

dar conselhos a compradores ou conduzir os *workshops* de magia mais rigorosos no norte da Califórnia, a perspicácia magista de Matt é quase uma lenda em nossa região. Matt se baseia na própria intuição e estudos magistas em andamento para elaborar os feitiços mais eficazes possíveis. Posso afirmar, sem exagero, que Matt é um dos Bruxos mais formidáveis e talentosos que já conheci. Praticar com ele e tê-lo como participante deste livro foi uma das experiências mais gratificantes de minha vida.

Enquanto discutíamos os conteúdos deste livro, Matt e eu percebemos que precisávamos de mais vozes para deixar as coisas o mais completas possível. Na verdade, havia apenas duas opções: Amanda e Ari. Ainda que tenhamos práticas e embasamentos pessoais bem diferentes, quando trabalhamos juntos em magia e rituais é como um poema. Não somente sabíamos que seria ótimo trabalhar com Ari e Amanda como, também, que teríamos um pouco mais de didática em Bruxaria quando elas compartilhassem suas práticas conosco!

Amanda começou a percorrer o caminho das Bruxas e Bruxos logo cedo. Ela fazia rituais da lua cheia, estudava astrologia e lia cartas de tarô quando ainda era adolescente. Aos 19 anos, participou da Spiral Dance (Dança em Espiral), um ritual anual de Samhain na Bay Area californiana, organizado pela tradição de Reconquista da Bruxaria. Naquela noite, ao lado de dois mil outros bruxos, Amanda se apaixonou por rituais em grupo e grandes encontros Pagãos. Aos vinte e poucos anos, entrou em um grupo público pagão em Santa Cruz, na Califórnia, e se viu criando rituais e reconhecida como Alta Sacerdotisa.

Uma das coisas mais inspiradoras em Amanda é a maneira como ela é imersa em magia e Feitiçaria. Ela realmente ama a prática da arte da Bruxaria e se envolve em vários círculos e covens, inclusive em uma tradição somente para iniciados e um coven de afirmação LGBTQIAPN+ somente para mulheres. À medida que sua prática continuava crescendo, ela começou a se reconectar com sua ancestralidade estudando o misticismo judaico, e liderou rituais e *workshops* em honra de Santa Muerte (uma paixão que ela compartilha com Matt e comigo). Amanda é uma das Bruxas mais notáveis que conheço, e é um privilégio compartilhar seus pontos de vista neste livro.

Ter quatro vozes em um só livro significa várias perspectivas diferentes, mas, à medida que começávamos a organizá-lo, começamos a nos perguntar,

"Será que quatro realmente bastam?". Pelo fato de a magia ser tão extremamente pessoal e haver um sem-número de maneiras de praticá-la, pedimos a alguns amigos para contribuir com feitiços e fórmulas. Às vezes, seus processos diferem radicalmente dos nossos, e isso é ótimo! Esperamos que, incluindo outras vozes, possamos fornecer um panorama mais amplo de como Bruxos e Bruxas de hoje praticam magia. O trabalho de nossos amigos está incluído nas seções "Feitiçaria Compartilhada" espalhadas ao longo dos capítulos sobre feitiços deste livro, e eles são umas das melhores coisas nessas páginas!

Por haver várias perspectivas diferentes neste livro, vez ou outra você talvez se depare com informações aparentemente contraditórias. Tentamos minimizar esses momentos confusos, mas magia é uma prática muito pessoal. Bruxos possuem diferentes visões de mundo e métodos para praticar Feitiçaria, portanto, muitas vezes discordam de coisas relacionadas à prática magista. As ideias expressas neste livro são pontos de partida, e não esperamos que tudo nestas páginas sintonize com você. Tanto em nossas práticas individuais como em grupo, usamos o que funciona e descartamos o restante. Insistimos que você faça o mesmo.

COMO USAR ESTE LIVRO

Se este é o primeiro livro que você lê sobre Bruxaria e/ou magia, pode ser tentador passar imediatamente para os feitiços e começar a trabalhar como Bruxo. Não há nada de errado nisso. Os feitiços deste livro são fáceis de fazer e raramente exigem muito em termos de materiais exóticos. No entanto, para aproveitar este livro ao máximo, talvez seja bom começar do início e construir passo a passo seus conhecimentos de feitiçaria.

Este livro foi elaborado de modo que cada capítulo dá continuidade ao que veio antes. Começamos do início, com a maneira como a magia funciona e algumas filosofias magistas que se provaram benéficas para Bruxos Modernos. Daí passamos para técnicas mais avançadas, fazendo referência constante ao material anterior. Você pode ir direto para a magia com velas se quiser, mas sua magia com velas será mais potente e mais eficaz se dominar algumas coisas básicas primeiro.

Muitos capítulos deste livro contêm listas extensas descrevendo as qualidades mágicas de várias ervas, pedras, árvores, óleos e incensos. Muitas vezes esses tipos de listas são maçantes, mas tentamos deixar as nossas diferentes. Em vez de somente listar palavras-chave sugerindo para que certo item pode ser usado em magia, incluímos alguns relatos de feitiços de nossas práticas para torná-las mais interessantes.

Este livro se encerra com quatro apêndices feitos para facilitar o máximo possível o encontro de feitiços específicos e as qualidades mágicas de pedras, óleos, ervas, incensos e cores expostas nesta obra. A primeira parte do Apêndice I lista 22 categorias diferentes de feitiços e seus usos em potencial. Não importa o tipo de trabalho de magia do qual você esteja precisando, provavelmente ele se encaixará em uma das categorias incluídas nessa seção. Se você não tem certeza de qual feitiço precisa fazer, as explicações das 22 categorias de feitiços aqui incluídas vão ajudá-lo.

A segunda parte do Apêndice I toma essas 22 categorias diferentes de feitiços e fornece uma lista de correspondências para cada objetivo de feitiço. Por exemplo, se você precisa trabalhar um feitiço de amor, descobrirá mais de trinta ingredientes diferentes associados a amor expostos nesta obra. Com a lista de itens e correspondências descobertas sob "amor", você pode facilmente criar seu próprio feitiço de amor ou encontrar um substituto para um item que não tenha em um dos feitiços compostos por nós.

O Apêndice II é uma lista com todas as ervas, pedras, cristais, óleos, incensos e cores expostas neste livro, bem como as associações mágicas de cada um. A maioria das pedras e ervas contém usos variados, e esse apêndice é uma forma rápida de verificar as propriedades mágicas dos itens que você tem. Quer queimar um incenso enquanto faz um feitiço para banir um mau comportamento? Use esse apêndice para ver qual incenso você tem à mão que funciona melhor.

Há mais de cem feitiços espalhados por este livro. A maioria deles aparece nos capítulos totalmente voltados para feitiços, mas há muitos outros feitiços menores incluídos nos capítulos do tipo "como fazer". O Apêndice III, nossa "Lista Mestra de Feitiços", contém cada feitiço, mistura de óleos e técnica mágica deste livro, inclusive as que não são chamadas por um nome específico em um título no texto.

O Apêndice IV é uma lista de cada feitiço deste livro por categoria. Se você precisa trabalhar alguma magia para banir alguém ou alguma coisa, pode pular para "banimento" no Apêndice IV e obter os nomes e números de páginas de mais de trinta feitiços de banimento. Esse último apêndice ajudará você a encontrar depressa tipos específicos de feitiços.

Estudar feitiçaria não exige aprender um léxico totalmente novo, mas existem alguns termos por aí usados quase exclusivamente na Bruxaria Moderna. Se você é novato na arte da Bruxaria, talvez depare com uma ou outra palavra desconhecida neste livro. Nas últimas páginas há um glossário que deve responder a perguntas que você tenha sobre termos particulares de Bruxas e Bruxos.

A maioria das bibliografias contêm apenas fontes materiais usadas para organizar um livro específico, mas a nossa é diferente. Além das fontes que formaram o texto, nossa bibliografia também é uma lista de "leituras adicionais". Abarcamos uma porção de tópicos de magia neste livro, e muitos desses tópicos específicos foram assunto de obras inteiras! Aqui, dedicamos algumas páginas à magia sigilosa, enquanto nossa amiga Laura Tempest Zakroff escreveu um livro de 250 páginas sobre esse assunto! Se descobrir um tipo particular de magia que sintonize de verdade com você e quiser aprender mais sobre essa prática, encontrará em nossa bibliografia coisas que valem muito a pena ler.

Esperamos que você encontre nestas páginas a magia que está procurando, e que a prática da Bruxaria melhore e fortaleça sua vida. E, agora, que comece a jornada mágica!

Amanda, Ari, Matt e Jason
Julho de 2020

CAPÍTULO 1

Filosofias e Ética do Magista

Há regras específicas que devem ser seguidas ao se praticar Bruxaria? Em nossa opinião, não. No entanto, há certas filosofias magistas que achamos benéficas. Tais filosofias são ideias que consultamos repetidas vezes ao redigir feitiços ou decidir com quais ferramentas trabalhar. Essas ideias são usadas por muitos Bruxos e Bruxas de hoje, mas certamente não por todos.

A decisão de aplicar as filosofias deste capítulo em seu próprio Ofício depende totalmente de você. Entretanto, ao longo deste livro, voltaremos a muitas dessas filosofias. Acreditamos que há certos ditados de magista que tornarão sua feitiçaria mais eficaz e mais poderosa. Muitas das ideias expressas neste capítulo fazem parte da magia há milhares de anos, outras, por sua vez, são de uma safra mais recente. Familiarizar-se com algumas das filosofias magistas mais comuns e populares da Bruxaria atual, independentemente da idade delas, fundamentará sua prática como magista.

Muitas das filosofias magistas mais populares estão diretamente vinculadas à ética na magia. No universo da Bruxaria, sempre houve debates acalorados sobre se é "adequado" amaldiçoar ou enfeitiçar uma pessoa, ou, mesmo, um amigo ou amiga Bruxo(a). Em última instância, a maneira como se escolhe exercer a magia é uma opção pessoal.

SEMELHANTE ATRAI SEMELHANTE

Talvez a lei citada com maior frequência na prática de magia seja "semelhante atrai semelhante". Em sua essência, "semelhante atrai semelhante" é um exemplo de magia imitativa ou magia simpática. Enquanto as ideias por trás da magia imitativa remontam, mais provavelmente, a nossos primeiros ancestrais humanos, a expressão em si foi cunhada pelo folclorista James Frazer (1854-1941), e pode ser encontrada em sua obra fundamental *The Golden Bough*, publicada em mais de dez volumes ao longo de várias décadas. De acordo com a descrição de Frazer de magia imitativa, "qualquer resultado pode ser produzido ao se imitá-lo".[3]

Em *The Golden Bough*, Frazer mostra vários exemplos diferentes de sua teoria. Em uma delas, o autor menciona um homem carregando um saco de linhaça que vai de seus ombros até os joelhos. Enquanto planta as sementes, o homem caminha a passos largos, o que faz o saco balançar sobre suas costas. Acredita-se que esse balanço imita as ondulações ao vento da plantação de linhaça resultante.[4]

Frazer, que não era mágico nem Bruxo, toca apenas a superfície da magia imitativa, que vai muito além da mera mímica. Provavelmente, uma afirmação mais precisa é que a magia imitativa envolve, simplesmente, duas (ou mais) coisas que podem estar relacionadas. Por exemplo, nos Estados Unidos, em que as notas de dinheiro são verdes, um Bruxo usaria itens como velas ou pedras verdes para elaborar um feitiço para dinheiro. Velas verdes são vinculadas a dinheiro porque ele também é verde.

Dinheiro é um exemplo especialmente bom aqui porque "semelhante atrai semelhante" e magia imitativa também se relacionam ao antigo provérbio "é preciso dinheiro para fazer dinheiro". No mundo terreno, é difícil começar um negócio sem ao menos um pouco de capital. De maneira similar, muitos de nós que fazem trabalhos ou feitiços para dinheiro incluem ativamente dinheiro real nessas operações de magia. Isso não quer dizer que Bruxos queimam notas de vinte dólares para encontrar um novo emprego; quer dizer, mais provavelmente, que usamos algumas moedas ou uma nota de um dólar como símbolo do dinheiro.

---

3. James G. Frazer. *The Golden Bough: The Roots of Religion and Folklore* (1890; reimpressão, Nova York: Crown, 1981), p. 9.
4. Frazer. *The Golden Bough*, p. 10.

Usar dinheiro de verdade em um feitiço para dinheiro é benéfico por uma série de motivos. O primeiro é que dinheiro contém a energia daquilo que estamos buscando: mais dinheiro. Notas e moedas possuem energias muito reais ligadas a si, por conta das coisas para as quais vêm sendo usadas e daquilo para o que são feitas.

Usar dinheiro em um feitiço para dinheiro serve a outro propósito, e este talvez seja ainda mais importante: ele serve a um foco. Se você está atrás de mais dinheiro e está constantemente olhando para o dinheiro, não é provável que perca o foco enquanto faz o feitiço. Magia requer foco, e "semelhante atrai semelhante" mantém nossos objetivos finais em constante foco.

"Semelhante atrai semelhante" é um provérbio de magia tão poderoso que seus resultados podem ser vistos no mundo real. Se alguém vive infeliz o tempo todo, é provável que as pessoas próximas também vivam constantemente infelizes. Do lado oposto do espectro, pessoas positivas tendem a encontrar pessoas positivas com quem conviver.

Essa ideia também se manifesta na Bruxaria. Se procuramos outras Bruxas e Bruxos com quem trabalhar e que compartilhem nossas práticas, é muito provável que os(as) encontremos, pois eles(as) serão atraídos(as) para nós. "Semelhante atrai semelhante" é muitas vezes chamado de *lei da atração*, e pode ser encontrado fora da Bruxaria e outras tradições de magia. Ela aparece com frequência em livros de autoajuda e materiais de Nova Era, e mesmo entre pessoas em busca de assessoria empresarial.

"Semelhante atrai semelhante" é um dos princípios-guia de nossas práticas magistas. Por exemplo, se estamos fazendo um feitiço de amor, podemos usar um pedaço de quartzo rosa como ponto focal e circundar esse quartzo rosa com corações de papel e pétalas de rosa. Isso seria feito em um altar com um tecido vermelho, após invocar Afrodite, a deusa do amor. Também haveria incenso de rosas e algumas velas cor-de-rosa (ou vermelhas) queimando no altar. Se fizéssemos o ritual sozinhos, poderíamos colocar para tocar uma canção de amor sugerindo o tipo de amor que desejamos. Tudo isso acompanharia as palavras usadas no feitiço, que muito provavelmente seriam doces e poéticas.

Nesse caso, todas as coisas colocadas no altar teriam alguma relação com o amor, e todos os objetos acrescentariam a própria energia ao trabalho de magia, potencializando-o. Todos os itens também manteriam nosso foco na intenção do feitiço. Ainda que incenso de olíbano não arruíne o feitiço de amor de ninguém, o aroma desse tipo de incenso traz a igreja (cristã) à memória de alguns de nós. Assim, o aroma de olíbano pode trazer de volta memórias indesejadas e tirar o foco do feitiço. Uma escolha melhor de incenso seria algo associado a amor, libido ou paixão, como canela ou rosa. Quanto mais coisas você usar para lembrá-lo de seu objetivo final, mais potente será sua magia ou feitiçaria.

Ao usar o princípio "semelhante atrai semelhante" em seu trabalho de magia, sempre confie em sua intuição. Se estiver fazendo um feitiço de dinheiro, use o que acredita ser uma boa representação do que está tentando obter. Livros como este, na verdade, apresentam apenas sugestões, não verdades absolutas. Ao fim e ao cabo, é preciso usar o que mais faz sentido para você. Para criar a feitiçaria mais eficaz, as conexões entre objetos e ideias devem ser claras para você.

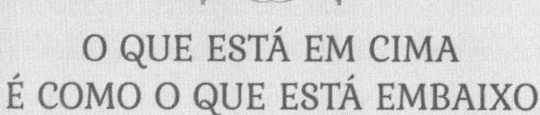

O QUE ESTÁ EM CIMA É COMO O QUE ESTÁ EMBAIXO

"O que está em cima é como o que está embaixo" é uma máxima da magia que chegou a nós da lendária *Tábua de Esmeralda*. A Tábua de Esmeralda é uma breve lista de ideias magistas que, em geral, são consideradas bem antigas, ainda que a primeira fonte da tábua só possa ser rastreada até o ano 800 d.C. Embora a Tábua de Esmeralda seja atribuída ao personagem mitológico Hermes Trismegisto, seu verdadeiro autor é desconhecido. Estudiosos sequer têm certeza de onde exatamente provêm os conselhos na tábua, e alguns pensam que sua origem está na China e, outros, na Arábia (de onde vêm nossas primeiras cópias). Da mesma forma, há quem acredite que a tábua represente princípios cristãos. Independentemente de suas origens, a Tábua de Esmeralda foi um modelo de práticas magistas no mundo ocidental por mais de oitocentos anos; a tábua apareceu pela primeira vez na Europa por volta do ano 1200 d.C.[5]

---

5. Christopher Drysdale, em *The Witch's Book of Shadows*, de Jason Mankey. Woodbury, MN: Llewellyn, 2017, pp. 85-8.

Na maioria das traduções da Tábua de Esmeralda, há somente catorze frases. Enquanto o excerto mais famoso da tábua é "O que está em cima é como o que está embaixo", a frase em si é parte de um período muito mais longo: "Aquilo que está em cima provém do que está embaixo, e o que está embaixo provém do que está em cima, operando os milagres do uno".[6] Como você pode ver, "O que está em cima é como o que está embaixo" é uma abreviação muito boa, mais fácil de pronunciar e lembrar durante um ritual ou ao fazer um trabalho de feitiçaria.

"O que está em cima é como o que está embaixo" pode significar várias coisas diferentes. Alguns Bruxos relacionam a frase à astrologia, sugerindo que os movimentos das estrelas e dos planetas são refletidos na Terra por nossas próprias ações. Em um sentido ainda mais cósmico, "o que está em cima é como o que está embaixo" pode se referir aos mistérios do universo, a crença segundo a qual, dentro de nós, podemos ver a maravilha do universo todo, e, inversamente, o espírito humano individual no esquema mais cósmico e grandioso das coisas. Se vamos compreender o universo ou, mesmo, somente nosso mundo, primeiro temos de compreender a nós mesmos.

Talvez o mais importante em um livro sobre magia seja "o que está em cima é como o que está embaixo" como uma ilustração de como a magia funciona. Não basta apenas viver no mundo mágico e fazer feitiços para resolver cada problema que temos. O que fazemos magicamente deve ser colocado em prática no mundo terreno. Se estamos praticando magia para garantir nosso futuro financeiro, também temos que fazer coisas no mundo cotidiano para garantir esse futuro. Acender velas e entoar cânticos para resolver nossas aflições financeiras não é o bastante. A magia que depositamos no altar precisa ser coerente com nossas próprias ações.

A magia não existe no vazio; ela se conecta à terra e ao universo maior. Ainda que muitas vezes trabalhemos nossos feitiços em lugares reservados para magia, a energia que geramos ali permanece parte de algo maior que nossos círculos e altares. Decretamos magia nesses lugares menores para decretar mudança em espaços maiores. Mais cedo ou mais tarde, o que fazemos no microcosmo se reflete no macrocosmo.

---

6. Drysdale, em *The Witch's Book of Shadows*, de Jason Mankey, pp. 85-8.

Outra maneira de considerar "o que está em cima é como o que está embaixo" é usar a frase "o que está dentro é como o que está fora". O que existe dentro de nós também se mostra do lado de fora. Se uma pessoa está em busca do amor, primeiro ela precisa se amar antes de conseguir amar outras pessoas. Se quisermos ser bem-sucedidos, temos de sentir o potencial para o sucesso em nossa mente e coração, mesmo que ainda não o tenhamos atingido.

O que fazemos e sentimos se refletirá de volta em nós. Em certo sentido, "o que está em cima é como o que está embaixo" está diretamente ligado a "semelhante atrai semelhante", mas também é um lembrete de nossas responsabilidades depois de trabalhar a magia. O que fazemos magicamente tem de se tornar parte de nossa vida cotidiana. Não basta, simplesmente, fazer um feitiço; é preciso agir sobre ele. Nosso eu mundano tem de estar em sintonia com o eu mágico para obtermos os resultados que desejamos.

A REDE WICCANA: SEM PREJUDICAR NINGUÉM, FAÇA O QUE QUISER

Mencione a Rede Wiccana *on-line* hoje em dia e provavelmente ouvirá um monte de reclamações de pessoas afirmando de pés juntos que a Rede não se aplica a elas. E essas pessoas estão certas, é claro: a Rede só se aplica a Bruxos e Bruxas (Wiccanos ou outros) que optam por segui-la. Apesar de parecer um tanto pomposo, rede significa, simplesmente, "conselho ou orientação".[7] A Rede Wiccana não é uma lei ou regra, e, como em relação a qualquer conselho, as pessoas são livres para segui-la ou desconsiderá-la por completo.

Embora a Rede Wiccana pareça um pouco arcaica, na verdade ela é uma criação relativamente moderna. Publicamente, foi usada pela primeira vez em seu formato atual de "desde que não prejudique ninguém, aja conforme sua vontade" por Doreen Valiente (1922-1999) em 1964, em um jantar da Witchcraft

---

7. Léxico, desenvolvido por Oxford English Dictionary, s.v. "rede". Disponível em: https://www.lexico.com/en/definition/rede. Acesso em: 1º out. 2021.

Research Association [Associação de Pesquisas sobre Bruxaria].[8] É provável que a Rede tenha vindo antes de sua aparição em 1964, já que uma versão sua aparece no livro de 1959, *The Meaning of Witchcraft*, de Gerald Gardner (1884-1964).[9] Nessa obra em particular, Gardner assevera que a moralidade dos Bruxos é semelhante à do "Bom Rei Pausol", cuja filosofia era "faça o que quiser, contanto que não prejudique ninguém". Gerald Gardner é uma figura importante na história da Bruxaria Moderna. Ele foi o primeiro a se identificar em público como Bruxo, o que era algo bastante significativo em 1951.

Bom Rei Pausol parece o nome de um bom sujeito, mas ele não foi um personagem histórico; foi uma criação literária francesa do século XX. Gardner também errou o nome: a grafia de Pausol é Pausole. Se houve uma pessoa real além de Gardner escondida atrás da Rede Wiccana, provavelmente era Aleister Crowley, cuja filosofia magista "fazer o que quereis será toda a Lei" soa similar à da Rede.

Muitos dos sentimentos ruins atuais em relação à Rede são provenientes de Bruxos e Bruxas afirmando-a como uma filosofia ou regra para todo o universo da Bruxaria. Em 1990, era comum escrever sobre práticas pagãs como quase idênticas às wiccanas, ao mesmo tempo que a Wicca era a única grande tradição da Bruxaria sobre a qual se escrevia ativamente. Isso levou a declarações genéricas como "todos os Bruxos e Bruxas praticam a Rede", sendo que isso nunca foi verdade. Inclusive, muitos Bruxos e Bruxas wiccanos não veem muita utilidade na Rede, e tudo bem!

Ao longo do fim dos anos 1970 até o início dos anos 1990, pessoas de muitas partes do mundo (especialmente os Estados Unidos) foram pegas pelo "pânico satânico". Pessoas que promoviam a teoria do pânico Satânico afirmavam que uma rede mundial de satanistas estavam sequestrando crianças e oferecendo-as em sacrifício ao diabo cristão. Nunca houve evidência alguma disso, mas as pessoas passaram décadas na prisão, em alguns casos sob acusações falsas. Bruxos e Bruxas, mesmo não venerando o diabo cristão, também foram acusados de envolvimento nessa conspiração. Por causa disso, tornou-se cada vez mais comum nos livros da época falar sobre a Rede Wiccana como um

---
8. Sorita D'Este e David Rankine. *Wicca: Magickal Beginnings*. Londres: Avalonia, 2008, p. 64.
9. Gerald Gardner. *The Meaning of Witchcraft*. Londres: Aquarian Press, 1959, p. 93.

movimento ardiloso de relações públicas. Provavelmente, a Rede significa mais para pessoas de fora da Bruxaria do que para quem está dentro dela.

Ao pensarmos na Rede Wiccana, muitas vezes nos lembramos do "semelhante atrai semelhante". Embora sem dúvida haja momentos em que formas agressivas de bruxaria são necessárias, se esse fosse o único tipo de magia praticado por Bruxos, provavelmente eles se meteriam em problemas. Se semelhante atrai semelhante, e um Bruxo só lança maldições sobre as pessoas, parece provável que algumas dessas maldições voltassem para ele. Cerque-se de negatividade e você atrairá ainda mais negatividade.

Ao fim e ao cabo, a Rede Wiccana é uma fonte de orientações que o Bruxo particular é livre para usar ou ignorar. Se a Rede faz sentido para você, então abrace-a. Há vários trabalhos de magia que podem ser feitos e não buscam, de maneira ativa, ferir outras pessoas. Feitiços para proteção e justiça podem agir como repelente de maus comportamentos e resultar em punição para os culpados de mau comportamento. Por outro lado, se você quer conjurar maldições para dirigi-las a seus vizinhos terríveis, faça isso. Estamos presumindo que a maioria de vocês provavelmente encontrará o caminho do meio que usamos em nossas próprias práticas. Em geral, somos bons e gentis com a maioria das pessoas, mas há vezes em que algo mais agressivo é necessário, simples assim.

A LEI TRÍPLICE

Uma "lei" frequentemente repetida da Bruxaria é o que passou a ser conhecido como a *Lei Tríplice* ou a *Lei Tríplice do Retorno*. Basicamente, essa ideia afirma que, se uma pessoa faz o bem no mundo, esse bem voltará a ela triplicado. Ao contrário, se uma pessoa causa o mal, esse mal retornará a ela triplicado. A maioria das pessoas interpreta essa lei como algo que acontece quase em tempo real, ou seja, qualquer bem que uma pessoa faça voltará a ela nesta vida, e não na próxima.

A ideia por trás da Lei Tríplice está relacionada à ideia do karma expressa em muitas formas do budismo e do hinduísmo. A diferença é que, nessas tradições, as ações de uma pessoa determinam seu destino em sua próxima encarnação. Quem escreve sobre a Lei Tríplice em Bruxaria geralmente sugere que seus resultados serão sentidos nesta vida, ou seja, pessoas más serão punidas por seus feitos nocivos antes de morrerem.

Uma versão alternativa da Lei Tríplice aparece no livro de ficção de 1949 de Gerald Gardner, *High Magic's Aid*. No romance, a Alta Sacerdotisa, personagem de Gardner, afirma, "Mas marcai bem quando recebestes o bem, pois a arte é obrigada a retornar o bem triplicado".[10] Provavelmente essa afirmação seja a origem da Lei Tríplice da Bruxaria Moderna, mas a Alta Sacerdotisa de Gardner está sugerindo algo bem diferente da retribuição kármica. Tudo o que se está sugerindo é que, se um bem recai sobre uma Bruxa ou Bruxo, ela ou ele deve devolver esse bem três vezes. Em outras palavras, se alguém lhe dá uma nota de dinheiro, provavelmente você deve dar a outras pessoas algo equivalente a isso em tempo ou dinheiro. Muita gente se referiria a essa filosofia como "retribuir", simples assim.

Em vez de depender do universo para punir ou premiar, defendemos o método "retribuir" na Bruxaria. Quando coisas boas acontecem conosco, compartilhamos essa benesse com os outros. E, como Bruxos e Bruxas, acreditamos em estar na ativa quando as circunstâncias são desafiadoras. Em vez de esperar o universo aplicar justiça, tomamos a rédea das coisas, usando magia para criar um melhor caminho para nós mesmos.

SOBRE MAGIA DE BANIMENTO: PRAGAS E MALDIÇÕES

Os termos *praga* e *maldição* ocorrem com frequência em círculos de Bruxos e Bruxas. Em geral, ambos os termos se referem a uma arte magista feita para resultar em dano ou punição. Muitas vezes, junto com essas palavras, vem o termo *impedimento*, embora seja preciso notar que um impedimento é bem diferente de uma praga ou uma maldição. Na maioria das vezes, impedimentos

---

10. Gerald Gardner. *High Magic's Aid*. Hinton, WV: Godolphin House, 1996, p. 188.

são trechos de feitiços elaborados para impedir alguém de executar determinada ação. Eles não são necessariamente nocivos, mas interferem no livre-arbítrio de um indivíduo. Por conta dessa última particularidade, há muitos Bruxos e Bruxas que se sentem tão desconfortáveis com impedimentos como com pragas e maldições.

Por causa da influência da Rede Wiccana sobre a Bruxaria como um todo ao longo dos últimos cinquenta anos, impedimentos, maldições e pragas são considerados inviáveis por muitos Bruxos e Bruxas. Não concordamos com essa opinião. Embora não recomendemos usar formas agressivas de magia na tentativa de resolver todos os problemas da vida, acreditamos que, às vezes, essas atitudes são necessárias.

Isso leva à pergunta: O que, afinal, justifica uma resposta magista agressiva?

Todos temos o direito de proteger a nós mesmos, as pessoas a quem amamos e com quem nos importamos. Se você está sendo ameaçado física, emocional ou verbalmente, sem dúvida tem razão em usar magia para interromper o abuso. Você tem o direito de silenciar, por meio de magia, alguém que esteja espalhando fofocas maldosas e tentando ativamente arruinar sua vida. Se alguém no trabalho é um canalha sexista, a feitiçaria pode ajudar a colocar um fim no mau comportamento. Mas a magia nunca deve ser usada para tomar completamente o lugar da aplicação da lei ou do sistema judicial. Se sua vida está sofrendo ameaças reais, busque ajuda imediatamente.

Seu trabalho de magia é justo ou mesquinho? Essa é a pergunta que não quer calar em nossa mente. Todos nós tivemos chefes ruins no trabalho, mas será que decisões gerenciais ruins justificam uma resposta mágica ameaçadora? Toda situação precisa ser analisada com detalhes e compreensão do que está em jogo. Para nós, justa causa é impedir alguém de nos ferir, ou de ferir outras pessoas. Se alguém está tirando vantagem financeira ou sexual de pessoas em sua comunidade, uma resposta mágica calculada e agressiva pode ser necessária.

Bruxaria é uma prática empoderadora, e pessoas empoderadas não são submissas. Como Bruxos e Bruxas, não podemos conceber pessoas passando por cima de nós, sobretudo se temos capacidade de impedir certas coisas ou evitar que elas aconteçam. Bruxos e Bruxas existem às margens da sociedade, e essa condição de forasteiros tradicionalmente nos tornou fortes. Nossos vizinhos sabem que somos Bruxos e Bruxas, e, embora a maioria deles gostem de nós e nos considerem pessoas legais, provavelmente é vantajoso que, no fundo, alguns tenham um pouquinho de medo de nós!

Antes de você decidir levar adiante um caminho agressivo de ação magista, talvez seja prudente tentar uma abordagem diferente: seja a bondade em pessoa. Às vezes, um método elaborado para mudar um comportamento para melhor pode gerar resultados mais benéficos. Um de nós tinha um chefe terrível, que levava o crédito pelo trabalho que não fez e, em termos gerais, era nocivo ao ambiente de trabalho. Em vez de lançar um feitiço para fazer essa pessoa ser despedida, foi feito um feitiço para amansar seu caráter, e os resultados foram favoráveis. Essa pessoa ficou muito mais fácil de lidar e, na verdade, percebeu que estava causando muito mais mal do que bem, e saiu por vontade própria.

Porém, somente porque formas mais agressivas de magia podem ser justificadas, isso não significa que um Bruxo ou uma Bruxa jovem deve começar com pragas e maldições. Existe um benefício real em regras como as da Rede Wiccana quando se inicia pelo caminho da magia. Magia tem a ver com autorresponsabilidade, e, ainda que não haja garantia de que o "mal" voltará para você triplicado (ou para outra pessoa), sempre há consequências para suas ações. Antes de tentar eliminar alguém de sua vida, provavelmente seria melhor verificar primeiro qual é o poder que a magia exerce em sua vida, e quais são suas repercussões quando você a pratica. No fim, todos somos responsáveis por nosso trabalho com magia e pelos efeitos que ela causa (ou não causa) sobre os outros. Proceda com cautela, mas não deixe ninguém pisar em você.

CAPÍTULO 2

Preparando o Espaço Mágico

É possível fazer magia em qualquer hora e lugar. Não há regras ditando quando e onde um Bruxo ou Bruxa pode trabalhar um feitiço. No entanto, há certos lugares mais propícios que outros. O lugar mais natural para um Bruxo ou uma Bruxa trabalhar feitiçaria é um altar pessoal. Altares não precisam ser elaborados, e podem ser tão simples quanto o topo de uma penteadeira ou uma estante de livros.

O que torna um altar especial é o fato de ele ser um lugar onde o Bruxo ou Bruxa possa fazer seu trabalho e guardar muitas de suas ferramentas mágicas. Um lugar usado com frequência para trabalhos de magia vai exalar energia, e, quando um lugar está cheio de energia mágica, fica muito mais fácil acessar seu eu magista. Se você usa seu altar com regularidade, é provável que consiga sentir sua presença sempre que passar perto dele. Outro motivo forte para ter um altar é que qualquer energia "que sobrar" nele pode ser direcionada para qualquer feitiçaria em que você estiver trabalhando.

Um Bruxo ou Bruxa precisa de um altar ou de ferramentas? Absolutamente não. Se nada disso atrai você, não precisa ser usado. Mas altares e ferramentas nos permitem focar nossas próprias energias com muito mais facilidade. Pense na magia como culinária. É possível cozinhar sem nada além de uma panela e fogo, mas é mais fácil fazer uma ótima refeição com ajuda de várias ferramentas e utensílios de cozinha. Ferramentas e espaços de magia contribuem com a energia que criamos ao fazermos um feitiço, e muitas vezes o ajudam a ficar mais potente.

Ferramentas e altares podem ajudar a nos sentirmos mais mágicos, e, quanto mais mágicos nos sentimos ao trabalhar magia, mais forte nossa magia será. Ferramentas e altares têm um efeito quase hipnótico. Quanto mais bruxesco você se sente ao trabalhar magia, mais eficaz ela será. Você precisa fazer todos os seus feitiços à luz de velas enquanto queima incenso? É claro que não, mas na maioria das vezes os resultados de sua feitiçaria serão um pouco mais potentes se você fizer isso.

Há muitos Bruxos e Bruxas que fazem mais do que simplesmente usar um altar durante o trabalho com magia, e optam por praticar feitiçaria em espaços sagrados. Na Bruxaria, um espaço sagrado é uma área especialmente preparada para magia e ritual. No espaço sagrado, potências como deusas, deuses e os quatro elementos, Terra, Fogo, Água e Ar, são convidados para a área onde o Bruxo ou a Bruxa está fazendo seu trabalho. (Se as potências são invocadas adequadamente, é provável que o Bruxo ou a Bruxa particular sentirá e ficará bem ciente de que elas estão presentes.) O espaço sagrado permite que potências elevadas e nossos entes queridos mortos interajam conosco com mais facilidade.

Em geral, não é necessário criar um espaço sagrado ao praticar feitiçaria, mas, se você estiver buscando aliados em seus trabalhos (como divindades, poderes elementais, ancestrais etc.), é mais fácil se conectar com essas potências em espaços sagrados. Quando criado adequadamente, o espaço sagrado às vezes é denominado um local "entre os mundos".

Há várias maneiras diferentes de criar um espaço sagrado. Na Bruxaria Wiccana, fazer um círculo é o método mais comum de criar espaços sagrados. Um círculo é um limite mágico feito para afastar entidades indesejadas, reter a energia mágica até ela estar pronta para uso e atuar como um portal para mundos fora do material. Na Bruxaria Tradicional, o Compasso das Bruxas possui uma função similar. Se você não conhece essas técnicas, é fácil encontrá-las na internet e em centenas de vários livros.[11] Sempre se deve montar o espaço sagrado de uma forma que faça sentido para você. Não existem maneiras certas ou erradas de fazer isso.

Independentemente de como se cria o espaço sagrado, tende a haver uma constante que ocorre no início do processo: a limpeza. É importante limpar tanto

---

11. Jason escreve exaustivamente sobre essas técnicas em seu livro *Transformative Witchcraft*, que contém uma seção extensa sobre criar espaços sagrados.

a si mesmo quanto o espaço onde o trabalho com magia acontecerá. É quase impossível elaborar um espaço sagrado eficaz sem limpeza, e é igualmente desafiador praticar magia se não estamos pessoalmente limpos e prontos para isso.

LIMPEZA E PURIFICAÇÃO

Porque magia é basicamente energia, é importante se livrar de qualquer energia negativa ou indesejada antes de começar a feitiçaria. Quando Bruxos e Bruxas falam sobre limpeza e purificação, em geral estão se referindo ao espaço físico/mundano, à energia que preenche um espaço e ao eu. Entre essas três coisas, a mais fácil de limpar é o espaço físico. Antes de fazer magia, gostamos de garantir que nossos altares estejam preparados e prontos para o trabalho mágico e o espaço ao nosso redor esteja limpo e organizado. Em grupos, muitas vezes isso significa varrer e passar pano no espaço do ritual antes da reunião. (Vassouras servem para mais coisas além de voar!)

Talvez ainda mais importante que garantir que o chão não esteja sujo seja remover qualquer energia indesejada no espaço em que você vai trabalhar sua magia. Apesar de nossos melhores esforços, é quase impossível ser feliz e contente o tempo todo. Todos temos dias ruins, e faz parte da vida a inevitável tristeza que provém da perda de amigos, familiares e companheiros animais. Quando nos deparamos com estresse, luto, raiva, mágoa e outras emoções negativas, essas energias se acumulam nos espaços onde vivemos. Limpeza e purificação são as maneiras com que nos livramos delas.

Talvez você não ache que a energia negativa no seu espaço mágico seja tão importante assim – "Meu dia não foi *tão* ruim!" vem à mente –, mas ela pode causar grande impacto na feitiçaria. Pense que a energia usada para um feitiço mágico é um copo d'água. Você não colocou nada além de pura intenção em seu trabalho, e seu foco é completamente claro (como água). Mas digamos que exista certa energia ruim no espaço em que você está trabalhando a magia, e que a energia negativa se misture à sua energia limpa e pura. O resultado é como uma gota de tinta respingando em sua água clara. Essa água, assim como a energia que você fez surgir, agora está poluída.

A parte mais importante da limpeza começa com o próprio Bruxo ou a Bruxa. Se você fizer a limpeza com uma atitude preguiçosa ou ruim, provavelmente deixará a condição de sua área mágica pior que no início. A melhor maneira de limpar é com intenção clara e sincera. Você precisa querer que seu espaço fique purificado de energia negativa. Se você não quer uma mudança verdadeira no espaço ao seu redor, ele não pode ser mudado.

Articular suas intenções ao fazer a limpeza ajudará seu foco e tornará seu trabalho mais produtivo. Para isso, começamos a limpeza dizendo algo como "Eu limpo e purifico este espaço, para que me ajude em meus trabalhos com magia". Independentemente de como escolhe limpar seu espaço mágico, lembre-se de que você é parte integrante do trabalho!

FORMAS COMUNS DE LIMPEZA DO ESPAÇO

Há muitas maneiras diferentes de limpar e purificar um espaço mágico. A mais comum envolve água salgada, incenso/defumação e uma vassoura. Nenhum desses métodos é superior aos outros, e cabe a você decidir o que funciona melhor para você. Você também pode usá-los de uma vez ou alternar entre os métodos variados. Como sempre, a maneira mais eficaz de limpar o espaço será a que mais sintoniza com você.

Água salgada

Há séculos o sal vem sendo usado para limpar espaços e ferramentas mágicas. O sal possui várias propriedades que o tornam uma ferramenta importante no mundo da magia. A primeira é por ele ser muito bom em absorver energia negativa. O simples fato de deixar uma tigela de sal em seu altar ou, mesmo, nos seus espaços comuns, vai manter longe boa parte da energia negativa. O sal absorve a energia e também a dissolve, corroendo as coisas ruins até a energia indesejada não existir mais. Nos trabalhos com magia, muitas vezes o sal é misturado à água, e em seguida a água é espalhada ao redor do espaço ritual.

Defumação e incenso

A defumação funciona da mesma forma que o sal: ela vai corroer a energia negativa e deixar seu espaço limpo e renovado. Incensos e maços de ervas funcionam igualmente bem para limpar um espaço, portanto, escolha a opção que mais sintonize com você. Uma vara de incenso ou um maço de ervas podem ser acesos com um isqueiro, mas acreditamos que acender cerimonialmente alguma coisa com que você vai produzir fumaça confere um certo *quê*.

Uma alternativa útil à defumação é borrifar água de garrafa com algumas gotas de óleo essencial dentro. Há muitos óleos essenciais ótimos para limpeza, e algumas gotas de ylang-ylang ou sálvia esclareia adicionadas a um pouco de água produzirão resultados similares aos da água salgada ou da defumação. Isso é sobretudo útil se você se incomoda com a fumaça ou mora em um apartamento ou quarto compartilhado onde não se permite queimar incenso.

Usando uma vassoura

Usar uma vassoura (às vezes denominada *vasculho*, sobretudo quando usada somente para fins de magia) para varrer a energia negativa é semelhante à maneira como usamos vassouras em nossa vida cotidiana, e é cem por cento cabível usar sua vassoura caseira para limpar seu espaço de magia também. Para usar uma vassoura na remoção de energias negativas, é só varrer seu espaço em sentido horário, parando para varrer para cima quando sentir que isso se justifica. Com frequência também limparemos em torno de janelas, e até o teto, se sentirmos que há energia negativa aí. Certifique-se de manter a energia negativa em frente à vassoura, para poder varrê-la para fora e afastá-la.

Ao contrário da água salgada ou da defumação, uma vassoura não dissolve energias negativas, portanto, você terá que literalmente varrer essas energias para fora de seu espaço de magia e, idealmente, pela porta da frente e para longe de você. A vassoura é uma ferramenta eficaz de limpeza, mas apenas deixar a energia ruim em sua sala de estar vai gerar problemas no futuro.

Há momentos em que limpar um cômodo não é necessário de fato. Altares bem conservados (e bem usados) mantêm a energia negativa longe por si só, e espaços externos agrestes geralmente são limpos pelos poderes naturais da chuva/orvalho, vento, terra e calor. Ainda que você não ache que um cômodo deve ser limpo, nunca é demais fazer isso.

Limpando o eu

Limpar o próprio eu é ainda mais importante que purificar espaços físicos. Se um Bruxo ou uma Bruxa começa a trabalhar com magia cheio de raiva, essa raiva vai resvalar em seu trabalho. Ainda que um pouco de raiva latente possa ajudar a estimular um feitiço de proteção, provavelmente teria um efeito desastroso em um feitiço de amor ou dinheiro. Limpar o eu nos permite focar a feitiçaria à mão e nos ajuda a afastar as distrações que podem afetar negativamente nosso trabalho. Se uma autolimpeza for necessária, é preciso fazê-la antes de limpar o espaço de magia.

A autolimpeza começa por dentro. Nenhuma quantidade de água salgada ou defumação pode levar embora todas as preocupações com trabalho ou com um relacionamento conturbado. Somos nossas próprias melhores ferramentas quando o assunto é autolimpeza! Remoer estresse com trabalho é um ótimo exemplo de energia desnecessária. Se durante um trabalho com magia seus pensamentos se voltam continuamente para um prazo iminente, sua magia sofrerá as consequências.

A maneira mais fácil de limpar a si mesmo envolve um exercício de respiração. Antes de iniciar o exercício, pense em todas as coisas desnecessárias e indesejadas que percorrem sua mente e corpo no presente momento. Imagine esses pensamentos reunidos em seus pulmões. Quando sentir essas coisas entrando no seu peito, respire fundo e, então, inspire devagar, imaginando todas essas emoções indesejadas saindo de seu corpo conforme você expira. Talvez você precise repetir esse processo algumas vezes para se livrar de todas as coisas indesejadas. E, porque toda essa energia malquista agora está em seu espaço de magia, é preciso limpá-lo imediatamente para se livrar dela.

Tigela de bênçãos

Outra maneira excelente para se livrar de energias negativas é com uma tigela de bênçãos. Você não precisa de muitas ferramentas para criar uma tigela de bênçãos, só uma tigela de água com algumas gotas de óleo essencial.[12] Você deve colocar sua tigela de bênçãos em um lugar silencioso, onde não será incomodado. Feito isso, você está pronto para começar.

Comece este rito lembrando a si mesmo de que você é uma pessoa mágica que merece usar o poder da Bruxaria para melhorar sua vida. Tendo afirmado seu direito aos poderes das Bruxas e Bruxos, abençoe-se com a água da tigela de bênçãos tocando cada parte de seu corpo denominada pelo rito, como a seguir:

---

12. O tipo de óleo essencial a ser usado depende de como você se sente no momento. Se você precisa de uma limpeza intensa, recomenda-se um óleo de limpeza como o de ylang-ylang. Se está simplesmente querendo lembrar a si mesmo de que você é um ser que merece ser feliz e amado, óleos como o de rosas seriam apropriados.

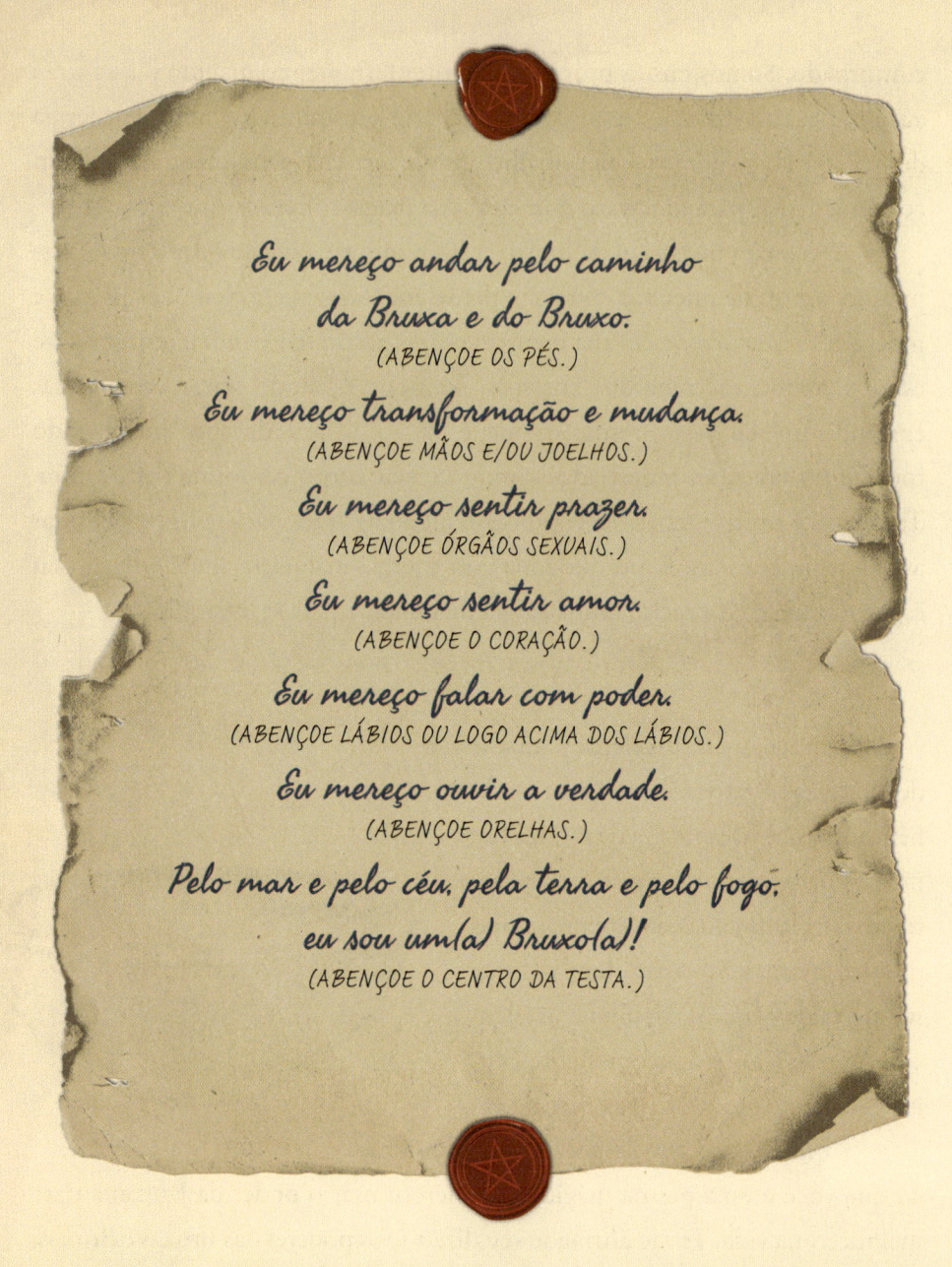

*Eu mereço andar pelo caminho
da Bruxa e do Bruxo.*
(ABENÇOE OS PÉS.)

Eu mereço transformação e mudança.
(ABENÇOE MÃOS E/OU JOELHOS.)

Eu mereço sentir prazer.
(ABENÇOE ÓRGÃOS SEXUAIS.)

Eu mereço sentir amor.
(ABENÇOE O CORAÇÃO.)

Eu mereço falar com poder.
(ABENÇOE LÁBIOS OU LOGO ACIMA DOS LÁBIOS.)

Eu mereço ouvir a verdade.
(ABENÇOE ORELHAS.)

*Pelo mar e pelo céu, pela terra e pelo fogo,
eu sou um(a) Bruxo(a)!*
(ABENÇOE O CENTRO DA TESTA.)

Essa parte do rito pode ser usada a qualquer momento antes do trabalho com magia, mesmo que você não sinta necessidade de uma autolimpeza tradicional. A tigela de bênçãos é uma afirmação de que você é sagrado, puro e merecedor da Bruxaria.

Depois de abençoar a si mesmo, tome o dedo indicador de sua mão dominante e comece a rodeá-lo em sentido horário na água da tigela de bênçãos.

Conforme o faz, imagine as energias e emoções indesejadas dentro de si percorrendo seu corpo, entrando em seu dedo e saindo pela água. Conforme as energias negativas saem de seu corpo, imagine-as se movendo como se descessem em círculos por um ralo, afastando-se cada vez mais de você. Continue fazendo isso até se sentir totalmente limpo.

Uma vantagem de colocar energias negativas em uma tigela de água é que elas ficam retidas. Se seu espaço não precisa de uma limpeza completa, você não precisa fazer uma, porque a energia que expulsou de si mesmo não vai se esgueirar de volta para ele. Se quiser, você está livre para começar seu trabalho com magia. Só não deixe de se livrar da água negativa quando terminar o trabalho. A água pode ser derramada em um ralo velho comum ou levada para fora e dada à terra.

Quando trabalhamos em grupo, muitas vezes usamos defumação e água salgada para limpar todos os participantes de nosso ritual. Usar tais ferramentas pode ser um pouco mais difícil para Bruxos e Bruxas solitários, mas, se isso o atrair, ainda assim pode ser feito. Como em todo caso, o mais importante é que o método de limpeza que está utilizando funcione para você!

A ordem típica da limpeza anterior ao trabalho com magia é limpar de energias negativas o espaço físico, a si próprio, e, por fim, o espaço mágico. A quantidade exata de limpeza vai variar de Bruxa para Bruxa, e de situação para situação. Sempre tente fazer pelo menos o mínimo do que achar necessário, e, se puder fazer ainda mais, ótimo! Quanto mais limpos você e seu espaço estiverem, melhor sua magia vai funcionar!

Capítulo 3

Visualização Criativa e a Palavra Escrita

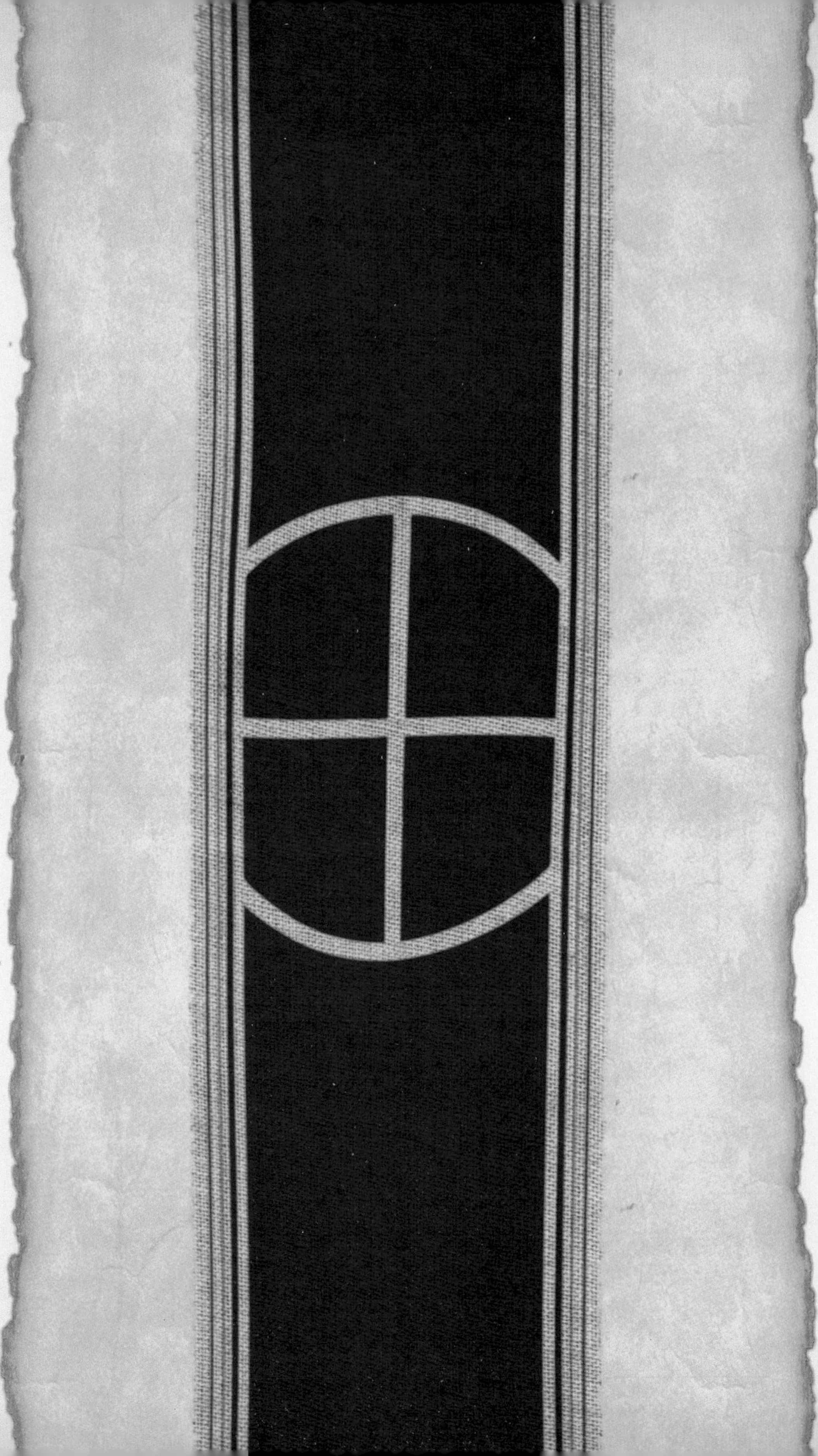

Na magia, você vai descobrir que muitas vezes consegue exatamente o que pede, ou seja, antes de lançar um feitiço, é preciso reservar um tempo para pensar no que você realmente quer. Vamos considerar que você deseja fazer um feitiço de amor para si e decide que o propósito de seu feitiço é "se apaixonar". Na superfície, isso parece perfeitamente razoável. Quem não quer se apaixonar? Mas um feitiço elaborado para ajudar alguém a "se apaixonar" pode levar a problemas ou consequências inesperados.

Se você está em busca de amor romântico, apenas "se apaixonar" não garante isso. Você poderia se apaixonar por um novo restaurante ou ter o coração roubado por um filhote de gato ou de cachorro. Talvez o feitiço se manifeste ajudando você a perceber que ama um de seus melhores amigos ou um familiar. Ou, o pior de tudo, o feitiço o faça acabar se apaixonando por alguém que você gostaria de ter como parceiro, mas esse potencial parceiro romântico não corresponde a seu amor.

Uma maneira muito melhor e mais precisa de usar magia para encontrar um parceiro romântico é fazer um feitiço com a ideia de "se apaixonar e que esse amor seja recíproco". Essa mensagem mais exata diz ao universo que você está buscando um amante que também vai amá-lo. A magia recompensa a especificidade, embora ser específico muitas vezes seja mais desafiador do que parece. Saber como articular o que realmente queremos como Bruxos e Bruxas é uma habilidade que leva tempo para desenvolver.

Há duas habilidades especialmente úteis quando se tenta ser específico em feitiçaria. A primeira é fazer anotações. Reservar cinco ou dez minutos para anotar os detalhes do que você está buscando trará mais foco à suas empreitadas magistas. Fazer anotações mágicas não é escrever um romance ou, mesmo, um parágrafo; é somente uma forma de tornar claro o que está em sua mente. Um exemplo seria escrever as características que você mais busca em um relacionamento, a fim de incluir esses itens em seu feitiço.

No entanto, talvez ainda mais importante que tomar notas seja um processo conhecido como *visualização criativa*. Visualização criativa (VC) é quando vemos as coisas com a imaginação, mas é muito mais profundo que isso. Se alguém nos pede para imaginar um dia perfeito de verão, geralmente é bem fácil. Pensamos em céus azuis e imaginamos que está quente lá fora, e geralmente visualizamos gramados verdes e, talvez, flores ou uma árvore cheia de folhas. É um bom começo, mas uma boa VC muitas vezes levará essa imagem mais além, a ponto de envolver todos os sentidos.

Agora, vamos imaginar nosso dia perfeito de verão com ainda mais detalhes. O céu azul e o gramado verde permanecem, mas agora sentimos uma leve brisa soprando do oeste em nossa pele. Imaginando que estamos descalços, sentimos a terra sob nossos pés, fresca e ligeiramente úmida. Respirando fundo, sentimos o cheio da grama e, talvez, captemos o aroma discreto de uma flor a distância. Ao fundo, ouvimos pássaros cantando e o ritmo estável do canto de cigarras ao longe. Uma VC eficaz atiça mais que nossa visão; ela incorpora todos os sentidos. Quando "visualizamos" alguma coisa, vivenciamos tudo o que pode existir no retrato mental que estamos pintando.

VISUALIZAÇÃO CRIATIVA EM MAGIA

Quando trabalhamos com magia, a visualização criativa é um primeiro passo crucial. Se você não consegue ver o que está tentando manifestar, é improvável que sua magia funcionará. Independentemente da técnica magista que você opte usar, em geral ela começará com uma VC. Se você precisa de um emprego novo, é provável que, bem antes de acender uma vela ou usar um óleo essencial, você se imagine em um novo emprego, mas isso é apenas o começo para usar a VC de maneira eficaz.

Visualização criativa é muito mais que apenas visualizar uma imagem; é ver tudo em movimento. Para um feitiço de emprego, seria bom você se imaginar no emprego que está procurando e o tipo de salário que está buscando. Mas, além disso, você também teria de visualizar os passos necessários para chegar a esse ponto. Portanto, uma VC verdadeiramente eficaz envolveria passos como procurar um emprego (enviar currículos etc.) e, depois, passar pelo processo de entrevista. Seria bom você se visualizar tendo sucesso em todas essas etapas, além de seu objetivo final.

Pelo fato de magias serem muito específicas, usar visualização criativa nos permite ver os detalhes que, de outra forma, poderiam passar despercebidos. É fácil (e, em geral, agradável) pensar em um emprego novo, mas é totalmente diferente nos lembrarmos do trabalho duro que muitas vezes acompanha essa empreitada. Também é importante imaginar como você pode reagir na situação que está tentando criar. Que tipo de pessoa você seria se estivesse em determinada situação?

Também há muitas variáveis envolvidas em praticamente todo cenário em potencial, e a VC é uma oportunidade para explorar essas variáveis. Talvez você prefira trabalhar sozinho e, de repente, perceba que o que achava querer exige lidar com um monte de gente. Oh-oh! Use a VC para criar clareza a fim de conseguir exatamente o que você quer. Se visualizar alguma coisa acontecendo com você em detalhes realistas, isso o ajudará a enxergar quaisquer consequências e situações indesejáveis que talvez queira evitar.

Gerar visualização criativa também pode funcionar como uma forma muito imediata de magia. Imagine, por um instante, uma tarefa braçal, mas muitas vezes frustrante, como tentar acertar o buraco de uma agulha com um pedaço fino de linha. Às vezes, isso pode levar várias tentativas, e cada tentativa subsequente fica cada vez mais difícil, devido a níveis crescentes de frustração. Em vez de ficar irritado, pare por um momento, feche os olhos e respire fundo para se centrar. Enquanto respira, imagine a linha se movendo com facilidade e precisão pelo buraco da agulha. Se você estiver fazendo isso na vida real, ao abrir os olhos e retomar a tarefa, a linha agora deverá passar facilmente pelo furo da agulha.

É possível explicar qualquer magia nesse caso sugerindo que a respiração profunda e o olhar momentâneo para dentro simplesmente aquietaram os nervos e o cérebro, e tornaram a tarefa à mão muito mais fácil. Não vamos descartar essa interpretação, mas é mais certeza de que há magia em ação aqui. Mesmo algo simples como visualizar uma tarefa específica exige energia, e, quando acrescentamos um retrato mental ao que imaginamos, preenchemos essa energia com intenção (nesse caso, a energia e o foco necessários para colocar a linha na agulha). Quando abrimos os olhos após a visualização, estamos liberando essa energia para o universo manifestar. Porque a operação é pequena, a magia funciona com rapidez e facilidade, e nossa agulha recebeu a linha.

A magia não se limita a grandes eventos que mudam vidas. Ela pode ser usada para tarefas pequenas, também. Antes de uma viagem a Glastonbury, no Reino Unido, Ari aumentou a inclinação no aparelho elíptico na academia que frequenta e se visualizou subindo o Glastonbury Tor[13] com facilidade, sem ficar sem fôlego. Para certas pessoas isso talvez não pareça magia, mas Ari estava fazendo um feitiço com os passos e o foco. Ela fez um feitiço não somente para ter boa forma para subir o Tor, mas também para chegar sã e salva em Glastonbury. Ela lançou sua intenção para o universo ao visualizá-la, transformando o aparelho da academia em um exercício de magia.

A ideia da visualização criativa é semelhante à de um mantra. Em geral, um mantra é uma palavra ou frase repetida várias vezes, usada para focar a mente ou ajudar a manifestar uma ideia, desejo ou necessidade. Se você está planejando um feitiço grande, visualizar frequentemente seu objetivo final e os passos necessários para chegar lá tornará sua magia mais poderosa. Com cada visualização, você está criando energia e focando sua mente na tarefa mágica em mãos. Um feitiço não começa apenas quando acendemos uma vela ou dizemos um conjunto de palavras; ele começa quando o moldamos nos olhos de nossa mente e dedicamos energia e foco a ele.

Escrever sobre visualização criativa parece fácil, mas muitas vezes ela é mais desafiadora no mundo real. Visualizar algo e depois criar energia

---

13. Monte de 158 metros de altura situado em Glastonbury, em Somerset, Inglaterra. O formato do monte, com sete desníveis, permanece um mistério. (N. da T.)

para apoiar essa visualização são duas coisas muito diferentes. Esse é um dos motivos pelo qual Bruxos e Bruxas frequentemente trabalham com ferramentas. Elas nos ajudam a focar nossa energia, para que não tenhamos de equilibrar ao mesmo tempo duas tarefas diferentes. Colocar toda a nossa energia e intenção num objeto como uma vela nos permite focar exclusivamente nosso desejo e necessidade. Então, deixamos a vela (ou outro objeto) liberar a energia e a magia que elaboramos. Se visualização criativa fosse fácil, haveria pouca necessidade de outras formas de magia. Mas, por ela ser possivelmente desafiadora, suplementamos esse primeiro passo na prática magista com objetos e métodos extras.

A PALAVRA ESCRITA

Há um sem-número de maneiras de usar palavras escritas em feitiçaria. Uma delas, meio óbvia, é que muitas vezes escrevemos um feitiço com antecedência, ou, pelo menos, um trecho dele, para nos ajudar a ficar concentrados ao fazer trabalhos com magia. À medida que você avançar a leitura deste livro, encontrará outros exemplos de como utilizar a palavra escrita, como rascunhar uma ideia na superfície de uma vela ou colocar um nome ao usar um amuleto. Mas muita magia eficaz pode ser feita somente com papel e caneta, e a magia escrita é um dos tipos mais fáceis de magia com que começar.

O que torna a palavra escrita tão eficaz é sua precisão. Se você está fazendo magia para uma pessoa específica, anotar o nome dessa pessoa é um elo bem claro e tangível com ela. No entanto, a palavra escrita pode ser mais complicada como ferramenta mágica ao se lidar com conceitos abstratos. Transformar "quero um emprego novo" em uma peça escrita de magia é provavelmente mais complicado para certas pessoas do que simplesmente visualizar isso.

Existem formas diferentes de usar a palavra escrita na prática da magia. A mais fácil envolve escrever um nome ou uma ideia em um pedaço de papel e, então, fazer alguma coisa com esse papel. Se você está tentando eliminar alguém de sua vida, uma operação simples seria escrever o nome dele ou dela em um pedaço de papel e, em seguida, atear fogo nele. O lado oposto do espectro consiste em anotar um nome e congelar o pedaço de papel em um cubo numa fôrma para gelo, para imobilizar uma pessoa destrutiva. Outras coisas que você pode fazer com um pedaço de papel são enterrar, jogar na privada e dar descarga, colocar embaixo de seu travesseiro ou, simplesmente, jogar no lixo.

A palavra escrita também pode ser usada como uma extensão da visualização criativa. Antes de iniciar qualquer feitiço, você pode anotar tudo o que está vendo com a imaginação e usar isso como uma forma de gerar energia mágica. Quanto mais tempo e foco você dedicar à feitiçaria, mais potente seu trabalho será. Fazer anotações é mais uma maneira de gerar energia. Junto com a visualização criativa, fazer um inventário escrito rápido do que você está tentando obter com um feitiço pode ser muito útil.

Tudo isso parece bem simples, mas nós quatro temos opiniões muito diferentes sobre a eficácia da palavra escrita na magia. Jason diz que é tiro e queda, considerando-a uma forma de levar a visualização criativa para o próximo passo. Já que precisão é importante na magia, o que poderia ser mais preciso do que palavras? Mas nem todo mundo se dá bem com palavras, e provavelmente todos nós já nos deparamos com circunstâncias em que não conseguimos colocar com exatidão nossos pensamentos no papel. A maneira como uma pessoa usa a palavra escrita em magia, sobretudo com trabalhos maiores, provavelmente depende, em certo sentido, de até que ponto sua habilidade com a escrita é marcante.

No lado positivo, o ato de escrever reforça ideias e conceitos. É por isso que, na escola, muitas vezes nos pedem para escrever as informações que estamos tentando aprender ou memorizar. Fazer anotações também pode trazer à tona ideias e objetivos outrora esquecidos. Anotar as coisas pode ajudar você a organizar seus pensamentos e a perceber o que deixou para trás.

Palavras também são cheias de emotividade. Se você está trabalhando em um feitiço para curar um coração partido, é provável que esteja elaborando esse feitiço porque seu coração está magoado. Ao escrever os detalhes de como serão os reparos em sua psique, provavelmente você conseguirá sentir suas próprias emoções marcantes conforme vai escrevendo.

O ponto negativo é que, às vezes, é simplesmente impossível anotar tudo em que pensamos. Enquanto algumas pessoas consideram a escrita uma forma de clarificar as próprias ideias, outras perdem detalhes de sua visualização ao fazer isso. Talvez não haja palavras exatas que correspondam com exatidão ao que você está tentando realizar, ou talvez o que você está anotando não descreva adequadamente sua intenção original.

A maneira como alguém usa palavras escritas no próprio trabalho com magia é muito pessoal. No entanto, descobrimos que algumas dicas simples podem ajudá-lo a se tornar mais eficaz. A primeira é ser *o mais claro possível*. Escrever "curar um coração partido" nem chega perto da precisão necessária. Uma prática melhor seria escrever "curar meu coração partido", e ainda melhor seria incluir como você quer que seu coração se cure: "curar meu coração partido com um novo amor".

A segunda dica é *evitar palavras negativas*. Escreva o que você quer, e não o que está tentando evitar. "Semelhante atrai semelhante" também se aplica a palavras, e escrever coisas negativas torna muito mais elevada a probabilidade de essas coisas entrarem na sua vida. Se você está de férias e tentando evitar ficar doente ou se ferir enquanto viaja, é mais eficaz escrever "seguro e saudável" do que "sem doença ou acidentes". Há momentos em que é impossível evitar o negativo, mas geralmente ele pode ser evitado. Evitar negativas tornará seus desejos e necessidades mágicos mais claros para o universo.

O uso da palavra escrita na prática da magia está em constante mudança e crescimento. A prática de escrever frases, palavras e mantras no corpo em forma de tatuagem é um exemplo disso. Afirmações positivas eternamente imortalizadas em tinta no corpo humano certamente são mágicas. Colocar o nome de um ente querido falecido em seu corpo é um elo mágico com essa pessoa que nunca pode ser rompido (a menos que seja coberto). Tudo tem potencial para ser um receptáculo para a magia, inclusive tatuagens.

ALFABETOS MÁGICOS

Os livros de Bruxaria que lemos desde jovens muitas vezes mencionavam escrever com alfabetos mágicos. Alfabetos mágicos são similares ao nosso alfabeto latino, mas usam símbolos diferentes para representar essas letras. Um dos manuais de Bruxaria mais populares dos anos 1980 e 1990 sugeria escrever em caracteres mágicos tudo o que se relacionasse a Bruxaria, desde palavras gravadas em um punhal até um Livro das Sombras integral. Nós quatro não usamos muito alfabetos mágicos em nossas práticas, mas isso é só uma preferência pessoal. Há muitos Bruxos e Bruxas que confiam muito em alfabetos mágicos por motivos que ainda vamos analisar.

Os principais benefícios de usar alfabetos mágicos são maior concentração e sigilo. Vamos começar pela concentração. Já que a maioria de nós provavelmente não vai memorizar a escrita tebana (o alfabeto mágico mais comum em Bruxaria), utilizá-lo requer trabalho e foco extra. Digamos que você esteja tentando banir um mau hábito, como a indolência, escrevendo a palavra *indolência* (*sloth*)[14] em um pedaço de papel e, em seguida, queimando-o. Em vez de escrever indolência, você escreveria ℨℒℳℒℋ, que é a palavra tebana para esse termo. (Já que o tebano é uma fonte que você pode baixar com facilidade, usar esse alfabeto mágico é bem mais simples hoje do que há quarenta anos!)

A	B	C	D	E	F	G	H	I	K	L	M

N	O	P	Q	R	S	T	V	X	Y	Z	(fim da frase)

Escrita Tebana

---

14. A análise feita pelos autores do significado das letras do alfabeto tebano baseia-se na língua inglesa, por isso se manteve a palavra em inglês entre parênteses. (N. da T.)

Pelo fato de o uso do tebano exigir que verificássemos cada letra para soletrar uma palavra como *indolência* (*sloth*), estaríamos passando um tempo extra pensando em indolência. Para algumas pessoas, provavelmente esse seria o caso, mas outros de nós perderíamos o foco de banir o mau hábito e, em vez disso, só nos concentraríamos em verificar as letras tebanas. Acrescente-se a isso a dificuldade e o estresse de desenhar com êxito um símbolo que não nos é familiar, como Ʋ (isso é um *i*), e você poderá ver por que usar caracteres mágicos poderia atrapalhar a concentração de um Bruxo ou uma Bruxa.

Por outro lado, usar caracteres como os tebanos pode fazer você se sentir mais mágico. Isso vale, sobretudo, se você conseguir memorizá-los! Se usá-los se tornar um hábito e você os reservar somente para atividades de magia, provavelmente eles vão ampliar a energia que você cria. Se usar o tebano não passa de um exercício frustrante de analisar coisas, isso não será muito útil.

Entretanto, todos concordamos que alfabetos mágicos são sobretudo eficazes se você estiver tentando manter algo sob sigilo. Se estiver fazendo feitiços envolvendo um colega de quarto, escrever o nome desse colega em tebano (ou em outros caracteres mágicos) vai impedi-lo de saber que você está se concentrando nele, se ele mexer nas suas coisas. Usar um alfabeto mágico em um Livro de Sombras evitará que as pessoas saibam o que você deseja esconder ali. O uso de um alfabeto mágico também pode impedir as pessoas de mexer nas suas coisas. Pessoas que têm medo de magia e Bruxaria provavelmente não vão fuçar em nada que contenha um monte de símbolos não identificáveis.

Semelhante ao uso de um alfabeto mágico é escrever em nosso alfabeto padrão, mas de trás para a frente! Escrever algo de trás para a frente (ou *etnerf a arap sárt ed ogla revercsE*) pode afastar olhares curiosos de seu trabalho com magia, e pode, simplesmente, fazer você se sentir mais mágico. Também existe um uso mais prático para a escrita de trás para a frente: ela pode servir para desviar ou reverter magias direcionadas a você.

Se houver Bruxos e Bruxas desagradáveis em sua área, do tipo que amaldiçoam e praguejam sem nenhum motivo, escrever *!mim ed egnol arap e êcov arap oçitief ues ovloveD* ("Devolvo seu feitiço para você e para longe de mim!") pode ajudar a redirecionar a energia de volta para eles. Esse é um truquezinho mágico poderoso, e muitas vezes as pessoas o deixam passar. Ainda que achemos que ele faz total sentido, se você discorda, provavelmente não funcionará no seu caso, portanto, use somente se isso sintonizar com você.

Anotar coisas de trás para a frente geralmente não gera a quebra de concentração que podemos experimentar ao escrever coisas em caracteres mágicos. É só escrever o que você quer fazer em letras comuns e, então, usar isso para guiá-lo na escrita reversa. É preciso um pouco de foco, mas não tanto quanto ficar fuçando tabelas de correspondência.

SIGILOS

Semelhantes a alfabetos mágicos, mas um pouco mais abstratos, são os sigilos. Sigilos são símbolos conectados a uma ideia ou objetivo mágico. Por exemplo, se você está tentando perder peso, pode criar um sigilo dedicado à perda de peso. Incluídos nesse sigilo estariam formas e sinais que você sente que se conectam com seu objetivo e que sintonizam com você. Em seguida, você colocaria esse sigilo em um lugar (ou lugares) onde os veria com frequência. No caso de nossa situação aqui, a geladeira parece um lugar ideal para colocar tal sigilo. Em vez de abrir a porta da geladeira, você seria atingido pelo poder de seu sigilo, lembrando-o do objetivo de perder peso e fortalecendo sua resolução.

O uso moderno de magia sigilosa é bem diferente do intento original de um sigilo. Nos grimórios da Idade Média e no início do período moderno, sigilos eram mais frequentemente usados e criados para ajudar na manifestação de anjos e demônios, e, o mais importante, a controlar essas entidades. Pensava-se que sigilos eram nomes secretos de entidades poderosas, e acreditava-se que a posse desses nomes secretos conferia poder sobre figuras como os arcanjos Rafael, Gabriel e Miguel.[15] Ainda existem pessoas que usam sigilos para esse propósito, e um dos grimórios mais influentes de todos os tempos, o *Key of Solomon* (A Chave de Salomão), contém dezenas de sigilos dedicados apenas a essa tarefa.

---

15. Rosemary Ellen Guiley. *The Encyclopedia of Witches & Witchcraft*. Nova York: Facts On File, 1999, p. 310.

Não há regras rígidas para se criarem os próprios sigilos. Você pode usar símbolos conhecidos (como um coração para amor) ou abstratos, ou simplesmente desenhar o seu. O mais importante é que as coisas colocadas no papel sintonizem com você. É mais fácil do que nunca desenhar um sigilo no computador, mas, para eficácia máxima, ele deve ser feito à mão. Ao desenhar um sigilo, você o está infundindo de poder e energia, e a cada vez que o vê, seja pelos olhos físicos, seja pelos da mente, está interagindo com seu poder.

Crie Seu Próprio Sigilo

Para este exercício, Jason criou um sigilo a fim de inspirá-lo a sair de casa e se exercitar mais (veja a ilustração). Esse é um exemplo de como é simples criar um sigilo e como é fácil usar símbolos para representar ideias e ações. Há livros inteiros dedicados à magia sigilosa, e aqui não podemos nos aprofundar demais. Pense neste como uma prévia, e, se você se descobrir intrigado por magia sigilosa, dê uma olhada na bibliografia para complementar seus estudos.

Para começar, Jason desenhou uma linha reta apontando para cima. Para ele, isso representa seguir em frente na vida. Também sugere atividade física. A frase "para o alto e avante" também veio à mente, e seu objetivo era seguir em frente com suas metas relacionadas à forma física.

A segunda coisa que Jason desenhou foi uma estrela de cinco pontas na base da linha. Uma estrela pode representar energia, porém, mais importante para ele era a associação duradoura do pentáculo com a Bruxaria. Pentáculos de invocação e banimento têm uma longa história na magia, e um pentáculo conjura essas duas energias diferentes com base no padrão com que são desenhados. Jason quis captar a energia da manifestação em seu sigilo, daí o pentáculo.

Movimento é realmente importante se o desejo é se exercitar, e as linhas onduladas acrescentadas aqui representam a ideia. Elas também fazem Jason se lembrar de um pouco de brisa, o que ele associa a corridas. As linhas onduladas também são símbolo de braços se movimentando, o que acontece quando uma pessoa corre.

Tomando emprestada uma ideia da autora Laura Tempest Zakroff, que sugere, no livro *Sigil Witchery*, que pirâmides têm uma energia poderosa, Jason desenhou em seguida três pirâmides.¹⁶ Correr, em particular, faz Jason se sentir forte, então, fez sentido acrescentá-las ao sigilo. Os triângulos também podem representar alguém escalando uma montanha, o que se relaciona ao objetivo tanto em sentido literal quanto metafórico. (Ser mais ativo é uma montanha metafórica por onde subir, e, por ser mais ativo, Jason pode subir uma montanha de verdade ou, ao menos, uma colina.)

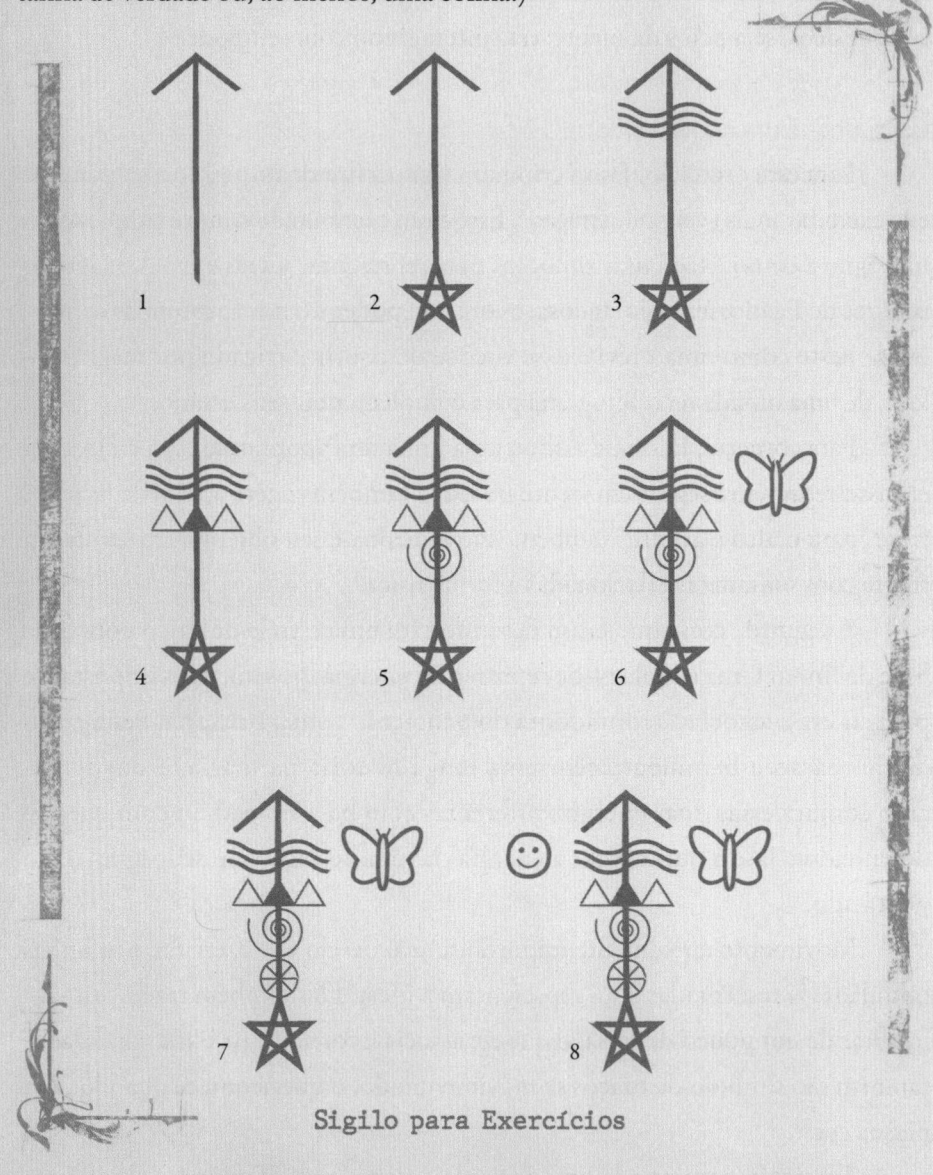

Sigilo para Exercícios

---

16. Laura Tempest Zakroff. *Sigil Witchery: A Witch's Guide to Crafting Magick Symbols*. Woodbury, MN: Llewellyn, 2018, p. 50. Se você se interessa por sigilos, esse livro é para você!

Em seguida, Jason desenhou uma espiral, outro representante de movimento, mas aqui ele tinha um motivo extra: a espiral o faz lembrar de seu bairro. Jason e Ari moram em uma região suburbana densamente povoada, onde as ruas frequentemente parecem estar se espiralando umas nas outras. Sempre que Jason vê essa espiral, ele pensa nas pistas de corrida gravadas em seu celular.

Um dos motivos para se exercitar mais é se sentir melhor e, talvez, perder um pouco de peso. Jason não espera renascer como uma borboleta saindo do casulo, o que ele espera é ver ou sentir algumas diferenças físicas. Aqui, a borboleta simboliza essas mudanças.

Às vezes, é fácil limitar nosso trabalho com magia a uma única estação, mas a Roda do Ano aqui representa a natureza contínua do projeto de exercícios. Acrescentá-la ao sigilo afirma que haverá exercícios na primavera, no verão, no outono e no inverno. A Roda do Ano sugere as estações em movimento, e exercício é movimento.

O último símbolo, uma carinha feliz, pode parecer meio bobo, mas Jason fica mais feliz quando se exercita com regularidade. No fundo, ele sabe que não está se cuidando da melhor maneira quando fica o dia todo sentado à escrivaninha. A carinha feliz representa quem ele deseja ser e é um lembrete de que o movimento o deixará mais feliz.

Por ser escritor em tempo integral, Jason colocou esse sigilo em sua mesa de trabalho. Agora, sempre que o olha, se inspira a sair pelo menos um pouco. Enquanto desenhava seu sigilo, sabia o que cada símbolo significava para ele e infundiu essas energias em seu desenho. Sigilos são uma excelente forma de manter sua feitiçaria em movimento e se concentrar em seus objetivos mágicos.

A Roda de sigilo

Uma forma alternativa de criar sigilos é usando uma roda de sigilo, que consiste de um círculo com 26 espaços, geralmente divididos em três fileiras concêntricas de cinco, oito e treze espaços. Ao contrário do sigilo recém-abordado, a roda de sigilo cria um único sigilo sem nenhum símbolo. Se sua preocupação é que suas habilidades artísticas não sejam boas para criar um sigilo tradicional, usar uma roda de sigilo é uma ótima alternativa.

Com uma roda de sigilo, a Bruxa ou o Bruxo desenha uma série de linhas conectando todas as letras que constituem sua intenção mágica. Por exemplo, se você está buscando um novo lugar para morar, sua intenção pode ser "novo lar". A partir daí, você iria para sua roda de sigilo e desenharia uma linha da primeira letra de sua intenção para a segunda letra, portanto, do *N* para o *O*. Em seguida, desenharia uma linha do *V* para o *O*, do *L* para o *A* e assim por diante, até chegar à última letra de sua intenção. A linha desenhada resultante é seu sigilo, que você pode usar como um sigilo tradicional.

Antes de trabalhar neste livro, eu (Jason) nunca havia encontrado esse tipo de magia sigilosa até Amanda me apresentá-la. Durante meus experimentos com ela, achei-a extremamente empoderadora. Verbalizei minha intenção, visualizei meu desejo, e então liguei os pontos às letras. Foi simples, mas pude sentir a energia emanando de mim e da caneta que eu estava usando.

Para trabalhar com uma roda de sigilo, você terá que criar sua própria roda ou achar uma na internet (o que é fácil). Achamos melhor criar a própria roda, não somente porque a criação vai acrescentar um poder extra à sua magia, mas também porque a maneira como você organiza as letras na roda possui significado mágico.

A maioria das rodas de sigilo encontradas na internet começam com *A* no topo da imagem na fileira superior e então se espiralam, com *N* no início da segunda fila e *V* no começo da fila interior. A espiral interna sugere um ponto de parada ou de finalização, que funciona bem com magia focada em parar um hábito ou uma pessoa.

À guisa de contraste, se sua roda começa com *A* na fila interna, então as letras estão espiralando para cima, o que sugere ganhos e crescimento. Esse é o tipo de energia para usar quando se busca um novo parceiro ou emprego. Uma terceira opção é dispor aleatoriamente as letras no sigilo, o que é perfeito se você está tentando fazer magia para camuflar suas ações ou confundir um adversário. A natureza confusa das letras aleatoriamente organizadas se estenderá ao sigilo que você cria.

Uma forma otimizada de usar uma roda de sigilo é com um pedaço de papel vegetal. Coloque o papel no topo de sua roda e, em seguida, crie seu sigilo. O ideal é você separar o sigilo da roda, para poder usar o sigilo como ponto de foco sem que as letras da roda o distraiam e o atrapalhem. O foco deve ser diretamente no sigilo, não na roda de sigilo. Não tem papel vegetal? Não tem importância. A maioria dos papéis que usamos em nossas impressoras hoje em dia é transparente o bastante para concretizar o mesmo objetivo.

Ao criar seu sigilo, suas linhas percorrerão caixas de letras que não se conectam com seu feitiço. Tudo bem, não dá para evitar. No entanto, certifique-se de que todas as letras de sua intenção sejam claramente tocadas pela linha que você está desenhando para criar seu sigilo.

Você pode acrescentar camadas extras em sua roda de sigilo usando um alfabeto mágico, como o tebano. No entanto, se você ficar procurando a letra tebana equivalente para cada letra do alfabeto latino de seu intento, é mais provável que foque correspondências em vez de sua intenção mágica.

Exemplos de Magia Sigilosa com a Roda de Sigilo

O primeiro sigilo que criamos aqui foi para favorecer o crescimento no jardim dos fundos da casa de Ari e Jason. Por estarmos focados em estimular o crescimento de coisas, começamos com a letra *A* na fila interna da roda, com o restante das letras espiralando para fora a partir daí. A palavra que usamos foi, simplesmente, *jardim* (*garden*, no original em inglês e na ilustração), porque não sentimos que ele precisava de muito embelezamento.

Sigilo do Jardim

Quando finalizamos a criação do sigilo, Jason pegou o traçado do sigilo e o desenhou em algumas pedras achatadas com uma caneta de ponta fina. Em seguida, colocou o sigilo verdadeiro no jardim e acabou cultivando a maior abóbora que ele já viu.

Sigilo Chega de Preguiça

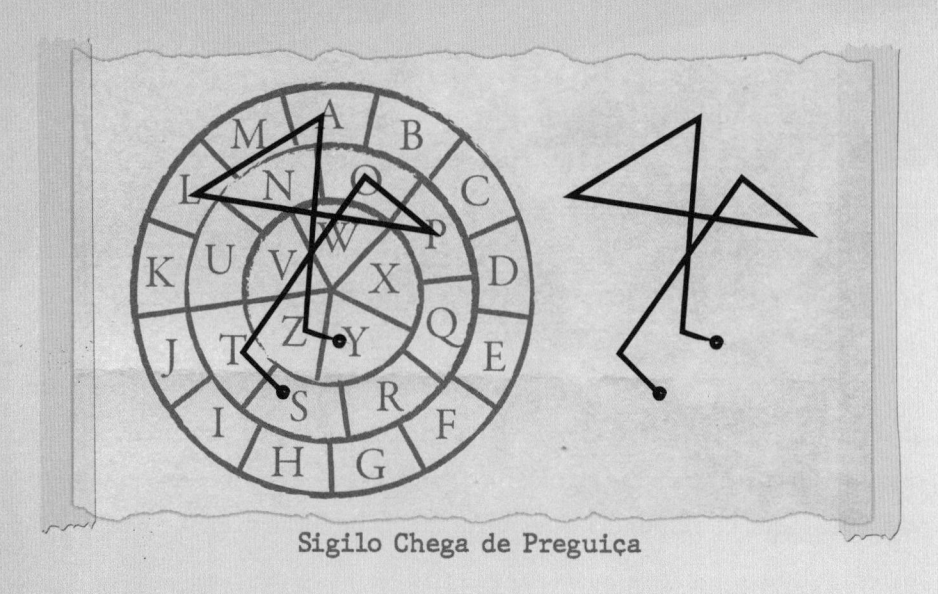

Um grande problema que muitos de nós enfrentamos é uma crise ocasional de preguiça. Às vezes, precisamos ser preguiçosos para nos recarregar um pouco, outras, nos sentimos preguiçosos porque estamos presos em uma rotina ou em outras circunstâncias indesejadas. Nosso segundo sigilo para este livro foi "chega de preguiça" (*stop lazy*, no original em inglês e na ilustração), um grito bem alto e empático para colocarmos a mão na massa. Achamos melhor evitar palavras negativas em feitiçaria, mas nesse caso realmente precisávamos de um empurrão, e "chega de preguiça" pareceu o pontapé inicial de que todos necessitávamos. Para esse sigilo, utilizamos uma roda de sigilo começando com a letra A na fila superior e, a partir daí, uma espiral para o interior. Quando terminamos o sigilo, nós o colocamos perto de nossas estações de trabalho e altares a fim de nos inspirarmos a terminar este livro (quase) no prazo.

Sigilo Nada

 Nosso terceiro sigilo é o da confusão, que utiliza letras aleatoriamente dispostas na roda. Você já recebeu pessoas em sua casa e as descobriu mexendo em uma gaveta ou armário de remédios? Esse sigilo é elaborado para evitar que pessoas mexam nas suas coisas. A palavra que escolhemos para ele foi nada (*nothing*, no original em inglês e na ilustração), que é a ideia que você gostaria de projetar em pessoas curiosas demais, para o próprio bem delas! Ao contrário dos outros sigilos, este aqui é bom você colocar *dentro* do lugar que deseja manter longe de olhares curiosos. Se você está usando esse sigilo em uma gaveta, o local ideal é no interior da face da gaveta (ou na frente), para que o sigilo fique de frente para o exterior em direção à pessoa que abre a gaveta. Isso significa que você não vai mais conseguir ver o sigilo dentro da gaveta, mas sua energia vai irradiar para o exterior, confundindo quaisquer xeretas em sua casa.

Capítulo 4

Feitiços por Visualização e Alfabetos

Trabalhar com feitiços não exige uma grande quantidade de ferramentas ou outras indumentárias. Muitos feitiços podem ser feitos com uma simples visualização criativa, e outros não requerem nada além de lápis (ou caneta) e um pedaço de papel. Com frequência, magias são feitas de formas desnecessariamente complicadas. Os feitiços que envolvem visualização criativa e palavras escritas incluídos aqui são simples e eficazes. Muitos desses feitiços estão entre os itens mais usados em nossa bolsa mágica de truques.

FEITIÇOS DE VISUALIZAÇÃO CRIATIVA

Feitiços envolvendo visualização criativa geralmente são feitos porque não há outra opção. São os tipos de feitiço que você faz porque se encontra em circunstâncias muito inesperadas e precisa de certa energia mágica. Tudo o que esses feitiços exigem é uma imagem clara do que você está tentando realizar, e, por causa disso, nós os deixamos propositalmente bastante simples. Por talvez ser necessário recorrer a esses feitiços em épocas de revés, sugerimos praticá-los algumas vezes antes de precisar deles de fato. Quanto mais você pratica e faz os feitiços a seguir, mais forte a magia ficará com o tempo. A magia é como todas as outras coisas: a prática leva à perfeição!

ESCUDOS A POSTOS! UM FEITIÇO RÁPIDO DE PROTEÇÃO

Sempre que você se sentir ameaçado, o melhor é lançar mão de um escudo pessoal de energia. Essa energia não vai necessariamente impedir as pessoas de dizer coisas cruéis, mas o tornará mais resiliente e menos afetado pelas farpas e besteiras que elas falam. Proteger-se também gera uma energia que diz "me deixe em paz", e com frequência o resultado será as pessoas passando para o próximo alvo ou, simplesmente, ignorando você.

Comece visualizando-se seguro, confiante e protegido. Depois de criar essa imagem, imagine uma energia se concentrando perto de seu coração. Essa energia deve brotar dentro de seu corpo e, em seguida, ir para o seu coração. Em geral, visualizamos que essa energia tem as cores azul e branca, mas a imagine da maneira que funcionar melhor para você. Ao visualizar a energia se reunindo próximo a seu coração, tente, de forma ativa, sentir essa energia se acumulando aí. A sensação deve ser aconchegante e acolhedora.

Respire fundo e, em seguida, empurre ativamente a energia para fora de seu corpo. Imagine-a como uma armadura cobrindo seu corpo. (Outras visualizações incluem um simples escudo ou um globo espelhado de energia rodeando você.) Imagine essa armadura desviando quaisquer comentários negativos dirigidos a você e servindo como um alerta para outras pessoas se afastarem. Depois que a energia envolver seu corpo, diga, em voz baixa, "que assim seja", para indicar que o feitiço foi lançado com sucesso.[17]

Pelo fato de a energia não ficar parada, talvez você tenha de repetir esse processo várias vezes no decorrer de algumas horas. Quando sentir que o feitiço está se quebrando ou não estiver mais obtendo os resultados que você deseja, cerque-se de mais energia protetiva.

---

17. "Que assim seja" é uma expressão comum dita ao final de um feitiço. Equivale ao uso do termo "Amém" no fim de uma oração.

CONVERSA ANIMADA DE VISUALIZAÇÃO CRIATIVA

Todos nós temos que lidar com tarefas desagradáveis de vez em quando, mas a magia pode nos ajudar a dar conta delas. Se você está diante de uma tarefa indesejada, respire fundo e se visualize realizando-a com rapidez e facilidade. Por exemplo, muitos de nós somos obrigados a dar palestras ou fazer apresentações no trabalho, o que pode causar muita ansiedade. Nos dias anteriores à palestra, visualize-se confiante e bem-sucedido.

Enquanto você se visualiza cumprindo a tarefa, comece a entoar um mantra em voz alta ou em sua cabeça. Nesse caso, você pode cantar "Vou dar conta dessa palestra, vou ser forte". Antes de iniciar a tarefa de fato, passe um ou dois minutos repetindo o mantra. Conforme fala, a energia da visualização será liberada, conferindo-lhe poder para realizar seu objetivo. Se você se sentir vacilante durante a tarefa, repita mentalmente o mantra para liberar energia mágica extra.

O MANTRA MATINAL DO ESPELHO

Diariamente, somos bombardeados com a mensagem de que, não importa o que façamos, não somos bons o bastante. Imagens publicitárias muitas vezes insultam nossa aparência física e inteligência. Este mantra matinal do espelho é uma ótima maneira de vencer essas energias negativas e começar seu dia (ou noite) de uma maneira empoderada.

Fique de frente para um espelho e dê uma boa olhada em si mesmo. Ninguém é perfeito, mas a maioria de nós é, no mínimo, bem bacana! Todos temos qualidades e habilidades desejáveis. Quando se olhar no espelho, visualize todas essas coisas boas e reserve um momento para se sentir positivo em relação a si mesmo.

Espelhos são ferramentas mágicas usadas com frequência para refletir as energias projetadas neles. Já que o feitiço foi feito para ser dito em frente a um espelho, ele diretamente nos enviará de volta nossa energia positiva!

Aqui, seu mantra pode ser tudo o que você quiser. Gostamos de enfatizar o quanto somos fortes e capazes de superar os obstáculos da vida. Também queremos que nosso corpo seja saudável, portanto, o mantra também nos envia de volta uma energia que reforça saúde e vitalidade.

Olhe no espelho e comece a entoar seu mantra. Este é o nosso:

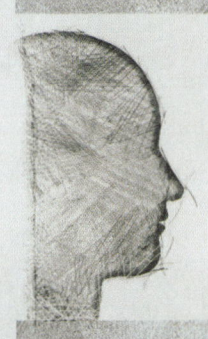

Meus ossos são fortes,
meu sangue é forte,
meu fôlego é forte,
minha mente é clara e certeira.

Conforme pronuncia essas palavras, imagine-se forte e saudável, e sinta em plenitude a energia de sua intenção voltando para você, preparando-o para o dia. Quando acabar, diga um sincero "que assim seja", indicando que o feitiço acabou.

FEITIÇOS EM PAPEL E CANETA

Em geral, canetas e papéis não são listados como ferramentas oficiais de Bruxos e Bruxas, mas talvez devessem ser. Palavras e desenhos têm mais energia do que a maioria das pessoas pensa! Se você é novo na Bruxaria, feitiços em papel e caneta são pontos de partida fáceis. Da mesma forma, esses feitiços podem ser facilmente escondidos, o que é perfeito se você está tentando esconder de um colega de quarto, parceiro ou pai/mãe que pratica Bruxaria.

UM CÍRCULO PARA PROTEÇÃO E DEFLEXÃO

Em um pedaço de papel comum, desenhe um grande círculo. Então, coloque o papel em um pentáculo, se você tiver um (e tudo bem se não tiver – é só colocar o pedaço de papel na área de trabalho).[18] Agora, comece a pensar nas

---

18. Não sabe direito o que é um pentáculo ou para que ele é usado? Saiba mais sobre o pentáculo no glossário deste livro.

pessoas que você deseja proteger. Visualize-as com clareza com o olho de sua mente e, então, comece a escrever o nome delas no centro do círculo. Enquanto anota esses nomes, diga:

Para manter todos a salvo de danos,
Criei para nós este encanto!

Repita os versos enquanto escreve todos os nomes.

Do lado de fora do círculo, escreva o que você quer que sua magia faça. Enquanto criávamos esse feitiço, optamos por anotar as seguintes expressões: "desviar todas as más intenções", "proteger a todos nós" e "proteger-nos de danos". Em seguida, imagine a energia negativa sendo direcionada para seu círculo e ricocheteando. Quando acabar, seu desenho deve ficar parecido com um sol ou uma flor. O círculo que você criou aqui deve manter a negatividade longe das pessoas que estão dentro dele refletindo essa energia de volta a quem a enviou.

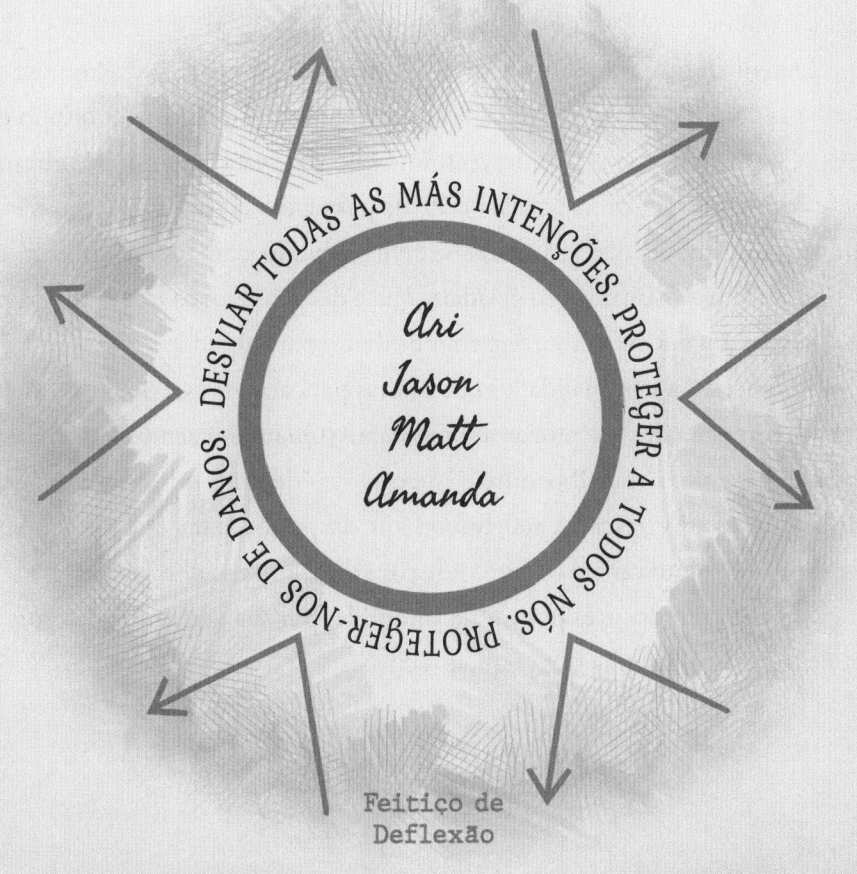

DESVIAR TODAS AS MÁS INTENÇÕES. PROTEGER A TODOS NÓS. PROTEGER-NOS DE DANOS.

Ari
Jason
Matt
Amanda

Feitiço de Deflexão

Se você não gosta do visual de um círculo, uma alternativa é desenhar um escudo e colocar atrás dele os nomes de quem você está tentando proteger. Em seguida, desenhe a energia negativa ricocheteando do escudo e saindo dele.

Quando terminar sua ilustração, coloque-a em um lugar afastado, onde não possa ser vista. Sugerimos colocá-la em um cômodo com bastante movimento, atrás de um quadro. Para resultados otimizados, repita esse feitiço ano a ano para renovar a energia magista.

FEITIÇO DA PIRÂMIDE DO DINHEIRO

Independentemente de como alguém se sente em relação ao dinheiro, é difícil viver em sociedade sem ele. Este feitiço é elaborado para manter o dinheiro fluindo em sua vida, para que sempre haja uma quantia suficiente para pagar as contas.

Desenhe uma pirâmide grande em um pedaço de papel. Certifique-se de desenhá-la com o lado direito para cima e a ponta direcionada para o topo do papel. No centro de sua pirâmide, escreva o que você está tentando manifestar (como "dinheiro sem preocupação"). Pedir para ganhar na loteria aqui não é muito prático. Em vez disso, visualize-se bem-sucedido, com todo o dinheiro de que precisa e mais. Visualize sua geladeira cheia de comida, e conseguindo pagar facilmente o aluguel ou a hipoteca, com dinheiro para guardar.

Agora, escreva as qualidades necessárias para atingir esse objetivo. Ideias incluem competência, fartura e abundância. (Quando fizemos esse feitiço juntos, escrevemos "trabalho duro", "sucesso" e "determinação".) Para obter melhores resultados, escreva seu nome (ou da pessoa para quem você está fazendo o feitiço) no centro da pirâmide para direcionar melhor sua magia.

Em cada um dos três pontos da pirâmide, por sua vez, entoe o seguinte cântico enquanto desenha três pequenos cifrões:

Dinheiro vem, dinheiro cresce.
Dinheiro acumula, dinheiro flui.

Imagine esse dinheiro chegando em sua vida e fluindo ao seu redor. Este feitiço não é um pagamento feito uma única vez; é a manifestação de um fluxo contínuo de dinheiro. Continue o cântico do fluxo de dinheiro e desenhe um grande sinal de cifrão no topo da pirâmide. Pare na ponta esquerda da base e desenhe outro cifrão grande. Agora, desenhe outra linha ondulada para a direita. Na ponta direita da pirâmide, desenhe mais um sinal grande de cifrão e, depois, uma linha ondulada subindo a pirâmide. Visualize a energia da segurança financeira se movendo ao seu redor, fluindo e sempre presente.

$

$$$

$

TUDO DE QUE PRECISO

IMÃ DE DINHEIRO

DINHEIRO
SEM
PREOCUPAÇÃO

- DOUG -

TRABALHO DURO
SUCESSO
DETERMINAÇÃO

$ $

$ $$$ $$$ $

DINHEIRO EXTRA

Entre a pirâmide e as linhas onduladas, escreva frases afirmativas afirmando o que você quer. Escrevemos "tudo de que preciso", "ímã de dinheiro" e "dinheiro extra", todas as coisas que estávamos tentando manifestar. Para sinalizar a energia em torno da pirâmide se movendo para dentro a fim de preencher suas necessidades, desenhe mais três cifrões, dessa vez dentro da pirâmide em cada uma das três pontas.

Para maximizar resultados, coloque sua pirâmide em um local associado a dinheiro, como uma carteira ou bolsa, em seu talão de cheques (se você ainda usa cheque), ou, talvez, colada no computador ou sob a capa do celular. Repita o feitiço todo ano.

LOTERIA DO AMOR

Feitiços de amor têm sido populares há milhares de anos, mas eles também estão entre os mais fáceis de errar! Este feitiço vai ajudar você a encontrar o tipo exato de parceiro romântico que está procurando.

Comece desenhando um coração grande em um pedaço de papel. Enquanto o desenha, visualize o amor chegando até você e do jeito que deseja. Em seguida, anote o que você está buscando em um parceiro(a). Algumas expressões e termos sugeridos são "estabilidade", "paixão", "que ele(a) tenha olhos só para mim", "um ombro sempre que eu precisar", "*hobbies* em comum" etc. Depois que completar sua lista, desenhe uma versão sua no centro do coração. Isso não precisa ser elaborado. Um homem (ou mulher)-palito vai funcionar.

Depois de desenhar sua autoimagem, comece escrevendo, dentro e ao redor do desenho, as qualidades que você busca em um parceiro(a). Enquanto faz essas anotações, pronuncie-as em voz alta. Aqui estão alguns exemplos:

Busco um(a) parceiro(a) estável livre de dramas.
Busco um(a) parceiro(a) que seja apaixonado(a) por nossa relação, física e emocionalmente.
Busco um(a) parceiro(a) que tenha olhos só para mim.
Busco um(a) parceiro(a) que sempre me ofereça um ombro amigo.
Busco um(a) parceiro(a) com quem eu possa compartilhar meus interesses e hobbies.

Quanto mais linhas você escrever e disser, mais precisa será sua magia, e mais provável será que você encontre exatamente o que está procurando.

Depois de fazer as anotações, diga:

Não apenas busco amor, mas mereço amor! Então, que assim seja!

Assim que terminar o feitiço, dobre-o e o carregue na carteira ou bolsa para atrair o tipo de amor que você está procurando.

FEITIÇOS EM ENVELOPES

Feitiços em envelopes são ótimos exemplos de magia empática. Você pode usar um envelope vazio para enviar sorte, amor e energia às pessoas. Quando estiver usando um envelope para propósitos mágicos, endereça o lado de fora dele como o faria em situações normais. Escreva o nome e o endereço do destinatário da maneira mais específica que puder (embora não tenhamos certeza se a magia se importa com códigos postais!) Se você tem alguma coisa que pertença ao destinatário do feitiço, coloque-a dentro do envelope para um elo extra com essa pessoa. Pode ser algo que ela tinha, sua assinatura, uma mecha de cabelo ou, mesmo, uma simples foto.

Para enviar energia a alguém, coloque no envelope coisas que você associa com energia, enquanto pensa na pessoa para quem está fazendo o feitiço. Quando pensamos em energia, pensamos em coisas relacionadas a exercícios, além de certos alimentos e bebidas que nos deixam mais alertas. Colocar alguns grãos de café no envelope é apropriado, mas você também pode usar fotos de bebidas energéticas. Se quiser usar coisas relacionadas a exercícios, algo como um simples par de tênis funcionará. Se um item representa energia e poder para você, coloque-o no envelope!

Se você está tentando enviar sorte a alguém, coloque no envelope coisas associadas a sorte. Ideias incluem trevos de quatro folhas, desenhos ou fotos de ferraduras, um pé de coelho com as palavras *encantos* e *sortudo* em seu nome. Há um sem-número de possibilidades! Se representam sorte, coloque no envelope. Você pode repetir esse processo com praticamente tudo o que deseja enviar a outra pessoa.

Quando terminar de encher o envelope, coloque-o no seu pentáculo e diga:

Este envelope contém o que desejo enviar.
Conceda todas estas bênçãos a meu/minha amigo(a)!
Que assim seja!

Enquanto diz as últimas palavras do feitiço, visualize as energias com que encheu o envelope entrando em seu pentáculo e indo diretamente até seu amigo ou amiga. Visualize seu pentáculo como um portal aberto e brilhante, com a energia do feitiço atravessando-o até seu objetivo. Mantenha o envelope no pentáculo por pelo menos uma hora, depois, coloque o envelope em um lugar seguro ou desfaça dele do jeito que você achar mais apropriado (queimando, jogando no lixo, na compostagem etc.).

CARTA AOS MORTOS

A morte é uma parte indesejada da vida, mas também inevitável. Algumas vezes, podemos estar com nossos entes queridos enquanto eles se despedem da vida e compartilhar com eles como nos sentimos. Mas a morte também pode ser repentina e inesperada, e, quando é esse o caso, muitas vezes há coisas que não são ditas. Como Bruxos e Bruxas, acreditamos que a alma sobrevive à morte, e que podemos compartilhar nossas emoções e sentimentos com os que faleceram.

Se você descobrir que precisa compartilhar alguma coisa com alguém que faleceu, comece endereçando um envelope a essa pessoa. Inclua o nome e o lugar em que você acredita que ela esteja no pós-vida. Muitos Bruxos e Bruxas que acreditam em reencarnação se referem ao mundo entre vidas como "Summerland" (Terra do Verão, em tradução livre), que é um bom endereço para colocar no seu envelope. Dependendo de suas crenças, outras opções podem incluir o caldeirão de Cerridwen, o céu, os Campos Elíseos etc. Independentemente de como escolher endereçar seu envelope, certifique-se de que o endereço de entrega ressoe com suas crenças e com as da pessoa que morreu.

Antes de escrever à pessoa que faleceu sobre como você se sente, reserve um momento para colocar uma foto dela em seu espaço de escrita. Se não for muito doloroso, você pode ir um pouco além, colocando para tocar a música favorita dela, queimando o incenso preferido ou cercando-se do aroma favorito dessa pessoa, e, talvez, servindo-se de um copo da bebida de que ela mais gostava.

Depois de preparar seu espaço de escrita, comece escrevendo para seu ente querido que morreu. Visualize-o com a imaginação, e, enquanto escreve, imagine-se conversando com ele. Sinta as emoções dentro de você, e visualize ativamente essas emoções caindo de si e penetrando o papel. Se chorar enquanto escreve, deixe que as lágrimas caiam no papel. Seja o mais honesto que puder, tanto com a pessoa que morreu quanto consigo mesmo.

Quando terminar a carta, coloque-a no envelope e feche-o. A melhor maneira de ajudar a carta e suas emoções a cruzar o vale entre os vivos e os mortos é queimando a carta e o envelope. Sugerimos fazer isso ao ar livre, e sempre com segurança. Lareiras são ótimas, mas muitos de nós não podemos acendê-las no quintal, portanto, sugerimos usar uma churrasqueira ou, mesmo, uma pequena lata de metal (como uma de café). Enquanto a carta queima, a fumaça levará suas palavras e sentimentos à pessoa que você perdeu.

Quando terminar de queimar a carta, certifique-se de apagar por inteiro o fogo e descarte os restos de forma adequada. Garanta que todas as palavras tenham sido consumidas pelo fogo, já que você não vai querer que olhos indesejados as encontrem.

PAGOS NA ÍNTEGRA

Pagar contas pode ser um trabalho sem fim. Este feitiço é um truquezinho de magia para adiantar as contas e garantir que você sempre tenha dinheiro suficiente para cobrir as despesas. Ele pode ser feito para pagar uma conta específica ou usado de maneira mais geral para "todas as contas".

Comece visualizando-se pagando todas as suas dívidas mensais com rapidez e facilidade, com muito dinheiro de sobra. Se você colocou suas contas em débito automático, visualize o banco fazendo suas dívidas ser "pagas na íntegra". Com essa visualização firme na imaginação, comece a escrever várias vezes "pagos na íntegra" em um pedaço de papel, enquanto diz a expressão "pagos na íntegra" ao escrever. Escreva e diga "pagos na íntegra" quantas vezes conseguir. Sugerimos fazer isso pelo menos quarenta vezes.

Ao acabar, afirme, em tom de triunfo, "Todas as minhas contas serão pagas na íntegra!". Em seguida, cole o papel no lugar onde você paga as contas (como um computador) ou coloque-o no talão de cheques, na bolsa ou na carteira.

Se quiser usar este truque para um item específico, repita o processo, mas acrescente o nome do que deseja pagar à expressão "pago na íntegra". Um exemplo disso é "carro pago na íntegra". Escreva a frase "carro pago na íntegra" quantas vezes for necessário para corresponder aos termos da dívida. Se for uma dívida de cinco anos, é bom escrever "carro pago na íntegra" sessenta vezes, uma para cada mês de prestação. (Se estiver usando esse feitiço para uma casa cuja hipoteca é de trinta anos, você vai escrever "casa paga na íntegra" 360 vezes, uma para cada mês de prestação.) Quando terminar de escrever, encerre dizendo "Este carro será pago na íntegra!".

Coloque o papel no seu carro ou perto de onde você paga a prestação do veículo. Se está usando esse feitiço para uma casa, coloque o feitiço sob o capacho na porta da frente de sua casa, ou em algum outro lugar que parecer apropriado.

CAPÍTULO 5

Sua Vontade, Poder Pessoal, a Terra e o Céu

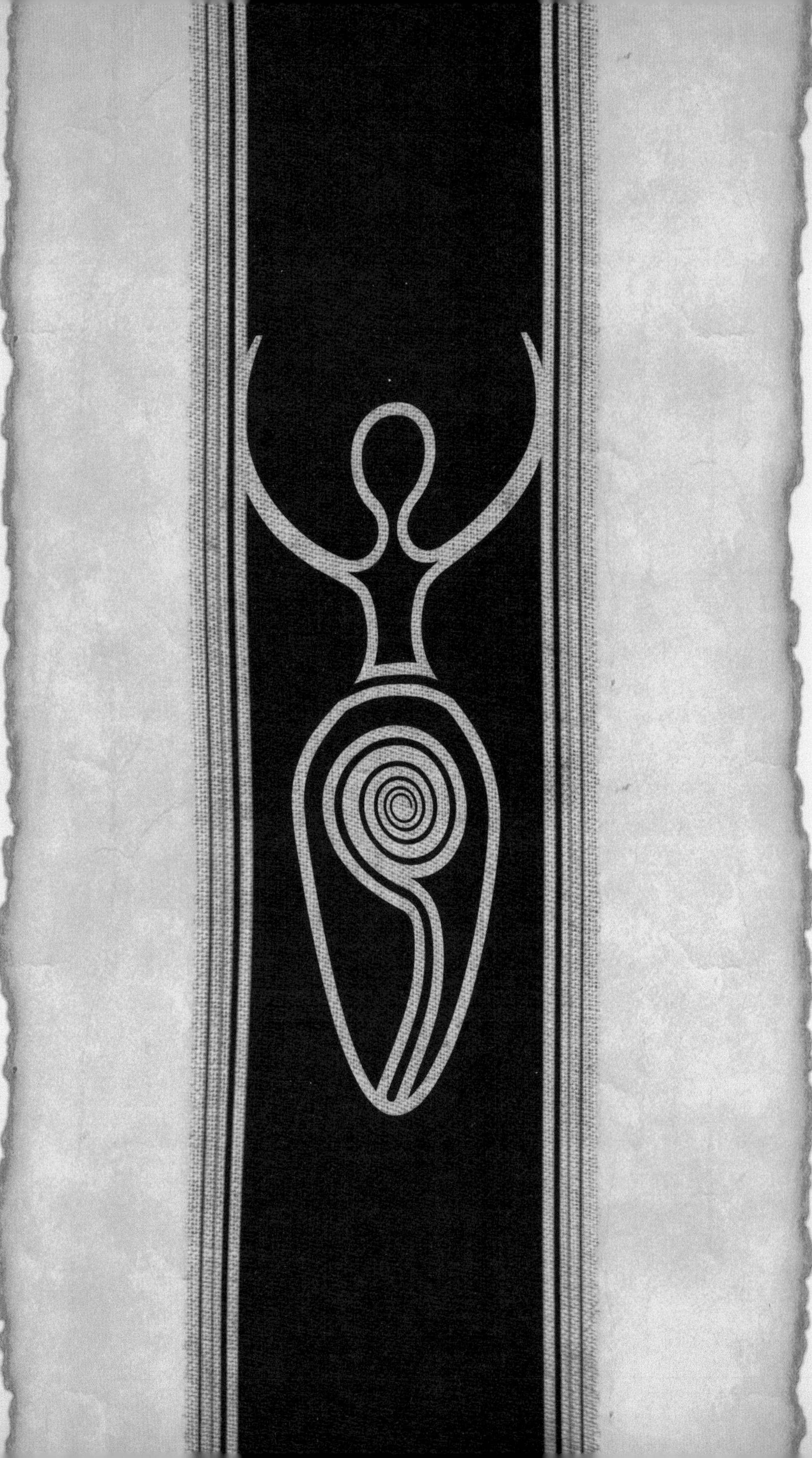

Quando as pessoas pensam em magia, muitas vezes imaginam velas, varinhas de condão e frascos de ervas secas. Sobretudo nestes dias e nesta época, a prática magista tem uma certa "cara", e com frequência a vemos nas mídias sociais e em capas de livros. Mas tudo isso, em grande parte, é vitrine; você pode praticar magias bem incríveis sem nenhuma ferramenta ou outros itens mágicos. Todos nós gostamos de nossa parafernália magista, mas as ferramentas mais mágicas à sua disposição são você mesmo e o zumbido do universo ao seu redor!

Este capítulo é uma mudança drástica da maioria das outras coisas escritas neste livro daqui em diante. Quando analisamos a energia magista, na maioria das vezes acabamos focando-a em objetos como bonecos ou pedras. Aqui, vamos dedicar um tempo às três maiores forças que Bruxos e Bruxas geralmente usam para elevar a energia: nossa vontade pessoal, nosso eu físico e o mundo natural.

Acessar nossa vontade pessoal é uma das maiores fontes de poder mágico e bases da prática mágica. Além disso, somos seres humanos capazes de gerar grande quantidade de energia das coisas que fazemos, seja dançar, bater palmas ou cantar. E também há o mundo natural ao nosso redor, que está fervilhando de energia se soubermos como aproveitá-la.

É possível fazer magia com apenas esses três conduítes de energia, mas na maioria das vezes eles são usados junto com outras práticas. Ao trabalhar com uma vela, mais cedo ou mais tarde você se encontrará transferindo para a vela a energia de sua vontade, seu eu físico e o mundo ao redor, muitas vezes inconsciente desse processo. Portanto, este capítulo é sobre a energia que despertamos e em seguida acrescentamos a outras formas de prática magista. Dominar as técnicas de despertar energia deste capítulo tornará seu trabalho com magia muito mais eficaz.

SUA VONTADE MÁGICA E INTUIÇÃO

A ferramenta mágica mais poderosa que você pode gerar é sua vontade mágica. Dedicamos um tempo à exploração do conceito de vontade na introdução, mas certos elementos dele precisam ser repetidos aqui. *Vontade*, em sentido mágico, tem várias definições e interpretações, mas a maioria das pessoas concorda que, em essência, ela é o cerne do seu ser. Sua vontade é a acumulação máxima de todas as suas experiências de vida. Ela representa sua essência mais verdadeira e sabe o que é que você mais deseja, que com frequência será diferente do que sua mente consciente acha que você quer.

Sua vontade também é uma fornalha capaz de emitir quantidades volumosas de energia. Pense em algum momento intensamente emocionante que você já viveu. Imagine, por exemplo, a primeira vez que ficou de coração partido. Para a maioria de nós, essa experiência envolve muitas lágrimas, tristeza desesperadora e completo desamparo. Quando a dor é muito intensa, a impressão é de que a tristeza e a mágoa estão no ar à nossa volta. Essa energia é resultado direto de nossa vontade; quando sentimos uma emoção intensa, nossa vontade está sendo envolvida e produzimos uma energia apropriada a essa emoção.

A energia produzida pela vontade também pode ser sentida por outras pessoas. Você já ficou tão feliz a ponto de enlouquecer? Reparou que as pessoas que entram em contato com você nesses momentos muitas vezes acabam ficando felizes também? Tudo isso acontece por causa de sua fornalha interna, sua vontade, que produz energia e a emite para o mundo onde, em seguida, é sentida pelas outras pessoas.

Quando as palavras que pronunciamos em rituais são cem por cento honestas e vêm de nossos recônditos mais profundos, estamos gerando vontade. Quando realmente desejamos um resultado e usamos magia para ajudar a obtê-lo, nossa vontade está ativamente engajada e acrescentando energia ao feitiço que fazemos. E, quando nossas emoções emanam de nós, muitas vezes nosso feitiço fica ainda mais poderoso por conta da energia produzida pela vontade.

Em certo sentido, sua vontade também é um guia mágico. Ela representa o que você realmente quer. Se está fazendo um feitiço para ajudar uma pessoa de quem você não gosta a comprar um carro novo, o feitiço será menos eficaz que o habitual, pois você não estará envolvido. Na verdade, você não deseja que essa pessoa adquira um carro novo, então, há uma parte do seu eu magista que ficou de fora do feitiço. Isso também se aplica a você mesmo. Talvez você não queira um relacionamento neste exato momento, apesar de fazer um feitiço de amor no Dia dos Namorados. Sua vontade sabe, e vai reagir em conformidade.

Junto com sua vontade, há uma segunda força que é importante no trabalho com magia: sua intuição. Neste livro, repetimos várias vezes e de formas variadas a frase "faça o que fizer sentido para você". Alguém pode lhe dizer que folhas de hortelã são boas para melhorar a saúde, mas, se isso não fizer sentido para você, essas folhas não farão nenhum bem. Todos nós reagimos de maneira diferente às coisas, e isso vale sobretudo para a magia.

Este livro contém dezenas de feitiços diferentes, e muitos deles são bastante específicos: diga tais palavras, use tal pedra etc. Mas nada disso importa se existe uma voz na sua cabeça sugerindo que você faça algo de outro jeito. Acredite nessa voz! Use livros como este como ponto de partida, não de chegada.

Algumas pessoas de nosso coven brincam que não há nada mais poderoso do que observar Ari, Matt e Amanda fazendo um feitiço juntos. Um frequentador do coven pedirá auxílio mágico para certo problema, e todos eles se levantarão imediatamente e começarão a reunir vários itens mágicos a fim de usá-los para resolver esse problema. Muitas vezes, Ari descreve seu processo magista intuitivo como uma mão invisível guiando-a por nossa sala de rituais, instruindo-a a escolher certos óleos, pedras e velas. Assim como nossa vontade, nossa intuição é um processo inconsciente que ocorre fora da racionalidade comum.

Ao trabalhar com magia, confie na mão invisível e deixe-a guiá-lo para onde ela quiser. Ouça sua intuição e confie nela. Magia não é como respirar, mas ela vem naturalmente para muitos de nós, e muitas vezes o faz sem tanto pensamento. Ao contrário da vontade, sua intuição mágica não é uma bateria carregada de energia à espera de ser liberada, mas é a parte de você que melhor utilizará a sua magia da maneira mais eficaz possível.

MÚSCULOS E MOVIMENTO

Se a magia é energia infundida de intenção, cada passo que damos tem potencial mágico. Mesmo uma coisa tão simples quanto caminhar pode se tornar um meio para lançar um feitiço. Quando nossos músculos se retesam, estamos usando energia, e, quando eles relaxam, estamos liberando essa energia. Na maioria das vezes que caminhamos, provavelmente não pensamos de maneira consciente em como transformar nossos passos em um feitiço, mas, em teoria, isso é possível.

Uma das maneiras mais fáceis de sentir energia é tensionando os músculos do braço. Mantenha os braços à sua frente, com os cotovelos dobrados, e as mãos paralelas uma à outra na altura do coração. Feche os punhos e tensione os músculos dos braços. Contraia os músculos da parte superior dos braços e puxe para cima, mantendo os punhos alinhados com os ombros. Após tensionar os músculos, relaxe-os. Repita essa ação de nove a dez vezes. Mais cedo ou mais tarde, você deve começar a sentir uma pequena poça de energia se acumulando entre seus punhos à sua frente.

Nesse ponto, essa poça de energia é apenas isto: energia. Mas, se você a encher de intenção e enviá-la alegremente pelo universo, acabará lançando um feitiço. Você pode preencher essa energia com intenção de várias maneiras. Sem dizer nem uma palavra, você poderia simplesmente conceber uma ideia em sua mente, visualizá-la e, em seguida, enviar mentalmente essa imagem para dentro de sua poça de energia.

Se você não quiser somente projetar uma imagem para dentro de sua energia, é possível verbalizar sua intenção enquanto flexiona os músculos. Se está à espera de uma encomenda pelo correio que está atrasada, você pode dizer algo tão simples como "encomenda, venha até mim" repetidas vezes. Seria o suficiente para infundir sua energia com intenção e gerar magia. Para liberar o feitiço e o enviar para o mundo, você deixaria de flexionar os músculos, abriria as mãos e, então, soltaria a energia criada para o universo fazer o que você pediu.

Escrever sobre magia dessa maneira faz com que pareça tão fácil de fazer! Se tudo o que uma pessoa precisa fazer é flexionar os músculos por alguns minutos e dizer algumas palavras, então por que nem todo mundo que faz isso consegue o que quer? O problema com nosso pequeno exemplo de feitiço de "flexionar os músculos" é que, na verdade, não geramos grande quantidade de energia. É um feitiço pequeno, e, quanto menor o feitiço, menor sua chance de sucesso.

Magia exige tempo e energia, e, quanto mais tempo e energia você dedica a ela, maiores serão os resultados. Nosso pequeno feitiço muscular é um murro, não um soco de nocaute. Se você quisesse que esse tipo particular de feitiço fosse realmente eficaz, teria de contrair os músculos por um período maior de tempo.

No entanto, se há uma grande quantidade de Bruxos e Bruxas fazendo a mesma coisa juntos, sua chance de sucesso aumentará imensamente. Nesse exemplo, um círculo de Bruxos e Bruxas poderia ficar em pé formando uma roda flexionando os músculos dos braços, mas o movimento – especialmente a dança – é uma forma muito mais comum (e divertida!) de gerar energia. O movimento também permite a Bruxos e Bruxas que acrescentem outros truques mágicos à geração de energia, como cantar, o que é particularmente eficaz.

SONS E CANTOS

Cantar adiciona grande quantidade de poder a feitiços, por vários motivos diferentes. O primeiro é que o som é gerado a partir do movimento de partes de nosso corpo. Cantar pode não ser tão visceral quanto dançar ao som de dezenas de tambores, mas ainda assim os músculos estão se contraindo e relaxando, produzindo a energia que podemos usar para a magia.

Quando as palavras que cantamos ou pronunciamos em rituais são honestas e representam nossos desejos e ideais mais verdadeiros, estamos ativando a energia dentro de nossa vontade. É por isso que cânticos muitas vezes trarão à tona uma reação emocional enquanto estão sendo articulados. Enquanto você canta para gerar energia cujo objetivo é curar um amigo doente, talvez perceba lágrimas nos olhos ao cantar. Essa é sua vontade acompanhando as palavras do cântico.

Cânticos também são úteis porque proporcionam foco durante um trabalho com magia. É impossível esquecer o propósito de um feitiço se você está continuamente cantando o objetivo durante um trabalho mágico. Cânticos também são meios hipnóticos. Um dos maiores obstáculos na magia é desligar nosso cérebro geralmente hiperativo. Se durante um feitiço seu foco é uma tarefa de última hora que você precisa finalizar, sua magia será menos eficaz. Entregar-se a um cântico desliga essa parte da sua mente e permite a você que se concentre exlusivamente na magia.

Por esses motivos, cânticos são uma parte de todos os tipos de operações magistas. Cantar enquanto se acende uma vela ou se trabalha com uma pedra vai aprimorar o feitiço que você está fazendo. Quanto mais camadas você acrescentar à sua magia, mais forte ela será, e cantar é uma camada fácil de acrescentar.

Muitos livros de feitiços contêm cânticos complicados, e há Bruxos e Bruxas que adoram esse tipo de cântico. Um cântico de dezesseis versos que rimam totalmente, com a mesma quantidade de sílabas por verso, é impressionante, mas no momento pode ser difícil de memorizar. Acreditamos que os cânticos mais eficazes são os que quase não exigem esforço. Ficar preocupado em acertar as palavras de um cântico extremamente longo pode tirar o foco do feitiço.

Ao tentar simplificar as coisas, uma boa dica é não incluir mais de dois ou quatro versos por cântico. Rimar os dois versos vai facilitar a memorização, mas não há por que ficar preso tentando encontrar a rima exata à palavra *laranja*. O mais importante é sempre a intenção: um cântico deve resumir a ideia do que quer que você esteja tentando realizar.

Cânticos com apenas algumas palavras são mais que adequados. Ficar cantando a mesma palavra repetidas vezes também é eficaz. A expressão "keep it simple, stupid" (KISS, "simplifique as coisas, seu tonto", em tradução livre) se aplica à magia em geral, mas especialmente a cânticos e à palavra falada.

Semelhante ao canto é a entoação, que de certa forma é ainda mais fácil, porque não exige falar palavra alguma. Quando entoamos, simplesmente emitimos energia de nosso corpo misturada a intenção produzindo o som de uma vogal. Entoar gera uma grande quantidade de energia. Mais uma vez, usamos músculos de nosso diafragma, mas também engajamos nossa vontade. Não ter que se preocupar com estar no mesmo ritmo dos outros ou com lembrar uma série de palavras nos permite focar cem por cento a intenção mágica quando entoamos.

Entoação e canto são bem parecidos, mas os tipos de energia que produzem são diferentes. Como um coven, usamos entoação quando lidamos com questões onerosas, como enviar energia de cura a um amigo gravemente doente. O foco se intensifica quando se pratica entoação, tornando-a sobretudo eficaz para feitiços que focam apenas uma pessoa.

O canto, embora também possa ser sério, é de natureza festiva. Cantar em grupos forma laços entre Bruxos e Bruxas, e a energia é contagiante. Dar as mãos e pular ao redor do círculo são coisas que fazemos ao cantar. Entoar, muitas vezes, é algo que se faz em pé, com as energias de sua vontade irradiando para todo mundo sentir.

Cantar e entoar são as formas mais comuns de sons magistas, mas há outras coisas que também podem ser utilizadas. Acompanhar um cântico ou uma dança com um tambor ou outro instrumento de percussão acrescentará energia extra ao seu ritual. Não tem tambores? Bater palmas, os pés ou estalar os dedos também é eficaz, e produz ainda mais energia! Se fizer barulho e não incomodar ninguém ao seu redor, é legítimo.

Você não tem noção de ritmo? (Jason não tem nenhuma, então você não está sozinho nessa.) Adicione música gravada ao seu ritual enquanto se mexe, dança ou canta. Enquanto muitos Bruxos e Bruxas torcem o nariz para música gravada em rituais e magias, nós acreditamos que ela pode ser eficaz se usada adequadamente.

A música ativa nossas emoções, e, quando nossas emoções estão envolvidas, nossa magia é mais potente. Da mesma forma, a música simplesmente pode nos fazer sentir mais Bruxos e Bruxas. Se sua Bruxa ou Bruxo interior se sente mais forte ao ouvir música gótica, vá em frente! Se sua Bruxa ou Bruxo interior se sente mais forte quando ouve música *country*, tudo bem também.

CORPO E SANGUE: PARTES PESSOAIS EM MAGIA

Além da energia pessoal, temos algo mais que podemos usar em feitiçaria: partes de nós mesmos. Muitos Bruxos e Bruxas fogem de sangue e outros fluidos corporais, cabelos e pedaços de unha, mas essas coisas têm potencial como aliados poderosos em magia. Se um de nossos primeiros truques magistas é saber exatamente o que se quer, nada "sabe" melhor de uma pessoa do que pedaços do próprio corpo.

Há milhares de anos as pessoas vêm usando sangue em vários trabalhos com magia. O sangue é parte de nossa força vital; sem ele, estamos mortos. Cortar-se de maneira consciente não é parte da vida mundana, e é uma atitude transgressora. Machucar-se, não importa o motivo, geralmente é visto com preocupação e desprezo.

Antes de continuarmos, achamos que vale a pena mencionar que, se você vai usar sangue para propósitos mágicos, deve fazê-lo em segurança e com higiene. A maneira mais fácil de fazer isso é comprando uma lanceta estéril, algum antisséptico e uma atadura. Para extrair o sangue, o método mais fácil é espetar a ponta do dedo e, quando juntar sangue ali, pegá-lo rapidamente com a lanceta. Apertar o dedo pela segunda vez deve fazer sair mais umas gotas de sangue do furo. Depois de coletar o sangue, limpe a área do dedo com um antisséptico e, em seguida, coloque uma bandagem. Sempre se deve tomar cuidado ao manejar itens com sangue, e eles devem ser dispensados o mais rápido possível. Não é preciso dizer que não se deve trocar sangue com outras Bruxas e Bruxos.

Quando pensamos em sangue, em geral o associamos à sua função primordial: transportar nutrientes pelo corpo. No entanto, o sangue é muito mais que isso. Sangue e outros fluidos corporais contêm todas as nossas informações genéticas, basicamente, todas as que nos tornam quem *somos*. Nada nos identifica mais que nosso DNA. Se você está tentando conectar um item de magia a si mesmo, não há modo melhor de fazer isso do que com algo intensamente pessoal, como uma parte sua.

Quando você faz um juramento ou promessa a si mesmo ou a outras pessoas, o sangue é uma força vinculativa poderosa. Escrever um voto em um pedaço de papel e "assiná-lo" com uma impressão digital de sangue é mágico. O sangue da impressão digital o conectará quase para sempre a esse voto. Se você jogar fora um voto escrito dessa forma, ele ainda existirá e permanecerá conectado a você. A única maneira de liberar um voto selado com sangue é queimando o papel em que você escreveu e selou o voto.

Pelo fato de o sangue ser uma fonte poderosa de identificação, há Bruxos e Bruxas que o usam para marcar de forma ativa as próprias ferramentas. Furar-se com a ponta de um punhal novo é uma maneira fácil de compartilhar energia com a nova ferramenta. Uma pequena gota de sangue colocada em uma varinha de condão conecta o Bruxo ou a Bruxa diretamente a ela, e provavelmente tornará muito difícil para qualquer outro Bruxo ou Bruxa segurar essa varinha. Estamos sugerindo que você espirre sangue em toda ferramenta do altar? Não, mas, se você for bem íntimo de uma ferramenta específica, marcá-la com sangue e compartilhar um pouco de si mesmo tem valor.

O sangue contém mais que somente nosso DNA; ele é rico em metais, como cobre e ferro. Assim como esses metais, o sangue é poderoso. Ele pode ser um acessório em qualquer feitiço que você lança para adquirir controle sobre uma situação. O sangue também contém glóbulos brancos, que combatem bactérias e vírus, e, por causa disso, é um poderoso aliado em feitiços de cura. Se você recebeu o sangue (ou cabelo, ou unhas) de um amigo doente, pode usar esse sangue como ponto focal em um feitiço de cura para ajudar essa pessoa.

Fluidos sexuais contêm nosso DNA, mas seu uso também pode estar ligado a seu propósito primordial. Sexo é uma forma de as pessoas se conectarem física e, muitas vezes, emocionalmente. Fluidos sexuais são úteis em criar feitiços para ficar mais próximo de outra pessoa (com o consentimento dela, é claro). Não estamos sugerindo que sua cerimônia de atar-de-mãos consista de uma mistura coletiva de fluidos sexuais, mas, se estiver tentando estreitar os laços com um parceiro, esses fluidos podem ser bem úteis.

Depois do sangue, a urina provavelmente é o fluido corporal de acesso mais fácil, mas, em termos de magia, ela é bem diferente do sangue. Urina é resíduo; ela consiste de substâncias de que o corpo não precisa mais, e dificilmente é desejada. (Doamos sangue a outras pessoas para salvar vidas. Ninguém coleta urina por motivos similares.) Portanto, urina é útil quando você faz uma magia para se livrar de hábitos ou tendências indesejadas, e é um repelente para afastar pessoas. A urina também é usada por muitos animais para marcar território. Mesmo que não estejamos sugerindo que você urine ao redor de sua propriedade se seus vizinhos forem bem ruins, essa poderia ser uma magia bastante poderosa.

Saliva é outro fluido corporal útil. Assim como o sangue, ela pode ser usada como marcador pessoal para você ou para outra pessoa. Em geral, o ato de cuspir reflete nojo de algo, e isso pode ser facilmente aplicado à feitiçaria. Visualizar um traço ou tendência indesejados e depois cuspir é um ato de magia. Energia e intenção são colocados na saliva, e o ato de cuspir descarrega essa energia indesejada.

Sangue e pedaços do corpo provavelmente são mais associados a feitiços direcionados a pessoas específicas. Se está tentando amarrar alguém para impedi-lo de prejudicar os outros, usar o nome dessa pessoa como foco de seu feitiço já basta, mas seu feitiço será ainda mais potente se puder usar um pouco de cabelo ou unhas dela. A ligação com uma pessoa ao usar seus fluidos corporais ou partes externas é profunda, e tem sido usada por magos, Bruxas e Bruxos há milhares de anos. No entanto, não é obrigatório, e um Bruxo ou Bruxa nunca deve sair de seu caminho para coletar cabelo de um pente ou escova. Usar partes pessoais de alguém para magia geralmente é feito quando todas as outras opções foram descartadas.

ENERGIA DA TERRA

Depois de nós mesmos, o segundo maior depositório de energia mágica é nosso planeta e o universo do qual ele faz parte. A energia da terra também é incrivelmente fácil de acessar, e muitas vezes usamos seu poder sem consciência real dele. A energia da terra é o poder que desloca continentes e impulsiona chuvas e ventos. Em lugares mais longínquos, podemos sentir a energia da lua afetando a nós e as marés dos oceanos. Muito mais distante é o movimento dos planetas no sistema solar, e a maneira como esses movimentos se correlacionam à nossa vida na Terra, conforme registrados na astrologia.

O poder da terra pode ser sentido em objetos específicos, como pedras ou ervas, mas ele também se move constantemente à nossa volta. É mais fácil sentir a energia da terra quando uma brisa sopra ou estamos em uma região especialmente majestosa da natureza, mas ela está sempre lá, não importa o quanto uma área é estagnada ou urbana. Quando acessamos a energia da terra, podemos adicioná-la em nós e usá-la em nossos próprios feitiços. Com a prática, também é possível fazer isso de maneira inconsciente.

Se você nunca sentiu a energia em estado bruto de nosso mundo, é fácil acessá-la. Se possível, saia ao ar livre e sente-se embaixo de uma árvore, pressionando as costas contra o tronco. (Nada de árvore? Tudo bem. Você pode fazer isso contra uma parede ou, mesmo, em um campo aberto. Apenas se lembre de deixar as costas o mais eretas possível.) Feche os olhos e foque sua mente, com seu caleidoscópio de ideias e cores. De sua mente, envie sua percepção coluna abaixo. Visualize sua coluna vertebral e imagine-a como um para-raios, capaz de conduzir potência e energia.

Agora vem a parte complicada. Quando sua percepção chegar ao fim da coluna vertebral, empurre-a ainda mais além no seu corpo. Sinta a terra em que está sentado e vá baixando ainda mais. Sinta as raízes das árvores e o frescor do solo conforme desce. Busque uma sensação como um pulso constante; essas são as batidas do coração da terra. Quando sentir essa pulsação, você está pronto para acessar as energias da terra. Extraia esse poder da terra, como se sua coluna fosse um para-raios condutor de energia.

Agora, você deve sentir a energia da terra movendo-se para cima através de seu corpo. Essa energia deve enchê-lo de força ou, mesmo, causar um pouco de tontura. É bom praticar esse exercício se você está cansado ou com problemas de concentração, mas também pode ser usado para calibrar sua magia. Conforme a energia da terra começa a fluir por você, é possível direcioná-la a um ponto final onde ela deixará o corpo. O ponto final mais fácil, em geral, são as mãos, mas tudo bem se você se sentir à vontade com outra parte do corpo.

Assim como no caso do exercício anterior de ativar energia do corpo contraindo e relaxando os músculos do braço, a energia que você extrai da terra vai se reunir entre suas mãos (ou em qualquer ponto final que você escolher). Quando essa energia se enche de intenção, ela se torna a magia que você pode, então, enviar para o mundo a fim de transformar sua vida. Ou você pode pegar essa energia e acrescentá-la à magia que estiver fazendo no momento, como colocá-la em uma vela ou uma pedra.

O lado ruim desse exercício é que ele não é muito propício para praticar magia. A maioria de nós não vai se sentar embaixo de uma árvore e meditar enquanto faz um feitiço para encontrar um novo lugar para morar. Felizmente, depois que você dominar a extração de energia da terra, o processo fica cada vez mais fácil.

Em círculos coletivos de Bruxas e Bruxos, é comum a meditação "seus pés são as raízes de uma árvore". Esse método é parecido com o de acessar a energia da terra recém-descrito neste livro, embora a meditação "a terra é a raiz de uma árvore" muitas vezes seja feita com as pessoas sentadas e em pé. Mas a ideia é essencialmente a mesma: você empurra sua percepção corpo abaixo, chegando por fim aos pés e adentrando a terra. As "raízes" imaginárias que emergem dos seus pés são então usadas para trazer a energia da terra para cima e para dentro do corpo.

Quando essa técnica é praticada o suficiente, você pode se descobrir fazendo-a o tempo todo sem pensar. A cada passo, seu eu interior alcançará a terra, puxando energia até você. Isso vale sobretudo quando fazemos trabalhos de magia em que estamos consciente (e inconscientemente) buscando energia para acrescentar ao feitiço.

Outra maneira de acessar as energias naturais da terra é por meio da respiração. A energia que sustenta a vida e transforma nosso planeta não está apenas no chão; ela também flutua no ar e pode ser acessada aí. Se você nunca absorveu a energia da terra através da respiração, o processo é bem fácil.

Em pé ou sentado, comece a inspirar profundamente. Conforme inspira, imagine o ar se movendo até seus pulmões como uma luz branco-azulada, preenchendo seu ser. Segure o ar por um momento e sinta a energia nesse ar se mover pelo seu corpo. Nesse ponto, você pode optar por segurar essa energia extra que respirou, ou liberá-la na expiração.

Respirar energia natural é especialmente eficaz quando se pratica feitiçaria. Quando trabalhamos um feitiço, estamos ativamente engajados em manifestar um resultado. Nosso desejo se fixa com firmeza em nossa mente, e tudo o que fazemos ao trabalhar o feitiço se infunde com o resultado desejado.

Quando estamos conscientes da respiração, o ar e a energia em nossos pulmões se enche de intenção. Conforme exalamos, essa energia carregada é liberada no espaço ao nosso redor, onde pode então ser usada em nossos feitiços.

Tudo isso pode parecer bem complicado, mas, quando ficamos conscientes do que o mundo realmente nos oferece, acessar essa energia se torna espontâneo. Ao preparar uma vela para um feitiço, mais cedo ou mais tarde você se verá instintivamente puxando energia da terra e trazendo-a para seus pulmões. Essa energia é então acrescentada à sua, tornando sua magia mais potente!

A MAGIA DO SOL E DA LUA

Ainda que discussões sobre astrologia estejam fora do escopo deste livro, trabalhar com os poderes do sol e da lua não está. Muitos Bruxos e Bruxas cronometram seus trabalhos de magia para aproveitar as energias dessas duas entidades, e por um bom motivo. A magia desses dois corpos celestes é fácil de entender e de utilizar. Usar as energias deles na magia requer apenas um pouco de paciência e percepção para observar o céu acima de você.

Ao longo de mais ou menos vinte e oito dias, a lua passa da escuridão (a lua nova) para a luz, crescendo lentamente até brilhar no céu em plenitude. Então, ela mingua até voltar à fase nova, a luz diminuindo gradualmente até ficar escura mais uma vez. Não é de surpreender que, de suas oito fases, as mais importantes sejam a lua nova e a cheia.

Para utilizar a energia da lua em feitiçaria, seu feitiço deve corresponder à energia da lua no céu. Se a lua estiver ficando maior (crescente), é bom focar em magia relacionada a crescimento ou ganhos. A época mais vantajosa para magia relacionada a banimento ou redução é quando a lua está minguante e sua luz se reduz no céu.

As duas noites mais poderosas do ciclo lunar para magias são a lua nova e a lua cheia. Se você está fazendo um feitiço para trazer dinheiro ou amor em sua vida, e esse feitiço só precisará de uma noite para ser feito, para resultados melhores você deve elaborá-lo sob a luz de uma lua cheia. Se está fazendo um feitiço para esquecer a perda de um parceiro ou para banir um hábito ruim, o momento ideal para esse feitiço seria sob a lua nova (escura).

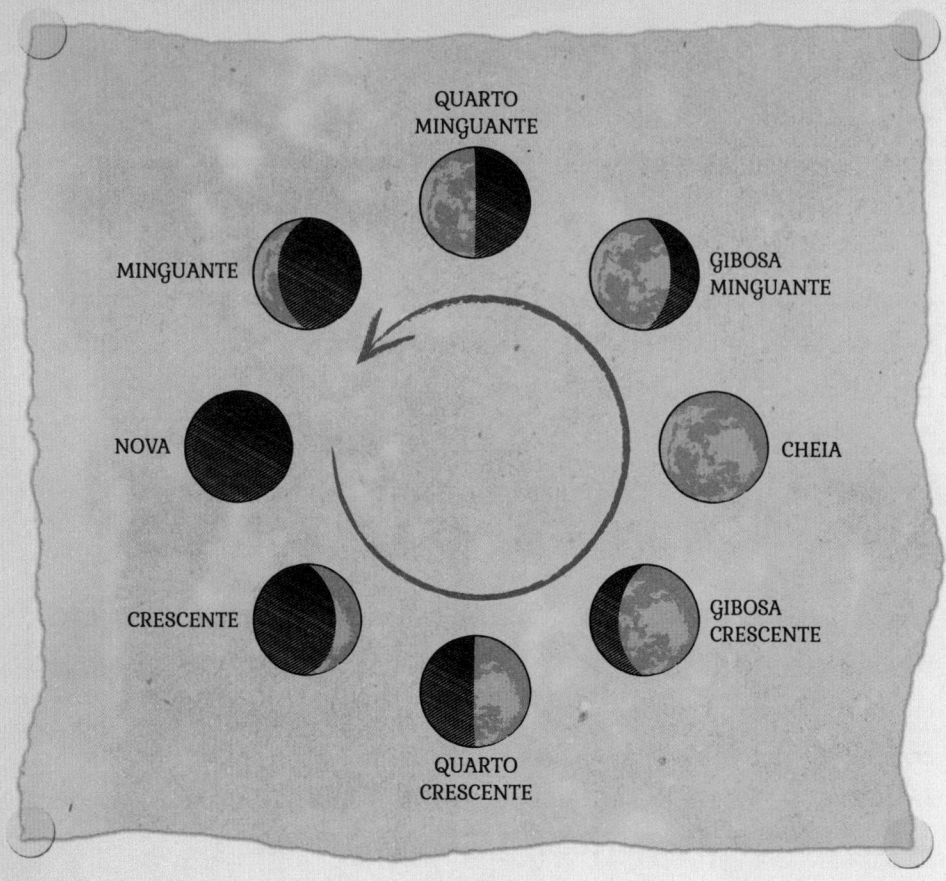

Fases da Lua

Entretanto, muitos feitiços são elaborados para ativação ao longo de vários dias, e não somente por minutos ou horas. Feitiços com velas envolvendo castiçais ou frasco às vezes levam dias ou até semanas! Para aproveitar o poder da lua nessas ocasiões, você deve considerar começar um feitiço de banimento na lua cheia e depois acrescentar os toques finais duas semanas depois, na lua nova. As fases nova e cheia encontram a lua no ápice de seus poderes de banimento e expansão, respectivamente, mas essas duas fases também são pontos de transição, e marcam o início dos períodos crescente e minguante lunares.

Para carregar um item com a energia da lua, coloque-o em um lugar de poder pessoal, como um altar ou penteadeira, onde os raios da lua possam alcançá-lo. Faça isso em uma noite de lua nova, para que seu item possa ser carregado com a energia da lua ao longo das duas semanas seguintes. Ele deve atingir carga máxima na noite de lua cheia.

Muitas vezes a energia lunar é rotulada como feminina, mas achamos que colocar gênero em energias é uma forma antiquada de descrever tais poderes. O que torna a energia lunar realmente especial é a maneira como ela lentamente vai percorrendo nosso trabalho com magia. A energia lunar funciona bastante como as marés, gradualmente avançando e recuando, por fim cobrindo tudo pelo caminho até se afastar de novo. A energia lunar é sutil, mas persuasiva, criando mudança a cada pequeno passo de cada vez até o que está à frente ficar verdadeiramente transformado.

A energia diurna do sol, em contraste, é rápida. Ela nos lembra um tapa rápido, momentaneamente pungente, mas, muitas vezes, sem consequências sérias. A energia da jornada diária do sol pelo céu encontrará seu alvo mágico bem depressa, deixar uma marca e então se afastar. Enquanto a energia da lua envolve lentamente uma operação mágica, a energia do sol corre em igual medida.

Não estamos insinuando que o poder diário do sol é fraco; ele só funciona de maneira diferente. Às vezes, precisamos de uma solução bem rápida que não terá um monte de repercussões duradouras; outras, precisamos de uma mudança longa e duradoura. Se você precisa de uma infusão única e rápida de dinheiro, os raios diários do sol fornecem uma forma eficaz de conseguir. Mas, se precisa de uma fonte contínua e renovadora de fundos, a magia lunar é a melhor aposta.

A energia diária do sol funciona de maneira similar à da lua. Para magia envolvendo aumento ou lucros, faça seus feitiços do amanhecer ao meio-dia. Do meio-dia ao pôr do sol, é hora de trabalhar a magia para se livrar de alguma coisa ou bani-la. Essa energia de "livramento" atingirá o ápice ao pôr do sol.

Utilizar a energia do sol também pode ser útil quando você não tem tempo para esperar a lua mudar de crescente para minguante, ou vice-versa. Talvez você precise trabalhar um feitiço *agora* e não tenha tempo de esperar. A energia solar é de urgência e rápida; ela nos chega diretamente enquanto o sol brilha sobre nós do céu. À guisa de contraste, a lua reflete a luz do sol, o que significa que há um passo extra antes de vermos ou sentirmos a luz da lua.

Assim como a energia lunar às vezes é rotulada como feminina, há muita gente em círculos de Bruxaria que relacionam o sol à masculinidade e a divindades masculinas. Em muitos círculos de Bruxaria, o renascimento do sol no Yule (o Solstício de Inverno ou, às vezes, Meio Inverno) é anunciado como o nascimento da divindade solar masculina. E, mesmo que sem dúvida haja muitos deuses solares masculinos no mundo, também há divindades solares femininas e divindades lunares masculinas. Rótulos como "masculino" e "feminino" podem parecer rápidos e fáceis, mas nós os achamos indolentes, simplistas e, em geral, não representam o mundo ao nosso redor.

Enquanto a lua percorre um ciclo completo durante cerca de vinte e oito dias, o sol leva 365 dias e algumas mudanças para fazer o mesmo. Isso significa que existem dois tipos de energia solar que podem ser utilizados em magia. O primeiro é a energia dos raios solares diários e seu ciclo do nascer até o pôr do sol. O segundo é o esquema longo anual do sol, a energia que ele fornece ao longo da Roda do Ano.

Se você está trabalhando em um feitiço de movimento bem lento, algo que ficará repetindo durante semanas ou até meses a fio, é possível alinhar esse tipo de magia com a trajetória anual do sol pelo céu. Magias para banimento serão mais eficazes quando feitas durante o período que vai do Solstício de Verão (às vezes, chamado de Litha ou Meio Verão) até o Solstício de Inverno, atingindo seu ápice no Solstício de Verão, o dia em que recebemos mais horas de luz solar.

Trabalhar com o ciclo solar ao longo de um ano ou alguns meses é magia grande e lenta. É para quando você precisa fazer uma mudança drástica em sua vida, como um novo início ou fechar para sempre a porta em um relacionamento ou uma carreira. Quando usamos a energia diária do sol, lançamos um feitiço e mudamos para outra coisa logo depois. Quando usamos a energia solar maior e cíclica, geralmente o fazemos devagar, com o passar do tempo.

Há exceções na maneira como podemos usar o ciclo solar anual para magia. Um ritual de banimento feito no Solstício de Inverno (ou na noite anterior) terá muita energia extra, por conta de onde estamos na Roda do Ano. Rituais para ganhos são especialmente potentes quando feitos ao meio-dia do Solstício de Verão. Magias e rituais para equilíbrio também são populares nos Equinócios de Outono e da Primavera, e essa é uma magia poderosa para acessar, sobretudo se você puder esperar todo esse tempo para uma ocasião celestial como essa.

Muitas vezes, ao trabalharmos com magia, não há tempo a esperar. Se as coisas estão fora de controle em novembro, será difícil esperar até o primeiro dia de outono para fazer um feitiço para equilíbrio. Às vezes, até mesmo uma espera de duas semanas para utilizar a magia lunar pode ser longa demais. Mesmo que usar a lua e o sol para magia acrescente um pequeno extra a seus trabalhos magistas, seus feitiços ainda funcionarão se não estiverem em sincronia com a fase lunar atual.

    Também vemos a lua cheia como uma ocorrência de três dias, e não apenas como algo que acontece uma única noite por mês. A lua parece bem grande tanto no dia anterior quanto no posterior em que está tecnicamente "cheia". O momento para a magia é quando você está pronto e em condição de fazê-la. Se a lua nova ocorre em uma noite em que você precisa trabalhar ou ir ao recital de piano do seu filho, tudo bem esperar até a noite seguinte para fazer o feitiço. Bruxaria não tem a ver com regras rígidas e prazos determinados. Bruxaria é fazer a magia funcionar ao seu redor, e às vezes você pode mudar um pouco as coisas para adaptar essa magia aos seus horários.

CAPÍTULO 6

Feitiços da Lua e da Vontade

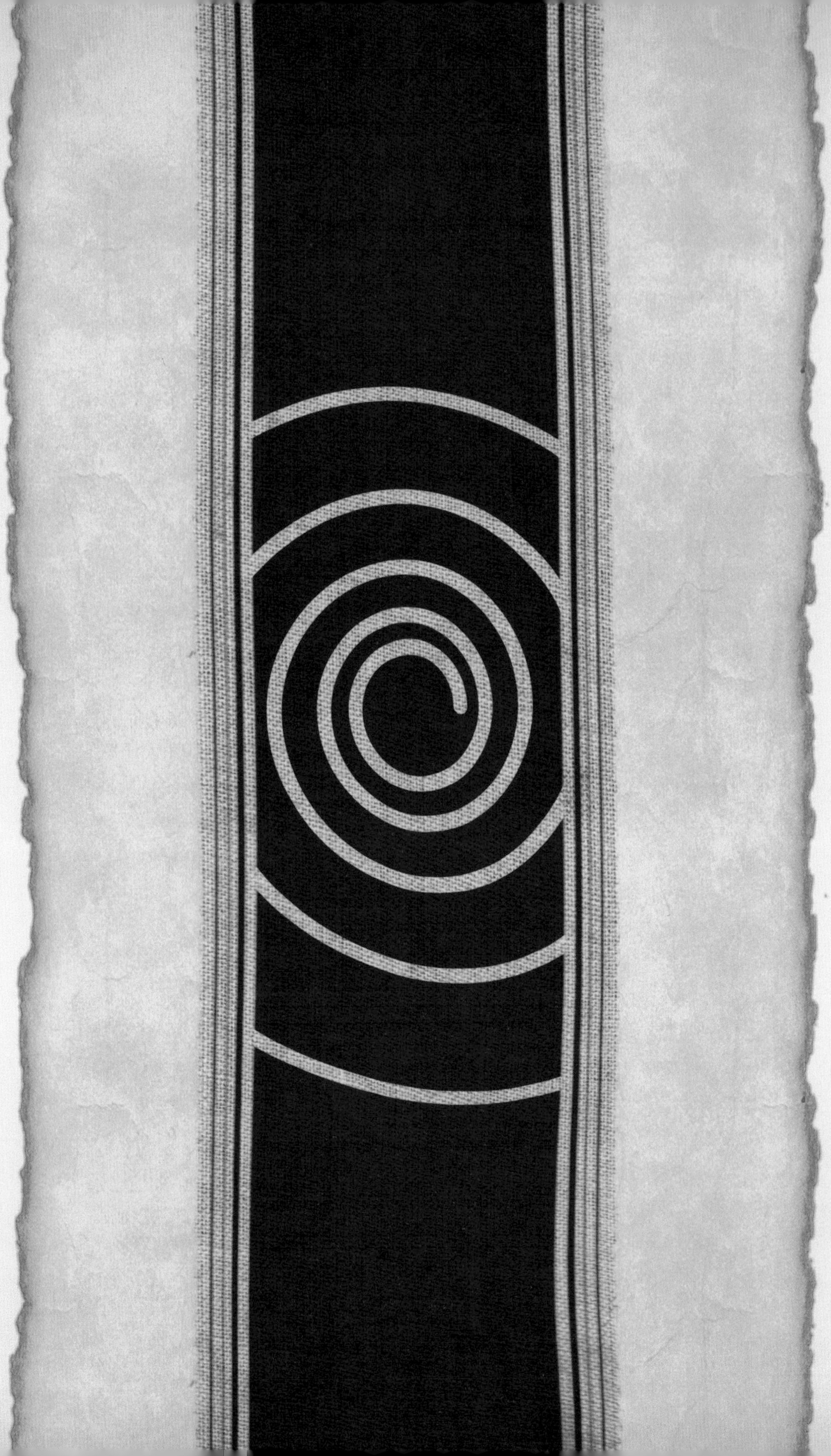

Nosso poder pessoal pode ser utilizado de várias maneiras diferentes em termos de magia. Talvez as maneiras mais fáceis de usar nossa energia pessoal envolvam o cone de poder e o Moinho de Bruxa. Essas duas técnicas de magia exigem um pouco mais que um grupo de Bruxos e Bruxas e um pouquinho de espaço.

Usar partes do corpo e fluidos também é uma forma fácil de gerar magia. Pelo fato de essas substâncias conterem em si muito de nós, feitiços que as utilizam podem ser feitos com rapidez e facilidade, muitas vezes sem que alguém sequer saiba que estamos trabalhando magia.

A magia do sol e da lua, na maioria das vezes, é uma magia de acompanhamento. Planejamos nossas operações mágicas em torno dos ciclos solares e lunares, por exemplo. No entanto, a lua é uma poderosa aliada na magia, e este capítulo inclui uma fórmula para água lunar mágica de nossa amiga Madame Pamita.

O CONE DE PODER

O cone de poder é uma técnica avançada de magia que, para ser eficaz ao máximo, exige vários Bruxos e Bruxas. Ao contrário da imensa maioria dos feitiços neste livro, o cone de poder também precisa ser feito em um espaço sagrado, dentro de um círculo mágico bem elaborado. Construir um cone de poder não é exatamente complicado, mas, sem uma variedade de Bruxos e Bruxas e um recipiente para reter a energia da magia, vai faltar impulso mágico.

Então, o que é exatamente um cone de poder? A resposta mais simples é que o cone de poder é um acúmulo de energia produzida por pessoas infundida de intenção. A energia usada para construir o cone de poder pode ser criada de várias maneiras, mas os métodos mais comuns incluem danças, ou outro movimento, cantorias e palmas. Tanto o movimento quanto o som criam e liberam energia. O canto tem a vantagem extra da verbalização da intenção ao se construir o cone de poder.

À medida que cada vez mais energia é adicionada ao cone de poder, essa energia começará a se mover para cima, em sentido horário. Se você pudesse ver a energia, ela seria parecida com um cone ou um tornado de cabeça para baixo (daí o nome "cone de poder"). À medida que a energia se constrói, a intenção é adicionada a essa energia, gerando energia mágica. No clímax do ritual, quando a energia está no ápice, a força mágica criada pelo cone de poder é liberada pelo topo do círculo (que, na verdade, se parece muito mais com uma esfera) e sai para o universo a fim de cumprir a vontade das Bruxas e Bruxos que a criaram.

Em um trabalho em grupo, o cone de poder é uma atividade mágica fácil, porque não exige praticamente nenhum treinamento ou *expertise*. Se uma pessoa pode se mover, bater palmas ou fazer barulho, ela pode contribuir para o cone de poder. A única outra exigência é que se adicione intenção a essas ações. Além disso, construir o cone de poder pode ser divertido! É uma energia que se pode, ao mesmo tempo, sentir com facilidade e dar uma mãozinha na criação.

O cone de poder pode ser usado para praticamente qualquer desejo mágico. Seu foco pode ser curar um membro doente do coven ou encontrar um novo lugar para morar. Em nosso coven, nós o usamos para ajudar a gerar fertilidade para um membro que desejava conceber uma criança. Se você consegue identificar com clareza a intenção, pode relacionar o cone de poder a ele. No Apêndice IV, listamos o cone de poder em várias categorias de feitiços, pois ele é muito versátil!

CONSTRUINDO O CONE DE PODER

Você pode construir o cone de poder em apenas cinco etapas, e fáceis! E tudo de que você precisa é de um pouco de espaço e alguns Bruxos e Bruxas.

Defina sua Intenção

Não é necessário ter um objetivo final em mente ao se criar o cone de poder, mas, se você espera utilizar o cone para propósitos de magia, terá de decidir para onde deseja direcionar a energia que vai elaborar. A energia criada por um cone de poder pode ser usada tanto de forma genérica como específica. Talvez você queira gerar energia para parar o racismo ou a transfobia. São objetivos valiosos, e certamente é possível usar magia para lidar com problemas tão grandes.

O cone de poder também pode ser usado para focar objetivos e itens específicos. Um cone de poder pode ser construído para ajudar a encontrar uma casa ou um(a) parceiro(a), curar um amigo doente, ajudar alguém a conseguir emprego e assim por diante. Se você consegue articular seu objetivo, o cone de poder pode ser usado para atingir esse objetivo! Ao trabalhar com outros Bruxos e Bruxas, é importante que todos os envolvidos compreendam o propósito da magia que vocês estão criando juntos. Você não vai querer que objetivos mágicos contraditórios colidam uns com os outros na construção do cone de poder.

Decida Como Gerar Energia e a Quem Direcioná-la

Não há uma só maneira de gerar energia ao se construir o cone de poder. Você pode cantar, caminhar, dançar, entoar, bater palmas ou gritar, e tantas outras coisas mais em que conseguir pensar, e você também pode fazer muitas dessas coisas com outras pessoas! Se vem de você e produz energia, é adequado para construir o cone de poder. O ideal é escolher um método de geração de energia que sirva para todas as pessoas com quem você está trabalhando e leve em consideração todas as limitações impostas pelo espaço que estiverem usando. (A sala de rituais de nosso coven é minúscula, então não podemos dançar ao redor do altar se houver muita gente!)

É importante que todo mundo se sinta incluído em tudo o que você optar por colocar na construção do cone de poder. Em nosso coven, temos pessoas com mobilidade reduzida que adoram a energia gerada pelo canto e pela dança, mas que não se movem muito bem ao redor do círculo. Elas participam batendo palmas com os dançarinos. Não é preciso que todo mundo faça a mesma coisa.

Se você usa um cântico ao criar seu cone de poder, entre em acordo com antecedência em relação às palavras e simplifique-as o máximo possível. O ideal é que todo cântico que você usar verbalize a intenção da energia que surge.

Também é bom indicar uma única pessoa para liderar a construção do cone de poder. Essa pessoa será responsável por liberar a energia que surge e por informar a todos quando o ritual estiver chegando ao fim. A pessoa indicada para fazer isso tem o trabalho mais desafiador na criação do cone de poder! A seguir, mais informações a respeito.

Forme o Círculo

Um círculo bem formado é essencial para construir o cone de poder. Criamos círculos projetando energia concentrada de dentro de nós mesmos, muitas vezes com ajuda de um punhal, uma espada ou varinha. A energia de um círculo é projetada para conter a magia que estamos despertando até estarmos prontos para liberá-la. Formar um círculo exige prática, e algumas pessoas são melhores nisso que outras.

Se você opta por não formar um círculo ao construir o cone de poder, ainda assim pode obter alguns resultados, mas eles serão menos intensos do que você poderia ter obtido se o formasse. Sem um círculo, toda a energia que você está despertando será desviada, simples assim. O que você quer é que sua energia mágica seja liberada para o universo com uma explosão daquelas, como uma erupção vulcânica!

Desperte a Energia

Essa é a melhor parte do processo. Desperte a energia de qualquer modo previamente acordado. Conforme desperta a energia, tenha em mente seu objetivo para que a energia criada possa ser infundida de sua intenção mágica. Se estiver usando movimento para despertar a energia, lembre-se de que o cone de poder não é uma maratona. Você não quer deixar seus colegas Bruxos e Bruxas esfarrapados!

Libere a Energia

O ideal é você liberar a energia criada no cone de poder no auge do ritual. No momento em que todos os envolvidos estiverem no ápice do despertar da energia e o ar no círculo começar a ficar denso e pesado, você vai querer enviar a energia gerada para o universo. A pessoa que você apontou como líder da construção do cone ficará encarregada de sinalizar o fim do ritual. Em nosso coven, geralmente essa pessoa é a Ari, que normalmente começa uma contagem regressiva para nos informar de que o fim está próximo. Ela faz isso gritando os números quando apropriado ou erguendo a mão e fazendo a contagem regressiva com os dedos.

Quando Ari começa a contagem, geralmente intensificamos nosso trabalho energético, cantando mais alto e com mais foco, por exemplo. A ideia é atingir o auge do que podemos projetar para o exterior quando Ari chega no número um. Quando chegamos no fim, Ari fica responsável por direcionar toda a nossa energia para cima e para fora do círculo. Isso significa que ela precisa estar sintonizada com a energia do círculo, para que possa fazer um buraco no topo dele, e ela precisa estar em sintonia com a energia que criamos em grupo para enviar esse poder mundo afora. (A pessoa encarregada também é responsável por consertar o buraco no topo do círculo, embora em nossa experiência o círculo basicamente se conserte sozinho.)

Como você sabe que sua energia foi liberada? A atmosfera no círculo começará a mudar imediatamente. O ar ao seu redor vai esfriar, e as coisas vão parecer bem menos "pastosas". Reparamos que a temperatura em nossa sala de rituais geralmente cai de dez a vinte graus!

O MOINHO DE BRUXA

Semelhante ao cone de poder é o Moinho de Bruxa. Diz-se que os praticantes que criam o moinho muitas vezes o estão *pisando*, uma palavra apropriada por motivos que abordaremos mais tarde. O Moinho de Bruxa é uma prática que chegou a nós da Bruxaria Tradicional, uma das primeiras alternativas à Bruxaria Wiccana. O moinho como conhecemos hoje foi comentado por escrito pela primeira vez pelo bruxo inglês Robert Cochrane (1931-1966), que também o chamava de "moagem do destino".

Ao criar o cone de poder, em geral se faz o movimento *deosil*,[19] ou no sentido horário. Porém, no Moinho de Bruxa, o movimento é o exato oposto: os participantes se movem *widdershins*, ou em sentido anti-horário. Bruxos e Bruxas que adotam o Moinho de Bruxa estão trabalhando ativamente contra o fluxo natural de energia em sentido horário.[20] Isso gera um efeito de moagem entre as duas ondas diferentes de energia, daí o nome *moinho*.

A energia gerada pelo Moinho de Bruxa é muito diferente daquela gerada pelo cone de poder. É um tipo de energia estonteante, mais bem usada para confundir ou amaldiçoar algum inimigo. É também uma energia mais bem utilizada para se livrar de algo, seja um parceiro ou parceira ou um mau hábito. Ao contrário do cone de poder, o Moinho de Bruxa é descrito como "frio". Em vez de subir a temperatura no espaço ritualístico, um grupo de Bruxos e Bruxas pisando o moinho verá, com mais frequência, seu espaço mágico ficar mais frio. Por conta de o movimento em oposição ao fluxo geral do círculo ser mais difícil, pensa-se que os Bruxos e Bruxas "pisam" no espaço mágico ao trabalhar o moinho.

Ao pisar no moinho, o ponto focal do rito, na maioria das vezes, é o *stang*, a ferramenta mais associada à feitiçaria de Cochrane. Um *stang* é um bastão bifurcado ou uma forquilha que pode ser usado para simbolizar um altar ou manejar a energia. O cântico mais comum usado com o Moinho de Bruxa é o sobrenatural *Io Io Evohe* (pronuncia-se "Iô Iô Evoé"), repetido várias vezes. Essa é minha forma favorita de pisar o moinho, mas Cochrane achava que a maneira mais poderosa de "moer o destino" era fazer isso em silêncio.

Além de usar o Moinho de Bruxa para feitiçaria, ele é muitas vezes usado para produzir um estado semelhante ao transe. Nesse estado, em geral é mais fácil ter encontros com divindades e outros poderes maiores, mais notavelmente o Deus Cornífero. Quando usamos o moinho em um ritual, ou é para um

---

19. No folclore escocês, movimento considerado "próspero", virando-se de leste a oeste na direção do sol. O movimento oposto ao *deosil* é *widdershins*, isto é, no sentido anti-horário. (N. da T.)
20. Bruxos e Bruxas tradicionais muitas vezes chamam seu espaço mágico de *compasso*, em vez do termo *círculo*, mais comum, mas as ideias por trás de ambos são semelhantes. No livro *Witch's Wheel of the Year*, Jason escreve mais sobre o Compasso das Bruxas.

propósito mágico ou para induzir um estado alterado de consciência. Trabalhos com transe e feitiçaria são duas disciplinas bem diferentes, portanto, ao pisar o moinho, é melhor ter em mente um objetivo específico antes de começar.

Ao usar o Moinho de Bruxa para transes, é bom você organizar todas as pessoas com quem estiver trabalhando em um círculo e colocá-las de frente para o *stang*. A partir daí, todas devem se virar para a direita e colocar o braço direito no ombro direito da pessoa à sua frente. O braço esquerdo deve ser estendido em direção ao *stang* conforme o círculo começa a se mover *widdershins* (em sentido anti-horário). (Descobrimos que uma caminhada num ritmo relativamente rápido é o mais eficaz.) É importante que todo mundo mantenha o foco especificamente no *stang* conforme se move ao redor do círculo.

Saber exatamente onde acabar o Moinho de Bruxa pode ser complicado. Se você está usando o moinho para feitiçaria, seu uso é semelhante ao do cone de poder. Quando a energia no moinho atinge o ápice, é bom você encerrar a moagem. Ao usar o moinho para facilitar o transe, é melhor parar de cantar e andar quando alguém no rito tiver uma visão do Deus Cornífero ou a energia no moinho começar a ficar para trás.

Usar o Moinho de Bruxa para trabalhos com transe leva um pouco de tempo, e três ou quatro circuitos ao redor do *stang* provavelmente não produzirão um estado alterado de consciência. No entanto, mais cedo ou mais tarde, à medida que se canta *Io Io Evohe* e todos começam a pisar o moinho, a paciência de seu grupo será recompensada e seu espaço ritualístico começará a mudar. Mentes vão divagar e olhos vão perder o foco, e muitos Bruxos e Bruxas perceberão que estão perdendo contato com o mundo material. É nesses momentos que mistérios são revelados e divindades se dão a conhecer. Na verdade, a magia do Moinho de Bruxa está no fazer e no estar aberto a quaisquer experiências que se tiver.

PÕE PARA GELAR!

Esse é um dos feitiços mais simples que se pode fazer, e tem aparecido em centenas de livros de Bruxas e Bruxos desde os anos 1970. Se alguém está incomodando você, ou é uma ameaça para si mesmo ou a outros, anote o nome dessa pessoa ou consiga um pouco de cabelo, um pedaço de unha ou impressão digital. Coloque sua opção em uma forma de gelo e encha-a de água. Ao colocar a forma dentro do congelador, diga:

Pra longe de mim! Sem dano a si mesmo ou a outros!
Eu o coloco no gelo.
Por suas más ações, no congelador você paga o preço!

Em seguida, esqueça a pessoa que o ofendeu, pois ela não faz mais parte da sua vida.

Esse feitiço pode ser facilmente modificado como uma ferramenta de autoajuda. Em vez de escrever o nome de outra pessoa, escreva o seu, ou, melhor ainda, use um pouco de cabeço ou um pedaço de unha e o coloque na forma de gelo. Perto daquilo que você colocou nessa forma, coloque o que está tentando banir de sua vida. Se está tentando parar de fumar, uma bituca de cigarro usada funcionará bem, ou, naturalmente, você pode apenas escrever algum aspecto de que está tentando se livrar. Ao colocar a forma dentro do congelador, diga:

Para longe de mim, aspecto indesejado!
Este meu traço agora está paralisado!

Se você perceber que está tendo recaídas, refaça o feitiço ou faça mais cubos de gelo para levar embora seus maus hábitos e características.

CUSPE MÁGICO

Cuspir em público não é exatamente educado, mas, em termos de magia, é muito poderoso. Em nossa prática, geralmente usamos o cuspe como repelente contra outras pessoas ou para nos livrarmos de algo indesejado.

Se você mora em uma cidade grande, manter uma vaga de estacionamento, ainda que seja bem na frente da sua casa, pode ser bem desafiador. Se alguém estacionou no seu lugar, você pode se livrar do carro com um escarro bem posicionado. Ao caminhar ao lado do carro, cuspa nos pneus, em seguida (ou antes), diga as palavras "afaste-se" ou "cai fora". Seu cuspe enviará a intenção mágica direto para o carro. Repita isso sempre que passar pelo carro contraventor até ele ir embora.

Um feitiço semelhante pode ser feito para pessoas. Recebeu um convidado que você não quer ver nunca mais? Após acompanhá-lo até a porta da frente e essa pessoa entrar no carro, cuspa do lado de fora em direção ao portão ou entrada. Em seguida, diga as palavras "nunca mais" para verbalizar sua intenção. Provavelmente você nunca mais verá a cara dessa pessoa.

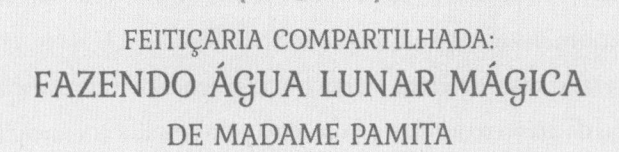

FEITIÇARIA COMPARTILHADA:
FAZENDO ÁGUA LUNAR MÁGICA
DE MADAME PAMITA

O que é mais mágico do que a lua? Existe algo mais belo que uma lua cheia numa noite clara, a luz prateada reluzindo ao ar fresco e revigorante? Sempre que a lua cheia mostra sua cara, o momento é perfeito para fazer uma magia lunar poderosa.

Quando eu era garotinha, muito antes de a internet nos permitir encontrar algo clicando no botão "Estou com sorte", do Google, estava sempre em busca de quaisquer informações que conseguisse encontrar sobre magia. Em algum livro, li que bruxas dão três voltas e fazem uma reverência à lua na noite em que ela está cheia. Então, a bruxinha que morava em mim iria até o quintal, olharia para a lua cheia, daria três giros e, então, faria uma reverência tonta que eu considerava graciosa.

Nasci sob o signo de Câncer, e cancerianos são regidos pela lua, portanto, era natural que eu me sentisse atraída ao que eu chamo de minha "Mamãe Lua", mas qualquer signo pode se beneficiar de trabalhos com a lua. Luas cheias são a época perfeita para fazer feitiços para aprimorar capacidades físicas e poderes divinatórios. É a noite perfeita para tirar a poeira do antigo baralho de tarô ou fazer uma leitura de folhas de chá para o seu amigo, por exemplo.

Luas cheias também são maravilhosas para gerar intenções poderosas para amor, prosperidade e bênçãos. Mas você não precisa limitar esse tipo de magia a uma noite e nada mais. Se você quer carregar o poder da lua cheia durante o restante do mês, é possível captar a magia fazendo a Água da Lua Cheia, que é uma água extremamente poderosa para bênçãos em qualquer contexto.

Antes de começar, dê uma olhada no seu calendário *on-line* de fases lunares favorito para verificar quando a lua cheia estará no ápice. Se for de manhã cedo ou durante o dia, este feitiço pode começar na noite anterior, para que você possa captar a magia da lua crescente.

Encha um copo transparente ou uma tigela branca de porcelana com água mineral na noite da lua cheia. Você não precisa ir a uma fonte para pegar a água (mas isso seria maravilhoso). Água mineral engarrafada vai funcionar perfeitamente para os feiticeiros urbanos. Como alternativa, você pode pegar água da chuva ou neve derretida para este feitiço, que é outra maneira incrível de acrescentar um nível extra de magia ao trabalho.

Se quiser turbinar seu feitiço e atrair forças magnéticas extras, você pode colocar algumas pedras da lua ao redor da tigela de água para amplificar a energia lunar.

Quando a lua surgir, coloque a tigela do lado de fora, ou, se você fizer o feitiço dentro de casa, coloque-a perto de uma janela por onde a luz da lua possa brilhar sobre ela.

Feche os olhos, erga as mãos sobre a tigela conforme a lua começar a brilhar, e faça uma oração ou intenção para a água; por exemplo, "Abra minhas habilidades psíquicas e fortaleça minha intuição", "Que meu amor verdadeiro possa ser atraído até mim", ou "Traga bênçãos incríveis para a minha vida". Qualquer que seja seu pedido, peça-o com uma intenção clara, confiante e poderosa.

Deixe a água sob a luz da lua durante a noite toda. No dia seguinte, você pode decantar a água para uma garrafa. Se planeja usar a água logo em seguida, então não há necessidade de fazer mais nada. Se seu plano é usá-la ao longo da semana seguinte, guarde-a na geladeira. Para períodos mais longos, acrescente mais ou menos 15 ml de alguma bebida destilada, como vodca, para cada xícara de água, e isso a conservará para o mês inteiro.

Aqui estão algumas maneiras de usar a Água Mágica da Lua Cheia:

1 Você pode borrifar essa água lunar sagrada pela casa, para abençoá-la e protegê-la.

2 Se você acrescentou um pouco de bebida destilada para conservar a água lunar, pode guardá-la na geladeira e bebê-la durante todo o mês.

3 Você pode usá-la para fazer poções mágicas como chás.

4 Você pode acrescentá-la à água do banho para limpeza espiritual.

5 Você pode usá-la para abençoar e consagrar suas ferramentas mágicas.

6 Você pode colocar uma xícara dela como oferenda em seu altar de ancestrais.

7 Você pode derramá-la em todo o corpo para um ritual de amor-próprio.

8 Você pode plantar uma planta mágica e aguá-la com essa água maravilhosa (sem a bebida alcoólica) para infundi-la com sua intenção.

Há um sem-número de maneiras belas para usar essa água lunar sagrada. Deixe que sua inspiração o guie e permita que o brilho da lua o cubra de bênçãos.

Madame Pamita é leitora profissional e estudiosa de tarô, praticante de vodu, professora, autora e fazedora de magia, música e diabruras. É autora de **Madame Pamita's Magical Tarot** *e anfitriã de seu popular canal no YouTube, que inclui a playlist "Hoodoo How To with Madame Pamita", bem como dos podcasts* **Magic** *e* **Law of Attraction***. É proprietária da Madame Pamita's Parlour of Wonders, uma loja de artigos esotéricos bem antiga em Los Angeles, onde oferece leituras de tarô em seu salão, dá aulas de tarô e magia, e cria ferramentas mágicas-esotéricas para transformar vidas. Faça uma visita virtual a Madame Pamita em www.parlourofwonders.com*

DERRETA O SORTILÉGIO

Depois de conhecerem uma Bruxa local de reputação bem duvidosa, Ari e Jason notaram que tudo na vida deles começou a virar de cabeça para baixo. Eles foram amaldiçoados, e, quanto mais cedo se lidasse com essa maldição, mais rápido eles seguiriam a vida.

Já que o tempo era essencial, eles não tinham condição de esperar uma lua nova ou uma reunião de coven. Era preciso lidar com a situação imediatamente! Por sorte, o sol tem sua própria energia diária minguante, e essa energia é perfeita para lidar com maldições e sortilégios. Para utilizar o poder do sol a fim de se livrar de uma maldição, tudo o que você precisa é de um cubo de gelo e um sol minguante.

Quando o sol passa pelo seu ápice no céu (conhecido como meio-dia solar), o feitiço pode ser feito. Segure o cubo de gelo o máximo de tempo possível enquanto diz o nome da pessoa que lhe lançou um sortilégio (se você souber) e as palavras "vá embora". (Se você não sabe o nome de quem lançou o sortilégio, diga, simplesmente, "sortilégio, desapareça!" ou "sortilégio, vá embora!".) Quando o cubo de gelo começar a ferir sua mão, atire-o o mais longe possível de você. (Isso funciona melhor em um quintal ou algum outro lugar onde você não seja incomodado.) Enquanto o cubo de gelo derrete, o sortilégio vai derreter junto com ele!

CAPÍTULO 7

Magia com Velas

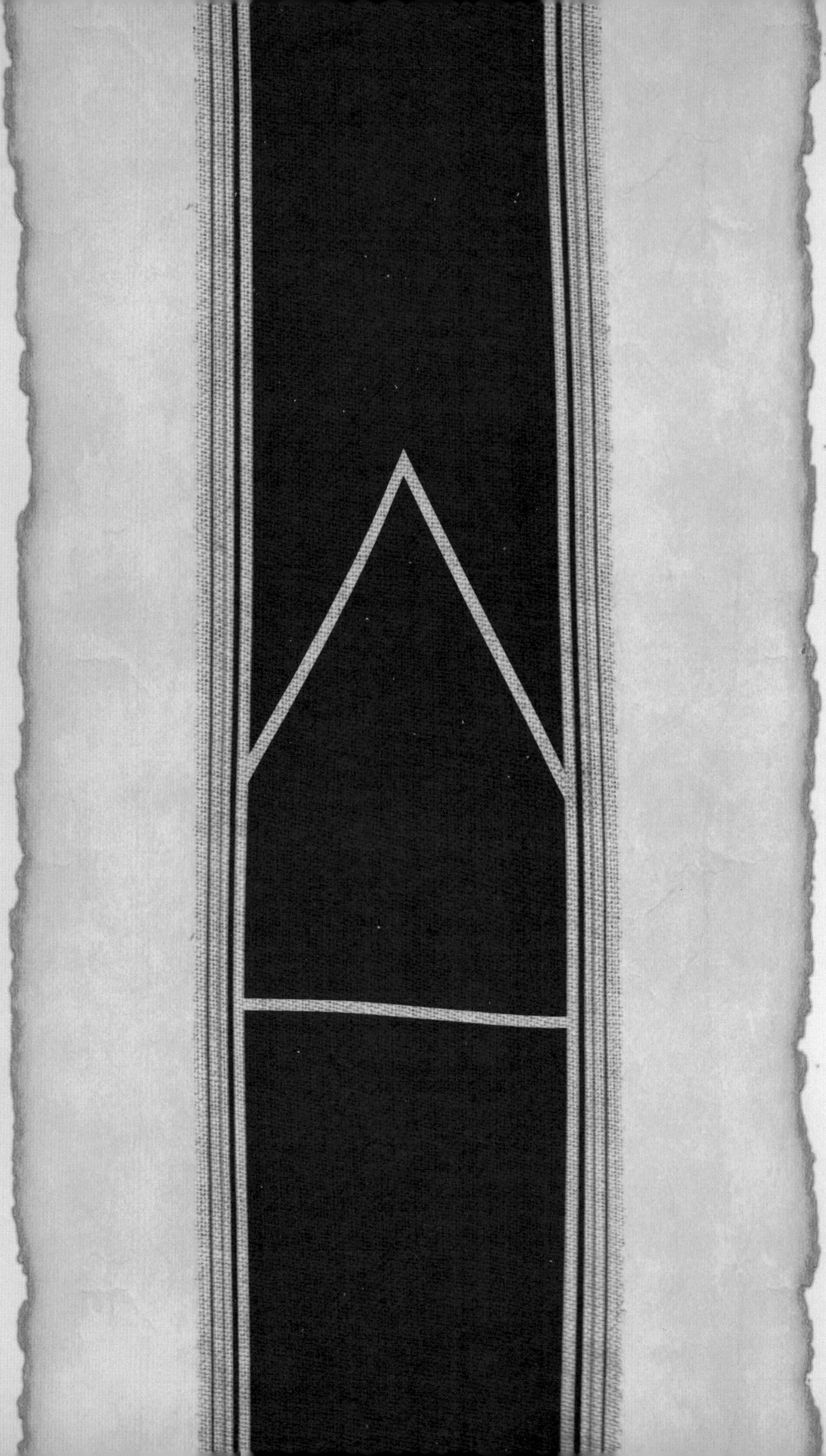

Talvez a forma de magia mais popular entre Bruxos e Bruxas seja a magia com velas. Há certo encanto em uma vela acesa numa sala escura, e isso muito antes de qualquer magia ter sido elaborada ou qualquer feitiço ter sido lançado. A magia com velas é popular não somente porque é bonita de se ver, mas também porque é eficaz e simples. A única coisa de que você precisa para magia com velas é uma vela branca e um isqueiro, ou um fósforo.

Durante a elaboração deste livro, um de nós observou que "até uma vela ser acesa, um altar não passa de um lugar". Embora isso seja ultrassimplificado, errado não está. O simples ato de acender uma vela torna mais mágico um espaço ou uma sala. Nossos ancestrais usavam fogo para se aquecer, cozinhar, iluminar e, provavelmente, dezenas de outras coisas, mas ficamos praticamente desprovidos dele no século XXI. Por ser menos comum do que costumava ser, ver o fogo em estado bruto pode ser transformador, e sua presença em nossa vida muda nossas percepções quando estamos perto dele.

O fogo é extremamente poderoso, e é um poder do qual percebemos resultados diretos com frequência. Por sermos californianos, vimos incêndios devastarem nossas regiões naturais ao longo dos últimos dez anos. Enquanto escrevíamos este livro, o segundo e o terceiro maiores incêndios da história da Califórnia arrasaram tudo à nossa volta, e tivemos amigos que perderam seus lares por causa disso. O fogo é uma ferramenta útil quando podemos controlá-la, mas também tem consequências fatais quando livre de restrições.

Muitos Bruxos e Bruxas gostam de atribuir correspondências a certos objetos, sobretudo correspondências relacionadas aos elementos Terra, Fogo, Água e Ar. Por conterem líquidos, itens como cálices são geralmente associados com água, e não surpreende que velas sejam consideradas uma ferramenta de fogo. No entanto, de muitas formas as velas englobam os quatro elementos, o que aumenta seu poder em trabalhos de magia.

Velas são projetadas para conter uma chama, representando o elemento Fogo. Essa parte é óbvia, mas menos óbvia é como os outros três elementos fazem parte de uma vela. Geralmente, as velas são "derramadas", ou seja, elas começam como um líquido, e, quando acesa, partes da vela voltam a ficar líquidas. Líquidos, obviamente, são associados a água de maneira geral. Velas também liberam um pouco de vapor ao queimar.

A maioria das velas de hoje é feita de parafina, um produto derivado de petróleo refinado, um recurso extraído da terra. O material mais comum do pavio da vela é o algodão, que vem da planta algodão. Provavelmente você está vendo aonde queremos chegar: a vela deve sua existência às coisas da terra. Tipos naturais de velas, como as de cera de abelhas, também podem se conectar com o elemento Terra, já que abelhas vivem do néctar proveniente das flores que crescem do solo.

As velas também dependem do poder do ar para queimar. Ausência de ar também significa ausência de oxigênio, e se não houver oxigênio também não haverá chama. Além disso, muitas velas contêm bolsões ou bolhas de ar que se produzem durante sua fabricação. Como você pode ver, as velas contêm o poder das energias dos quatro elementos em pelo menos alguns aspectos.

Um dos motivos para a popularidade da magia com as velas em tradições da Bruxaria é sua acessibilidade. Velas podem ser compradas em praticamente todo lugar, e uma vela comum ou uma vela votiva custam no máximo alguns reais. Uma caixa enorme de velas *réchaud* vai durar, para a Bruxa e o Bruxo econômica(o), pelo menos um ano, sem que isso custe mais que vinte reais. Se um Bruxo ou Bruxa não tem mais que alguns reais e precisa gastá-los com itens de magia, a vela é um investimento sábio.

Velas também são onipresentes. Quase todo mundo as queima. Uma grande vela pilar na lareira provavelmente não chamará tanta atenção, mesmo que esteja sendo usada para feitiços. A popularidade atual da Bruxaria significa que muitas lojas-padrão também contêm no estoque velas fabricadas especialmente para fins de magia (embora a eficácia mágica de uma vela para feitiço proveniente de uma cadeia de lojas seja um pouco duvidosa). Isso é ótimo para quem não tem acesso a uma loja de Bruxaria ou de artigos esotéricos. Lojas de artesanato também estocam dezenas de velas de quase todo formato e tamanho. Nunca foi tão fácil fazer magia com velas como hoje.

A magia de um feitiço com vela é gradualmente liberada pelo pavio queimando. Ao contrário da construção do cone de poder e da liberação de uma explosão de energia, a magia contida em uma vela pisca lentamente para fora e para longe. A magia também se afasta da vela em todas as direções. Nem sempre esta é a forma mais certeira de magia, mas muitas vezes é a mais aprofundada, porque a energia da vela está entrando em contato com várias facetas diferentes de sua vida.

Na magia com velas, deixamos que a vela faça o trabalho pesado em vez de o fazermos nós mesmos. Transferimos nossa intenção e energia para a vela, e, uma vez lá dentro, permitimos que a chama disperse esse poder. Muitos feitiços requerem que o Bruxo ou a Bruxa em particular faça algum tipo de visualização criativa enquanto o feitiço está sendo feito, mas com a magia das velas estamos fazendo isso enquanto preparamos o objeto. No momento em que acendemos a vela, nossa parte do feitiço já está praticamente feita; é a chama que queima que está liberando a magia.

A magia com velas também é fácil de fazer porque a vela é um excelente ponto de foco. Mesmo em um cômodo bem iluminado, nossos olhos geralmente são atraídos por uma chama de vela. A cada vez que olhamos para uma vela de feitiço, focamos mais intenção e energia em nosso trabalho com magia. Com uma vela, não precisamos visualizar nossa energia indo para o universo, pois podemos sentir e ver essa energia. A luz de uma vela é uma manifestação visual de nossa energia mágica, e o calor da chama da vela é uma manifestação tátil que podemos sentir.

PRIMEIROS PASSOS:
PRATICANDO MAGIA COM VELAS EM SEGURANÇA

Por conta da natureza destrutiva do fogo, a magia com velas tem potencial para causar ferimentos e danos graves. É fácil não dar bola para o poder de uma pequena chama, mas essa pequena chama pode causar consequências bem sérias. A magia é boa para todo tipo de coisa, mas não pode evitar um incêndio causado por um Bruxo ou uma Bruxa desatentos.

Cuidado com suas Velas

Essa é a regra mais importante da magia com velas. Se você acendeu uma vela, deve ficar no lugar onde ela está queimando. Não é preciso ficar olhando direto para a vela durante quatro horas, mas você deve estar em um lugar onde possa vê-la com facilidade.

Corte o Pavio

Esse pode ser difícil de lembrar, mas esquecer pode ter consequências fatais. O ideal é que um pavio não tenha muito mais que meio centímetro. Chamas de vela gigantes parecem legais, mas podem facilmente começar um enorme incêndio. Para a maioria das velas, uma tesoura é o bastante para cortar o pavio, mas, se você está usando uma vela de pote, provavelmente vai querer comprar um cortador de pavio. É bom você aparar o pavio de qualquer vela que queimar depois de mais ou menos quatro horas de tempo de queima.

Se sua vela foi acesa anteriormente, você pode cortar o pavio depressa antes de acendê-lo, quebrando um pedaço dele. Um pavio carbonizado se parte com muita facilidade, e quebrá-lo como uma forma de aparar funciona bem na hora do aperto. Depois de cortar o pavio, certifique-se de descartá-lo da maneira adequada. Não o deixe boiando na cera, já que ele ainda é capaz de começar um incêndio.

Coloque a Vela em um Lugar Seguro

Certifique-se de colocar a vela a pelo menos 8 centímetros de distância de qualquer produto inflamável e deixe-a longe de regiões com correntes de ar. Colocar a vela em uma janela pode parecer bacana, mas uma lufada forte de vento pode derrubá-la, causando um incêndio ou espalhando cera por toda parte. Certifique-se de que a vela esteja em um local fora do alcance de crianças e animais.

Use um Porta-velas e Encontre uma Superfície à Prova de Calor

Se você não está usando uma vela de pote, é bom garantir que ela fique em segurança em um porta-velas. Velas *réchaud* vêm dentro dos próprios recipientes, mas eles ficam muito quentes. Velas *réchaud* devem ser colocadas sobre uma superfície à prova de calor, para evitar risco de incêndio.

Evite Tirar uma Vela do Lugar Enquanto Ela estiver Queimando

Tome cuidado ao pegar ou tirar do lugar uma vela acesa. Tirar do lugar uma vela queimando não somente traz riscos de incêndio como, também, o perigo de você se queimar enquanto a cera quente escorre. Se você precisar pegar uma vela acesa, garanta que ela esteja firme dentro de um recipiente. Não recomendamos tentar pegar um *réchaud* ou uma vela de pote acesa, mas, se for preciso, faça-o no primeiro ou no segundo minuto depois de acendê-la.

Apague as Velas Antes que o Fogo se Consuma Totalmente

Uma vela é mais perigosa no fim de sua duração, portanto, apague-a antes que se consuma totalmente. Quando houver apenas meio centímetro de vela pilar ou de pote, apague-a. Uma vela *réchaud* deve ser apagada quando o pavio começa a se mover com facilidade dentro dela.

Tenha Cuidado Extra ao Ar Livre

Se você vai acender velas ao ar livre, use velas de pote ou outros tipos de recipientes para velas que contenham a chama e não tombem com facilidade. Uma vela acesa é capaz de produzir faíscas e brasas, que podem ser apanhadas por um vento forte e começar um incêndio. Evite o máximo possível chamas desprotegidas ao ar livre.

Verifique a Vela antes de Acendê-la

Certifique-se de remover qualquer embalagem da vela antes de acendê-la e que ela esteja livre de pó. Se estiver usando uma vela especialmente preparada para magia, procure saber o que a cera contém. Muitos fabricantes de velas gostam de misturar coisas como ervas, pétalas de flores e coisas plásticas na cera de suas "velas mágicas", que, embora poéticas, podem ser muito perigosas e causar incêndio. Se houver alguma coisa plástica dentro da vela, sugerimos não acendê-la. Se a vela contém ervas ou outros materiais naturais, tome muito cuidado com o lugar onde a acende.

PREPARANDO E APRONTANDO A VELA PARA USO MÁGICO

Magia com vela não é complicado, mas exige um pouco mais de trabalho que simplesmente comprar uma vela e depois acendê-la. Para obter melhores resultados, qualquer vela que você adquirir para propósitos mágicos deve ser preparada e aprontada antes de ser acesa. Preparar e aprontar uma vela pode envolver várias etapas diferentes, e, quanto mais etapas você usar, mais eficaz sua magia será. No entanto, haverá momentos em que talvez você não tenha tempo ou recursos para todas as três etapas.

A etapa preparatória mais importante quando se trata de magia com velas é carregar sua vela. Felizmente, carregar uma vela não é difícil nem consome tempo; é necessário apenas voltar para a primeira etapa da magia, e a mais importante: a visualização criativa. Carregar uma vela envolve infundi-la do que você vai queimar com a energia específica e focada do feitiço que você deseja lançar.

Antes de começar seu feitiço com velas, visualize o que você está tentando realizar. Se está trabalhando em um feitiço para impedir que parentes briguem num jantar durante um feriado, visualize esse jantar em sua mente. Imagine todos os participantes felizes e se dando bem uns com os outros. Ao conceber a imagem de um jantar feliz em sua mente, coloque essa energia em sua vela.

Para colocar energia em sua vela, segure-a em sua mão dominante. Aperte-a com firmeza e visualize um jantar pacífico com seu olhar mental. Uma vez que você estabeleceu essa imagem específica, deve sentir a energia se movendo pelo corpo: da cabeça até o pescoço, para o ombro, pelo braço e, finalmente, para sua mão e a vela. Quanto mais você continuar na visualização e colocar a energia dentro da vela, mais potente será seu feitiço. Isso não significa que você precisa passar trinta minutos empurrando energia para a vela, mas trinta segundos também não bastam. Se quiser que sua magia seja forte, você precisa dedicar algum tempo a ela! Uma vela adequadamente carregada deve causar uma sensação de calor em sua mão e irradiar energia. Se essas duas coisas não acontecerem, você precisa passar um pouco mais de tempo colocando energia na vela.

Se quiser adicionar um pouco de energia extra à vela, você pode verbalizar sua intenção enquanto transfere essa energia à vela. Pode ser um cântico simples, como "paz e harmonia, paz e harmonia", ou você pode entoar alguma coisa. O mais importante não é a presença ou a ausência de palavras; é a intenção por trás dos sons que você produz.

Quando você terminar de colocar na vela a energia de sua intenção, a vela deve causar uma sensação de calor ao toque. Parte desse calor provém de sua mão, mas um pouco disso é a energia que você transferiu para a vela. Se você está preparando a vela com um ou dois dias de antecedência do trabalho com o feitiço, provavelmente ela continuará quente até o trabalho da magia começar a ser feito.

Se você acha a visualização criativa um desafio, uma alternativa para colocar energia na vela é anotar os resultados que você está buscando em uma ficha de arquivo ou um pequeno pedaço de papel. Enquanto escreve o que está tentando realizar, você também pode verbalizar em voz alta essas intenções. Para nosso feitiço do jantar hipotético de feriado, é possível escrever coisas como "civilidade", "cooperação", "assuntos de acordo mútuo", "gentileza", "valores compartilhados", "hospitalidade", "altruísmo", "harmonia" etc. Lembre-se de evitar coisas negativas, o que nesse caso pode significar algo como "nada de política". Anotando todas essas informações, você está colocando suas intenções na ficha de arquivo, que serão então transferidas para a vela, construindo sua energia. Se optar por anotar tudo, deixe o papel de lado quando terminar.

A segunda etapa na magia com velas é "aprontar", ou consagrar, a vela. As substâncias mais comumente usadas para consagrar velas são óleos essenciais. Antes de usar um óleo essencial em sua vela, certifique-se de que ele seja natural. Não é bom queimar alguma coisa que contém um monte de materiais químicos! (Falaremos mais sobre óleos essenciais no Capítulo 13.) Ao usar óleos essenciais para aprontar a vela, você deve escolher um cuja energia complemente o objetivo de sua feitiçaria. Para esse feitiço hipotético, vamos usar o óleo de hortelã-pimenta, porque ele promove cooperação.

Você poderia, simplesmente, pingar um pouco do óleo de hortelã-pimenta em sua vela e depois espalhá-lo, mas a maioria dos Bruxos e Bruxas torna intencional cada ato que pratica. Ao fazer um feitiço para ganhos, em geral é bom aplicar o óleo na vela começando pela base e, depois, subindo até o pavio. Se está tentando banir ou se livrar de algo, geralmente se começa pelo topo da vela e se aplica o óleo descendo até a base dela. Enquanto aplica o óleo na vela, visualize o objetivo do feitiço, que, em nosso exemplo hipotético, é aumentar a boa vontade e garantir certa paz.

Aprontar a vela é uma condição *sine qua non*? É claro que não. Porém, quanto mais tempo você passar com sua vela, mais energia colocará nela e mais potente será sua magia. Se você não tiver um óleo essencial complementar para usar com a vela, algo bem básico como azeite de oliva também vai funcionar. Na hora do aperto, sabe-se que alguns de nós consagraram velas com água. Um bom óleo essencial ampliará os efeitos de sua vela mágica, mas as ações envolvidas em aprontar a vela também o farão. Uma vela pronta também não precisa ser usada imediatamente (o que é particularmente útil se você estiver usando água), já que a energia colocada na vela vai durar até que ela seja acesa.

Dependendo do tipo de vela a ser usada, você terá condições de escrever diretamente nela. É difícil escrever algo elaborado demais em uma vela pilar, e mesmo frases e palavras simples levam muito tempo para serem gravadas na cera, porém, o lado positivo é que, quanto mais tempo você passa preparando a vela, mais energia está colocando nela. A maneira mais fácil de escrever em uma vela é com um alfinete, uma agulha, a ponta de um punhal ou uma faca de cabo branco.[21] Alguns Bruxos e Bruxas preferem usar caracteres tebanos para escrever em uma vela, mas nós somos muito mais favoráveis ao uso do alfabeto latino. Outra opção é usar símbolos. Para um feitiço relacionado a dinheiro, por exemplo, você pode usar um cifrão, ou, para um feitiço de amor, um coração.

Se você está usando uma vela em que não é possível escrever, existem alternativas. Se houver uma embalagem de papel envolvendo sua vela de sete dias, você pode escrever nesse papel ou usar um marca-texto para desenhar diretamente no invólucro de vidro em uma vela de pote. Você pode escrever algumas coisas na parte externa de uma vela *réchaud*, e até arranhar um pouco a superfície de metal para formar símbolos. Onde há uma Bruxa ou Bruxo, há um caminho! Não é necessário escrever na vela, mas, repito, quanto mais você trabalha nela, mais potente será sua magia.

Se você anotou o que queria que seu feitiço realizasse quando começou a preparar a vela para uso, coloque sua ficha de arquivo ou pedaço de papel sob a vela/o porta-velas. Se possível, coloque a ficha em um local onde possa continuar lendo a maior parte do que escreveu. Quanto mais você olhar para essas palavras, mais isso potencializará seu trabalho mágico. Conforme a vela queima, ela sorverá a energia que você usou para escrever sua intenção e a dispersará para o universo.

Se você frequenta lojas esotéricas pessoalmente ou na internet, encontrará velas onde se lê "sucesso" e todo tipo de coisa. Se o lugar onde você compra tem boa reputação, essas velas virão "pré-infundidas" de energia mágica e, muito provavelmente, pré-ungidas de óleo. Por já haver energia nessas velas, elas são ótimas para usar em feitiços; no entanto, a menos que a vela seja criada especificamente para você, é provável que essa energia não seja muito direcionada. Para aumentar a probabilidade de sua magia ser eficaz, invista um pouco de tempo colocando *sua própria energia* em velas desse tipo. O gerente de sua loja esotérica local pode ser um dos Bruxos mais habilidosos que já nasceram, mas ainda assim sua vela se beneficiará de um pouco de atenção pessoal.

---

21. Jason escreveu um livro inteiro sobre punhais e outros objetos cortantes chamado *The Witch's Athame*, publicado pela Llewellyn em 2016. Pedimos desculpas por esse *merchand* gratuito.

CORRESPONDÊNCIAS DE CORES

Na prática da magia, as cores podem ser usadas de várias maneiras. O primeiro uso é psicológico: as cores nos causam sensações particulares. Para muitas pessoas, azul-claro é uma presença calmante, e o vermelho vivo é energizante. Também associamos certas ideias e conceitos às cores. A mais comum talvez seja a associação da cor verde ao dinheiro.

O simples fato de acender uma vela não trará mais dinheiro, mas, quando você acende uma vela verde durante um feitiço para dinheiro, está criando um canal que vai liberar mais de sua energia pessoal para o universo. Cada interação que você tiver com essa vela verde ativará pensamentos sobre de que modo está em busca de mais dinheiro, acrescentando energia extra e poder ao seu feitiço. Se você não associa a cor verde a dinheiro, usar uma vela verde durante um feitiço para dinheiro não fará sentido. A cor da vela que você usa deve se basear em sua própria intuição e sensações, não em uma lista de correspondências de um livro como este. Em outras palavras, as correspondências que listamos neste livro são as que funcionam para nós, mas, se não funcionarem para você, troque-as por algo que sintonize com você.

A magia das cores não se limita a velas. A lista a seguir de correspondências de cores (e suas próprias ideias sobre o assunto) pode ser usada em vários outros tipos de feitiçaria. Por exemplo, talvez você queira usar tinta vermelha ao escrever palavras de um feitiço de amor, ou usar um saquinho preto ao fazer magia para banir uma ideia ou um pensamento. Usamos a magia das cores na maior quantidade possível de situações.

CORRESPONDÊNCIAS COMUNS DE CORES

Estas correspondências de cores vêm de nossas experiências dos últimos vinte e tantos anos praticando Bruxaria e trabalhando com magia. Bruxos e Bruxas podem, e devem, interpretar as cores de maneiras diferentes. Fique à vontade para elaborar sua própria lista de correspondências de cores com base em experiências próprias.

Amarelo:
Clareza, ativação da intuição, estimular sonhos, apoiar buscas intelectuais, inspiração, ar

Azul:
Cura, banir tristeza ou melancolia, refrescar, acalmar, harmonia, relaxamento, sono reparador, água.

Branco:
Purificação, limpeza, clareza, verdade, calma (o branco pode ser substituído por qualquer outra cor).

Dourado:
Riqueza, sol, energia, poder, ganhar influência.

Laranja:
Criatividade, energia, comunicação, superar o ciúme.

Marrom:
Aterrar, equilibrar, o mundo natural, terra, decisões racionais.

Prata:
Lua, dinheiro, poderes psíquicos, profecia, adivinhação.

Preto:
Dissipar negatividade, livrar-se de coisas, luto; o preto também absorve energia e todas as luzes visíveis.

Rosa:
Amizade, amor platônico, autoestima, autoaceitação, beleza, juventude.

Roxo:
Realeza, poder, adivinhação, ambição, sabedoria.

Verde:
Dinheiro, prosperidade, sucesso, realizações, coisas materiais, boa saúde, crescimento, sorte, terra.

Vermelho:
Amor, paixão, ira, vingança, iniciação, fogo.

TIPOS DE VELAS

Existem vários estilos de velas, e o tipo que você compra terá pelo menos um pequeno papel em seu trabalho com magia. Qualquer tipo de vela que você adquirir para trabalhar com magia provavelmente servirá bem, mas determinados estilos são mais adequados para certos tipos de trabalho. Ao escolher uma vela, considere o "tamanho" de seu feitiço e a rapidez com que você deseja que ele se manifeste.

Velas pilares

Em geral, velas pilares são largas e sem suporte. Além de uma superfície à prova de calor, elas não precisam de muita coisa em termos de suportes ou outros acessórios. Velas pilares são usadas com mais frequência para decoração, e podem levar dias ou até meses para queimar. Se você elaborou um feitiço para ser lançado ao longo de alguns meses, uma vela pilar é o ideal. Se quiser manter uma vela pilar na sala de estar para emitir certo tipo de energia, velas pilares são ótima escolha. Por ser decorativas, elas geralmente não escorrem, portanto, se você coleta cera de vela para adicionar a seus trabalhos com magia, velas pilares não são a escolha adequada.

Velas cônicas

Velas cônicas são velas compridas e finas. Algumas delas se afunilam da base até o topo, ficando mais estreitas quanto mais se aproximam do pavio. Muitas velas "cônicas" não se afunilam, mantendo a mesma largura do topo à base. Uma vela cônica sempre precisa de um porta-velas!

Dependendo do tamanho de sua vela cônica, ela pode queimar em apenas algumas horas ou pode levar alguns dias de acende-apaga. Em geral, velas cônicas possuem cores sólidas, é fácil escrever nelas e untá-las, e pingam. (Mesmo as variedades que "não escorrem" vão deixar algum resto.)

Provavelmente, é nesse tipo de vela que as pessoas pensam com mais frequência quando imaginam magia com velas.

Ao usar velas cônicas, sempre é bom ficar ativamente atento a elas. Já conhecemos algumas Altas Sacerdotisas que queimaram os cabelos em uma vela cônica ao se inclinarem sobre o altar. Da mesma forma, é bom garantir que a vela cônica esteja bem presa a seu suporte. Um encaixe não muito seguro pode fazer a vela cair.

Velas Palito (ou Minivelas)

Velas palito são velas curtas e finas com base redonda. Em lojas esotéricas, geralmente são vendidas por um valor acessível. Para muitas Bruxas e Bruxos, esses tipos de velas são a primeira introdução à magia com velas. Velas palito se reduzem a nada em questão de horas, e não produzem muita cera restante. São ideais quando você precisa fazer um feitiço rápido ou está fazendo trabalho de feitiçaria em grupo.

Velas Votivas

Velas votivas são velas curtas e roliças que, em geral, não passam de 5 ou 7 centímetros. Muitas vezes são perfumadas, e geralmente são encontradas em lojas de 1,99. Velas votivas são excelentes para trabalhos pessoais, e, se feitas com óleos essenciais, elas dão um *up* no seu feitiço. Em geral, elas formam uma pequena poça derretida um pouco antes de se apagarem. Velas votivas se fixam bem, mas sempre devem ser colocadas em uma superfície à prova de calor se você não tiver um suporte disponível.

Velas réchaud

Velas *réchaud* possuem um preço acessível e são mais fáceis de usar em magia. Elas queimam por um período curto, geralmente inferior a quatro horas, e vêm num pequeno recipiente de metal (ou de plástico), ou seja, você não precisa de um porta-velas para usá-las. Velas *réchaud* estão disponíveis em várias cores, mas esteja ciente de que *réchauds* coloridas muitas vezes contêm aromas artificiais.

Um ponto negativo das velas *réchaud* é que elas produzem muito refugo extra que é difícil reciclar. Elas também tendem a ficar instáveis próximo ao fim, portanto, o momento em que você se esquecer de que sua vela está queimando será o mais perigoso. Apesar desses problemas, *réchauds* são uma ótima opção, graças a seu baixo custo e facilidade de uso.

Velas de Pote

São velas que vêm dentro de potes. Com frequência são decorativas ou aromáticas, e custam mais que a maioria das outras opções. Uma das vantagens das velas de pote é que elas podem ser facilmente usadas ao ar livre sem o risco de se apagarem com uma brisa suave. Velas de pote também não necessitam de porta-velas, já que o pote serve para esse fim.

Velas de Sete Dias

Uma vela de sete dias é um tipo específico de vela de pote. Se você já viu uma vela em vidro com um retrato de Jesus ou da Virgem Maria em seu mercadinho local, você viu uma vela de sete dias. Velas de sete dias recebem esse nome devido ao tempo de queima, já que tradicionalmente elas queimam em sete dias. Muitas lojas esotéricas que vendem velas customizadas para feitiços frequentemente as vendem como velas de sete dias. Velas desse tipo vêm em cores sólidas, bem como em variedades voltadas para figuras religiosas específicas e, mesmo, personagens da cultura *pop*. Na sala de nosso coven, há uma vela de David Bowie.

Velas de sete dias são acesas com frequência para pedir auxílio a santos católicos por conta de um problema sério. Essa prática também se espalhou para santos folclóricos, como a Santa Muerte. (Na Califórnia, suas velas de sete dias podem ser encontradas em nosso mercado local.) Há muitas Bruxas e Bruxos que trabalham com santos católicos e folclóricos.

Velas de sete dias são relativamente baratas, e muitas vezes podem ser compradas por apenas alguns reais. Sua popularidade em círculos católicos significa que elas também são prontamente disponíveis. Elas vão durar anos se você as usar em homenagem à divindade ou como símbolo dos elementos. Em geral, velas de sete dias requerem um cortador de pavio, e/ou fósforos bem longos ou um acendedor de longo alcance. Assim como outros tipos de velas de pote, velas de sete dias são úteis para rituais ao ar livre.

Ainda que o comum sejam velas de sete dias, há velas de outras quantidades de dias. Velas de três, de cinco e de seis dias farão sua magia um pouco mais rápido que a variedade de sete dias, e velas de catorze dias são uma opção quando você deseja que seu feitiço dure um pouco mais. Muitas lojas de artigos religiosos vendem recipientes para velas que podem ser colocados em potes de vidro coloridos, permitindo que você reaproveite várias vezes os potes. (Em geral, esses recipientes de vela são de plástico.)

Velas de Nó

São velas que contêm vários nós redondos semelhantes a uma pilha de pequenas velas achatadas uma em cima da outra. Velas de nó são feitas para serem usadas ao longo de dias, em que o praticante de magia queima um nó por dia para ativar o feitiço. Velas de nó têm várias cores e sua popularidade cresce cada vez mais.

Tipos de Cera de Vela

Além do estilo da vela que você escolhe, é bom você também pensar no tipo de cera usada para fabricá-la. A maioria das velas é feita de parafina, que é derivada do petróleo. Velas de parafina são baratas, não produzem muito refugo e são o tipo mais comum de material usado para velas. A cera de parafina pode ser um pouco fuliginosa ao queimar, e isso está longe de ser "natural". Se você está fazendo um feitiço para combater a poluição, não recomendamos parafina.

Velas de cera de abelha queimam muito mais rápido que parafina e também são mais caras, mas liberam um odor agradável, são totalmente naturais e não necessariamente produzem sujeira. Por ser natural, a cera de abelhas é mais potente que a parafina, mas alguns Bruxos e Bruxas não podem pagar seu preço. A cera de abelhas também tem outro benefício: essas velas são ótimas para pessoas que se incomodam com a fuligem. Se a fumaça de uma vela de parafina incomoda, experimente as de cera de abelha.

Outra opção mais cara, mas também mais natural, é a vela feita de cera de soja. Cera de soja é biodegradável e não produz nenhuma fuligem indesejada ao queimar. Por conta do preço, velas de cera de soja não estão disponíveis na mesma quantidade que as de parafina e de cera de abelhas, mas são uma boa opção para Bruxos e Bruxas que priorizam sustentabilidade.

LANÇANDO SEU FEITIÇO COM VELAS

Até agora neste capítulo, escolhemos nosso tipo de vela, a cor, a aprontamos e preparamos, mas o que vem depois? A maioria de nós quer ter a sensação de estar lançando um feitiço, não comprando acessórios para a sala de estar ou fontes alternativas de iluminação. Mas cada passo da jornada é uma parte do feitiço, desde uma ida corriqueira à loja para comprar uma caixa de velas até rabiscar palavras ou símbolos em uma vela e untá-la com óleo. Cada momento que passamos com nossa vela faz parte do feitiço, ainda que a sensação não seja a de magia.

Depois que sua vela foi preparada adequadamente, não há tantos segredos para liberar sua energia. É só acender o pavio, ficar de olho na vela queimando e, então, esperar os resultados que você está buscando. Para muitos Bruxos e Bruxas, no entanto, existe algo insatisfatório nisso – eles querem alguma coisa que tenha cara de *feitiço*. E, mesmo que uma quantidade extra de preparo não seja necessária para liberar sua magia, isso certamente não causará nenhum mal, e acrescentará ainda mais energia ao que você está tentando realizar.

Para nós, o melhor lugar para queimar uma vela é no altar pessoal. Um altar tem sintonia com suas energias pessoais, e adicionará um *up* ao seu feitiço. Se um altar está fora de questão, um lugar que tenha significado para você funcionará tão bem quanto e terá os mesmos poderes. Na casa de Jason e Ari, eles fazem boa parte da magia com velas na cornija acima da lareira. Tecnicamente não é um altar, mas, como ponto focal da magia do lar, ela desempenha bem o papel de um.

É perfeitamente aceitável usar um isqueiro para acender sua vela sem tanta firula, mas, quanto mais pensamentos você tem ao acendê-la, mais potente será seu feitiço. Há muitos Bruxos e Bruxas que, por esse motivo, gostam de usar fósforo para acender velas. Acender um fósforo não é exatamente um processo elaborado, mas leva mais tempo e deliberação que usar um isqueiro. Você tira um fósforo da caixa, segura-o entre o polegar e o dedo indicador, acende-o e observa uma chama imensa aparecer como se por mágica. Ter fogo em estado bruto nas mãos é poderoso! Depois, há o acendimento da própria vela e o apagamento do fósforo no fim.

Uma alternativa é usar uma vela cônica e acendê-la com a chama de outra vela. Se você está fazendo ritual em um espaço sagrado, pode acender velas para os elementos Ar, Terra, Água e Fogo, bem como para certas divindades de quem você é íntimo. Acender sua vela mágica com a chama de uma dessas velas é um ato de provocação. Você está transferindo a energia de sua vela elemental ou da divindade para o seu feitiço. Isso pode se revelar especialmente útil se você estiver homenageando a deusa Afrodite e usar uma vela acesa em sua honra para acender a vela que está usando para um feitiço de amor.

Palavras podem acrescentar um peso extra a seu feitiço, e articular seus objetivos em voz alta sempre acrescentará poder ao trabalho. Palavras proferidas em exemplos como esse podem ser simples e dispersas, ou poéticas e numerosas. O mais importante é você se sentir à vontade ao pronunciá-las.

Muitos Bruxos e Bruxas gostam de articular seus feitiços como dísticos rimados ou poemas. Rimas são geralmente fáceis de memorizar, mas também têm uma sensação mágica. Pronunciar versos que rimam, como os seguintes, no momento em que se acende a vela só acrescenta mais poder ao feitiço:

> *Queima, chama a brilhar, refina meu olhar,*
> *Para esta noite meu opressor se revelar!*

No entanto, se você acha que rimas são cansativas demais ou o distraem de visualizar seu objetivo, não vale a pena o trabalho.

Se você começar o feitiço em um espaço sagrado, é improvável que sua vela terá queimado totalmente antes de você sentir necessário fechar o círculo. Em casos assim, talvez você queira reconhecer que a vela está fora do espaço sagrado, mas continuará a fazer seu trabalho em um espaço mundano dizendo algo do tipo:

> *O círculo está aberto, mas meu feitiço não descansará.*
> *O que busco esta noite se manifestará!*

Às vezes, um feitiço com velas levará dias para se completar. Nesse caso, não é necessário recriar espaço sagrado ou repetir palavras já proferidas. Em geral, um rápido reconhecimento de que o feitiço vai continuar é o bastante. Ao reacender a vela a cada dia, diga:

> *Meu feitiço começou novamente.*
> *Vou obter o que tenho em mente!*

Também gostamos de dizer algumas palavras quando precisamos apagar a vela por qualquer motivo. Se a vela for apagada antes de o feitiço se encerrar, com frequência é apropriado dizer algumas palavras sugerindo que as coisas "vão continuar":

> *Meu trabalho aqui não está encerrado.*
> *Ainda não está ganho meu resultado!*

Ao apagar uma vela (lembre-se, deixar uma vela queimar sozinha pode causar um incêndio), dizer mentalmente algumas palavras pode servir para finalizar o feitiço. Essas palavras podem retomar a intenção original de seu feitiço (como "Lanço este feitiço para paz e harmonia") ou ser mais genéricas, como estas:

> *Minha magia agora girou, meu feitiço se lançou.*
> *Que minha magia dure, com luz e amor!*
> *Que assim seja!*

Não há nada de errado em soprar uma vela, mas há muitos Bruxos e Bruxas que acham a prática desrespeitosa. Se apagar a vela pela última vez com um abafador ou, mesmo, com seus dedos parece mais mágico para você, vá em frente! Não existe maneira certa ou errada de apagar velas.

CAPÍTULO 8

Feitiços à Luz de Velas

Uma das melhores coisas da magia com velas é sua simplicidade. Para fazer um feitiço com velas, não é preciso muito mais que um acendedor, uma vela e um pouco de espaço. No entanto, alguns dos primeiros livros de Bruxaria sobre o assunto sugeriam usar várias velas por feitiço, além de alguns itens como acompanhamento. Neste capítulo, tentamos simplificar o máximo possível os feitiços, embora em alguns casos haja a sugestão de usar alguns itens extras.

Entretanto, se você não tiver esses itens extras, seja um tipo particular de óleo, seja determinada pedra, não esquente a cabeça. Esses feitiços podem ser feitos sem os extras. Para os propósitos deste livro, só queremos que os feitiços sejam o mais poderosos e completos possível. Às vezes, simplesmente não é possível usar coisas extras, e tudo bem – a magia ainda vai funcionar!

O FEITIÇO "ENCONTRAR MINHA COMUNIDADE", DE ARI

Ari descobriu a Bruxaria no ensino médio em uma escola católica, e passou seus primeiros anos como Bruxa na casa dos pais, no quarto que compartilhava com a irmã mais nova. Durante esse período, ela acordava no meio da noite e fazia este feitiço para encontrar a comunidade de Bruxos e Bruxas a que almejava. Não surpreende que, aos 18 anos, ela tenha conhecido Jason no segundo dia da Universidade Estadual do Michigan e eles estejam juntos desde então.

Para este feitiço, você vai precisar de:

- 5 velas coloridas (branca, amarela, vermelha, azul e verde) ou 5 velas brancas (recomendamos velas palito pequenas)

Comece visualizando o tipo de comunidade que você está buscando. É um coven de Bruxas ou Bruxos, ou algo menos formal? Em sua mente, imagine esse grupo e você como membro ativo e aceito. Depois de visualizar o que está procurando, inicie o feitiço.

Comece acendendo a vela branca e colocando-a no centro de sua área de trabalho. Enquanto acende a vela, diga:

Uma comunidade de Bruxas e Bruxos
é o que busco de agora em diante.
Que eu seja atraída por seu poder e luz brilhante!

As quatro velas seguintes representam as qualidades que você deseja em uma comunidade. Se as ideias expressas nestes próximos oito versos não sintonizam com seus desejos, mude-os para algo mais apropriado.

Pegue a vela amarela e, ao acendê-la, diga:

Pessoas com quem compartilhar, dar e crescer.
Juntas, unidas, nossa magia irá florescer!

Coloque a vela amarela a leste, a cerca de 15 ou 20 centímetros da vela branca. Pegue a vela vermelha e acenda-a enquanto diz:

Um grupo de pessoas que me permitam ser livre,
Onde Bruxas e Bruxo dedicados sejamos eu e você!

Coloque a vela vermelha no sul, a uns 15 ou 20 centímetros da vela branca. Agora, pegue a vela azul e, enquanto a acende, diga:

Um lugar de magia, aceitação e estima,
Dentro e fora, como abaixo, em cima!

Agora, a vela vermelha está no sul, também a uns 15 ou 20 centímetros da vela branca.

Finalmente, pegue a vela verde e diga, ao acendê-la:

Um lugar para ficar, uma comunidade para chamar de minha,
Pois não serei mais um Bruxo ou uma Bruxa sozinha!

Coloque a vela verde no norte, a uns 15 ou 20 centímetros da vela branca, e, enquanto as cinco velas queimam, pronuncie este encantamento:

Acendo estas velas para encontrar minha comunidade,
Um lugar de amor compartilhado e unidade,
Minha família escolhida vou encontrar
Para a tapeçaria das Bruxas e Bruxos tramar!

Se sua situação é parecida com a de Ari e você precisa trabalhar sua magia em segredo no meio da noite, é provável que terá de repetir esse feitiço pelo menos algumas vezes antes que suas velas queimem completamente. A cada vez que reacender as velas, aproxime-as, para ficar cada vez mais perto da comunidade que você está procurando.

O FEITIÇO DA INVISIBILIDADE DE JASON

Muitos anos atrás, Jason trabalhou em um mercado onde era assediado sexualmente por um cliente. Depois de lutar contra a situação por alguns meses, Jason se lembrou, "Ah, é, eu sou Bruxo(a)!", e depressa começou a elaborar um feitiço que o tornaria invisível para o assediador. Várias semanas depois, Jason estava bem ao lado dessa pessoa e foi totalmente ignorado por ela. Sucesso!

Para este feitiço, você vai precisar de:

- 2 velas (recomendamos velas votivas. Use a cor que for melhor para você)
- Um alfinete, punhal ou faca de cabo branco (para fazer entalhes nas velas)

Comece gravando nas duas velas o nome de cada parte envolvida. No caso de Jason, ele gravou seu nome na vela que o representava, e "pessoa ruim" na vela que representava o cliente problemático. Ao fazer os entalhes nas velas, visualize a parte ofensora olhando através de você como se você fosse invisível.

Agora, aproxime as duas velas. Enquanto acende a vela representando a pessoa para quem você quer ficar invisível, diga:

Você não me verá mais.
De agora em diante, vai me deixar em paz.
Fora de sua mente, fora de sua visão.
Você não me verá mais, não!

Agora, acenda a vela que representa você, dizendo:

Agora desapareço de sua visão,
Como se envolto pela noite, com proteção.
Serei livre de sua indesejada atenção,
Por mim faço este feitiço de ilusão!

Recomenda-se fazer o feitiço ao longo de vários dias, afastando lentamente as velas uma da outra. No meio do caminho de cada sessão do queimar das velas, apague a que representa o malfeitor. Ao fazer isso, diga:

Eu apago sua linha de visão.
Este feitiço tudo resolverá a partir de então!

Neste feitiço, é bom você deixar sua vela queimar o dobro do tempo da vela do malfeitor. Então, se você apaga a vela dele após trinta minutos, deixe a sua vela queimando por mais trinta minutos. Quando terminar o feitiço do dia, apague a vela e diga:

Sumirei diante de sua face.
Com magia, elaboro meu disfarce.

Repita o feitiço até a vela que representa você se queimar quase totalmente. Lembre-se de afastar cada vez mais as velas sempre que trabalhar o feitiço, e deixe que a vela que o representa queime no dobro do tempo. Conforme a cera de sua vela derrete, você derreterá aos olhos da pessoa que o está importunando!

FEITIÇARIA COMPARTILHADA:
UM FEITIÇO SIMPLES PARA SOLSTÍCIOS
(OU SEMPRE QUE VOCÊ PRECISAR SE LEMBRAR DO SEU BRILHANTISMO)
POR IRISANYA MOON

Este feitiço utiliza o poder do sol renascido no Solstício de Inverno para despertar a magia dentro de você.

Para este feitiço, você vai precisar de:

- Todas as velas inacabadas de sua casa
- Todas as velas de sua casa que ainda contêm magia
- Fósforos/isqueiro
- Tigelas com água para colocar as velas, por segurança, ou um lugar onde você possa deixar as velas queimando até o fim (como uma banheira, um chuveiro fechado etc.)

A cada ano, uma pessoa querida me dá velas como presentes de solstício, cuidadosamente embrulhadas em papel, e um cartão de bênçãos na época do inverno. Ao longo de uma década recebi velas de outros entes queridos, e há feitiços que ficam nos meus altares:

- Velas de iniciações e aulas
- Velas de feitiços secretos
- Velas de feitiços feitos em voz alta

Tenho muita luz, só preciso me lembrar disso.

Então, removo as velas. Tiro os feitiços que precisam ser feitos ou que ainda não foram concluídos. Coloco todas as velas em seus estágios variados de iluminação.

Reafirmo o círculo ao redor de minha casa ou faço outro círculo para abarcar a energia de uma forma mais contida, muitas vezes quando tenho muitos trabalhos que, por algum motivo, ficaram inacabados.

Então, acendo todas as velas na casa escura. Acendo uma a uma e peço que sua chama cresça.

Fico em vigília (o quanto possível) para testemunhar a queima. Faço orações/preces e oferendas, e sinto o calor da magia renovada e da magia em andamento.

A luz aumenta ao longo das horas. Algumas velas se afogarão em cera. Algumas precisarão de atenção extra e de corte no pavio. Mas acendo todas elas. E apago as luzes artificiais até as velas se extinguirem.

Então, abro o círculo ou libero o espaço. Agradeço. E me lembro.

Não importa onde você esteja ou como se sinta nesses dias, se está inundado de júbilo na sombra ou cantando em voz alta para a luz que retorna, deixe todas as velas na casa de seu coração queimarem com vivacidade.

Permita que o feitiço de seu ser preencha os espaços que esquecem. Permita que o feitiço de seu crescimento se transforme de promessa para realidade. Deixe a luz crescer dentro e fora.

E, ainda que as velas encerrem seu trabalho e voltem à escuridão, que você se lembre da queima.

A faísca. A chama. O combustível de sua intenção – pronunciado ou não. Acenda todas as velas do seu coração. E lembre-se, ninguém pode conter sua aurora.

Irisanya Moon é Bruxa Regenerativa e iniciada, autora de livros sobre a lua, sacerdotisa de Afrodite e professora internacional. Ela se interessa por troca de histórias e pelo cultivo da resiliência por meio da magia e encantamentos.

ABRA SEUS CAMINHOS: REMOVA OBSTÁCULOS E ESTEJA ABERTO A NOVAS OPORTUNIDADES

Não importa o quanto somos focados ou determinados, mais cedo ou mais tarde vamos nos deparar com obstáculos impedindo que sigamos em frente. Quando esses obstáculos aparecem, eles podem nos impedir de perceber todas as oportunidades à nossa frente. Este feitiço é elaborado para remover esses obstáculos e nos colocar no estado mental apropriado para perceber quando há novas possibilidades bem diante de nós.

Para este feitiço, você vai precisar de:

- 1 vela (recomendamos uma palito na cor amarela)
- Um alfinete, punhal ou faca de cabo branco (para entalhar a vela)
- Óleo para untar (sugestões: óleo abre-caminhos, óleo de semente de girassol ou azeite de oliva virgem)

Comece gravando na vela palavras e frases relacionadas a seu objetivo. Sugerimos palavras e frases, como sucesso, oportunidade, olhos abertos, clareza, visão clara, abertura, lucidez, possibilidades e potencial. Comece gravando as palavras perto da base da vela e, então, vá subindo. Tome cuidado com o lugar onde começar cada palavra, pois você não vai querer ficar sem espaço antes do último *r* ou *s*. Ao gravar cada palavra ou frase, visualize novas oportunidades à sua frente.

Depois de gravar as palavras, use óleo para preparar a vela. Óleo de semente de girassol ou azeite de oliva virgem são bem fáceis de achar, e talvez você até já os tenha na cozinha. O óleo abre-caminhos é especialmente formulado para o propósito deste feitiço, e faz parte do armário mágico de muitos Bruxos e Bruxas. (Para mais sobre óleos, veja o Capítulo 13.) Ao preparar a vela, comece pela base e vá subindo, repetindo as frases que gravou na vela enquanto a consagra.

Depois que a vela estiver adequadamente preparada, acenda-a dizendo as seguintes palavras:

Nada me impede, meu caminho está claro e livre adiante. Vejo as oportunidades à minha frente!

Deixe sua vela queimar por uma hora, então, repita o processo a cada dia até a vela acabar, dizendo o verso "claro e livre" sempre que você a acender. Ao acender a vela, imagine-se um pouco mais perto de seus objetivos.

FEITIÇO COM VELAS E ALFINETES PARA ENVIO DE BÊNÇÃOS

Este feitiço pode ser usado para vários males, mas originalmente nós o usamos para ajudar um amigo nosso que precisava de cura. Se você optar por não usá-lo para cura, ele também pode ser utilizado para auxiliar um amigo sem sorte ou alguém enfrentando uma mudança importante na vida, como divórcio, rompimento ou um novo emprego. Este feitiço foi feito para ser usado para uma pessoa específica, portanto, quanto mais forte o elo que você tem com esse alguém, mais potente será o feitiço. Originalmente, fizemos este feitiço como um coven, mas ele pode ser facilmente adaptado para a prática solitária.

Para este feitiço, você vai precisar de:

- Um espelho pequeno (se não tiver espelho, um pedaço de papel-alumínio embrulhado em um porta-copos vai servir)
- Alguma coisa que represente a pessoa para quem o feitiço está sendo feito (como uma foto dela, um item que ela possui ou que tocou, algumas mechas de cabelo ou o nome escrito em um pedaço de papel)
- 1 vela palito azul-claro ou branca
- Citrina ou heliotrópio
- Alfinetes

Coloque o espelho no seu espaço de trabalho e reserve um momento para verbalizar sua intenção para o feitiço. Se você está fazendo esse feitiço para ajudar alguém a se curar, diga algo do tipo:

Esta noite lançamos este feitiço para Janete
Para invocar as bênçãos do universo
E ajudá-la em sua cura.
Que assim seja!

Em seguida, coloque no espelho a foto (ou outro item) da pessoa para quem você está fazendo o feitiço. A natureza refletiva do espelho ajuda a focar sua energia para o alvo do feitiço. Coloque a vela no topo da foto ou do nome escrito da pessoa a quem você dirige sua magia. Se está usando um item que não dá para colocar no topo da vela, é só colocá-la no espelho próximo ao item. Por fim, coloque no espelho a citrina ou o heliotrópio. (A citrina e o heliotrópio são ótimos para cura, e incluí-los aqui vai acrescentar um pouco de energia extra a seu feitiço. Para mais sobre pedras e cristais, consulte o Capítulo 11.)

Tendo organizado o feitiço, faça com que todas as pessoas presentes peguem um alfinete e o segurem na mão dominante. Lembre a todos da gravidade da situação atual e peça que elaborem intensamente uma sólida imagem mental do amigo. Quando todo mundo estiver adequadamente focado, faça com que furem a vela com o alfinete enquanto proferem uma prece ou dizem palavras de estímulo à pessoa a quem o feitiço se dirige. Aqui estão algumas coisas que vocês podem dizer:

*Abençoo Janete para que ela possa combater
a infecção de seu corpo.
Que as bênçãos estejam com Janete, para que ela possa
superar financeiramente esse período.
Envio amor e energia para Janete. Quero que ela saiba
que não está sozinha.*

Depois que todo mundo inseriu o alfinete (ou alfinetes – todos podem fazer isso mais de uma vez) na vela, acenda-a. Não é preciso dizer nada ao acendê-la, mas verbalizar sua intenção nunca é demais. Pode ser algo simples, como isto:

*Que Janete receba nossas bênçãos esta noite.
Que assim seja!*

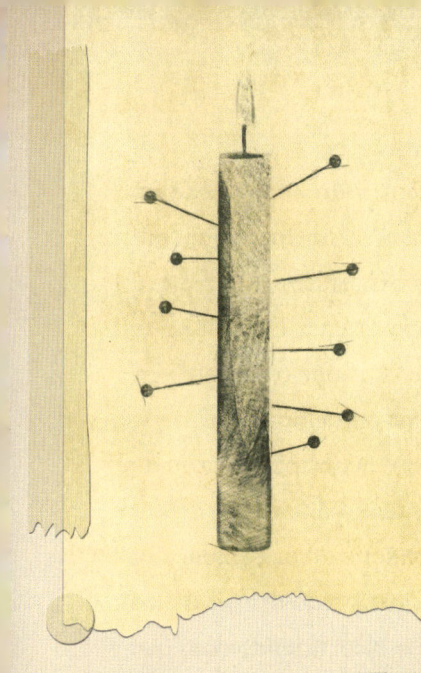

Conforme os alfinetes vão saindo da vela queimando, o desejo inserido nela vai para o universo. Se você tem pressa, incentive as pessoas a inserir os alfinetes perto do topo da vela. Se estiver fazendo esse feitiço como parte de seu trabalho habitual no coven, depois de acender a vela você pode deixá-la fazendo seu trabalho. Ao usar uma vela-palito grande, talvez tenha que acendê-la e apagá-la várias vezes.

O FEITIÇO DE AMOR COM VELA RÉCHAUD DE AMANDA

Este feitiço dá um pouco de trabalho, mas, quanto mais esforço você colocar na preparação da vela, mais potente será seu feitiço! Este feitiço usa a ideia do "semelhante atrai semelhante" e inclui vários elementos associados ao amor na preparação da vela. Além de amor, este feitiço pode facilmente ser usado para despertar paixão se sua relação atual está um pouco estagnada.

Para este feitiço, você vai precisar de:

- Cera de 1 vela branca réchaud cortada em pequenos pedaços (guarde o recipiente vazio e o pavio; você vai usá-los mais tarde)
- Um pequeno copo medidor
- Uma pequena panela com água, aquecida até ferver
- 5 gotas de corante líquido vermelho
- 1 pequena lasca de granada (opcional)
- Algumas gotas de óleo essencial de rosas
- Um palito de dente
- Pétalas de rosas secas moídas até virar pó (não é preciso mais que duas ou três, no máximo)
- Glitter biodegradável para salpicar no topo da vela (opcional)

Coloque a cera cortada de sua vela *réchaud* dentro do copo medidor. Quando sua panela de água estiver quente (cerca de 90 graus Celsius), coloque com cuidado o copo cheio de cera na água fervente, criando basicamente um banho-maria. (O copo medidor não precisa flutuar na superfície da água. É só colocá-lo dentro dela.) Quando a cera tiver derretido totalmente, adicione o corante vermelho. Mexa sem parar até a cera da vela adquirir uma cor vermelho-vivo.

Coloque a lasca de granada (se você a estiver usando) no recipiente vazio do réchaud, em seguida, coloque nele a cera derretida, mantendo o pavio no centro da vela. Quando a cera começar a esfriar nas beiradas, acrescente o óleo essencial e o misture com o palito de dente. Cuidado para não adicionar cedo demais o óleo essencial à cera da vela, pois o calor da cera vai dissipar o óleo, fazendo com que perca o aroma. Quando a cera atingir um estado semimole, salpique as pétalas de rosas moídas e o *glitter* no topo, pressionando-os devagar contra a cera para fixá-los.

Quando a vela estiver fria, está pronta para ser usada. Antes de acendê-la, verbalize a intenção do feitiço:

Sou digno de amar e ser amado.
Faço este feitiço para receber o amor
Que está faltando em minha vida.

O feitiço acaba quando a vela queima por inteiro. Para impacto extra, faça este feitiço em uma sexta-feira, dia da semana consagrado à deusa Friga.

FEITIÇO PARA AFASTAR INIMIGOS

Não importa o quanto você é simpático, é provável que encontre ao menos um inimigo ao longo de toda a vida. Felizmente, por sermos Bruxos e Bruxas, podemos banir essas pessoas de nossa vida.

Para este feitiço, você vai precisar de:

- 1 vela para representar seu inimigo
- Ferramentas para fazer gravações na vela (alfinete, punhal, tesoura etc.)
- Óleo de banimento

Comece gravando três vezes na vela o nome da pessoa que precisa ir embora. Sobre o nome, entalhe a palavra "afaste-se" ou algo similar que afirme sua intenção.

Com uma das mãos, pegue a vela pela base e a segure longe de você. Com a outra mão, pegue um pouco de óleo e unte a vela a partir da base, e vá subindo até o pavio. Quando chegar ao pavio, tire a mão da vela e recomece pela base. O movimento que você está fazendo para consagrar a vela simboliza o afastamento da pessoa indesejada de sua vida. Depois de aprontar a vela, acenda-a, dizendo:

Nome da pessoa, afaste-se da minha vida!
Afaste-se! Afaste-se! Afaste-se! Que assim seja!

Você pode deixar a vela queimar por inteiro ou trinta minutos por dia, até ela acabar. Ao terminar, jogue os restos da vela no lixo, que é o lugar dessa pessoa!

ENFEITICE A SI MESMO

Em algum momento, duvidamos de nós mesmos ou sentimos que, de algum modo, somos inadequados e não merecemos as coisas que queremos na vida. Este é um feitiço para ajudar a superar essas sensações. Na verdade, é um feitiço para enfeitiçar você mesmo!

Para este feitiço, você vai precisar de:

- 1 vela para representar a si mesmo (recomendamos escolher sua cor favorita)
- Óleo para untar (opcional)
- Um alfinete, punhal ou faca de cabo branco (para entalhar a vela - opcional)
- Um espelho pequeno ou outra superfície refletora

Carregue e prepare sua vela com óleo, se desejar. Se quiser usar óleo, sugerimos um que manifeste autoconfiança e amor-próprio. Você também pode gravar na vela o mantra do feitiço: "Sou digno do que busco e mereço". Comece colocando a superfície refletora em seu espaço de trabalho. Se não tiver uma superfície espelhada onde colocar a vela, tudo bem, mas este feitiço se beneficiará intensamente com isso. Uma superfície refletora jogará de volta para você a energia que sai da vela! Coloque a vela na parte de cima do espelho e faça uma pausa antes de acendê-la.

Durante essa pausa, você precisa conseguir enxergar pelo menos uma pequena parte de si mesmo refletida no espelho. Às vezes, pode ser difícil olhar nosso próprio reflexo, sobretudo quando estamos magoados, mas não se ignore dessa vez. Olhe para si por uns instantes e saiba que você é digno do que deseja em sua vida, como amor, sucesso, segurança, amigos e família. Se consegue se olhar no espelho sem ódio ou maldade, você é digno de tudo isso e muito mais.

Acenda a vela e afirme sua intenção:

Sou digno do que busco e mereço.

Depois de acender a vela, olhe para a luz dela e o reflexo que vem do espelho. Deixe seus olhos perderem o foco e se concentre no que vê naquele momento. Visualize-se feliz e pleno, à vontade para abraçar as coisas de que gosta. Ao olhar para a luz, repita seu mantra. Quando apagar a vela, você deve se sentir renovado e confiante em si mesmo. Repita esse feitiço sempre que a insegurança aparecer na sua vida.

FEITIÇO DE ROMPIMENTO

Às vezes, é extremamente difícil romper com alguém, por mais certa que a decisão possa ser. Este feitiço é elaborado para auxiliar um rompimento e para manter você inteiro no processo.

Para este feitiço, você vai precisar de:

- 1 vela para representar a pessoa com quem você quer romper
- 1 vela para representar a si mesmo
- Óleo de banimento, óleo de afastamento ou algum outro óleo essencial relacionado ao seu intento (opcional)
- Um óleo de cura de sua escolha ou um que represente força (opcional)
- Um alfinete, punhal ou faca de cabo branco (para entalhar as velas)
- Uma tesoura

Se vai usar óleo para untar as velas, primeiro unte aquela que representa a pessoa com quem você quer romper com óleo de banimento, óleo de afastamento ou outro óleo essencial relacionado à sua intenção. Ao untar a vela, comece pelo topo e aplique o óleo fazendo um movimento anti-horário (*widdershins*). Unte a vela que representa você com um óleo de cura de sua escolha ou um que represente força. Aplique o óleo da base para cima, em sentido horário.

Depois de aplicar o óleo, grave nas respectivas velas o seu nome e o nome da pessoa com quem você está rompendo. Para energia extra no feitiço, inclua a data de nascimento de cada pessoa nas velas. Comece colocando a vela que representa você no meio de seu espaço de trabalho. Coloque a vela representando a pessoa com quem está tentando terminar de 15 a 20 centímetros de distância da vela que representa você. Abra a tesoura e posicione as lâminas de modo que elas fiquem de frente para a vela que representa a pessoa com quem você quer romper. Ao fazer isso, diga:

Eu corto os laços que eram nossa aliança.
Seremos o que éramos antes, em segurança.

Acenda a vela representando a pessoa com quem você está rompendo e diga:

*Não farei mais parte de sua estrada.
De agora em diante, nossas vidas estão separadas!*

Agora, acenda a vela que representa você e diga:

*Curado e inteiro sairei dessa relação.
Fortes são minha mente, espírito e coração!*

Deixe as velas queimarem por alguns instantes e, então, apague-as. Repita todos os dias até que elas se queimem por inteiro, a cada vez colocando mais longe da sua vela a que representa a pessoa com quem você está rompendo. Conforme vai deixando a vela mais distante, reafirme a intenção do seu feitiço. Quando a vela representando a pessoa com quem você está rompendo tiver queimado totalmente, seu feitiço está completo.

PERSONALIZE SUA VELA DE SETE DIAS

Velas de sete dias são ferramentas poderosas na feitiçaria. Graças à sua popularidade, elas também são baratas e disponíveis em vários lugares. Muitas lojas de produtos esotéricos e mágicos vendem velas de sete dias especialmente preparadas para uma variedade de trabalhos. Este feitiço permite que você customize sua vela de sete dias focada em suas necessidades e desejos específicos.

Para este feitiço, você vai precisar de:

- Uma vela de sete dias da cor de sua preferência
- Uma imagem para acrescentar na parte externa da vela ou um marca-texto para desenhar no exterior da vela (opcional)
- Cola líquida ou em bastão (opcional)
- 2 a 3 óleos essenciais associados ao seu objetivo (para colocar na vela)
- Um espeto ou pedaço de arame
- Ervas bem moídas relacionadas ao propósito da vela (para salpicar na vela)

Comece definindo o foco de sua vela. É dinheiro, saúde, oportunidades, amor ou outra coisa? Depois de identificar o propósito da vela, escolha dois a três óleos essenciais que se alinhem com seu objetivo. (Veja o Capítulo 13.)

Em seguida, decida como você vai decorar a parte externa da vela. Há uma foto que você gostaria de colocar ao redor do pote? A foto pode conter algo relacionado ao seu objetivo ou, talvez, uma imagem de uma divindade ou poder maior com que você trabalhe. Também é possível trabalhar com muitos dos santos cristãos comumente encontrados em velas de sete dias, assim, você não teria que acrescentar sua própria imagem na vela. Depois de criar sua imagem, cole-a na parte externa da vela usando cola líquida ou bastão.

Uma alternativa é desenhar com um marca-texto na parte externa da vela. Isso contém a vantagem extra de colocar mais de sua energia pessoal dentro da vela. Seu "desenho" também não precisa ser uma figura ou um símbolo; palavras que representem seu objetivo também funcionam aqui. Independentemente do que você escolher fazer, certifique-se de deixar o marca-texto ou a cola secarem na vela antes de passar para o próximo passo.

Velas de sete dias específicas com frequência contêm óleo essencial infundido na cera, mas, se a sua não tem óleo, você pode facilmente acrescentar um pouco com um espeto comprido ou um pedaço sólido de arame. Ao longo da borda externa da cera da vela, longe do pavio, empurre o espeto ou o arame o mais fundo possível na vela, criando um buraco de pelo menos 10 a 12 centímetros na cera. Faça três ou quatro buracos na cera para enchê-los de óleo. Depois de fazer os buracos, pingue um pouco de óleo essencial dentro da vela e agite-a para que o óleo desça para os buracos. Você só precisa de algumas gotas; se colocar óleo em excesso, corre o risco de afundar o pavio. Pode levar um pouco de tempo até o óleo ser absorvido na vela, portanto, seja paciente e continue agitando o óleo o quanto for necessário. Para facilitar o máximo possível o processo, deixe a vela em um lugar quente durante uma ou duas horas antes de fazer os buracos, para amolecer a cera. Um lugar ensolarado na sua casa ou um local perto de um forno quente ou onda de calor fornecerão calor mais que suficiente para amolecer a cera da vela.

Depois que o óleo for absorvido pela cera, polvilhe as ervas moídas ao redor da borda externa da cera da vela. Não exagere nas ervas em pó; é bom evitar transformar sua vela em um foco de incêndio. Após salpicar as ervas, pegue a vela e infunda mais energia nela relacionada à tarefa para a qual ela foi elaborada. E *voilà*! Você tem sua própria vela de sete dias para auxiliá-lo em seus trabalhos com magia!

AS VELAS DE NÓ DE MATT PARA BOA SORTE

Há momentos na vida em que precisamos de um pouco de sorte extra, independentemente do motivo. Este feitiço é para essas situações. Ele se baseia no antigo poema irlandês "May the Road Rise Up to Meet You" (Que a estrada se erga ao seu encontro, em tradução livre), que é, surpreendentemente, uma magia bem forte. Ele inclui invocações ao quatro elementos, uma bênção à família escolhida e um pedido à divindade. Este feitiço precisa de sete dias para ser feito, já que você queimará um nó da vela por dia durante esse período.

Para este feitiço, você vai precisar de:

- 1 vela de sete nós (recomendamos amarela)
- Óleo para untar (recomendamos óleo abre-caminhos ou qualquer outro que você associe com energias positivas)
- Um alfinete, punhal ou faca de cabo branco (para entalhar a vela)

Comece carregando e untando sua vela. Unte um nó de cada vez, tratando cada nó como uma vela separada. Unte de baixo para cima, em movimento ascendente e sentido horário.

Os versos desse poema irlandês tradicional não são exatamente longos, mas, quando você os grava na vela, eles parecem extensos. Não é necessário gravar um verso inteiro em cada nó, mas é bom rabiscar alguns símbolos que representem as ideias ou, ao menos, algumas das palavras-chave de cada verso.

Comece no topo da vela e grave estas palavras (ou equivalentes) no primeiro nó:

Que a estrada se erga ao meu encontro.

Esse verso específico é sobre uma viagem tranquila; em vez de apresentar obstáculos, a estrada à frente torna seu caminho intencionalmente fácil de percorrer. Visualize-se obtendo com facilidade as coisas que você quer na vida enquanto grava e canta as palavras do primeiro nó da vela.

No segundo nó, grave estas palavras (ou equivalentes):

Que haja sempre vento em minhas costas.

Enquanto grava essas palavras, imagine uma força poderosa movendo você rumo à realização de seus objetivos. Como Bruxos e Bruxas, muitos de nós frequentemente nos sentimos impulsionados em caminhos positivos por energias invisíveis. Lembre-se dessa imagem enquanto grava e canta as palavras do segundo nó da vela.

No terceiro nó da vela, acrescente estas palavras (ou similares):

Que o calor do sol brilhe em meu rosto.

Imagine por um instante uma manhã quente e ensolarada, em que você se sinta seguro e saudável. Guarde essa energia na sua mente enquanto grava e canta as palavras do terceiro nó da vela.

Tradicionalmente, o quarto verso do poema é "[Que] a chuva caia suavemente no seu campo até nos reencontrarmos", mas o rearranjamos aqui, dividindo o verso em duas partes. Na primeira parte do verso, o quarto nó da vela, grave estas palavras (ou similares):

Que a chuva caia suavemente em meus domínios.

Chuvas são necessárias e, em geral, uma bênção, contanto que não caiam do céu de forma descontrolada. Imagine que a chuva são bênçãos em sua vida, os doces momentos de que todos gostamos, mesmo que não sejam coisas sempre grandes e espalhafatosas. Imagine essas bênçãos entrando em sua vida repetidas vezes enquanto caminha pela Roda do Ano. Aqui, seus domínios é a sua vida, porque, sendo Bruxo e Bruxa, é você quem comanda seu destino. Cante essas palavras enquanto as grava no quarto nó da vela.

A muitos de nós, a Bruxaria concedeu uma família escolhida, que fica mais forte mesmo quando estamos separados uns dos outros. No quinto nó de sua vela, grave estas palavras (ou equivalentes):

Que eu sempre reencontre quem amo.

Enquanto grava essas palavras no quinto nó de sua vela, cante-as e imagine as pessoas mais queridas de sua vida. Visualize-as como parte de suas experiências, e, se estiverem longe, veja a si mesmo reencontrando-as em sua memória.

Acreditar no divino não é necessário para ser Bruxo e Bruxa, mas para muitos de nós é uma parte importante da prática. Se você é um Bruxo ou uma Bruxa ateu/ateia, fique à vontade para substituir a palavra *deuses* por *terra* no próximo verso. O importante é visualizar algum poder maior que seja importante para você. Ao visualizar esse poder cuidando de você, grave estas palavras (ou equivalentes) no sexto nó de sua vela:

Que os deuses me segurem na palma da mão.

Se você tem intimidade com divindades específicas, é possível incluí-las nesta parte do feitiço. Se você é bastante próximo de seus ancestrais, pode convocá-los também. O mais importante é ficar à vontade com o poder maior que você está gravando e sobre o qual está cantando.

O poema irlandês original termina aqui, mas depois de invocar a estrada (terra), o sol (fogo), a chuva (água), o vento (ar), a divindade e a família, a sensação é de que também deveríamos invocar a nós mesmos. Como Bruxos e Bruxas que exercem magia, controlamos e criamos ativamente nossa própria vida. No sétimo nó de sua vela, grave estas palavras (ou similares):

*E que eu sempre tenha uma parte na criação
de minha própria sorte!*

Muitas vezes deixado de lado é o fato de que realmente ajudamos a criar nossa própria sorte, e fazemos isso lidando com magia. Nessa etapa do feitiço, visualize coisas boas acontecendo com você, que fica feliz e em segurança. Guarde esses pensamentos enquanto canta essas palavras e as grave no sétimo nó de sua vela.

Ao longo dos sete dias seguintes, queime um nó por dia. Ao se preparar para queimar cada nó, diga em voz alta várias vezes o verso desse nó, lembrando-se da intenção. Certifique-se de queimar por inteiro o nó de cada dia. No sétimo dia, encerre seu feitiço soltando um alto "que assim seja!", enquanto a vela estiver praticamente no fim.

FEITIÇARIA COMPARTILHADA: O FEITIÇO DA VERDADE, POR JESSICA RIPLEY

Elaborei este feitiço da verdade em um período de grande necessidade, quando acreditei que um adversário meu estava escondendo algo que me prejudicaria demais. Uma vez que eu já me encontrava em séria desvantagem nessa situação, canalizei este feitiço através de meus ancestrais. Para mim, funcionou de uma forma inesperada.

Em vez de trazer à luz uma decepção, o feitiço abriu os olhos dessa pessoa à maneira como ela me tratava e como esse tratamento estava impedindo os resultados que ela desejava. Ele tornou suportável uma situação por demais instável até que eu consegui ir embora.

Esteja ciente de que, quando você encerrar o feitiço, ele pode funcionar de várias maneiras. Pode trazer à tona uma confissão de alguém que o prejudicou ou esclarecer uma verdade que talvez você tenha deixado passar. Seja específico e prudente ao fazer o pedido. Em meu feitiço original, usei três óleos (óleo da chave-mestra, óleo Van Van e óleo de sangue de dragão) criados por uma consagrada praticante de vodu chamada Fredericka Turner, da Conjuria. Você pode substituir o óleo Sua Alteza John, o Conquistador, por esses três óleos.

Para este feitiço, você vai precisar de:

- Papel para solicitação
- Lápis ou caneta
- 1 vela palito azul (e um porta-velas)
- Óleo da chave-mestra, óleo Van Van e óleo de sangue de dragão (ou substitua o óleo Sua Alteza John, o Conquistador, por esses três óleos)
- Canela em pó
- Café em pó

Limpe seu espaço, suas ferramentas e a si mesmo. Se quiser, deixe uma oferenda a seus ancestrais e invoque sua proteção durante a elaboração do feitiço.

Crie uma solicitação cruzada escrevendo o nome da pessoa (ou da situação) nove vezes no papel, e então virando o papel 90 graus e escrevendo o seu nome sobre o dela nove vezes.

Sem erguer a caneta ou o lápis do papel, escreva seu desejo ("que a verdade sobre X venha à tona", ou qualquer coisa que você deseja que seja esclarecida) em um círculo em volta dos nomes.

Unte a vela com os óleos e polvilhe levemente a canela e o café na parte externa da vela.

Coloque a vela em um porta-velas no topo do papel com o pedido. Concentre-se em sua intenção e acenda a vela. Diga sua intenção em voz alta.

Deixe a vela queimar e apagar. Depois que a vela se apagar, recolha o pedido e restos de cera e descarte-os onde achar adequado. Ao descartar os restos da vela, fale sua intenção para que a verdade seja revelada a você.

Jessica Ripley é bruxa de Hécate e autora nascida em Minnesota.

CAPÍTULO 9

Magia com Ervas e Plantas

Até aqui, toda a magia presente neste livro veio de nós. *Criamos* a energia que usamos para a magia quando fazemos um desenho ou dizemos nossa intenção em voz alta. Mesmo uma vela é apenas um foco para a energia pessoal que geramos durante o trabalho com magia; a vela em si não contém nenhuma energia magista quando começamos a trabalhar com ela. Este é o capítulo em que tudo começa a mudar, porque a magia das plantas e ervas é bem diferente da magia que criamos sobretudo por conta própria.

Como seres vivos, as ervas e as plantas que usamos em magia não precisam ser carregadas, pois já são cheias de energia. Não importa se a canela é em pau ou em pó, ela irradia energia – a qual podemos usar em nossas feitiçarias. A canela tem sólidas associações com poder, sucesso e proteção, e, quando a usamos em nossos feitiços, essas potências aparecerão.

Se carregamos canela conosco, as energias que ela emite nos afetarão. Carregar um pau de canela no bolso provavelmente o fará se sentir mais confiante (é assim que você chega ao poder e ao sucesso) e afastará pessoas de você (essa é a parte da proteção). Carregar uma erva por aí talvez não pareça magia, mas é mais parecido com um tipo de feitiço, porque ervas e plantas influenciam os arredores, inclusive nós mesmos e as pessoas com quem interagimos.

A maneira como usamos plantas e ervas na magia vai variar. O mero fato de carregar uma erva consigo é a forma mais simples de usar uma delas na magia. No entanto, ervas e plantas são acompanhamentos perfeitos para outros tipos de feitiçaria. Espalhar pétalas de rosa no seu altar ao trabalhar com um feitiço de velas acrescentará mais energia à sua feitiçaria. Pétalas de rosas vermelhas há muito tempo são associadas a amor e luxúria, e quando as usamos em um feitiço estamos acrescentando suas energias de amor e luxúria à magia que criamos.

O alecrim não somente tem um cheiro maravilhoso como vem sendo usado para purificação e proteção há milhares de anos. Deixar expostos alguns ramos de alecrim ao receber parentes para dormir vai ajudar a proteger sua casa de energias negativas e, assim se espera, interromper uma briga por causa de política antes mesmo que ela comece. O simples ato de expor o alecrim é um feitiço, e esse é o tipo de magia que pode ser feito sem sequer se dar conta.

Um lado ruim da energia mágica de ervas e plantas é que as energias envolvidas não são exatamente fortes. Pense em alguns gramas de erva-gato *versus* um ser humano de dezenas de quilos, e não surpreende que tenhamos capacidade de emitir mais energia. Carregar uma certa erva no bolso provavelmente causará pouco efeito sobre você e as pessoas ao seu redor, mas não é capaz de protegê-lo de todos os problemas possíveis ou conflitos que surjam em sua vida. Vai ajudar? Sim, acreditamos piamente nisso. Mas seu poder é limitado. A magia não conserta tudo ou comanda todas as possibilidades. Por esse motivo, ervas e plantas muitas vezes são usadas como um "extra" junto com outras formas de magia.

Pelo fato de as pessoas trabalharem há milênios com certas plantas, sabemos como é a reação típica a elas. Mas, na vida, existem poucas coisas garantidas. Ao usar ervas e plantas em sua magia, preste atenção na maneira como *você* reage a elas e como influenciam seu trabalho. Nunca se sabe – talvez você seja uma dessas pessoas que reagem de forma inesperada a uma planta específica.

Além da energia natural que ervas e plantas possuem, elas nos afetam de outras formas. O olfato é com frequência um sentido ignorado, mas odores e aromas carregam energias poderosas consigo. Por exemplo, nosso coven usa uma mistura particular de incensos criada por Ari, e quando cheiramos esse incenso entramos em modo ritual instantaneamente. O simples fato de cheirar esse incenso nos faz pensar em magia e rituais de Bruxas e Bruxos. Nossa tendência é queimar o incenso do coven apenas quando estamos fazendo um ritual juntos, mas às vezes o queimamos individualmente porque precisamos conjurar os sentimentos e emoções que ele desperta em nós. Às vezes, simplesmente associamos certos cheiros a ideias específicas, e, quando usamos essas associações para mudar de consciência, estamos fazendo magia.

Ervas e plantas também contêm propriedades e substâncias que nos afetam em um nível muito real, quando as ingerimos ou as esfregamos na pele. Bruxaria com ervas não é somente usá-las em feitiçaria tradicional; também é usar plantas naturais para saúde e cura. O salgueiro-branco contém salicina, um composto similar à aspirina. Não foi um médico que descobriu isso, mas pessoas que, hoje em dia, associamos à Bruxaria. Ervas e plantas podem nos afetar em um nível físico, e não somente em termos de magia.

Não vamos passar muito tempo neste livro discutindo ingestão de ervas e plantas para cura. Usar seu arsenal de Bruxaria como um apotecário pessoal está fora do escopo desta obra (e não somos médicos). Entretanto, definitivamente vale a pena passar um tempo observando os efeitos sobre o corpo resultantes da inalação de certas ervas e plantas, e há milhares de livros que contêm informações assim.

A magia de ervas e plantas funciona em três níveis muito diferentes. Há o nível físico, no qual o que ingerimos ou absorvemos muda a química de nosso corpo ou resulta em cura. Também há o nível olfativo, em que aromas têm o poder de mudar nossa consciência em termos positivos e negativos. Por último, há o nível que exploraremos neste capítulo: o nível mágico, em que a energia natural emitida por ervas e plantas tem o potencial para afetar a nós e as pessoas ao nosso redor.

DESPERTANDO O PODER DAS ERVAS E PLANTAS

Ainda que haja uma energia latente em plantas e ervas, você pode tornar essas energias mais eficazes com alguns passos simples. Chamamos esse processo de "despertar". Ao despertar suas ervas, você as está reconhecendo como cocriadoras da magia em que está trabalhando para manifestar. Esse processo precisa ser feito? Não, mas sentimos que ele fortalecerá sua magia e construirá uma relação melhor entre você e as ervas que usa.

É bem fácil abrir um livro e ler que sassafrás pode ser usado para atrair dinheiro e boa saúde, mas há inúmeras ervas que podem fazer isso. O que torna o sassafrás especial e diferente das outras plantas? Despertar suas ervas antes de usá-las responderá frequentemente a esse tipo de pergunta.

Para despertar uma erva, é bom lidar com sua energia para de fato sentir como ela o afeta e, possivelmente, outras com que ela entrará em contato. Comece segurando a erva com as duas mãos e observando qualquer coisa que você sentir. Você sente a consciência se alterar enquanto ela está nas suas mãos? A erva está liberando alguma energia que você consegue sentir de maneira palpável?

Enquanto segura a erva que você está despertando, pare um momento para observá-la de verdade. Observar não é apenas passar os olhos, mas um mergulho profundo nas características físicas de sua erva. Quais cores estão presentes? O formato dela é agradável? Mesmo que seja fácil supor que todas as ervas secas têm a mesma aparência, isso não é verdade de forma alguma. Todas elas possuem diferenças, mesmo que sejam moídas ou em pó. Olhe para as ervas nas suas mãos de perto e a distância. Você ficará surpreso com o que vê.

Tome a erva em suas mãos, aproxime-a do nariz e inale profundamente. Note todos os aromas que ela produz. Inalar o aroma de uma erva é uma forma de trazer suas energias diretamente para dentro do seu corpo, e é possível que a inalação gere emoções, sensações e sentimentos. Anote-os.

Se você esfregar a erva entre o polegar e os outros dedos, vai liberar óleo adicional dela. Esse óleo torna o aroma da erva mais intenso. Respire de novo. Reparou em alguma coisa diferente que os óleos liberaram? Dependendo da erva, esfregá-la pode causar certos ruídos. Também vale a pena notá-los. Se tiver certeza de que sua erva é comestível, coloque um pouco na língua e observe novamente quais sentimentos ela desperta em você.

Aspirar o aroma da erva é mais que um exercício de sensações olfativas; é um reconhecimento à erva de que você valoriza sua energia e força vital. As pétalas da lavanda não estão vivas no mesmo sentido que eu e você estamos, mas elas emitem energia, e, quando essa energia é acolhida e reconhecida, ela será mais poderosa. Ao se engajar com a erva usando seus principais sentidos, você está construindo uma compreensão dessa erva que vai muito além do que existe nos livros.

Após se engajar o máximo possível com a erva, fale com ela. Agradeça por ela estar com você e lhe emprestar suas energias para seu trabalho com magia. Sim, sabemos que as ervas não têm ouvidos e não respondem da maneira tradicional, mas a energia delas responderá a você. A erva sentirá suas intenções positivas e responderá de acordo. O despertar da erva torna as energias dela compatíveis com as suas. Em vez de peças distintas de um quebra-cabeça, você e a erva agora estão conectados em um nível mágico.

Atualmente, há muitos livros de Bruxaria no mercado que falam sobre "espíritos das plantas". Isso não quer dizer que sempre que você capina o pomar está criando fantasmas de dente-de-leão, mas todas as plantas irradiam um tipo de energia. Quando lidamos com essa energia e paramos um pouco para entendê-la de verdade, estamos honrando o espírito da planta.

Porque o espírito de cada espécie de planta é diferente, haverá certas ervas e plantas mais chamativas do que outras, tornando essas ervas e plantas em particular parceiras de magia mais fortes. É por isso que alguns Bruxos e Bruxas chamam certas plantas de "familiares". Eles estão reconhecendo um laço especial que possuem com uma planta ou erva específica.

Você não precisa despertar suas ervas sempre que usá-las em suas práticas com magia, mas reconhecê-las antes de utilizá-las é um bom hábito a adquirir. Ao medir ervas para usar em um feitiço, Amanda "bate" nelas para reacender a energia que contêm. Se as ervas estiverem em um jarro de vidro, você pode bater nesse vidro e dizer algo como "Reconheço e convoco a energia da verbena mais uma vez para usá-la em meu feitiço". Se você tem muita intimidade com uma erva, sua abordagem pode ser mais informal, como "Acorde! É hora de fazer magia de novo". Não importa como você toca sua erva (ou o recipiente que a contém) ou o que diz a ela, a batida é uma dica física e energética para a erva a ser usada de que você estará lidando novamente com as energias dela.

Despertar uma erva pode parecer muito trabalho para algo que já emite energia própria, mas quanto mais você trabalha com uma ferramenta mágica, seja um punhal, seja um pouco de vara-de-ouro, mais potente a ferramenta se tornará e mais eficazmente você conseguirá aplicá-la em sua magia.

USANDO ERVAS E PLANTAS EM SEUS FEITIÇOS

Antes de falarmos sobre listas de propriedades mágicas de ervas e outros itens naturais, vale a pena parar um pouco para analisar como usá-las em feitiços. Listas extensas de propriedades mágicas são ótimas e tudo o mais, porém, na verdade, não oferecem nenhuma ideia sobre como usar um item específico. Todos nós usamos ervas em nossas feitiçarias ao longo dos anos, no entanto, antes de escrever este livro, nunca havíamos pensado a respeito de uma forma que beneficiasse outros praticantes.

Sem dúvida, é possível pegar uma folha de louro, colocá-la no bolso e deixar que a energia da folha influencie sua vida. Entretanto, em tais circunstâncias, essa folha de louro não vai durar por muito tempo. Em um ou dois dias, o mais provável é que ela se desintegre em pedaços minúsculos, e, talvez, e o mais importante, sem muito foco na folha, provavelmente sua eficácia mágica será pouca.

Também é muito fácil apenas colocar algumas ervas no seu altar ao trabalhar um feitiço. A energia dessas ervas entrará nas outras energias despertadas e utilizadas, em seguida, quando o feitiço for lançado, elas serão direcionadas aonde precisam ir. Quanto mais pudermos nos cercar de poderes mágicos, melhor nossa chance de êxito em termos de magia, e o simples ato de colocar algumas ervas no altar não dá tanto trabalho. É um mero acréscimo ao trabalho mágico.

Na maioria das vezes, ervas e plantas trazem mais benefícios ao trabalho com magia quando estão em outros formatos ou quando usadas em conjunto com outras técnicas magistas. Ervas são adições frequentes a amuletos (veja o Capítulo 15), feitiços em garrafas (veja o Capítulo 17) e bonecos (também no Capítulo 17). Em trabalhos como esses, as ervas são adicionadas a um feitiço direcionado que, em geral, contém vários outros ingredientes. Da mesma forma, colocar ervas em um recipiente, seja um jarro de vidro, seja um saquinho de tecido, evitará que elas se misturem dentro de sua bolsa. É assim que mais utilizamos ervas ao trabalhar com feitiçaria, porque essa forma de fazer magia fornece foco e contém várias energias.

Se você fabricar suas próprias velas, também é possível acrescentar ervas moídas e em pó à cera. Essa é uma forma particularmente poderosa de utilizar ervas, já que a energia depositada na vela funciona em conjunto com a energia das ervas. Quando a vela acaba de queimar, esses poderes são liberados para trabalhar sua vontade. Se não quiser fazer suas próprias velas, também é possível polvilhar ervas em pó sobre velas grandes (sobretudo de pote). É só afastar o quanto possível o pó da chama da vela.

Ervas em pó são outra maneira de utilizar o poder de nossas aliadas do mundo vegetal. A maioria das ervas pode ser facilmente moída com um almofariz e um pilão, que têm o efeito bônus de carregar com a própria energia natural as ervas que você está moendo. Ao moer as ervas, foque seu intento, infundindo as ervas com seu objetivo mágico. Isso funciona sobretudo se você moer as ervas antes de cada novo feitiço que as utiliza.

Raízes usadas em magia (como a raiz Sua Alteza John, o Conquistador – veja o Capítulo 17) podem ser difíceis de moer até virarem um pó fino, sobretudo manualmente, com almofariz e pilão. Um truque que aprendemos com o passar dos anos é colocar as ervas em um pequeno saco plástico com fecho e, em seguida, bater nelas com um martelo. Parece bem deselegante, mas usar um martelo também vai transferir seu intento e energia para as ervas. Bruxos e Bruxas fazem o que funciona, não só o que é sempre agradável esteticamente. Processadores de alimentos e moedores de café são outras opções, mas você corre o risco de quebrar o processador e também não vai infundir nas ervas a maior parte de seu intento.

O pó fino pode ser usado mais do que apenas como suplemento de cera de velas, já que ele contém muito poder próprio. Você pode salpicar esse pó nos seus sapatos (ou nos sapatos de outra pessoa!) ou em soleiras e parapeitos para atrair (ou afastar) várias energias. Se optar por fazer isso, você pode fazer suas ervas em pó durarem ainda mais misturando-as com amido de milho.

Em termos de magia, o amido de milho é uma substância neutra, e não vai contrapor as energias da erva que você está utilizando. Ele também oferece outros benefícios. Polvilhado no chão, o amido de milho não é particularmente perceptível, ou seja, ninguém vai saber que você cercou sua soleira com uma erva particular. O amido de milho também é aderente, e vai ajudar se você quiser que sua erva em pó fique no mesmo lugar por um tempo.

Ervas em pó também aparecem com frequência em incensos, e ervas inteiras também podem ser queimadas. A queima libera a energia do material da planta diretamente para o universo cumprir seu pedido. O lado ruim de queimar muitas ervas é que muitas vezes elas não exalam um cheiro bom no processo! Se mesmo assim você optar por queimá-las, sugerimos fazer isso apenas ao ar livre, em uma fogueira pequena, ou queimando uma pequena quantidade em um disco de carvão projetado para queimas internas. Queimar um pouco de ervas antes de sair à noite pode ser benéfico. (Queimar cártamo em um disco de carvão no início da noite é um antigo truque de conjuração usado por feiticeiros do sexo masculino para atrair outros homens.)

Atirar ervas em uma fogueira ao ar livre também pode ser eficaz, mas certifique-se de jogar alguma coisa com certo peso nesse fogo. Você não vai querer pedaços de folhas flutuando por seu bairro ou quintal. Podemos afirmar, por experiência própria, que a erva certa infundida de energia mágica despertada por meio de movimentos e cânticos e, então, atirada no fogo, é uma forma poderosa de trabalhar magia em grupo.

Ervas podem ser usadas em banho de banheira e de chuveiro para limpeza e para trazer coisas à sua vida. A ideia de um banho quente e relaxante infundido com a mistura certa de ervas parece uma ótima maneira de se livrar de energias indesejadas, e isso funciona para muita gente, mas existem alguns cuidados a ressaltar ao se usar ervas dessa forma. A menos que você troque a água do banho com certa frequência, essa energia indesejada vai permanecer na água. Ao tomar banhos para se livrar de algo, os de chuveiro podem ser mais eficazes, porque tanto a água suja quanto a energia indesejada escoarão rapidamente pelo ralo.

Tomar um banho com algumas de suas ervas favoritas para absorver suas energias é um ótimo uso para ervas na banheira. Quanto mais tempo você ficar na água com as ervas, mais absorverá suas energias. Nesse exemplo, é bom não ter pressa e deixar as energias passarem para você.

E finalmente, é claro, há certas ervas que você pode ingerir como alimentos e bebidas. Em nosso coven, fazemos um ritual de Yule onde colocamos ervas infundidas de magia em uma panela elétrica com sidra morna (de maçã). Canela, baunilha, fatias de laranja, noz-moscada, açúcar e pimenta-da-jamaica trabalham para trazer aventura, prosperidade, brilho e doçura (entre outras coisas) à nossa vida. Então, trazemos essas energias à vida ao tomarmos a sidra.[22]

O processo é o mesmo se você cozinha com uma erva ou a usa para fermentar uma xícara de chá. Para ativar por inteiro o poder de uma erva comestível (ou salpicável), pare um pouco para reconhecer o que você está tentando obter da erva e verbalize sua intenção. Certifique-se de que a erva utilizada na comida e na bebida seja comestível! Os temperos de sua cozinha são ótimos, mas ervas da loja local de produtos esotéricos talvez não sejam próprios para comer e beber.

Aqui, estamos apenas comentando superficialmente como usar ervas na prática da magia. Se você consegue imaginar, consegue fazer! Contanto que o processo que você está usando faça sentido para você, é uma boa pedida para usar na magia. As energias de suas aliadas do reino vegetal estão aqui para serem usadas da melhor forma que funcionar para cada um de nós.

AS ERVAS COMUNS PARA BRUXOS DE QUE MATT MAIS GOSTA

Há livros sobre ervas que listam milhares de plantas diferentes e suas variadas qualidades mágicas. Enquanto trabalhávamos neste livro, decidimos que a maioria das ervas e plantas sobre as quais escreveríamos seriam as que se podem obter com facilidade e não muito caras. Muitas das ervas nesta seção já estão em nossa prateleira de temperos.

Também quisemos evitar listar as mesmas plantas repetidas vezes. Muitas plantas comuns não listadas aqui aparecem em outras partes do livro, especialmente no Capítulo 13 sobre óleos e incensos. As propriedades de uma flor como o jasmim são as mesmas em estado natural ou em óleo, portanto, não achamos que escrever duas vezes sobre jasmim faria algo além de preencher a contagem de palavras desta obra já extensa. Como todas as listas neste livro, as

---

22. Este ritual é detalhado no capítulo 10 do livro de Jason *Witch's Wheel of the Year: Rituals for Circles, Solitaries & Covens*, publicado pela Llewellyn em 2019.

informações aqui contidas provêm da prática pessoal e dos livros que a influenciaram ao longo dos anos.

Alecrim

O aroma rico e potente do alecrim afasta o mal e mantém a inveja fora do lar. Ele pode ser usado para manter um parceiro fiel. Um ramo de alecrim colocado sobre a porta de entrada de sua casa afastará energias indesejadas. O alecrim também pode ser usado para estimular a memória. Quando um amigo se mudar, dê a ele um ramo de alecrim, para que vocês se lembrem de manter contato.

Alho

Talvez mais conhecido por afastar vampiros, o alho também pode ser usado como proteção contra outras forças mundanas e sobrenaturais. Em geral, o alho fica pendurado em paredes e portas para afastar espíritos vingativos e outras entidades. Não quer pendurá-lo na porta? Um dente no seu altar também vai funcionar. Muitas vezes, o alho é oferecido como oferenda à deusa Hécate, e deixado em uma encruzilhada para ela.

Arbusto-de-cera

O arbusto-de-cera é famoso por suas capacidades mágicas relacionadas a dinheiro e riqueza. Ele traz sucesso e boa sorte em todas as situações financeiras. Jason passou a infância com arbusto-de-cera nas férias de dezembro, e jura que ele é capaz de atrair felicidade e boa sorte no Natal. Salpique um pouco de arbusto-de-cerca seco ao redor de sua árvore para um Natal farto, ou queime uma vela de arbusto-de-cerca para transferir suas energias às suas comemorações natalinas.

Arruda

Matt tem a arruda em consideração tão alta que ele a chama de "Rainha das Bruxas" devido à sua potência mágica! A arruda tem uma longa história na magia, e vem sendo tradicionalmente usada para afastar maus espíritos e proteger contra olho gordo. Polvilhe arruda seca ou água infundida de arruda em seu altar para limpá-lo e consagrá-lo. Você pode fazer o mesmo com suas ferramentas. Ao receber amigos ou familiares briguentos em casa, colocar um pouco de arruda em espaços comuns ajudará a aplacar seus impulsos mais negativos.

Artemísia

Outra erva clássica de Bruxas e Bruxos, a artemísia é conhecida sobretudo como um auxílio à adivinhação. Ela pode ajudar a relaxar a mente, o que torna uma pessoa mais aberta a mensagens e energias de poderes mais elevados. Também pode ser usada para induzir visões psíquicas. Ter artemísia por perto, seja como erva seca, incenso ou óleo, vai facilitar a interpretação de leituras com folhas de chá, cartas de tarô ou runas.

Camomila

A camomila é uma erva calmante que pode ser usada para promover e garantir sonhos agradáveis. Longe da cama, ela também atrai boa sorte e sensação de paz. Alguns Bruxos e Bruxas a usam também para purificação. Provavelmente, usamos a camomila como chá na maioria das vezes, bebendo-o antes de dormir.

Cravo-da-índia

O cravo-da-índia é uma erva de finalidades diversas e pode ser utilizada em feitiços para sucesso, prosperidade e proteção. Ele também energiza sua vida amorosa. Cravos-da--índia são frequentemente usados para desfazer feitiços, a fim de remover energias negativas. No outono, ferva uma quantidade pequena de cravos-da-índia na água limpa e lave sua soleira (ou a entrada de sua moradia) com a água infundida de cravo-da--índia para afastar energias indesejadas e atrair riqueza.

Damiana

A damiana é conhecida sobretudo como um afrodisíaco, e pode ser usada para estimular a paixão. Também é uma poderosa aliada em feitiços que focam assuntos do coração. Vez ou outra, ela é usada para induzir visões psíquicas. Por conta das associações da damiana ao sexo e amor, coloque uma pequena tigela dessa erva em seu armário ou penteadeira para promover sensações de desejo e romance.

Erva-gato

Erva-gato não é só para gatos! Ela é poderosa em feitiços de romance e *glamour*, e pode trazer amor e alegria à sua vida. Polvilhe um pouco de erva-gateira entre o colchão e o box para aproveitar os benefícios da potente e divertida energia sexual da erva-gato!

Hibisco

Flores de hibisco são ótimas para todas as formas de amor. Precisa adoçar sua disposição para receber e dar amor? Mantenha um pouco de hibisco consigo ou ingira em forma de chá. O hibisco promove formas mais inocentes de amor e também encontros mais quentes.

Hissopo

O hissopo era usado em antigos rituais judaicos para purificar o Templo em Jerusalém e para proteção geral. É provável que, na maioria das vezes, o usemos em feitiços de purificação, especialmente na banheira ou no chuveiro. Se você se sente estagnado espiritualmente e cem por cento incapaz de se conectar com sua magia ou com outras coisas que considera sagradas em sua vida, um banho de purificação com hissopo vai funcionar muito bem para consertar esses problemas.

Lavanda

A lavanda é uma das flores mais populares na Bruxaria, e pode ser usada para propósitos variados. Ingrediente comum em sabonetes, a lavanda limpa e protege. Usar sabonete de lavanda é uma forma fácil de começar o dia com magia! A lavanda também pode ser usada para promover paz e relaxamento, e também para abrir seus sentidos psíquicos. A cor lavanda há muito tempo é associada à comunidade *queer*, e a erva é especialmente potente em feitiços de amor LGBTQIAPN+.

Louro

O louro pode ser usado para limpeza espiritual e quebrar maldições. Também é uma ótima erva para usar ao fazer um pedido ou se concentrar em um feitiço sobre realização de desejos. Em um dia de ventania, escreva um desejo em uma folha seca de louro e deixe que ela seja levada pela brisa, levando seu desejo aonde quer que ele precise ser levado para se tornar realidade.

Manjericão

O majericão é benéfico para um sem-número de propósitos, como atrair amor e dinheiro, trazer sucesso nos negócios e promover paz de espírito. Também é bom para rituais de purificação, afastar o mal e trazer felicidade. Polvilhar um pouco de manjericão ao redor de seu círculo ritual não somente ajudará a trazer energias benéficas a seu espaço mágico como, também, o protegerá contra espíritos e entidades maléficas.

Raiz de gengibre

O gengibre ajuda a manter as energias em movimento. Por isso, é bom incluí-lo em feitiços ativos durante dias, semanas ou meses. Em feitiços assim, salpicar um pouco de gengibre seco em sua vela, vaso ou amuleto vai preservar as energias mágicas que você despertou, causando mudanças e transformações em sua vida. Devido a seu caráter picante, o gengibre também pode ser usado para remover bloqueios psíquicos e avivar sua vida amorosa.

Raiz de mandrágora

A raiz de mandrágora é extremamente mágica, mas também difícil de cultivar e venenosa de ingerir. A raiz inteira de mandrágora muitas vezes se parece com um ser humano, o que a torna popular em feitiços lançados em uma pessoa, inclusive em você mesmo. A raiz de mandrágora tem um sem--número de usos, e é um ingrediente comum em feitiços de amor, proteção e dinheiro. Por causa de sua aparência bem inquietante, a mandrágora aparece com frequência em livros da cultura *pop* e filmes sobre Bruxaria.

Rosa

Ingrediente clássico em muitos feitiços de amor, rosas são uma fonte de poderes mágicos. Suas cores variadas permitem que elas sejam usadas em uma vasta gama de feitiços amorosos e de relacionamento: as vermelhas atraem paixão e desejo, as cor-de--rosa estimulam o amor romântico profundo, e as brancas promovem amizade. Mas rosas são muito mais que amor. O caule de uma rosa, com seus espinhos difíceis de não notar, pode ser usado em magias de proteção e para afastar inimigos. Um círculo mágico feito com pétalas secas de rosas promove o ideal do amor perfeito e confiança perfeita, afastando, ao mesmo tempo, quaisquer energias que atrapalhariam essa condição.

Verbena

Se você tiver espaços ou recursos para apenas uma erva, a verbena será uma excelente escolha. Erva mágica versátil, a verbena pode ser usada em feitiços para proteção, dinheiro, desfazer sortilégios, adivinhação, sorte e amor. Precisa de uma erva substituta em um feitiço elaborado? A verbena complementa quase tudo.

A MAGIA DAS ÁRVORES

A maioria de nós não se sentiria tão mal em cortar algumas folhas de uma árvore de manjericão. Na maior parte dos Estados Unidos, uma erva como o manjericão é anual, ou seja, seu ciclo de vida se completa em um ano inteiro. Uma planta perene vive durante várias estações, mas mesmo assim boa parte dela é feita para morrer a cada ano, para que suas sementes possam ser espalhadas. Árvores são uma forma de vida muito diferente. Acredita-se que a árvore mais velha do mundo tenha mais de cinco mil anos.[23]

Por causa da natureza diferenciada das árvores, acreditamos que valia a pena dedicar a elas sua própria seção neste livro. Há muitas formas de usar a magia das árvores em seus feitiços sem pensar duas vezes. O método mais fácil é usar apenas coisas que caíram de uma árvore. Isso significa que folhas, pinhas, bolotas, sementes, frutos e galhos são boas pedidas. São presentes mágicos concedidos gratuitamente por nossas amigas árvores, feitos para serem utilizados. Mas o que acontece se você precisa de algo que está se desenvolvendo em uma árvore?

Árvores são seres vivos, e ainda que não tenham o mesmo tipo de alma que eu ou você, há um poder muito real residindo em seus galhos e tronco. É sempre melhor respeitar esse espírito e avisá-lo que ele é benquisto. Se você descobrir que precisa de um galho de uma árvore para usar como varinha ou

---

23. Bryan Nelson. "The World's Ten Oldest Living Trees", Treehugger, atualizado em 19 de outubro de 2020. Disponível em: https://www.treehugger.com/the-worlds-oldest-living-trees-4869356.

folhas frescas para um feitiço, certifique-se de deixar algum tipo de oferenda para a árvore. As oferendas mais tradicionais são moedas, mas o que uma árvore vai fazer com uma moeda de vinte e cinco centavos? Em vez disso, que tal dar a essa árvore um bom gole de água ou, talvez, recolher algum lixo que possa estar perto dela? Sua magia será muito mais potente por conter as bênçãos da árvore que você está utilizando.

Há muitas maneiras de utilizar a energia e a magia das árvores. Cada parte dela conterá a energia específica dessa variedade de árvore, o que torna as folhas a maneira mais fácil de usar a energia desses seres do mundo vegetal. Quando secas, folhas de árvores podem ser moídas e usadas como qualquer outra erva. Se por acaso você encontrar um pouco de casca, é possível fazer o mesmo com ela.

Ferramentas de Bruxas e Bruxos feitas de madeira de uma árvore específica conterão a energia específica dessa árvore. Teixos são tóxicos para seres humanos, o que liga essa espécie de árvore à morte e ao mundo além deste. Por causa disso, um punhal, varinha ou *stang* feito de teixo pode ajudar a facilitar jornadas ao mundo dos mortos durante rituais. Uma das melhores coisas da madeira é que ela é fácil de ser trabalhada, e elaborar ferramentas de Bruxas e Bruxos com madeira permite que você escolha que tipo de energia extra vai querer que suas ferramentas contenham.

Uma das maneiras mais fáceis de liberar a energia de uma árvore é por meio da queima. Cerejas e cerejeiras são associadas a sorte, amor e honestidade. Quando você coloca um tronco de cerejeira na lareira, está liberando essas energias para o seu lar. Essa é uma forma fácil de fazer um pouco de magia sutil se for receber convidados e quiser que eles se sintonizem mais com certas emoções ou estados.

Segue uma lista de atributos e usos mágicos para alguns tipos comuns de árvores. Existem espécies variadas de algumas árvores, como carvalhos e pinheiros, ou seja, as energias vão variar de uma espécie para outra. Essas orientações têm como base nossas próprias experiências, mas fique um tempo com algum ramo, folha ou pedaço de madeira que você usa para reparar em como eles o afetam em termos pessoais.

Algodoeiro (Álamo)

Algodoeiros, álamos e faias são membros do mesmo gênero (*Populus*) e possuem atributos similares. Sua madeira é bem maleável, tornando-a fácil de trabalhar para criação de ferramentas; no entanto, essas ferramentas talvez não sejam exatamente duráveis. Mais frequentemente usado em feitiços para dinheiro, o "algodão" que cai de um algodoeiro é uma ferramenta mágica versátil. O algodão contém sementes, que oferecem energias associadas a crescimento, possibilidades e novos começos. O algodão também é feito para ser levado pelo vento, o que o torna uma ferramenta útil quando você quer se livrar de algo.

Bétula

Tradicionalmente, a bétula é usada para proteção e limpeza. A energia da bétula é tão protetora que muitas vezes é usada para afastar maus espíritos. Por conta de sua madeira semelhante ao papel, é possível escrever feitiços em sua casca.

Bordo

A primeira coisa que vem à mente quando se pensa em bordo é sua seiva. A seiva é uma força edulcorante, e pode ser usada quando você está buscando adoçar a atitude ou comportamento de alguém. Por conta de sua doçura, acredita-se que bordos trazem o amor. A seiva de um bordo às vezes é chamada de "ouro líquido" por causa de seu valor, o que torna a árvore boa para feitiços de dinheiro.

Carvalho

Carvalhos são frequentemente associados aos druidas, o que torna sua energia sobretudo útil ao se trabalhar com divindades celtas. Bolotas são símbolos de fertilidade e abundância, e são consagradas ao Deus Cornífero cultuado em muitas tradições da Bruxaria. Por serem árvores especialmente fortes e duras, carvalhos também são excelentes para usar em feitiços de proteção e na criação de novas bases. Carvalhos são usados exclusivamente na produção de barris de vinho e uísque, portanto, sempre que uma pessoa toma uma bebida alcoólica finalizada em um barril de carvalho, está absorvendo um pouco da energia dessa árvore. Vamos admitir que somos partidários dos carvalhos, já que o nome de nosso coven é Oak Court (Corte do Carvalho, em tradução livre).

Cedro

Usar a fumaça que provém de um monte de cedro seco é uma forma especialmente potente de limpar sua casa ou espaço de ritual. Além da limpeza, a fumaça também oferece energias protetivas e é boa para atrair riqueza. Diz-se, também, que queimar cedro também aumenta o poder psíquico de uma Bruxa, o que a torna ótima para queimar ao lidar com adivinhações.

Espinheira

Espinheiras são famosas por sua capacidade de cura e associação com a virilidade. Devido a seu aspecto "espinhoso", espinheiras também são eficazes quando usadas em feitiços de banimento, sortilégios e maldições.

Freixo

Em tradições nórdicas, a árvore do mundo Yggdrasil é comumente associada a um freixo, o que a torna uma madeira excelente para facilitar viagens entre mundos. O freixo é particularmente versátil, e vem sendo usado na magia para prosperidade, saúde e proteção.

Pinheiro

O pinheiro é uma árvore extremamente útil em magia. A pinha é um símbolo de fertilidade por excelência, e pode ser usada em qualquer operação mágica feita para ganhos. Pinhas são ótimas para feitiços de dinheiro e vitalidade, e diz-se que os pinhões possuem energias de cura. A fumaça proveniente de uma montanha de pinhas pode acrescentar energia de proteção ao lar. Também se acredita que a energia das pinhas pode reverter maldições e fazer a energia de feitiços negativos voltar para quem a enviou. Espalhar folhas de pinheiro nos arredores de sua casa é uma forma eficiente de magia de proteção.

Sabugueiro

O sabugueiro é uma madeira extremamente protetora, e é uma defesa poderosa contra espíritos indesejados e intrusos mundanos. A seiva do sabugueiro é vermelha, o que a torna um substituto imediato do sangue em feitiços que precisem dele. Diz-se que os frutos do sabugueiro ajudam no sono, e, por conta da natureza protetora dessa árvore, suas energias também são úteis em feitiços de cura.

Salgueiro

Devido à aparência chorosa e romântica dos salgueiros, não surpreende que essa árvore seja frequentemente associada ao amor. Ela também contém propriedades divinatórias, na maioria das vezes usadas para prever com quem alguém se casará ou fará parcerias. No verão, salgueiros são ótimos lugares para se proteger do sol, motivo por que eles são usados em magias de proteção. A crença de que bater na madeira traz boa sorte provém originalmente do salgueiro em particular.

Sorveira-brava

Os frutos da sorveira-brava são frequentemente usados em feitiços de cura, e também podem ser úteis em feitiços focados em sucesso. Semelhantes ao xaxim, as folhas de sorveiras-bravas são ideais para dispersar líquidos, o que adiciona o poder purificador da sorveira a misturas de água salgada. A madeira da sorveira-brava é protetora, e pode ser usada para afastar intrusos sobrenaturais do lar. Os poderes protetores da sorveira também podem ser usados como proteção contra tempo ruim. Diz-se que a sorveira-brava repele relâmpagos.

MAGIA COMESTÍVEL DA DESPENSA

É legal ler livros sobre ervas mágicas e estocar seu armário de acordo, mas, se você possui uma despensa e/ou geladeira semicheios, provavelmente já tem quase tudo de que precisa para recorrer à magia das ervas e das plantas. Acreditamos que magia precisa ser fácil de fazer e de trabalhar independentemente do orçamento, e a magia da despensa é uma das formas mais fáceis de tornar a magia acessível a todos.

Esta seção é uma de nossas favoritas do livro! Ela está cheia de ideias e alimentos mágicos que provavelmente já devem existir na sua cozinha.

Açúcar

Não importa se o açúcar que você tem na despensa é feito da cana-de-açúcar ou da beterraba – ele é doce de qualquer jeito! Por causa disso, o açúcar é eficaz em feitiços para adoçar as atitudes de alguém, seja seu chefe ou parceiro(a). Por ser um pouco viciante, o açúcar também é útil em magias de atração. Procurando uma casa nova? Coloque um pouco de açúcar no altar enquanto estiver fazendo o feitiço.

O açúcar também é útil se você está procurando lidar com energias de juventude. Quando crianças, a maioria de nós provavelmente era obcecada por biscoitos e doces. O açúcar contém a energia da infância, e fará sentimentos joviais de maravilhamento e empolgação virem à tona em nós. Isso pode ser especialmente útil ao tentar olhar para o mundo com novos olhos e menos cinismo.

Azeitonas e azeite

O azeite foi usado por milhares de anos para acender lamparinas. Por causa da associação do azeite à luz e iluminação, é um óleo útil para trabalhos de magia voltados para aprender ou adquirir uma nova habilidade. Quando pensamos em azeitonas, logo vem à mente a Grécia antiga, o que torna a azeitona um excelente elo para conhecer melhor as deusas e deuses do Olimpo.

A azeitona também contém uma característica bem civilizatória. Use azeitonas e azeite quando fizer magias para restaurar a ordem na sua vida. Azeitonas são associadas à abundância, portanto, use-as ao fazer feitiços voltados para aumentar as coisas em sua vida. O azeite é um ótimo óleo básico, de que falaremos mais no Capítulo 13.

Banana

Por conta de seu aspecto fálico, bananas são ótimas para feitiços focados em sexualidade. Se está querendo atrair um amante do sexo masculino, use uma banana para representar seu amado ideal! Devido a suas associações fálicas, bananas podem ser acrescentadas em magias de fertilidade ou crescimento.

Está sendo assediada por um homem? Escreva o nome dele em uma banana e, em seguida, espete alfinetes e agulhas na fruta, enquanto invoca o interrompimento do assédio. Quando a banana ficar preta e mole, o feitiço está lançado.

Café e grãos de café

A maioria de nós usa a cafeína presente no café diariamente. Ela é nosso "abre-olhos", o que a torna ótima para uso divinatório e uma espiadela no futuro. Ao acrescentar leite em seu café de manhã, pergunte "O que devo enxergar hoje?", e veja se aparece alguma imagem enquanto o leite é derramado no café quente. O simples fato de tomar café antes de tentar usar um poder psíquico ou um baralho de tarô pode lhe acrescentar poder (mas somente com moderação – não beba um bule de café antes de começar uma adivinhação).

O café é um estimulante rápido, portanto, se você tem pressa para que um feitiço específico funcione, coloque alguns grãos de café ao redor do feitiço elaborado ou use café moído nele. Você pode, por exemplo, consagrar as velas com café ou colocar algumas gotas do líquido em um pedaço de papel ou numa pedra.

Restos de pós de café geralmente vão para o lixo ou para a pilha de compostagem, o que o torna uma excelente ferramenta para se livrar de coisas. Com o dedo, desenhe no resto de café símbolos de aspectos indesejados que você quer fora de sua vida antes de jogá-lo fora. Essa é uma forma mágica de "tirar o lixo".

Cebolas

Na cultura popular, cebolas são associadas sobretudo ao choro. E é verdade que cortar cebola fará escorrer algumas lágrimas. Por causa da associação da cebola ao choro, ela é uma ferramenta poderosa para usar em operações mágicas quando você quer banir ou prender uma pessoa ou ideia. Tem problemas sérios com um vizinho? Escreva o endereço desse vizinho em um pedaço de papel e fatie uma cebola para colocar em cima dele. Seu vizinho ficará tão triste que provavelmente o deixará em paz por um tempo. (Quando fazemos esse feitiço, enquanto empilhamos as cebolas também acrescentamos um porém, como "que nenhum mal aconteça a essa pessoa".)

Por causarem o choro, cebolas também são úteis se você está tentando expelir alguma dor emocional. Chorar faz bem, e é uma forma de liberar tristeza. Cebolas são aliadas poderosas quando precisamos purgar emoções indesejadas.

Chocolate

O chocolate é considerado um afrodisíaco há muito tempo, sendo perfeito para feitiços focados em luxúria e amor. Sementes de cacau (de onde se extrai o chocolate) eram usadas como moeda corrente pelos antigos maias, e o status atual do chocolate como alimento de luxo o torna ideal para feitiços de dinheiro. A mera ingestão de algumas sementes de cacau é uma forma de trazer mais dinheiro para a sua vida.

Pelo fato de o chocolate derreter com facilidade, ele também é útil em magias focadas em redução ou livramento. Escreva em uma barra de chocolate o nome de alguma coisa que você quer tirar da sua vida, em seguida, coloque a barra fora de casa em um dia ensolarado e observe a coisa indesejada derreter!

Farinha

Não costumamos considerar a farinha uma erva ou planta, mas ela é um grão moído, portanto, isso conta muito. Plantações de cereais são os alicerces da civilização moderna e a fundação da agricultura como a conhecemos. Por causa disso, a farinha é uma influência civilizatória, e estimula cooperação e trabalho em equipe. Também é superfácil de espalhar (embora faça um pouco de sujeira) em qualquer feitiço que invoque essas características. Por ser o principal ingrediente do pão, a farinha também simboliza abundância e fartura. Por esse motivo, ele pode ser adicionado a feitiços elaborados para dinheiro ou crescimento.

Devido a seu pouco peso, a farinha também se espalha com facilidade. Em um dia de ventania, pegue um punhado grande de farinha e polvilhe-a na palma da mão, enquanto diz em voz alta algo de que deseja se livrar. Segure a farinha na mão e, ao ar livre, repita essa coisa da qual você quer se livrar. Em seguida, abra a mão e sopre. Os ventos levarão embora o que você colocou na farinha.

Laranjas

Quando olhamos para uma laranja totalmente redonda, muitos veem o sol refletindo em nós. Se você precisa trazer um pouco mais de luz e felicidade para sua vida, laranjas (ou o suco) darão conta do recado! A maioria de nós sabe que laranjas são ricas em vitamina C, e há séculos elas vêm sendo usadas para tratar resfriados. Isso as torna excelentes parceiras em magias de cura.

A laranja é uma fruta extremamente versátil. Se está tentando trazer um pouco de felicidade à sua vida, desidrate algumas cascas de laranja, coloque-as num saquinho e o carregue no bolso ou na bolsa. Quando se sentir triste e para baixo, pegue o saquinho e sinta o cheiro da casca da laranja. Você se sentirá melhor e mais energizado na mesma hora.

Maçã

"Uma maçã por dia mantém o médico longe" não é exatamente verdade, mas maçãs são ótimas para magias de cura. Coloque algumas fatias de maçã em seu altar ao enviar energia de cura a um amigo ou ente querido. Muita gente acha que maçãs são o "fruto proibido" no Jardim do Éden, então, por esse motivo elas são úteis em magias voltadas para o aprendizado de uma nova habilidade. Na mitologia nórdica, maçãs eram as frutas dos deuses, o que as torna apropriadas como oferendas a divindades.

Dizem que fatiar uma maçã à meia-noite no Samhain e comer os pedaços na frente de um espelho revela um futuro amante ou cônjuge. Brincadeiras modernas de Halloween, como apanhar maçãs com a boca, são originárias de uma técnica divinatória para encontrar um parceiro. Sidra de maçã foi usada para abençoar macieiras na Inglaterra por centenas de anos. Experimente derramar um pouco de sidra de maçã em seu jardim todo ano, em dezembro ou janeiro, a fim de prepará-lo para o ano que virá.

Óleo de canola

Canola é o nome comercial do óleo de colza (dá para perceber por que trocaram o nome), e um dos tipos mais comuns de óleo em despensas atuais. Ele é altamente processado para se remover o ácido erúcico, que é venenoso para seres humanos. Por causa disso, o óleo de canola contém espertéza e engenhosidade. A fumaça forte produzida pela canola indica que o óleo é especialmente encorpado, perfeito para feitiços focados em força. Use óleo de canola para uncar uma vela ou outro ponto focal de magia.

Pimenta

Sua vida amorosa é tão quente quanto você gostaria que fosse? Faça uma magia com pimenta para esquentá-la! Se você só precisa de um empurrãozinho, use jalapeño, mas, se precisar de um *up* daqueles, pegue uma habanero. Pimenta desidratada também é eficaz para afastar as pessoas das coisas. Para um pouco de proteção extra ao redor de sua casa, desidrate algumas pimentas, moa-as e polvilhe o pó pela parte externa do imóvel, atentando-se sobretudo às janelas e portas.

Por sua capacidade de causar ferimentos físicos nas pessoas (já deixou óleo de pimenta pingar no olho? Ai!), pimentas também são boas para magias agressivas, como sortilégios e maldições. As sementes contêm a maior parte do calor de uma pimenta, e podem ser facilmente acrescentadas em feitiços voltados para proteção. Não tem pimenta em casa? Não tem problema, a pimenta preta comum também vai funcionar!

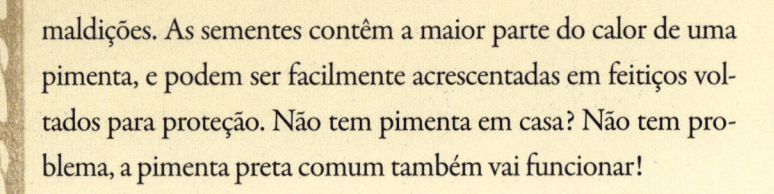

Romãs

Por terem sido usadas no conto do sequestro de Perséfone por Hades na mitologia grega, consideramos as sementes da romã o alimento dos mortos. Se você está tentando contatar seus ancestrais ou entes queridos que morreram, coma algumas sementes de romã antes de iniciar o ritual. No Samhain, todo mundo de nosso coven come sementes de romã antes de atravessar o véu entre os mundos. Essas sementes também são um acréscimo bem-vindo ao prato de um ente querido morto ao se fazer um jantar mudo.[24]

Sementes de romã são alimentos do outono e do inverno. São acréscimos bem-vindos a todo Sabá, do Equinócio de Outono ao Imbolc. Elas nos conectam à metade escura do ano e sua promessa de descanso e rejuvenescimento.

Sementes de sésamo (gergelim)

A frase "Abre-te, sésamo" provém das sementes de sésamo, tornando-as perfeitas como acompanhamento em magias voltadas para novas oportunidades, crescimento e novos começos. Polvilhe sementes de sésamo em seu altar ao fazer magias voltadas para ganhos ou aumentos.

Se você tem em mente uma nova oportunidade específica, espalhe algumas sementes de sésamo em um lugar que simbolize essa oportunidade. Se for um novo emprego,

---

24. No original, *dumb supper* ("jantar mudo", "jantar silencioso"). Em certas tradições pagãs, era comum realizar um jantar em homenagem aos mortos. Durante a refeição, era preciso fazer silêncio absoluto, daí o nome *dumb supper*. (N. da T.)

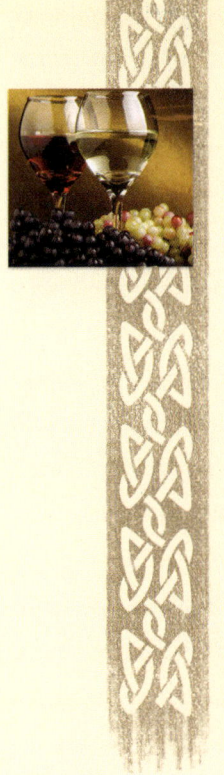

espalhe-as no local onde você gostaria de trabalhar. Enquanto as espalha, diga "abre-te, sésamo!" e use a magia da semente de sésamo como ajuda para atingir seus objetivos.

Vinho e uvas

Há milhares de anos uvas vêm sendo usadas em magias de fertilidade, riqueza e abundância. Elas também são associadas a nobreza e desaceleração. (Ao vermos uvas, é difícil não pensar em imagens de pessoas deitadas em um sofá e recebendo essas frutas na boca!) Uvas são lúdicas e pueris, e podem ajudar quando você quiser que seus rituais ou atividades de magia contenham sensações divertidas e positivas.

Uvas em forma de vinho são a oferenda mais comum a divindades e sempre são uma homenagem apropriada. Por conta da conexão do vinho com Dionísio, é um portal para o êxtase e a loucura. O vinho também é um símbolo da civilização, já que é preciso um esforço coordenado de muitas pessoas para se produzir vinho das uvas. O vinho também pode ser usado como líquido para untar ao se fazer iniciações ou atar-de-mãos.

PROBLEMAS COM ERVAS

A maioria das Bruxas e Bruxos usa ervas desidratadas. Há vários motivos práticos para isso, sendo o principal deles o fato de que ervas desidratadas duram mais que frescas, simples assim. A maioria das ervas vendidas para fins de magia vêm desidratada, e, conquanto elas sejam armazenadas da forma adequada, duram anos. Mesmo que haja um quê de romantismo na ideia de coletar ervas frescas reluzentes do orvalho matinal do Solstício de Verão, isso não é prático para a maioria dos Bruxos e Bruxas.

No entanto, ainda que ervas desidratadas sejam as mais encontradas em despensas mágicas, ervas frescas também são perfeitamente aceitáveis. Jason acha que as ervas e plantas colhidas de seu jardim conferem poder especial a seu trabalho com magia, muito provavelmente porque um pouco de sua própria energia foi infundida nelas. Também há um elo emocional entre um jardineiro e suas plantas que complementa a energia que essas plantas contêm. Colher ervas frescas também permite a um Bruxo ou Bruxa agradecer diretamente à planta por seu sacrifício em muitos casos, e talvez presentear a planta com uma oferenda se ela não tiver de ser colhida inteira.

Há momentos em que colher ervas frescas para usar em trabalhos de magia pode energizar um trabalho ou feitiço. Se você está fazendo um feitiço de amor com lírios e optar por colhê-los em um dia de lua cheia, em uma sexta-feira (dia da semana consagrado à deusa Vênus), ou num sabá como Beltane ou Ostara, as circunstâncias em que esses lírios foram colhidos aumentará sua eficácia mágica. Mais uma vez, o problema é que a maioria de nós provavelmente não tem tempo para colher lírios se eles não são cultivados em nosso quintal.

Escolher usar ervas e plantas frescas ou secas tem a ver com preferência pessoal e disponibilidade. Em geral, é fácil encontrar flores frescas para trabalhos com magia na primavera ou no verão, mas é mais difícil encontrar manjericão fresco em dezembro. Quando um feitiço demanda ervas desidratadas e você opta por usar frescas, será preciso mais dessas ervas do que se usasse as secas. Ervas desidratadas são geralmente mais concentradas, e, sem a água, uma colher de chá já contém bastante material da planta.

Acreditamos totalmente que a magia deve estar ao alcance de todos, não importa quanto dinheiro as pessoas têm na carteira. Por causa disso, sempre recomendamos usar e comprar o que você pode bancar. Embora hoje haja muitos livros de Bruxaria que defendem evitar OGMs (organismos geneticamente modificados), bem como alimentos e ervas não orgânicos, nós não partilhamos dessa opinião. Entretanto, se essas questões são importantes para você, deixe sua consciência guiá-lo.

A energia do lugar onde uma erva é cultivada pode impactar sua eficácia. Se você adquire ervas de uma fazenda que trata mal seus funcionários e usa práticas agrícolas destrutivas, essa energia negativa pode se transmitir às ervas que você está utilizando. Como tudo o que se relaciona a magia, confie em sua intuição e faça as escolhas que mais ajudarão sua prática da Bruxaria.

Uma das questões mais controversas no universo da Bruxaria hoje é o uso da sálvia branca em formato de defumador ou bastão de defumação. Fazer defumação com sálvia branca não é uma parte tradicional da maioria das práticas de feitiçaria. Na Inglaterra, por exemplo, os primeiros Bruxos e Bruxas modernos públicos não usavam sálvia branca, e teriam ficado perplexos com o uso do termo *defumação*. À medida que setores do movimento Nova Era começaram a adentrar a Bruxaria Moderna nos anos 1970 e 1980, fazer defumação com sálvia branca se tornou uma prática cada vez mais comum na comunidade da Bruxaria.

Quando se trata de usar sálvia, há duas questões que vale a pena explorar. A primeira é a colheita. Mesmo que a sálvia ainda não seja uma planta ameaçada de extinção, sua popularidade atual possibilita que ela seja acrescentada à lista de espécies ameaçadas em uma realidade futura muito próxima. Além disso, a maior parte da sálvia branca colhida hoje não provém de agricultores comerciais. Em vez disso, a maioria vem de "extração silvestre", o que significa que ela se origina de áreas florestais, e na maior parte das vezes ilegalmente.[25] A colheita ilegal da sálvia por clandestinos também prejudica os arredores das plantações, já que a maioria dos coletores não parece se preocupar muito com o bem-estar do planeta.

A segunda questão relacionada à sálvia envolve apropriação cultural. Originalmente, usar sálvia para purificar uma área de energias negativas era uma técnica de muitos grupos nativo-americanos (Primeiras Nações). A maioria das instruções sobre como usar sálvia para limpeza surrupia suas origens culturais e o contexto em que ela é usada. O uso da sálvia branca na defumação também foi popularizado pelos "xamãs de plástico", indivíduos que afirmavam praticar espiritualidades nativo-americanas mas que, em geral, são impostores brancos.

Por que tudo isso é problemático? Você se lembra de toda aquela conversa sobre espíritos de plantas e energia dos vegetais no início do capítulo? Usar sálvia branca sem apreciar sua história ou origens é desrespeitoso, simples assim. Quando desrespeitamos alguma coisa, seja uma planta, seja uma pessoa, nosso trabalho com magia não tem tanta eficácia como poderia ter.

---

25. Kimon de Greef, "The White Sage Black Market," *Vice*, 24 de agosto de 2020 . Disponível em: https://www.vice.com/en_us/article/m7jkma/the-white-sage-black-market-v27n3.

Então, o que uma Bruxa ou um Bruxo deve fazer? Se optar por usar sálvia branca em seus trabalhos, há maneiras de fazê-lo com mais ética. A primeira é descobrir onde foi cultivada a sálvia branca que você está usando. Há muitos grupos de nativo-americanos que vendem sálvia branca cultivada pessoalmente por eles, portanto, se puder comprá-la desses grupos, por favor, faça isso. Não apenas você vai ajudar as pessoas a cultivar sálvia branca como será mais provável adquirir um produto que foi cultivado e colhido de uma forma ecologicamente sustentável.

No mundo todo, e há milhares de anos, pessoas vêm usando ervas e plantas desidratadas para purificar energias negativas. Enquanto a sálvia branca é nativa do sul da Califórnia, a sálvia comum (geralmente usada na culinária) vem do Mediterrâneo, e era utilizada pelos antigos romanos para limpeza e fins culinários. Usar sálvia comum em vez de sálvia branca é uma alternativa viável. Em nossas práticas, gostamos de usar pinhas e cedro secos para purificar espaços de magia.

Se ainda quiser usar sálvia branca, apenas tome cuidado com a maneira como a implementa. Estude sua história e use tradições nativas, e evite cerimônias e práticas reivindicando a sálvia que foram escritas por charlatães e pessoas que fingem ser nativo-americanas. O mais importante, seja respeitoso com a planta e sua longa história nas práticas sagradas dos primeiros povos a chamar a América de lar.

Se optar por não trabalhar com a sálvia, há várias outras ervas à disposição comumente defumadas para limpeza e criação de espaços sagrados. Zimbro, capim-limão, lavanda, tomilho, folhas de louro e hortelã-pimenta são apenas algumas delas. É possível cultivá-las facilmente em seu próprio jardim ou encontrá-las em qualquer mercado local, ou na natureza. Todas essas ervas se relacionam a purificar e limpar energias, bem como promover felicidade e outras associações positivas. Sua disponibilidade também é ampla, e não estão sob escrutínio por potencial apropriação cultural.

CAPÍTULO 10

Feitiços com Plantas, Árvores e Flores

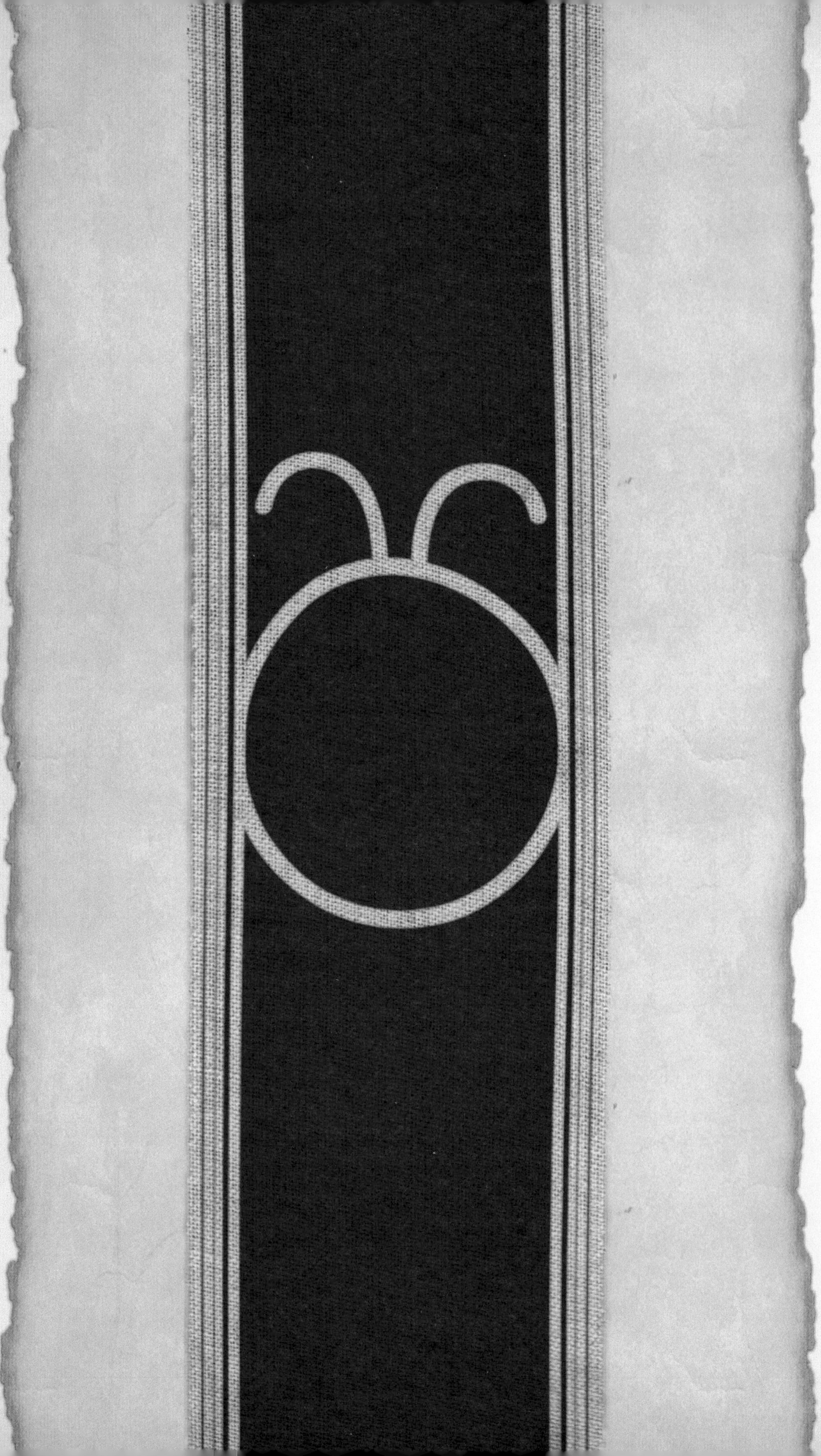

Ao tentar acessar as energias mágicas de uma planta ou uma erva, há várias maneiras rápidas e fáceis de proceder. Carregar uma planta permitirá que sua energia interaja com você e as coisas que o cercam. Certas ervas podem ser ingeridas. Colocar manjericão moído em seu jantar é um ato de magia? Claro que é, se você quiser que seja. Mas, assim como a maioria das ferramentas mágicas, quanto mais trabalharmos com uma erva e a rodearmos de elementos complementares, maior será a eficácia.

Os feitiços a seguir contêm ervas e plantas como fontes primárias de magia. Pelo fato de manter um monte de ervas desidratadas no bolso não ser uma forma viável em longo prazo para ativar um feitiço, muitas vezes esses feitiços exigem alguns itens extras, como um saquinho. Falaremos sobre saquinhos de ervas e nós no Capítulo 15, e as técnicas que incluímos aqui podem ser facilmente acrescentadas em alguns destes feitiços e muitos outros deste livro.

O AMULETO DE ERVAS PARA PROTEÇÃO DE AMANDA

Este feitiço utiliza ervas associadas a proteção. Para facilitá-lo o máximo possível, escolhi quatro ervas comuns, mas você pode adicionar e subtrair quaisquer ervas que achar que funcionam melhor.

As ervas que recomendo para este feitiço são bardana, endro, botões de rosa e artemísia. A bardana é uma erva purificante, e traz energia que promove pensamento positivo a si e a outras pessoas. O endro é uma erva de proteção usada com frequência para afastar energias negativas e sortilégios. Botões de rosa trazem amor e sorte, mas também protegem o corpo físico. A artemísia é comumente usada por viajantes para proteção, o que torna esse amuleto superútil em viagens.

Para este feitiço, você vai precisar de:

- Quatro ervas (recomendo bardana, endro, botões de rosa e artemísia)
- Quatro potinhos, um para cada erva
- Um pote maior para misturar as quatro ervas
- Uma colher para transferir as ervas da tigela para a bolsa/o saquinho
- Uma ferramenta mágica confiável, como um punhal ou uma varinha (opcional)
- Um frasco de vidro hermético (opcional)

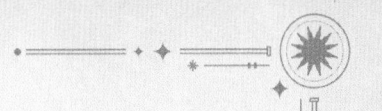

Comece preparando seu espaço mágico, depois pegue as quatro ervas e as coloque em seus potinhos individuais. Coloque a tigela maior vazia no meio dos quatro potes com ervas. Desperte as ervas para o trabalho da maneira que preferir. Depois que despertá-las, segure-as, uma de cada vez, em sua mão dominante, e cante os versos seguintes para carregá-las com magia:

Proteja-me bem, proteja-me, isso!
Faça sua magia com este feitiço.

Enquanto canta, você deve sentir sua energia mágica penetrando na erva. Uma vez que esse poder chegar à erva, coloque-a na tigela maior, vazia, no centro. Repita essa etapa até mover as quatro ervas para a tigela maior. Enquanto dá continuidade ao canto, misture as quatro ervas na tigela maior e sinta seus poderes de proteção unidos. Para essa etapa, você pode usar o dedo (de preferência, o dedo indicador da sua mão dominante), a colher que mais tarde usará para pegar como pegador, ou uma ferramenta mágica confiável, como um punhal ou uma varinha.

Quando as ervas estiverem bem misturadas, psíquica e energeticamente, coloque-as com delicadeza no seu saquinho/bolsa e feche-o bem. Você acabou de criar um amuleto de proteção bem fácil de carregar quando estiver em situações desconhecidas ou desconfortáveis!

Se sobraram algumas ervas, você pode colocá-las em um frasco de vidro hermético e etiquetá-lo como sua mistura de proteção. Guarde o frasco na despensa para feitiços futuros.

BANHO PARA LIMPEZA ESPIRITUAL

Esta infusão de ervas é ótima para remover energias indesejadas que o deixam sobrecarregado em um dia estressante. Há várias ervas que podem ser usadas para este feitiço, mas nossa versão inclui alecrim para remover inveja e mal, hissopo para limpeza espiritual e sálvia para proteção;

Para este feitiço, você vai precisar de:

- Uma panela grande de água fervente
- Ervas: alecrim, hissopo e sálvia
- Um coador
- Seu chuveiro

Encha uma panela grande com água limpa e leve-a para ferver. Certifique-se de não colocar água demais a ponto de não conseguir carregá-la com facilidade da cozinha até o banheiro. Quando a água começar a ferver, acrescente cada uma das ervas na panela, afirmando sua intenção enquanto as coloca. Você pode, por exemplo, dizer as seguintes palavras enquanto acrescenta as ervas:

> *Sálvia para poder e proteção no meu feitiço.*
> *Meu eu mágico eu limpo e purifico!*
>
> *Alecrim para remover o indesejado.*
> *Que o mal alheio seja agora embotado!*
>
> *Hissopo para renovar meu corpo e minha mente.*
> *Que eles se alinhem física e magicamente!*

Depois de acrescentar todas as ervas, deixe a água ferver durante cerca de quinze minutos. Tire-a do fogo e deixe esfriar, em seguida, coe as ervas e as descarte. Leve a panela ao banheiro e coloque-a perto do chuveiro.

Comece tomando um banho relaxante. Aproveite a temperatura da água, e, enquanto ela cai sobre você, visualize toda energia negativa em seu corpo indo embora. Permita-se desfrutar desse banho – você merece! Para criar um clima, você pode colocar uma música tranquila para tocar ou fazer outra coisa que acalme sua mente. Limpe seu corpo! Deixe o sabonete levar embora as coisas físicas indesejadas. Quando estiver bem e limpo, desligue o chuveiro e coloque a panela com a infusão de ervas no piso do chuveiro.

Usando as mãos, pegue a água da panela e derrame-a pelo corpo, começando no topo e movendo para baixo enquanto faz isso. Esfregue água pelo corpo todo, permitindo que a energia da água faça sua magia. Esfregue em movimentos descendentes, isso afastará as energias indesejadas de você. A água das ervas deve ser esfregada em todas as partes do corpo, da cabeça aos dedos dos pés.

Não se esqueça da sola dos pés! A energia que você está tirando se move para baixo do seu corpo, e pode se acumular nos pés. Pelo fato de os pés tocarem com frequência o chão, eles tendem a pegar energia negativa com mais facilidade que outras partes do corpo.

Enquanto derrama a água de ervas em si mesmo, concentre-se no que está fazendo. Visualize e sinta a água encantada refrescando seu corpo e levando embora todas as coisas indesejadas. Para uma dose extra de potência, você pode cantar enquanto se lava. Pode ser algo simples, como "renove o eu", ou alguma coisa mais elaborada.

Depois de lavar o corpo todo com a água de ervas, saia do chuveiro e desenhe três "X" no ar. Os X impedirão qualquer energia residual de voltar e se prender em você. Em vez de se secar com uma toalha, seque-se ao natural, usando um roupão de banho ou alguma roupa leve confortável. Usar toalha removerá a energia das ervas que você usou, e é bom que o poder delas permaneça com você, formando um tecido sagrado ao redor de sua pele. Se você se sentir cansado depois desse feitiço ou como se algo estivesse faltando, unte-se com um óleo mágico para substituir as energias que foram removidas.

FEITIÇO DE PROTEÇÃO DO LAR E DO QUINTAL COM SEMENTES DE GIRASSOL

Jason é apaixonado por jardinagem, e uma das plantas que ele mais gosta de cultivar é girassol. Ao contrário da maioria das flores domésticas, girassóis podem crescer e ficar imensos, e muitas variedades são capazes de atingir três metros de altura! Esses girassóis ficam firmes em meio ao vento, chuva, caramujos, esquilos e ao calor do verão, pairando sobre quase tudo ao seu redor.

Por conta do poder protetivo que associamos aos girassóis, usamos suas sementes para proteger lares e quintais. Se você mora em apartamento, é fácil adaptar este feitiço: é só espalhar sementes de girassol ao redor do prédio! E você também não está restrito a seu lar imediato; sementes podem ser espalhadas em esquinas e qualquer lugar que você deseje manter em segurança. Este feitiço pode ser feito em qualquer época do ano, mas o período ideal é no fim do verão para o início do outono, após a colheita dos girassóis.

Para este feitiço, Jason recomenda usar sementes que você mesmo cultivou, mas isso não é imprescindível. Mesmo porque você pode não ter espaço ou tempo para jardinagem. Se não tiver girassóis próprios para colher, talvez algum vizinho ou amigo tenha alguns sobrando. Uma alternativa é comprar cabeças inteiras de girassol em lugares como o eBay, que são muito menos caras do que comprar vários pacotes de sementes, e, melhor ainda, você pode reservar algumas para cultivar no ano seguinte. O ideal é ter a maior quantidade de sementes que você puder reunir. Para um quintal médio, Jason recomenda cem sementes, ou mais, se seu quintal for grande.

Para este feitiço, você vai precisar de:

- Sementes de girassol: pelo menos cinquenta - quanto mais, melhor!
- Uma tigela ou prato pequeno para as sementes

Ponha as sementes em um prato ou tigela pequena e coloque-as (esse é o ideal) no pentáculo do seu altar. (Se você não tiver um pentáculo, o simples fato de colocar a tigela com sementes no altar também vai funcionar.) Quando elas estiverem lá, invoque o poder dos elementos, do sol, da Deusa, do Deus e tudo o que está no meio. Energize suas sementes dizendo:

> *Pelo poder do sol do meio-dia, sentinela celeste.*
> *Pelo poder das flores do meu jardim, aliados mágicos incontestes.*
> *Pelo poder da Deusa justa, mãe de toda a humanidade.*
> *Pelo poder do Cornífero, do outono a divindade.*
> *Pelo poder do que há no meio, tudo o que conjecturei.*
> *Segurança, proteção, coração e lar, esses visualizei!*
> *Que minha casa esteja livre de intrusos, da maldade e do mau tempo.*
> *Neste trabalho, sejam as sementes meu encantamento!*
> *Poderes do universo, por meio de minhas sementes, venham até mim.*
> *O feitiço está lançado, minha vontade seja feita, e que seja assim!*

À medida que você profere sua invocação, deve sentir a energia entrando em suas sementes. Ao pronunciar essas palavras, certifique-se de visualizar sua casa protegida de ameaças durante os meses de inverno que virão. Jason gosta de imaginar uma energia azul e branca em torno de sua casa, protegendo-a de vandalismo, ameaças e desastres naturais. Quando suas sementes estiverem energizadas, ande pelo quarteirão e espalhe as sementes nesses limites. Para proteção extra, vez ou outra espalho mais sementes do lado de fora das portas e janelas da minha casa. Enquanto as espalha, diga:

> *Pelo poder destas sementes,*
> *Que o mal se vá para sempre!*

Quando acabar, agradeça os poderes que você invocou e guarde algumas sementes para plantar no ano seguinte ou usar em futuros trabalhos com magia.

LIMÃO PARA JUSTIÇA

Há momentos na vida em que nos descobrimos injustiçados, seja por outra pessoa ou por uma circunstância. Este é um feitiço para trazer justiça a essas situações.

Para este feitiço, você vai precisar de:

- 1 vela (e alguma coisa para acendê-la)
- Um pedaço pequeno de papel ou algum item pequeno que simbolize a situação injusta
- Lápis ou caneta
- Um pedaço de fruta cítrica para limpeza (limão, laranja ou toranja)
- Uma faca
- 9 alfinetes

Comece acendendo sua vela e visualizando o erro cometido contra você. Imagine o incidente em particular ou a pessoa que o causou. Ao acender a vela, diga:

Que a justiça seja servida!

Anote no pedaço de papel o ataque ou o nome da pessoa que o atacou. Como alternativa à anotação de uma injustiça ou nome em particular, você pode usar algo que simbolize a situação. Se existe uma pessoa que o injustiçou, você pode usar uma foto dela, uma mecha de cabelo, um pedaço pequeno de roupa ou algo em que ela tocou. O que você usar deve ser pequeno o bastante para caber na sua fruta cítrica.

Pegue a faca e corte um pedaço grande o bastante da fruta cítrica para colocar o pedaço de papel (ou o que quer que seja) em segurança dentro dela. Que tipo de fruta usar aqui? Sugerimos um limão, porque ele é comumente associado a limpeza. Mas outras frutas cítricas, como laranjas e toranjas, também podem ser encontradas em produtos de limpeza, portanto, se elas sintonizam mais com você, fique à vontade para usá-las! Neste feitiço, estamos usando limão não somente por conta de sua frequente associação a limpeza (uma forma de purificação), mas também de sua alta acidez. Queremos que esse ácido corroa a injustiça!

Depois de colocar o pedaço de papel (ou outro item) dentro da fruta cítrica, pegue um dos alfinetes e o segure na chama da vela por um instante. Imagine os fogos da justiça incendiando o que o injustiçou. Em seguida, finque o alfinete em algum ponto da fruta enquanto pronuncia o primeiro verso do encantamento abaixo, e imagine a verdade adentrando a situação em que você se encontra. Repita esse processo com os outros oito alfinetes, imaginando as ideias sugeridas nas palavras deste feitiço quando fincar os objetos na fruta. (Observação: os últimos dois versos são para o nono e último alfinete.)

Que ardam as chamas da verdade. (Alfinete 1)
Que a justiça seja recebida. (Alfinete 2)
Que a verdade seja revelada. (Alfinete 3)
Compensação para a pessoa lesada. (Alfinete 4)
Sem lugar para onde correr ou se esconder. (Alfinete 5)
E para onde escapar ou fugir. (Alfinete 6)
E que se veja a verdade diante de si. (Alfinete 7)
Que a verdade agora se liberte. (Alfinete 8)
Agora a justiça virá até mim. (Alfinete 9)
É isto o que digo, que seja assim!

Ao acabar, coloque a fruta em um lugar seguro. Quando ela secar, a justiça terá vindo até você. Quando a justiça enfim for feita, remova os alfinetes da fruta e descarte-os, e a fruta, de forma adequada. Os alfinetes podem ser reutilizados depois de serem limpos, e a fruta deve ir para a compostagem ou para a lata de lixo.

FEITIÇO COMPARTILHADO: COMO TRANSFORMAR SEU CHÁ EM UMA POÇÃO MÁGICA, POR MADAME PAMITA

Todo mundo sabe que a leitura de folhas de chá é uma arte divinatória mágica, mas você sabia que tomar chá pode ser uma ótima forma de fazer magia? Sim, os chás são a verdadeira poção mágica sobre a qual lemos nos contos de fadas! Folhas de chá e certas ervas foram reconhecidas por suas propriedades mágicas e medicinais ao longo dos tempos, e podem se transformar em chás ou tisanas (infusões de ervas) para trazer à tona condições aprimoradas. A diferença entre uma xícara comum e um feitiço com chá reside na intenção. Acrescentar ideias, palavras e vontade em seu chá pode torná-lo uma poção mágica que transformará sua vida!

Veja como transformar seu chá em uma poção mágica de verdade.

- Coloque um pouco de água mineral em uma chaleira ou caçarola, e aqueça-a no fogão.

- Enquanto aguarda a água ferver, concentre-se na intenção de seu feitiço e vá colocando as ervas em um bule ou infusor.

- Ponha a água fervente no bule ou em uma xícara com o infusor. Ao fazer isso, peça às ervas que façam seu trabalho e pronuncie sua intenção com uma convicção amorosa. No caso de uma infusão com hortelã, por exemplo, diga algo como "Hortelã, afaste os obstáculos à minha prosperidade e proteja meu dinheiro".

- Coloque as mãos sobre o vapor que sai do bule ou da xícara e foque sua intenção no feitiço.

- Deixe as ervas embebidas durante uma quantidade mágica de minutos: 1, 3, 5, 7, 9, 13 ou 21 minutos. (Para chás verdes, o tempo de infusão recomendado é de 1 a 2 minutos; para chás pretos, 3 minutos; para tisanas de ervas, você pode escolher qualquer quantidade de minutos.)

- Sirva o chá ou a tisana em uma xícara ou tire o infusor de dentro da xícara.

- Se precisar deixar a infusão esfriar um pouco, pronuncie de novo sua intenção sobre a bebida até a mistura ficar fria o bastante para ser tomada. Você terá imbuído sua poção com todas as palavras de intenção, pensamentos e vontade para torná-la uma poção mágica de verdade.

- Sua poção está pronta. Feche os olhos e, gole por gole, beba tudo e sinta o poder da magia tomando conta do seu corpo.

Há muitas ervas mágicas das quais se pode fazer chá ou tisana. Ainda que a maioria das pessoas esteja familiarizada com hortelã e camomila (ambas ervas poderosamente mágicas), existem tantas outras que podem se transformar em poções mágicas!

Só um alerta: algumas ervas são muito saborosas; outras, nem tanto. É sempre possível acrescentar alguma coisa doce (e o próprio mel tem propriedades mágicas), mas não tenha medo de tomar algo um pouco amargo. Afinal, uma poção mágica de verdade pode exigir coragem! Algumas favoritas incluem raiz de angélica, manjericão, camomila, canela, cravo-da-índia, gengibre, hissopo, jasmim, lavanda, hortelã, noz-moscada, *patchouli*, pétalas de rosa, pétalas de girassol e mil--folhas. (Para as propriedades mágicas desses ingredientes, veja o Apêndice II.)

A beleza dos chás e tisanas é que eles podem ser misturados com facilidade. Quando você está começando a elaborar as próprias poções mágicas, pode optar por focar apenas uma erva na infusão, mas, conforme vai adquirindo mais experiência, talvez queira misturar ervas para intenções combinadas. Ao ferver um misto de mais de uma erva, converse com cada uma delas com que você estiver trabalhando individualmente, e peça que faça seu trabalho especial.

Uma maneira bem fácil de começar esse processo é olhando para as ervas das misturas de chás no seu armário. Pesquise a utilidade mágica dessas ervas e, então, mãos à fervura! Fazer magia não precisa ser difícil e, conforme demonstrado neste capítulo, pode ser bem saboroso também!

Madame Pamita é leitora profissional e estudiosa de tarô, praticante de vodu, professora, autora e fazedora de magia, música e diabruras. É autora de **Madame Pamita's Magical Tarot** e anfitriã de seu popular canal no YouTube, que inclui a **playlist** "Hoodoo How To with Madame Pamita", bem como dos podcasts **Magic** e **Law of Attraction**. É proprietária da Madame Pamita's Parlour of Wonders, uma loja de artigos esotéricos bem antiga em Los Angeles, onde oferece leituras de tarô em seu salão, dá aulas de tarô e magia, e cria ferramentas mágicas-esotéricas para transformar vidas. Faça uma visita **on-line** a Madame Pamita em www.parlourofwonders.com.

CRIANDO RAÍZES:
FEITIÇO PARA SE MUDAR PARA UM NOVO LUGAR

Mudar-se para uma casa nova, sobretudo em uma cidade ou um estado novo, pode ser uma experiência desafiadora. Fazer novos amigos e encontrar lugares e instituições que nos causem uma sensação de pertencimento pode levar anos para dar frutos. E, quando começamos a estabelecer uma nova vida em um novo lugar, muitas vezes perdemos contato com amigos antigos e percebemos relações outrora firmes começando a enfraquecer. Este feitiço é elaborado para nos ajudar a criar raízes em um novo espaço e, ao mesmo tempo, preservar conexões familiares mais antigas.

Este feitiço exige apenas quatro coisas: algumas sementes, uma oferenda à terra (sugerimos água limpa, uma moeda ou algum tipo de bebida alcoólica), e dois lugares para plantar (ou, pelo menos, deixar) suas sementes. Se você tem um jardim, é bom colher daí as sementes para o feitiço. Se jardinagem não é sua praia, você ainda pode fazer este feitiço, mas será um pouquinho diferente. Por conta das diferenças, dividimos as duas formas de fazer o feitiço em seções separadas. Este feitiço começa em sua antiga casa e encerra na nova. Para quem não tem jardim, sugerimos usar sementes de flores silvestres para este feitiço. Na parte continental dos Estados Unidos, flores como sálvia azul, trílio branco, primavera, margarida-amarela e girassol são ideais. Elas não somente são bonitas como, também, não são invasivas. (Antes de plantar sementes em um novo lugar, certifique-se de que elas não vão invadir essa área.)

Se Você já Tem um Jardim

Se você é jardineiro ou pode visitar um lugar consagrado onde colher uma semente (como um parque), aproxime-se da planta ou da árvore da qual vai tirar suas sementes. Enquanto se aproxima dela, pense no tempo que você passou nesse lugar e na alegria que isso lhe trouxe. Ao chegar perto de sua planta ou árvore, coloque a mão nela e sinta sua energia. Siga a energia dela até suas raízes potentes que se estendem no subsolo. Essas raízes são similares à energia que você colocou na casa em que logo não vai mais morar.

Ao colher as sementes, diga:

Criei raízes neste lugar, e estas raízes não serão esquecidas. Amizades e relacionamentos foram construídos neste solo e sob este céu. Agora, colho essa energia, para que possa levá-la comigo a meu novo lar. Um pedaço de mim sempre residirá neste lugar, e um pedaço deste lugar logo encontrará um novo lar comigo.

Depois de colher as sementes, deixe uma oferenda à sua planta ou árvore, dizendo:

Eu a honro por seu presente. Que sua energia possa se mudar comigo para uma nova casa, e que seu poder continue ressoando neste lugar.

Reserve mais alguns momentos para apreciar o espaço ao seu redor e o que ele significou para você ao longo dos anos. Limpe suas sementes e as coloque num lugar seguro, para que elas estejam prontamente disponíveis após sua mudança.

Depois de se mudar e organizar um lugar para montar um jardim e/ou cultivar coisas (mesmo que só um vaso!), pegue as sementes e segure-as. Sinta sua energia e sua conexão com o lugar de onde você veio. Conforme se aproxima do lugar onde você enterrará suas sementes, encontre algo agradável de se ver. Pode ser algo simples, como um céu azul ou uma ave cantando em uma árvore.

Mudar pode ser difícil, mas encontre alegria e promessas neste novo começo. Quando estiver pronto, coloque as sementes no solo, dizendo:

Hoje crio novas raízes neste espaço. Que seja mais do que um lugar onde morar, um lar. Com este plantio, espero cultivar novas amizades, novas experiências e novas aventuras. Que minhas raízes mágicas continuem prosperando nestes dois lugares, e que ambos os lugares sempre acolham a mim e aos que eu amo.

Conforme suas plantas forem criando raízes no solo de seu novo lar, suas raízes mágicas começarão a brotar em sua nova comunidade. Relacionamentos vão florescer. Novos espaços vão começar a passar a impressão de amigos conhecidos. Com suas novas raízes no chão, logo você vai prosperar!

Sem Jardim, Sem Problema!

Se jardinagem não é sua praia, não se preocupe, nós temos a solução! Para esta versão do feitiço, você vai precisar de um pacote de sementes de flores silvestres. Tome muito cuidado, já que você não vai querer escolher algo invasivo onde mora atualmente ou no lugar para onde vai se mudar! Um misto de flores silvestres de uma floricultura ou loja de materiais de construção provavelmente será bem seguro.

Se tiver quintal próprio, você pode fazer a primeira parte do feitiço nele ou visitar um lugar de sua preferência. Independentemente do local escolhido para fazer o feitiço, certifique-se de que esse lugar seja especial para você. Pense no que tornou esse local feliz e como você vai prezar as lembranças dele. Agora, pense, em sentido mais amplo, na comunidade da qual você faz parte.

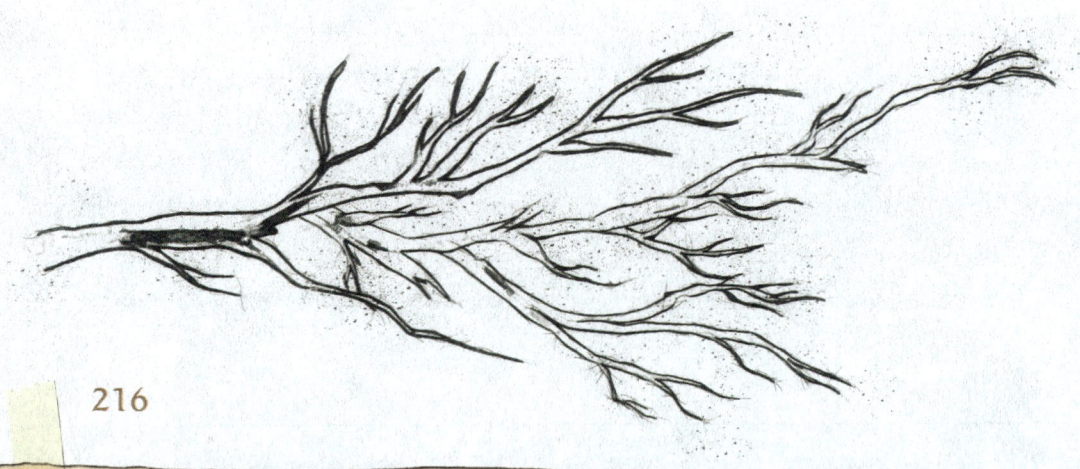

Reserve uns momentos para pensar no que está deixando para trás e espalhe metade das sementes, dizendo:

> *Criei raízes neste lugar. Foi meu lar,*
> *e uma parte dele sempre o será.*
> *Deixo estas sementes para trás neste lugar especial porque também deixo uma parte de mim para trás. Nunca irei embora totalmente deste espaço, e os relacionamentos que cultivei continuarão existindo.*

Certifique-se de não espalhar todas as sementes; a outra metade delas deve ser compartilhada depois que você se mudar.

Depois de se mudar, encontre um espaço para espalhar as sementes, ou no seu quintal ou em um lugar que você acredita que ressoará consigo mesmo em longo prazo. Segure essas sementes e imagine-se criando raízes em seu novo lar. Pense nos restaurantes e lojas onde você se tornará um frequentador assíduo. Visualize novas amizades, novas oportunidades e um novo começo positivo.

Enquanto imagina esse futuro brilhante, espalhe a segunda metade de suas sementes, dizendo:

> *Hoje crio raízes neste novo espaço. Que ele se torne um lar e um lugar que me alimente, tornando-me mais do que já sou. Que as sementes aqui espalhadas se conectem com suas semelhantes em outro lugar, ligando-me a ambos os espaços. Que em meu coração sempre haja lugar para o que veio antes e para o que virá.*

Conforme suas sementes se tornam unas com o novo lugar para o qual você se mudou, você também se tornará uno com seu novo espaço. Novos amigos e novas oportunidades surgirão enquanto você explora seu novo lugar de residência. E o que você deixou para trás sempre terá uma parte sua nele.

ÁGUA DE ROSAS DE ARI PARA AUTOESTIMA

Este é um feitiço simples para dar um *up* na sua autoestima. Você pode usá-lo sempre que precisar de uma dose extra de autoconfiança, mas ele é especialmente útil antes de uma entrevista de emprego ou encontro.

Para este feitiço, você vai precisar de:

- Uma panela com água fervente
- Pétalas de rosas, de preferência vermelhas ou cor-de-rosa

Ferva a água e acrescente as pétalas de rosa. Enquanto coloca as pétalas, visualize sua intenção. Imagine-se forte e confiante, e pronto para qualquer tarefa ou desafio à sua frente. Ao colocar as pétalas das rosas, diga algo como:

Posso superar qualquer coisa que vier.
Em toda a minha vida eu tenho poder.

Deixe as pétalas ferverem na água por pelo menos quinze minutos. Tire a panela do fogo e deixe esfriar por duas horas. Não tire as pétalas das rosas.

Quando a água estiver fria, use-a para lavar o rosto, de preferência na frente do espelho. Jogue água no rosto, e, enquanto faz isso, imagine toda a falta de confiança indo embora. A água de rosas removerá qualquer energia negativa de seu rosto e a substituirá por uma energia positiva e amorosa. Enquanto lava o rosto, olhe-se no espelho e aprecie o reflexo que vê aí. Continue lavando até ficar satisfeito com o que vê no espelho.

Quando acabar, pegue um pouco da água e guarde-a em um recipiente pequeno, para que possa levá-lo com você. Quando precisar de uma injeção de confiança, coloque um pouco da água no rosto ou na parte interna dos punhos.

TIRANDO O LIXO: UM FEITIÇO DE PROTEÇÃO COM BATATAS

Batatas não são apenas um alimento delicioso; elas também são eficazes para se livrar de influências ou pessoas negativas. Este é um feitiço simples que não precisa de muito mais que uma batata e, possivelmente, um punhal ou uma caneta marca-texto. Se você tiver uma batata meio estragada, melhor ainda! O problema que você quer deixar para trás provavelmente é mais podre que a batata!

Para começar, segure a batata com a mão dominante e pense na pessoa ou na coisa que está lhe causando problemas. Visualize que esse problema nunca mais vai incomodá-lo ou voltar a acontecer. Imagine-o abandonando sua órbita pessoal e você levando a vida sem o problema causado por essa pessoa ou situação.

Depois de turbinar a batata com sua intenção, grave ou escreva no legume o nome da pessoa ou do problema que o incomoda. Aqui, prefiro usar minha faca de cabo branco (se você usar um punhal, também é ótimo) para gravar o nome da pessoa na batata. Uma caneta marca-texto também vai funcionar, mas você vai transferir mais de sua intenção para a batata se usar uma ferramenta mágica.

A maneira mais fácil de descartar sua batata é colocá-la na lata de lixo, em uma composteira ou em um buraco no solo. Ao descartarmos a batata, fazemos o pedido a seguir à Deusa das Bruxas para garantir sucesso. Se você não honra divindades, sem problemas; é só substituir as palavras "Grandiosa Senhora" pelo local onde você colocará a batata, como "lata de lixo" ou "composteira". Recite este pedido ao descartar a batata:

Hoje, de mim (a pessoa ou o problema) se afastará,
Para um lugar onde não mais me incomodará!
Deixe-me viver minha vida em paz,
E, com sua irritação, fique para trás!
Grandiosa Senhora (ou nome do lugar),
leve embora esta infelicidade.

E permita que tudo seja novamente felicidade!
Lanço este feitiço sem prejuízo a ninguém.
Que tudo na minha vida fique bem!
Que assim seja!

Ao colocar a batata no lixo (ou em um local similar), simbolicamente você está jogando a pessoa ou o problema fora da sua vida. Colocá-los no lixo levará o incômodo ou a pessoa ainda mais longe de sua vida, já que eles serão transportados ao depósito de lixo. Quando a batata apodrecer ou for comida, sua intenção será liberada magicamente no mundo, e sua vontade será feita!

O BANHO DE ERVAS DE AMANDA PARA LIMPEZA ESPIRITUAL

Quando precisar de uma limpeza espiritual mais potente, este banho é tiro e queda.

Para este feitiço, você vai precisar de:

- 3 ramos de cada combinação das seguintes ervas: manjericão, louro, cedro, hortelã-pimenta, alecrim, sálvia ou tomilho (você pode usar todas essas ervas ou apenas uma, mas, para melhores resultados, use ao menos três)
- 3 punhados de sal
- Um limão cortado em nove fatias (deixe as pontas do limão intactas)
- Uma pequena tigela ou frasco de vidro

Pronuncie sua intenção em voz alta enquanto enche a banheira. Você pode dizer algo como "Estas águas mágicas removerão toda a negatividade indesejada que me rodeia", ou "Que estas águas limpem e renovem as jornadas ainda a percorrer". À medida que a água jorra do bocal, visualize-a limpando você e afastando toda a negatividade ao seu redor. Quando a água da banheira estiver pela metade, jogue delicadamente os ramos das ervas, e dois dos três punhados de sal. Coloque o sal restante na tigela pequena. Continue deixando a banheira encher, e coloque na água as sete fatias internas do limão, deixando as duas pontas de lado com o resto do sal.

Entre na água quente, respire fundo e inale o aroma das ervas e do limão enquanto eles tiram energias tóxicas do seu corpo, mente e espírito. Sinta-os liberando devagar do seu corpo físico qualquer coisa que não lhe sirva mais. Entregue-se ao calor da água e note como o sal dissolve seu estresse indesejado.

Se sentir vontade, pegue alguns ramos e esfregue-os com delicadeza na pele, da cabeça aos pés. Enquanto as ervas tocam seu corpo, visualize-as coletando toda a energia negativa de seu corpo. Ao terminar, segure os ramos próximo ao nariz e respire profundamente, reparando em seu aroma. Deixe que suas energias purificantes entrem no seu corpo, tragam uma sensação de paz, clareza e pureza.

Quando estiver pronto, pegue um dos pedaços do limão e mergulhe-o no sal da tigela pequena. Começando no topo da cabeça, esfregue devagar sua pele com o limão e sal, em movimento descendente. (Mantenha o limão e o sal longe dos olhos e da boca.) Sinta o limão e o sal extraindo toda a energia negativa de sua aura psíquica. Repita isso quantas vezes for necessário. Você vai precisar repor o sal periodicamente no limão, e, se o pedaço do limão ficar inutilizável, substitua-o pelo pedaço extra que você deixou de reserva. Certifique-se de esfregar a sola dos pés, onde a energia negativa muitas vezes se acumula.

Quando sentir que todas as energias indesejadas foram removidas, pegue os ramos das ervas e pedaços de limão e guarde-os. Jogue fora a água usada e observe-a escoando pelo ralo. À medida que a água se afasta de você, visualize-a carregando para longe todas as coisas indesejadas de sua vida. Quando estiver pronto para sair da banheira, levante-se e saia pela extremidade traseira, longe do ralo, para continuar a ver a água se afastando de você. Não se enxugue; deixe as energias das ervas, limão e sal permanecerem no seu corpo.

Seque-se com uma toalha ou ao ar livre (não use secador de cabelo) para que as energias das ervas permaneçam em você. Os ramos e o limão podem ser descartados no lixo, colocados na composteira ou enterrados no solo.

FEITIÇO COMPARTILHADO:
FEITIÇO COM MAÇÃ PARA SAÚDE E PROTEÇÃO
POR GWYN

A maçã tem lugar cativo na vida humana há séculos, como alimento e oferenda às divindades e aos mortos. As maçãs também vêm desempenhando um papel proeminente em adivinhações, celebração de colheitas etc. Inclusive, elas possuem um pentáculo no centro quando cortadas pela metade. Não existe coisa mais bruxesca do que isso!

Na mitologia, as maçãs oferecidas por Iduna (deusa da primavera e do rejuvenescimento, e esposa de Bragi, deus da poesia) trouxeram vida longa aos deuses nórdicos. No folclore grego, uma tarefa similar pertencia às Hespérides (ninfas do oeste que guardavam as maçãs de ouro) pelo mesmo motivo.

Ervas, flores, resinas e outros ingredientes correspondentes estão disponíveis para uso em várias formas de Bruxaria. Como Bruxa Verde da Terra, peço aos espíritos das plantas que me auxiliem no meu trabalho. E, quando a maçã faz par com outros espíritos de plantas aliados, como eucalipto, alecrim e lavanda em magias baseadas na natureza, um Bruxo, Bruxa ou um praticante de magia é capaz de criar magia potente. O que vou compartilhar com você agora é um feitiço com que trabalhei com muito sucesso para cura e proteção.

Para ativar este feitiço, você vai precisar de:

- Um pedaço de papel
- Um utensílio para escrita
- Sal
- Ramos e botões de lavanda
- Água em um pires
- Um isqueiro
- Um caldeirão pequeno ou recipiente à prova de calor
- Ramos e folhas de alecrim
- Almofariz e pilão
- Um prato pequeno
- Óleo essencial de zimbro
- Óleo de coco
- Uma vela palito azul ou branca
- Ramos de eucalipto
- Uma maçã média ou grande
- Incenso, velas e música ambiente (opcional)
- Uma faca pequena de cozinha (se necessário)

Em um pedaço de papel, escreva sua intenção. Seja específico – detalhe sua vontade em algumas frases para cura ou proteção. Para um feitiço feito por outra pessoa, inclua o nome dela ao escrever a intenção. Aqui estão alguns exemplos:

Meu sistema imunológico é forte e saudável, e invulnerável a toda sorte de vírus e bactérias, impedindo que eu fique doente.

Mary está protegida de energia negativa e presenças indesejadas em sua casa.

Prepare seu altar ou espaço de feitiçaria de acordo com sua tradição ou trajetória magista. Acrescente ao pires com água uma pitada de sal e alguns botões de lavanda, em seguida, borrife um pouco a área em que você vai trabalhar. Deixe de lado o pires com água.

Com um isqueiro, acenda o ramo de alecrim sobre o caldeirão. Sopre a chama para criar fumaça, fazendo a fumaça da erva flutuar sobre a sua cabeça e passando a vela por ela. Reacenda o ramo de alecrim e sopre para criar mais fumaça, então coloque-o no caldeirão.

Adicione alguns botões de lavanda e folhas de alecrim ao almofariz e moa-as com o pilão. Coloque uma camada fina de sal no centro do prato pequeno e adicione as ervas por cima. Concentre sua intenção ao longo de todo o processo.

Em sua mão, coloque duas gotas de óleo essencial de zimbro e quatro gotas de óleo de coco. Esfregue as mãos, visualizando a energia protetiva e curadora do zimbro. Em seguida, segure nas mãos a vela palito e prepare-a com o óleo da base até o topo, rotacionando-a devagar até que fique coberta de óleo.

Agora, segure a vela palito nas duas extremidades e role-a nas ervas e no sal até ela ficar ligeiramente coberta da base até o topo. Coloque a vela e um ramo de eucalipto ao lado do prato. Coloque a maçã no centro do prato por cima das ervas e do sal remanescentes.

Lave as mãos. Acenda incenso e velas ambientes se quiser. Coloque qualquer música ambiente que possa ser útil para trabalhar com feitiçaria.

Sentado em frente ao altar ou em seu espaço sagrado, medite, aterre e centralize conforme necessário. O prato com a maçã, o ramo de eucalipto e a vela preparada do feitiço devem estar à sua frente, e o isqueiro e a faca de cozinha devem ficar ao seu lado ou facilmente acessíveis.

Foque sua intenção na maçã. Pegue-a e segure-a nas duas mãos, visualizando o resultado de seu feitiço e pedindo ao Espírito da Maçã que o auxilie em seu trabalho. Em seguida, recoloque a maçã no prato. Agora, pegue devagar o ramo de eucalipto, embale-o nas mãos e respire seu aroma. Peça ao espírito da planta que o ajude em seu trabalho de cura ou proteção. Então, com cuidado, finque o ramo na parte de cima da maçã ao lado do caule. Se a ponta do ramo não for dura o bastante para furar a fruta, use a faca de cozinha para criar um pequeno espaço e empurre o ramo de eucalipto dentro do buraco.

Segure a vela em sua mão dominante e pronuncie em voz alta seu trabalho (cura ou proteção), acrescentando um encantamento se você achar apropriado ou recitando sua intenção escrita. Sussurre essas palavras para a vela. Quando estiver pronto, coloque a vela ao lado do ramo de eucalipto no topo da maçã. Use a faca de cozinha para ampliar o espaço ou rotacione devagar a vela até sua base estar segura (mais ou menos na profundidade de um porta-velas padrão para velas palito).

Acenda a vela. Deixe que ela queime no topo da maçã. (Fique de olho na vela; não a deixe sem supervisão.) Uma vez que a chama se apagar, o feitiço está lançado. Então, que assim seja!

Deixe que a maçã ocupe espaço em seu altar ou em seu espaço de trabalho com magia até achar que deve devolvê-la à terra ou descartá-la da maneira habitual.

Gwyn é uma Bruxa Verde de Hécate e frequentadora do **Covenant of Hekate [Convento de Hécate]**, *médium clariciente e leitora de tarô. É coanfitriã do* **podcast 3 Pagans and a Cat** *e professora/palestrante em muitos eventos de Paganismo.*

CAPÍTULO 11

Pedras e Cristais

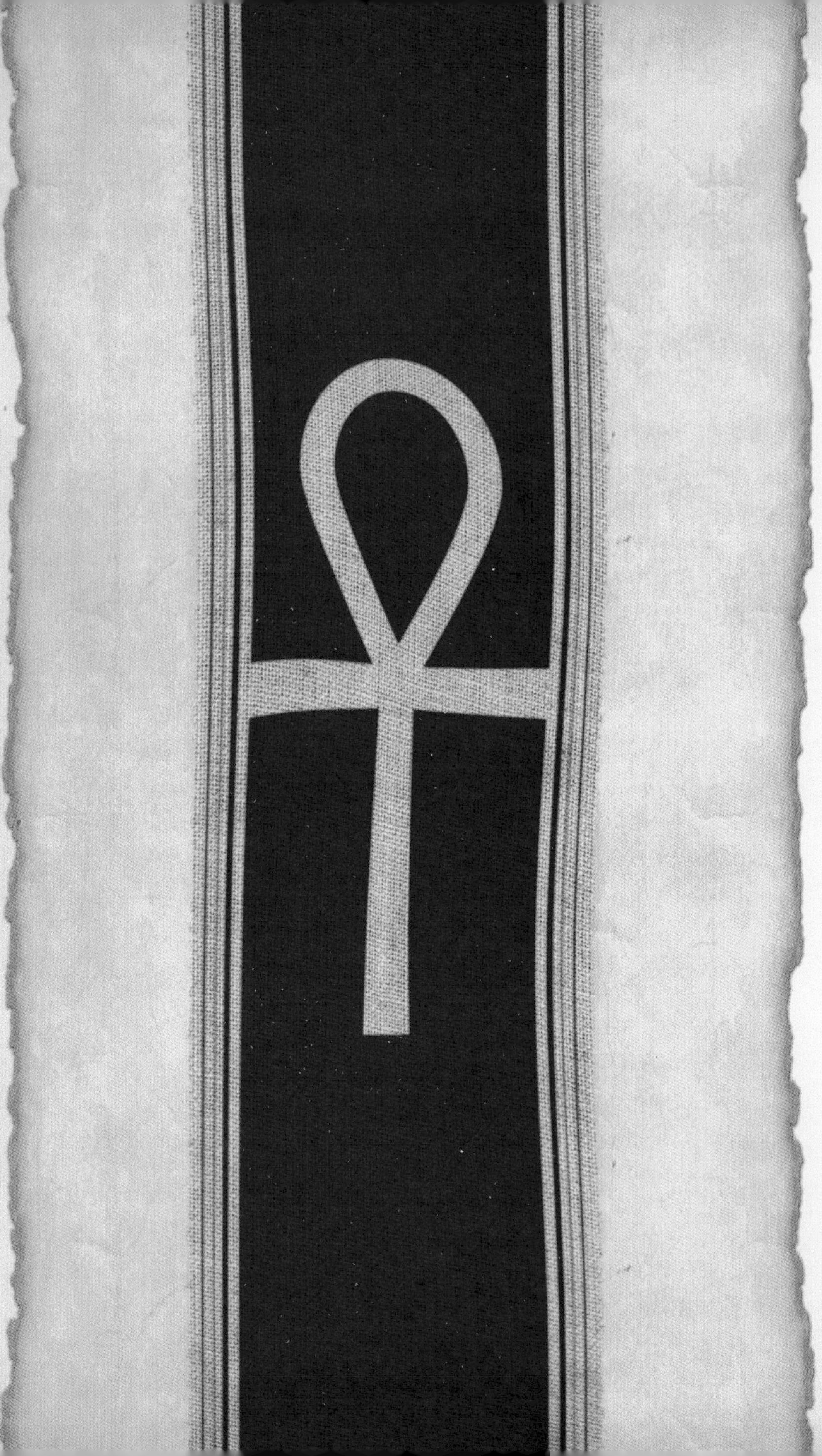

Cristais e pedras para transformação pessoal estão passando por um pequeno *revival*. No passado território restrito de Bruxas e Bruxos e praticantes da Nova Era, cristais e pedras para propósitos mágicos hoje em dia são inevitáveis. É possível encontrar cristais com seus atributos mágicos em várias lojas esotéricas e de redes. A popularidade atual dos cristais também tem um lado ruim, em que especialistas em "bem-estar" aconselham as pessoas a colocar pedras em garrafas d'água para energia extra e *sprays* para ambientes, práticas perigosas que podem causar doenças e até a morte.[26]

No entanto, Bruxas e Bruxos espertos sabem que a magia está em todo lugar, e que cristais de duzentos reais não são necessários para trabalhar com feitiços. Você sente uma afinidade estranha com aquela pedra que chutou na calçada? Então, provavelmente é uma boa pedra para usar em seus trabalhos de magia. Toda pedra contém um pouco de energia dentro de si, mas algumas são mais apropriadas para certas tarefas do que outras. Pode ser divertido encontrar uma pedra mais exótica (e cara) como a moldavita (formada pelo impacto de um meteorito há quinze milhões de anos), mas, por existirem centenas de tipos diferentes de pedras, você pode facilmente estocar seu armário com coisas mais acessíveis se tiver informações a respeito.

---

26. Maggie Fox. "Mystery of Exotic Infectious Disease Traced to Aromatherapy Room Spray," CNN, atualizado em 24 de outubro de 2021. Disponível em: https://www.cnoo.com/2021/10/23/health/aromatherapy-melioidiosis-mystery/index.html.

Antes de começarmos, é importante salientar que pedras e cristais são uma categoria gigantesca de magia. Há livros bem extensos dedicados exclusivamente ao assunto, e recomendamos vários deles (consulte a Bibliografia). Da mesma forma, "pedras e cristais" é uma designação incorreta, porque incluiremos neste capítulo materiais que, tecnicamente, não são pedras ou cristais. Âmbar é seiva fossilizada de árvores, mas, por ser uma pedra dura, geralmente ela é incluída em livros sobre cristais e rochas. Metais também não são tecnicamente pedras, mas o ouro e a prata contêm poder próprio, e, como o âmbar, são mais parecidos com pedras do que com qualquer outra substância. Ao escrevermos sobre essas substâncias variadas, geralmente usamos a palavra *pedra* para simplificar, mas lembre-se de que o uso desse termo aqui inclui cristais, metais e âmbar.

Em vários aspectos pedras são bastante semelhantes a ervas quando se trata de uso mágico. As pedras possuem suas próprias energias inatas, e, ao contrário das velas, não precisam ser imantadas para gerar mudança. Talvez por ser fácil, a magia com pedras seja mais popular do que nunca atualmente. Pedras ficam ótimas em brincos, colares e braceletes. Ao contrário das ervas, pedras são praticamente indestrutíveis. Mesmo sem querer, é fácil transformar um saquinho com ervas em um pequeno pacote de pó. Ervas e plantas também estragam, e não sobreviverão a uma viagem acidental na máquina de lavar. A maioria das pedras não tem nenhum desses problemas.

Cada tipo de pedra possui energia particular, mas a cor de uma pedra também tem sua função. A ametista é uma pedra roxa frequentemente usada para cura e para superar vícios. No entanto, ela fica verde quando submetida ao calor extremo, e, se você associa a cor verde a dinheiro, usar uma ametista verde em um feitiço de trabalho ou sucesso seria apropriado. Se isso parece contraditório, lembre-se de que a maioria das pedras têm pelo menos um milhão de anos.[27] Não surpreende que um objeto de quinhentos milhões de anos contenha uma ampla variedade de energias!

As pessoas adoram associar pedras com listas exaustivas de correspondentes. Com frequência as pedras são relacionadas a chakras, signos do zodíaco,

---

27. American Geosciences Institute. "How Can We Tell How Old Rocks Are?". Disponível em: https://www.americangeosciences.org/education/k5geosource/content/fossils/how-can-we-tell-how-old-rocks-are. Acesso em: 4 dez. 2021.

meses específicos, planetas, elementos, vibrações, metais, divindades e anjos. Esses tipos de correspondências podem ser importantes para algumas pessoas, mas para nós o mais importante é o que uma pedra específica faz! Temos muito mais interesse em compartilhar como usar pedras em trabalhos com magia e quais tipos de energia são específicos de certas pedras. No fim deste capítulo, Ari compartilha uma lista de suas pedras favoritas para uso em magia. Se você tiver interesse em listas exaustivas de correspondências, verifique a bibliografia para mais recursos.

Ao usar pedras em trabalhos mágicos, há várias opções. A mais fácil é simplesmente carregar uma pedra específica no bolso ou na bolsa, ou usá-la em alguma joia. A granada contém uma energia intensa que desperta força e virilidade, e também possui energias de cura e proteção. Quando alguém usa granada (ou carrega no bolso), as energias da pedra afetam e cercam essa pessoa. Se você tem um dia atribulado à frente e precisa de um *up*, a granada ajudará a cuidar disso.

A maneira mais direta de sentir a energia de uma pedra é segurá-la. Se você perceber que está realmente precisando de um pouco de força extra, tocar a granada do seu colar causará um efeito imediato. Hoje em dia vemos muita gente colocando pedras na água potável, a fim de absorver no corpo a energia de uma pedra em particular. Conforme observado no início deste capítulo, isso pode causar doenças graves e até a morte. Quando você compra uma pedra polida em uma loja de rede, há uma boa chance de que essa pedra contenha algum verniz ou produto químico em si. Não recomendamos colocar pedras em sua água potável, mas, se você acha que deve fazer isso (não, não precisa, de verdade!), faça apenas depois de pesquisar exaustivamente sobre as consequências da prática, e, pelo amor da Deusa, lave a pedra primeiro!

Colocar uma pedra em um lugar particular é outra maneira fácil de fazer magia. Muitos acreditam que o olho de tigre atrai riqueza. Você pode usar olho de tigre no trabalho para absorver suas energias, mas que tal colocar um pequeno exemplar dessa pedra no talão de cheques da família ou na mesa de jantar, onde as contas são pagas? O sal é famoso por seus poderes de limpeza e purificação, motivo por que castiçais e até lâmpadas feitas de sal rochoso são cada vez mais comuns. Um castiçal feito de sal rochoso pode ser achado em qualquer lugar, e fará silenciosamente seu trabalho de absorver energia negativa enquanto a maioria das pessoas ao seu redor continuará sem saber.

Pedras podem ser facilmente acrescentadas a outros tipos de trabalho com magia. Um saquinho com algumas ervas e uma ou duas pedras, untado com óleo e amarrado com um nó mágico, é um trabalho mágico bem poderoso. Quando fazemos trabalho de cura como um coven, muitas vezes usamos um pedaço de aventurina como foco e colocamos energia pessoal nela. Ao fazermos isso, nossa energia se alia à da aventurina, tornando nossa feitiçaria muito mais potente antes de enviar nossa magia para o universo.

LIMPANDO, IMANTANDO E PREPARANDO PEDRAS

Mesmo possuindo as próprias energias, as pedras também absorvem as energias ao redor. A menos que você tenha colhido uma pedra de algum local remoto na floresta, provavelmente vai querer limpar suas pedras e cristais antes de usá-los. Não é obrigatório, mas sua magia ficará melhor se você fizer isso.

A mineração com frequência é feita em condições deploráveis. Trabalhadores são explorados, a própria terra é vilipendiada, e o cristal que chega até você muitas vezes foi tocado por dezenas de mãos humanas. O resultado é que todas as energias negativas desses encontros são uma parte de seu cristal ou pedra. Se não for removida, essa energia negativa passa a ser parte de sua feitiçaria.

Talvez menos drástico, mas não menos importante seja limpar uma pedra que vem de um colega de Bruxaria. Se um amigo lhe dá um cristal que ele usou por alguns meses, esse cristal estará sintonizado com as energias dele, não com as suas. Em casos assim, limpar é como reiniciar essa pedra, para que ela se sintonize com as suas energias. (Falaremos mais sobre isso já já!)

Limpar uma pedra é bem parecido com limpar um espaço mágico, mas em menor escala. Usar um pouco de água salgada ou fumaça de incenso é a maneira mais fácil de limpar uma pedra de qualquer energia indesejada. Um alerta, porém: para muitas pedras, o sal é ruim. Algumas de nossas pedras favoritas não reagem bem ao sal. Essa lista inclui pedra da lua, malaquita, turquesa e âmbar. Um pouquinho de água salgada borrifada nessas pedras não vai destruí-las, mas é bom você remover o sal e a água assim que possível após o borrifo.

Em geral, incenso ou água salgada dão conta da maioria das necessidades de limpeza, mas às vezes não são o bastante. Se você pegar uma pedra e ela parecer desagradável, errada ou a energia não estiver em sintonia com a sua, provavelmente seja preciso mais limpeza. Uma das maneiras mais fáceis de fazer uma limpeza extra é enterrar a pedra em uma tigela pequena com arroz seco. Ao contrário do sal, o arroz não fará mal às pedras, mas absorverá qualquer energia negativa que emane delas. Na maioria dos casos, um ou dois dias dentro da tigela com arroz darão conta do recado, mas algumas energias negativas são bem insistentes.

A forma mais drástica – e eficaz – de limpar uma pedra é enterrando-a no solo. O ideal, por motivos mágicos, é enterrar essa pedra em uma noite de lua cheia. O combo lua minguante + poder da terra dissipará e absorverá qualquer energia negativa em suas pedras. Na noite da próxima lua nova, desenterre-as e elas devem estar prontas para uso. No entanto, se ainda assim seu toque não estiver bom, você pode devolvê-las ao solo por mais duas semanas e, então, desenterrá-las na próxima lua cheia.

Se não funcionar... brincadeirinha, vai funcionar, sim. Para manter sua pedra segura enquanto estiver enterrada, coloque-a num saco plástico, para que ela não seja prejudicada pelas intempéries. A energia ruim ainda vai irradiar de sua pedra através do saco e terra adentro. Se você não tiver acesso a um quintal com terra, pode enterrar suas pedras em um vaso de terra ou, mesmo, só na areia.

Se mexer na terra não é sua praia, existem formas alternativas de limpar suas pedras. Você pode colocá-las ao sol e deixar o poder dos raios devorarem qualquer negatividade que elas contenham. O lado negativo é que, se sua pedra for polida com cera, essa cera vai derreter. A luz do sol também pode enfraquecer suas pedras. Colocar pedras para tomar chuva ou deixá-las na grama de um dia para o outro para tomarem orvalho matinal são outras opções. Mas tome cuidado: algumas pedras, como calcita, lapis-lazúli e malaquita são solúveis em água, e metais como a hematita vão corroer se ficarem úmidos. Por esses motivos, areia, arroz e terra continuam sendo as opções mais seguras.

Certas pedras podem ser usadas para absorver energia negativa. Quartzos de cristal com pontas são comumente usados para esse tipo de trabalho e, às vezes, ficam quentes ao toque ou até mudam de cor quando se enchem de energia ruim. Quando usar uma pedra para esse fim, você vai precisar limpá-la antes que ela possa ser usada em futuros trabalhos com magia. Se a energia estiver bem ruim, limpeza não será o suficiente para a pedra, e ela terá que ser enterrada ou jogada num corpo d'água, como um rio ou o mar.

Depois de limpar as pedras, há alguns passos adicionais que você pode dar para obter o máximo delas. A maioria dos livros sobre pedras e cristais listarão umas seis energias associadas a cada pedra. E não é porque os autores não têm a menor ideia do que estão escrevendo, mas porque interpretam de maneira diferente as energias das pedras. Para extrair o máximo proveito de suas pedras, você precisa descobrir o que elas significam e, então, sintonizar-se com as energias delas.

Para sintonizar com uma pedra, ignore o que livros como este afirmam sobre certas pedras e comece escolhendo aquela com que você quer sintonizar. Segure-a em sua mão dominante. Se a pedra é pequena, agarre-a, sentindo cada curva e contorno. Se a pedra for grande demais para segurar, toque-a usando o máximo possível de sua mão. Sinta a energia que provém dela. Qual a sensação que ela lhe causa? Como você interpreta a energia que a pedra está emitindo? Quando tiver uma boa noção dessa energia, anote suas observações para não esquecê-las.

Depois de registrar suas observações sobre a pedra, volte a segurá-la mais uma vez. Sinta sua energia e encontre o ritmo de como essa energia está sendo liberada. Pode ser um ruído estável, ou talvez a energia seja liberada em ondas, indo e vindo com intensidades variadas. Independentemente de como essa energia esteja sendo liberada, sinta-a e movimente-se com ela. Conecte sua energia à da pedra, emitindo sua própria energia pessoal com o mesmo ritmo da energia da pedra. Ao fazer isso, você está sintonizando com a energia da pedra e ensinando à energia de seu corpo como trabalhar melhor com a pedra.

Agora que você está sintonizado com a pedra, imante-a de propósito. Lembra-se de como você se sentiu em relação à pedra quando a segurou pela primeira vez e sentiu seu poder? Quaisquer que tenham sido suas observações, coloque essa energia particular dentro da pedra. Se você sentiu energia protetora, coloque um pouco de sua energia protetora na pedra dizendo, "Imanto esta pedra para proteção". Com esse passo, sua energia protetora pessoal se encontrará em sintonia com a pedra. Sempre que você usá-la para proteção, seu corpo saberá como melhor potencializar a energia da pedra. Em certo sentido, você está dizendo à pedra o que fazer com seu poder.

Se você sentiu várias energias diferentes ao segurar a pedra pela primeira vez, isso é totalmente natural. Você pode sintonizar com todas essas energias diferentes da pedra. É só acrescentar um pouco de sua própria energia relacionada a essas qualidades variadas. Uma pedra pode ser imantada com suas próprias energias de proteção, amor e cura.

FORMATOS DAS PEDRAS

Ao visitar uma loja de pedras e gemas preciosas, provavelmente você encontrará cristais e pedras de formatos amplamente variados. Hoje em dia, peças esféricas, pontudas (semelhantes a uma torre ou um obelisco) e naturais estão prontamente disponíveis. Ainda que muitas pessoas provavelmente não pensem muito no formato da pedra que usam, certas formas são melhores que outras para vários tipos de trabalhos com magia.

O formato mais comum de cristal ou pedra é provavelmente um pequeno bloco. Sabemos que a palavra *bloco* não é exatamente elegante, mas é precisa. Um bloco é um pedaço pequeno removido de uma pedra maior por meios humanos ou um pedaço menor que provém naturalmente de uma pedra ou cristal particular. São os formatos mais baratos de pedras compradas em lojas, e em geral é assim que as encontramos na natureza.

Blocos são ótimos para vários propósitos. Por conta de seu formato compacto, eles cabem em saquinhos e podem ser providencialmente colocados embaixo do travesseiro ou no bolso. Eles também são discretos, e é improvável que chamem muita atenção se você os deixar em uma cornija de lareira ou na escrivaninha.

A energia de um bloco (sem ponta definida) irradiará por toda a pedra, o que torna mais difícil direcionar sua energia de um local específico, mas na maioria dos procedimentos mágicos isso nem é necessário. Usar um bloco não é uma boa maneira de projetar uma explosão de magia de aventurina em alguém, mas é uma forma prática de levar aventurina para uma entrevista de emprego e colocá-la confortavelmente no bolso.

Há muita gente que usa cristais (especificamente) como varinhas para direcionar energia mágica, e, para isso, geralmente se usa uma ponta. Uma ponta se parece com um obelisco, e na maioria das vezes contém uma ponta afiada no topo. Pontas podem ocorrer de forma espontânea na natureza, embora a maioria das que estão à venda nas lojas tenham sido moldadas por mãos humanas. Quando um cristal tem ponta, a energia dele ou da pedra fluirá naturalmente rumo à ponta. Isso é bom para nós, pois permite que as pontas sejam usadas magicamente de várias formas.

Uma pedra com ponta pode ser usada como varinha para liberar energia mágica. Essa energia pode ser usada para fazer coisas como criar um círculo mágico, ou pode, simplesmente, ser direcionada a um alvo específico. A energia emitida da ponta de um cristal é como um feixe de laser; é muito mais precisa e direcionada que a energia emitida de um bloco ou uma pedra, que irradia para todos os lados e não tem lugar específico aonde ir.

Quando seguramos um cristal de ponta, podemos direcionar a energia liberada mais depressa acrescentando a ele um pouco de nossa própria energia. Nossa energia pessoal "diz" à pedra para liberar sua energia com mais rapidez, e também ajuda a direcionar a energia da pedra. Se não tocamos a pedra, ainda assim podemos colocar energia pessoal dentro dela e direcionar esse poder para cima e para fora dela. Por esse motivo, cristais de ponta são uma das formas mais eficazes para fazer trabalhos com magia direcionados a uma pessoa ou lugar específicos. Quando impulsionamos energia para cima e para fora de um cristal, essa energia também é superconcentrada e mais poderosa do que a extraída normalmente de uma peça de malaquita em uma estante.

Pontas também são ótimas para focar energia, sobretudo em trabalhos com outras pessoas. Em nosso coven, ficaremos ao redor do altar despertando energia e enviando-a a qualquer cristal de ponta que estivermos usando durante nosso trabalho. Quando atingirmos o auge da liberação de energia, quem estiver encarregado dessa liberação usará a ponta do cristal para direcionar todo o poder que reunimos para o lugar específico aonde ele precisa ir. A energia da ponta do cristal se projeta para cima e para fora do nosso círculo, disparada como um feixe de laser.

Praticamente todas as esferas são feitas por humanos, mas sua forma ainda assim é valiosa para uso em magia. A maioria das esferas é pequena, mais ou menos do tamanho de uma bola de borracha, enquanto outras são do tamanho de uma bola de beisebol ou maiores. Sem uma ponta específica, uma pedra esférica irradiará energia para todos os cantos de maneira igual. Isso a torna eficaz se você estiver tentando enviar magia a várias pessoas ou lugares diferentes, em vez de focar alguém ou algo específico. Esferas também são pontos focais úteis ao se fazer magia em grupo.

Cada vez mais populares são as lajes de pedra altas e finas, semelhantes a uma porta com topo arredondado (arqueado). Em geral, pedras desse formato se afunilam ligeiramente quando atingem o topo arredondado. Por causa do tamanho, esses cortes de pedra, quando colocados na horizontal, podem funcionar como um altar para trabalhos com magia e usados como estação para carregar ferramentas. Quando extremamente polidas, lajes se parecem com espelhos e podem ser usadas para trabalhos divinatórios, dependendo da energia que emana de uma pedra específica.

Um dos aspectos excelentes da energia mágica de pedras, cristais e metais é que podemos recorrer a seu poder quando eles são parte de joias que usamos. Qualquer pedrinha pode ser transformada em colar, e, quando ela toca nossa pele, absorvemos sua energia de maneira mais imediata. A forma da pedra na joia não faz muita diferença na eficácia dela, mas o lugar onde a usamos pode causar certos efeitos.

Se você está tentando utilizar a energia protetora de uma pedra, mantê-la próximo ao coração (como num colar) será mais útil do que usá-la como tornozeleira. Se está tentando melhorar a concentração com uma pedra, o ideal seria usá-la em brincos. Sabemos que Jason, quando escreve, coloca um bracelete de malaquita para aumentar o número de palavras digitadas por minuto e permanecer concentrado no que está escrevendo. A malaquita funciona como bateria, e podemos acessar sua energia quando percebemos nossa concentração diminuindo, como ao escrever um capítulo extenso sobre pedras.

ALERTAS SOBRE PEDRAS

Em muitos círculos, está cada vez mais comum adicionar pedras e cristais à água potável. Não recomendamos essa prática. Muitas pedras e gemas são tóxicas ao corpo humano e podem causar sérios problemas, até a morte. A extração de pedras continua problemática, e muitas varejistas inescrupulosas rotulam erroneamente suas pedras para maiores lucros.

Muitos livros de autoajuda que citam pedras e cristais recomendam jogar esses itens na banheira com água para absorver suas energias. Colocar a pedra ao lado da banheira causará o mesmo efeito que colocá-la na água, e sem riscos envolvidos. Certas pedras não somente liberam toxinas na água, como arsênico e chumbo (que podem ser fatais!), como também são solúveis em água e se decompõem dentro dela, liberando fragmentos perigosos em seu rastro. A água também pode ser ruim para as pedras e ponto-final, então, pra que correr o risco?

Além de manter suas pedras bonitas e secas, talvez você queira conhecer a história de como elas foram mineradas e polidas. Muitas pedras provêm de minas industriais de larga escala, com longas histórias de violações de direitos trabalhistas e práticas destrutivas ao meio ambiente. Descobrir de onde suas pedras vêm pode ser desafiador – uma pedra pode trocar de mãos umas dez vezes antes de chegar a seu altar –, mas perguntar não ofende.[28] Muitas lojas esotéricas e de Bruxaria tentam adquirir suas pedras de minas e distribuidoras que não agridem a terra, e estabelecimentos que procedem assim geralmente são mais abertos a perguntas.

---

28. Emily Atkin. "Do You Know Where Your Healing Crystals Come From?" *The New Republic*, 11 de maio de 2018. Disponível em: https://newrepublic.com/article/148190/know-healing-crystals-come-from. Esse artigo também inclui algumas lojas de pedras que tentam obter seus produtos de forma ética. Vale a pena lê-lo inteiro.

AS PEDRAS FAVORITAS DE ARI

Existem, literalmente, milhares de pedras, cristais e metais que podem ser usados em trabalhos com magia. Toda pedra, por mais comum que seja sua aparência, contém energia dentro de si que você pode usar. No entanto, certas pedras são mais apreciadas que outras para uso em feitiçaria. A seguir, há uma lista das pedras favoritas de Ari. Quando trabalhamos juntos como coven e elaboramos um feitiço, geralmente ficamos na nossa e deixamos que ela reúna as pedras que sua experiência e intuição lhe dizem para usar.

Você não precisa comprar todas as pedras desta lista para trabalhar com magia, aliás, não precisa comprar nenhuma delas. Para ser efetivo, o armário bem abastecido de uma Bruxa ou Bruxo não precisa de todo tipo de pedra ou cristal que existem. Tudo o que você precisa é das pedras com que trabalha melhor. Peças maiores de pedras ou cristais contêm mais energia (o que faz sentido, pensando bem), mas você também pode trabalhar magia com uma pedra de tamanho médio. Ninguém precisa de uma ponta de cristal do tamanho de um braço para ser uma Bruxa ou Bruxo eficiente!

As correspondências a seguir refletem as sensações gerais que Ari tem quando trabalha com suas pedras favoritas. Outras fontes vão sugerir diferentes interpretações, porque todos nós processamos a energia de maneira diferente. Estas são orientações gerais para certas pedras, não absolutas. Se sua interpretação da energia de uma pedra é diferente, use essa interpretação, pois ela tem o mesmo valor!

Âmbar

Vale a pena salientar mais uma vez que o âmbar não é uma pedra ou um cristal; é seiva de árvore fossilizada, geralmente de árvores semelhantes a pinheiros. Por causa de sua característica única, o âmbar tem sido usado em rituais religiosos e mágicos há milhares de anos, e o colar tradicional em muitas tradições de Bruxaria é feito de âmbar e azeviche. O âmbar possui um sem-número de usos mágicos, mas em primeiríssimo lugar nós o achamos empoderador. Essa sensação de empoderamento pode ser usada para aumentar a força, sentimentos de autoestima e beleza, e proteção. Quando segurado, o âmbar também pode ter efeito calmante, mais provavelmente porque nos faz sentir no controle da situação.

Muitas peças de âmbar contêm pedaços de insetos ou, mesmo, insetos inteiros. Quando você usa âmbar com um inseto dentro, obtém duas formas de poder em um só encantamento. Vale a pena explorar o que há dentro do seu âmbar e como isso afeta sua energia. Uma formiga presa em uma peça de âmbar pode passar energias diligentes para o material, enquanto uma aranha pode acrescentar energias predatórias.

Ametista

A ametista pode promover sentimentos bons entre as pessoas; não é bem amor, está mais para uma amizade estável e sólida. A ametista também é útil para cura emocional. Dormir com uma peça de ametista embaixo da cama não somente ajudará a curar uma psique ferida, mas também o auxiliará a ter uma boa noite de sono!

De acordo com a mitologia grega, o cristal de ametista era, originalmente, a ninfa Ametista. Encantado por sua beleza, o deus Dionísio perseguiu a virginal Ametista. Assustada com as investidas do deus, Ametista gritou para Ártemis pedindo proteção, e a deusa prontamente a transformou em um cristal. Então, Dionísio derramou um pouco de vinho no cristal, criando a ametista. Por esse motivo, dizem que a ametista ajuda as pessoas a ficarem sóbrias. Essa característica pode ser estendida a outros comportamentos e vícios que você quer controlar. Se está tentando se livrar de algo que não lhe faz bem, carregue uma peça de ametista para ajudar.

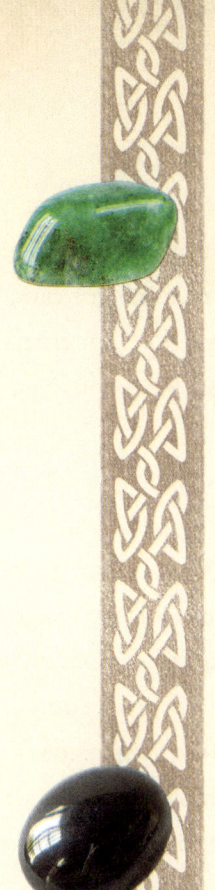

Aventurina

Em nosso coven, usamos primariamente a aventurina (verde) quando fazemos magia para prosperidade. Pode ser magia relacionada a um novo emprego, um aumento ou, mesmo, um contrato de publicação de livro. Por esse motivo, a aventurina é popular entre apostadores e pessoas envolvidas em jogos de azar.

Em geral, a aventurina é verde, mas ela pode ser encontrada em várias cores. A cor da pedra vai impactar sua energia mágica, portanto, é uma boa ideia passar um tempo com algumas peças de aventurina não verdes para definir suas qualidades mágicas.

Azeviche

O azeviche é muito semelhante ao âmbar, no sentido de não ser nem pedra nem cristal; ele é madeira fossilizada, e, tecnicamente, uma forma de carvão. O azeviche é uma pedra especialmente boa para usar como proteção, já que tanto sua cor quanto sua origem como madeira permite que ele absorva energias negativas. Ele também é útil se você está tentando quebrar um feitiço ou uma maldição.

Há algo reconfortante no azeviche, muito provavelmente porque ele absorve nossas próprias energias negativas, levando-as para longe de nós. Quando estiver se sentindo triste, agarre um pedaço de azeviche e libere suas emoções. Ele vai absorver suas lágrimas e dor, e proteger você delas. Se fizer isso com frequência, talvez sua pedra fique cheia da energia de tristeza que você colocou nela. Você pode renovar o azeviche enterrando-o no solo sob uma lua cheia durante um ciclo de vinte e oito dias. Tome cuidado com a peça de azeviche que esteja cheia de energia de tristeza, porque deixá-la cair em mãos alheias vai transferir sua energia triste à pessoa que a pegar.

Citrina

A maioria dos livros não têm muito a dizer sobre a citrina, mas esta é uma das pedras de cura favoritas de Ari. A citrina dá energia ao corpo, o que ajuda na cura. Por causa de sua cor amarelo-brilhante, a citrina também é um cristal popular para usar em trabalhos de magia que objetivam trazer felicidade e positividade.

Cornalina

A cornalina possui vários usos mágicos. É uma pedra excelente para utilizar em feitiços de proteção, mas não sugerimos usá-la em joias para esse propósito específico por conta de suas outras propriedades. A cornalina também contém muita energia de luxúria. Não é uma pedra conectada ao amor romântico profundo, mas que estimula sensações de libido e desejo físico. Ari descreve sua energia como "o tipo de amor entre amigos coloridos".

No antigo Egito, a cornalina era conhecida como "o sangue de Ísis", e dizia-se que um amuleto feito da pedra continha as bênçãos dessa divindade.[29] Ísis, tanto no mundo antigo como no atual, é a deusa de praticamente tudo, e usar cornalina é uma forma de fortalecer sua relação com ela.

Fluorita

A fluorita tem se tornado uma pedra cada vez mais popular em círculos de Bruxas e Bruxos, e por um bom motivo. É uma excelente pedra de proteção e também ajuda na concentração. Ao ler ou estudar, uma peça de fluorita no bolso ajudará você a reter informações com mais facilidade. Cada vez mais a fluorita é usada em magias de cura, e dizem que ela dá um *up* na imunidade.

---

29. Nicholas Pearson. *Stones of the Goddess: Crystals for the Divine Feminine*. Rochester, VT: Inner Traditions, 2019, pp. 204-05.

Granada

Ao longo dos séculos, a granada tem sido relacionada a várias deusas. Devido à sua cor vermelha, muitas vezes a granada é associada a toranjas, que conecta a pedra à terra dos mortos e a sua rainha, Perséfone. Isso torna a granada uma pedra excelente para usar no Samhain e para auxiliar nas viagens entre o mundo dos vivos e o dos mortos. Sua cor é como a do sangue, relacionando-a aos mistérios da vida e da morte.

Por causa de suas energias de luxúria, a granada também pode se relacionar à deusa Afrodite. Essa pedra é uma das favoritas de Ari por conta dessa conexão. A granada também pode ser usada em feitiços para luxúria e amor. Também é uma pedra poderosa, que confere força e vigor a trabalhos com magia e situações cotidianas.

Heliotrópio

O heliotrópio é útil principalmente em feitiços de cura, sobretudo curas referentes a problemas sanguíneos. É uma pedra melhor usada quando o corpo, e não a mente ou o espírito, precisa de cura. O heliotrópio pode ser usado em conjunção com outras pedras de cura e amplificará suas energias.

Hematita

A hematita é uma das pedras mais populares usadas pelas Bruxas e Bruxos hoje em dia, e por uma boa razão. É uma ótima pedra para auxiliar a ter os pés no chão, e também pode ser usada para cura e para acessar poderes psíquicos e divinatórios. Mas a hematita é uma pedra muito estranha, porque parece afetar cada pessoa de uma forma diferente.

Ari jura que a hematita funciona como uma bateria. Quando precisa de energia extra, recorre a suas joias e pedras de hematita, e ela não é a única. Para muita gente, o simples fato de tocar uma hematita faz com que se sintam energizadas. No entanto, para várias pessoas, a hematita causa o efeito exatamente oposto. Há muitas que sentem que a hematita extrai ativamente energia do corpo, armazenando-a até a pedra ser manuseada por alguém que tire energia dela. Ao trabalhar com a hematita, reserve um tempo para descobrir qual efeito ela tem sobre você.

Lápis-lazúli

O lápis-lazúli é uma das pedras mais bonitas usadas por Bruxas e Bruxos, e, quando em formato de esfera, fica meio semelhante ao planeta Terra. Essa semelhança desperta a energia do lápis-lazúli, que muitas vezes invoca os sentimentos de deusas terrestres como Gaia. Como a maioria das pedras azuis, o lápis-lazúli desperta a energia psíquica no corpo.

Na história de Inanna, a deusa viaja ao mundo dos mortos usando um colar feito de lápis-lazúli. No mito, Inanna é solicitada a tirar todas as joias e ornamentos um a um, a fim de passar pelos vários portões do Submundo. Próximo ao fim da jornada, a única coisa que permanece com ela é seu colar de lápis-lazúli. Por causa disso, muitas vezes essa pedra é usada para proteção e para criar coragem.

Lepidolita

A lepidolita não é lá muito famosa, mas suas qualidades não se encontram com frequência em outras pedras. É uma pedra de paz, e pode ser usada para ajudar a encerrar conflitos com outras pessoas. A lepidolita é uma pedra tranquilizante, trazendo energias de equilíbrio e estabilidade a quem a usa. Por causa disso, é uma pedra útil para se manter por perto ao se passar por uma mudança importante na vida. Seja na troca de emprego, de situações de vida ou parceiros românticos, guardar uma peça de lepidolita em uma gaveta ou no bolso pode tornar essas transições mais suaves.

Malaquita

Uma vez por ano nosso coven faz um feitiço de trabalho focado em encontrar novas colocações para quem precisa delas e em obter aumento e promoção para quem os merece. Uma coisa que incluímos nesse feitiço anual é um bloco grande de malaquita. A malaquita é "A" pedra para feitiços de emprego e para trazer sucesso nos negócios. É uma pedra que pode ser usada para atrair riqueza quando a pessoa a carrega.

Enquanto pesquisávamos para escrever este livro, ficamos surpresos em descobrir que nosso conhecimento sobre a malaquita era bem diferente do que muitas obras contêm. Muitos Bruxos e Bruxas também usam a malaquita em feitiços de amor e como forma de proteção, especialmente para crianças.

Ouro

No mundo moderno, o ouro é um dos símbolos mais comuns de riqueza e poder. Utilizando o conceito "semelhante atrai semelhante", o ouro é usado com maior frequência em feitiços com foco em dinheiro. Para Bruxas e Bruxos, o ouro tem outra associação talvez ainda mais importante, a conexão com o sol. O ouro simboliza o poder do sol, ou seja, ele pode ser usado em trabalhos de magia com foco em crescimento (do Yule ao Midsummer, quando o sol está crescente) e redução (do Midsummer ao Yule, quando o sol está minguante).

Pedra da Lua

A pedra da lua é útil para várias atividades relacionadas a esse astro. Quando colocada sob um travesseiro, ela induz o sono e garante bons sonhos. O rito da Bruxaria conhecido como "atrair a Lua" pode ser realizado com mais facilidade quando se segura ou se usa uma pedra da lua. Essa pedra emite ativamente a energia da deusa e ajuda a colocar a mente em um estado de transe. É a combinação perfeita se você está querendo invocar uma deusa no corpo de um colega de coven.

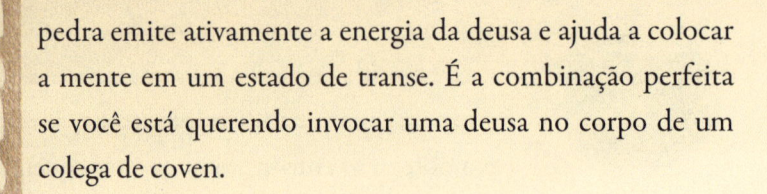

Pirita (ou Ouro de Tolo)

A pirita é frequentemente usada como substituta do ouro em joias e trabalhos com magia. Há quem considere a pirita bem diferente do ouro e acredite que, em termos de magia, ela seja melhor usada para confundir, trapacear ou ofuscar. Suas sensações em relação à pirita devem determinar como você a usa em trabalhos de magia. (Amanda, por exemplo, a usa em magia para dinheiro. Jason, não.)

Quartzo

Se tivéssemos de escolher só um cristal ou pedra para usar em magia, seria o quartzo. O quartzo é bom para tudo, literalmente, seja proteção, amor, prosperidade, paixão ou felicidade. Ele pode ser usado para todos os propósitos e ainda mais. O quartzo também amplifica energias próximas, e pode ser utilizado para armazenar energia em excesso até ela ser necessária. Se você tem um lugar em sua casa voltado para trabalhos com magia, coloque um pedaço de quartzo aí para que ele armazene energias não aproveitadas. Ari e Jason sempre têm um pedaço de quartzo no carro, no caso de alguma emergência relacionada a magia.

Frequentemente o quartzo contém linhas percorrendo-o. A variedade de quartzo com linhas douradas ou vermelhas é chamada de *quartzo rutilado*. (Rutilo é o nome do mineral que cria essas linhas.) Quando trabalhamos com magia, as linhas no quartzo rutilado carregam nossa energia a seu alvo. Isso é útil em feitiços para emprego. O quartzo rutilado também é útil para mirar pessoas específicas, mas ainda melhor é o *quartzo turmalinado*, que contém faixas de turmalina negra passando por ele. Ao fazer magia para uma pessoa específica, como um feitiço de cura, os veios em uma peça de quartzo turmalinado levará sua energia diretamente a essa pessoa. Assim como o quartzo, a turmalina é uma pedra "faz-tudo", o que torna o quartzo turmalinado ideal para várias iniciativas magistas.

Quartzo Enfumaçado

Antes de iniciar qualquer trabalho com magia ou quando se vir diante de um problema incômodo, segure uma peça de quartzo enfumaçado e pense no que você está prestes a trabalhar ou na situação com que vai lidar. O quartzo enfumaçado estimula a clareza de pensamento e pode ajudar a revelar respostas e proporcionar foco. Após absorver as energias do quartzo enfumaçado, você terá elaborado um bom plano e estará pronto para prosseguir.

Quartzo Rosa

O quartzo rosa é imprescindível para a coleção de cristais de qualquer Bruxa e Bruxo, e é popular em feitiços de amor e amizade. Assim como o quartzo comum, o quartzo rosa contém várias energias, e usar joias de quartzo rosa é uma forma eficaz de atrair amor. Para quem já tem parceiro(a), o quartzo rosa aprofunda sentimentos de conexão e ajuda a garantir a paz no *front* doméstico.

O quartzo rosa também é bom para felicidade geral, e pode ser usado em feitiços para superar a depressão ou em situações estressantes para ajudar a manter uma atitude positiva. Como a pedra da lua, o quartzo rosa é útil para iniciar interações com divindades femininas.

Rodocrosita

Há muitas pedras úteis para encontrar o amor, mas, por ser uma energia de várias facetas, o amor contém várias formas. A rodocrosita funciona melhor para atrair amor pacífico, profundo. Não é uma pedra de paixão, mas para atrair o amor construído em uma base sólida de confiança e cuidado.

A rodocrosita também é uma pedra calmante, e, quando segurada em momentos de ansiedade, ela pode acalmar a mente e o corpo. Assim como a malaquita, a rodocrosita tem efeitos diferentes sobre pessoas diferentes. Algumas pessoas a consideram energizante, enquanto outras a acham tão relaxante que chegam a tirar um cochilo inesperado à tarde.

Safira

Por causa de seu preço, a safira não é comumente usada em feitiçaria, mas ela contém grande quantidade de energia que pode ser utilizada em joias. Na Grécia antiga, safiras eram consagradas a Apolo, deus da profecia. Ao ler tarô ou fazer outro trabalho de adivinhação, a safira despertará energias proféticas. Safiras também são fonte de sabedoria, e diz-se que também revelam a verdade.

Ao longo dos séculos, a safira tem sido associada ao amor, mas, em geral, a um amor profundo e correspondido; não é uma pedra de paixão. Safiras também podem ser usadas para proteção. Elas ajudam a desviar a magia negativa e protegem o corpo de doenças.

CAPÍTULO 12

Feitiços com Pedras e Cristais

Ainda que nossa sugestão seja usar pedras específicas na maioria dos feitiços deste capítulo, vale a pena observar que, se uma pedra ou cristal não sintoniza com você, é bom substituí-la por outra. Também vale mencionar que, se sua coleção de cristais/pedras não é lá tão grande, o quartzo é um substituto fácil e eficaz para quase tudo. Ainda que haja algumas pedras exóticas listadas em alguns dos feitiços deste capítulo, use aquelas que você tem e fique à vontade para improvisar. Ari está montando sua coleção de pedras há vinte e cinco anos. A maioria de nós não pode dizer a mesma coisa!

FEITIÇO PARA ATRAIR CLIENTES PARA SEU NEGÓCIO

Este feitiço é voltado para trazer mais clientes para seu negócio e aumentar a quantidade de dinheiro que você gera.

Para este feitiço, você vai precisar de:

- Um cartão de visitas (ou um pedaço pequeno de papel com o nome de sua empresa)
- Pirita, ou um pedaço pequeno ou floco de ouro
- Aventurina
- Citrina

A pirita ou o ouro atrairão prosperidade, e a aventurina, sucesso e riqueza. A citrina proporcionará felicidade, prosperidade e um nível de proteção.

No cartão de visitas (ou pedaço de papel), escreva as palavras *sucesso* e *riqueza*, e coloque o cartão na sua caixa registradora ou próximo a onde você faz negócios. (Se você tem uma loja *on-line*, por exemplo, pode colocá-lo perto do computador.) Ponha as pedras em cima do cartão enquanto articula as energias que cada pedra trará para o seu negócio:

Pirita/ouro para prosperidade!
Aventurina para sucesso em minhas empreitadas!
Citrina para felicidade e proteção!

Se as pedras que você usa forem pequenas, você pode colá-las ou prendê-las no cartão de visitas, para que elas não saiam do lugar.

FEITIÇO PARA AUMENTAR A SENSAÇÃO DE AMOR-PRÓPRIO E AUTOESTIMA

Todos nós temos momentos de dúvida quando nos sentimos indignos de amor. Este feitiço rebate essas sensações e nos lembra de que, mesmo em nossos piores momentos, temos valor.

Para este feitiço, você vai precisar de:

- Obsidiana flocada
- Uma pá/enxada pequena
- Quartzo rosa
- Cornalina
- Banho (de chuveiro ou banheira)
- Um espelho alto

Obsidiana flocada é um tipo de obsidiana salpicada de cristobalita, um mineral branco, e se parece um pouco com neve. Ela ajuda a remover a insegurança e limpa sentimentos de desvalor. A cornalina é uma pedra de confiança, e ajuda a seguir em frente. O quartzo rosa é um cristal que representa amor incondicional, tanto por nós mesmos quanto pelos outros.

Comece segurando a obsidiana flocada em sua mão dominante. Enquanto a segura, pense em todas as conversas negativas, desvalores e mentiras que você diz a si mesmo todos os dias. Da mesma forma, desenterre as mentiras contadas pelos outros sobre você, não importa quão dolorosas sejam. Envie toda essa energia à obsidiana. Isso vai levar algum tempo, portanto, não apresse o processo.

Mais cedo ou mais tarde a pedra começará a parecer pesada ou "cheia". Quando sua pedra chegar a esse ponto, enterre-a usando a pá ou a enxada. Isso exigirá que você saia do seu espaço ritualístico e vá dar uma volta no parque, ou, talvez, em um lugar no seu quintal. Enquanto caminha, sinta a energia negativa dentro da obsidiana pesar em sua mão. Tenha pensamentos felizes sobre enterrar essa negatividade. Quando encontrar um local apropriado, enterre a pedra, sabendo que a energia negativa da qual está se livrando será reciclada e se transformará em algo positivo graças ao poder da terra. Após enterrar a pedra, faça algumas respirações firmes e volte para casa.

Quando voltar para casa, tome um banho relaxante, de chuveiro ou banheira. Lave toda negatividade que possa estar grudada em você. Aproveite a água; *sinta prazer* enquanto ela o banha.

Ao terminar o banho, segure o quartzo rosa e a cornalina em sua mão dominante e fique nu(a) em frente a um espelho alto. (Se não tiver um espelho de corpo inteiro, um de mão ou mesmo o do banheiro vai funcionar.) Olhe-se nos olhos em seu reflexo e fale com positividade! Diga estas palavras em voz alta:

Sou digno(a) de amor.
Mereço todos os ótimos presentes que a vida tem a oferecer.
Sou bem-sucedido(a).

Sinta-se à vontade para fazer quaisquer acréscimos que julgue importantes. Coloque seu quartzo rosa e a cornalina em um lugar onde possa vê-los todos os dias, como o local onde você coloca suas joias ou perfume. Nos sete dias seguintes, repita as afirmações em frente ao espelho enquanto segura as pedras. Sua autoestima aumentará a cada dia que fizer o feitiço. Se sentir que sua magia está começando a enfraquecer após os sete dias iniciais, repita o mantra acima enquanto segura as pedras e deixe que a energia delas tome conta de você.

FEITIÇO PARA DESCOBRIR POSSIBILIDADES

Para este feitiço, tudo o que você precisa é de uma peça de quartzo rutilado. As linhas do cristal (inclusões de rutilo) devem ser visíveis a olho nu. Muitas Bruxas e Bruxos gostam de trabalhar no escuro, mas para este feitiço a área onde você mantém o quartzo deve ter luz suficiente, para que seja fácil enxergá-lo.

Originalmente este feitiço foi elaborado para primeiros encontros, mas pode ser usado para qualquer experiência de vida que resultará em novas possibilidades. Alguns exemplos incluem entrar na faculdade, ter filhos ou mudar de carreira.

Comece segurando o quartzo rutilado e sentindo sua energia. Você deve conseguir sentir uma ligeira pulsação na mão enquanto a segura. Encontre a corrente de energia da pedra e conecte-se a ela. Fique aberto aos caminhos que a percorrem. Depois de sentir a energia da pedra, diga:

Abra as possibilidades à minha frente.
Que eu tenha um vislumbre do que está adiante.
Prepare-me para esta jornada que vai começar.
Que minha visão seja clara e me mostre por onde devo caminhar!

Respire fundo, segure a respiração e conte até três, e então expire. Repita o processo por mais seis vezes, e, sempre que exalar, expulse de seu corpo toda a tensão e a ansiedade que ocupam sua mente. Ao iniciar esse trabalho com magia, é bom sua mente estar neutra, sem nenhuma ideia preconcebida. Após inspirar e expirar, seu estado deve ser de tranquilidade. Se não for, repita as respirações profundas até atingir esse estado.

Agora que você está livre de qualquer ideia preconcebida e tensão, olhe profundamente para sua peça de quartzo rutilado. Ao olhar para o quartzo, imagine sua oportunidade atual à sua frente. É um primeiro encontro? Imagine o parceiro ou parceira e o que você sabe sobre ele(a). Enquanto se concentra em sua imagem mental atual, olhe de novo para o quartzo rutilado, e permita que sua mente vagueie e seus olhos percam o foco por alguns minutos. Observe as imagens que você vir no quartzo e grave-as em sua mente.

Respire fundo e afine novamente seu olhar. Encontre a primeira linha no quartzo rutilado e siga-a pela pedra. Onde ela termina? Abra sua mente para onde a linha leva você. Em seguida, faça isso com todas as linhas no quartzo rutilado, até satisfazer sua curiosidade sobre o futuro.

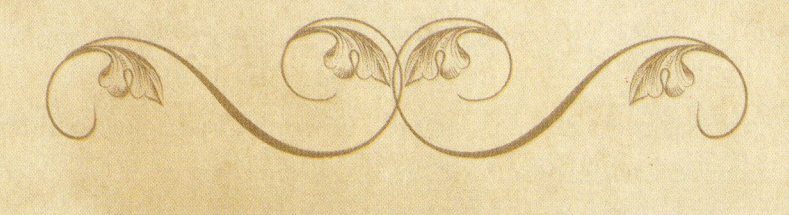

PEDRA DA LUA PARA DORMIR BEM E TER SONHOS AGRADÁVEIS

A pedra da lua recebe esse nome por sua conexão profunda com esse satélite. Por causa disso, há séculos as pessoas vêm usando a pedra da lua para feitiços de sono e bons sonhos. Para este feitiço, tudo o que você precisa é de uma pedra da lua pequena.

Este feitiço requer duas noites de trabalho. Na primeira noite, fique em um lugar onde você possa ver a lua. A noite anterior à lua cheia é ideal, mas não necessária. O melhor lugar para trabalhar sua magia é um que receberá a energia da lua durante a maior parte da noite.

Segure sua pedra e olhe para a lua. Pense nela no céu lá em cima, emitindo sua luz e irradiando uma energia que respalda um sono reparador e uma noite de sonhos positivos. Há milênios a lua guia Bruxos e Bruxas, potencializando nossa magia e feitiços.

Coloque sua pedra da lua em um lugar que esteja recebendo a luz lunar e diga:

Cara lua, banhe minha pedra em sua luz.
Deixe que ela aproveite o poder da noite.
Reúna energias de paz e descanso,
Para que meu futuro sono seja manso!

Deixe sua pedra no local durante a madrugada, para que ela absorva as energias lunares e noturnas.

Na noite seguinte, ao ir para a cama, segure sua pedra da lua e diga:

Profundo e reparador,
Uma boa noite de torpor
Sonhos agradáveis somente
De minha pedra da lua reluzente!

Coloque a pedra da lua embaixo do travesseiro e deixe sua energia embalá-lo até dormir e protegê-lo de sonhos indesejados. Repita as palavras do feitiço e coloque a pedra sob o travesseiro toda noite que você sentir que precisa de um sono excepcionalmente reparador.

FEITIÇO PARA CRIAR LAÇOS COM UM COMPANHEIRO ANIMAL

Este feitiço é elaborado para desenvolver um laço sólido entre você e um novo companheiro animal. Ele também pode ser feito ao apresentar um companheiro animal a um(a) novo(a) parceiro(a) ou colega de quarto. Este é um feitiço especialmente bom de se fazer ao trazer um novo amigo peludo para a sua vida, a fim de sintonizá-lo com sua energia pessoal.

Para este feitiço, você vai precisar de:

- Uma pedra de jaspe pele de leopardo
- Uma pequena gaiola de arame que possa ser colocada em uma coleira (opcional)

Segure a pedra de jaspe de leopardo em sua mão dominante e pense em seu amigo animal. Imagine vocês dois se amando e cuidando um do outro. Imagine-se fazendo todas as coisas necessárias para cuidar bem dele; ouça o ronronar do seu gato ou o arfar empolgado de seu cão em sua mente. Imante sua pedra de energia amorosa até que o jaspe fique morno ao toque. O mais importante aqui é o amor que você sente por seu companheiro animal; é o amor que constrói o laço entre nós e nossos amigos animais.

Depois que sua pedra estiver carregada, você pode colocá-la na coleira ou em um lugar que o animal frequente. Os gatos de Ari e Johnson só ficam dentro de casa e não usam coleira, logo, o casal embrulhou a peça de jaspe em uma toalha macia e a colocou na cama dos bichanos. Se seu amigo animal fica em uma área fechada, você pode simplesmente colocar essa pedra no espaço dele.

FEITIÇO PARA PACIÊNCIA

Esperar nem sempre é fácil, e muitas vezes induz ansiedade. Este feitiço é elaborado para acalmar a preocupação e o estresse que muitas vezes provêm da necessidade de se esperar por algo que você realmente quer (ou quer que aconteça). Para este feitiço, você precisará ou de uma peça de âmbar ou de madeira petrificada. Ambos os itens são formados por matéria orgânica, tornando-os diferentes dos outros tipos de "pedras" que geralmente usamos em magia. Elas também levam milhões de anos para se formar, o que certamente é um exemplo de paciência.

Com sua mão dominante, segure o âmbar ou a madeira petrificada. Enquanto o segura, deixe que a energia entre no seu corpo e, então, permita que sua mente vagueie. Conforme ela vagueia, talvez você veja imagens da árvore da qual sua madeira petrificada ou o âmbar se originam. Pense nessa imagem e nos milhões de anos que a natureza levou para formar o objeto que você tem em mãos. Para nós, essa energia geralmente é tranquilizadora, já que é formada bem devagar ao longo do tempo.

Quando estiver sintonizado com a energia do âmbar ou da madeira petrificada, pense naquilo que você está esperando. Visualize seu estresse, preocupação e falta de paciência. Imagine-se preocupado e consumido pela espera à sua frente. Segure com mais força o âmbar ou a madeira fossilizada, permitindo que toda essa preocupação e estresse flua de você e vá para dentro da peça. Ao liberar essa energia, diga:

Leve meu estresse e ansiedade embora.
O que quero virá para mim sem demora.
Que eu me livre de toda preocupação e afã,
E não tenha nenhuma pressa vã!

Faça uma respiração profunda de limpeza depois da última linha do encantamento e observe a energia do âmbar ou da madeira petrificada. Talvez você note calor saindo da peça; é o estresse que você colocou nela. Espere uns instantes e deixe a energia passar. O que você deve sentir depois disso é algo calmante e relaxante, uma energia que se desenvolveu pacientemente ao longo de milhões de anos. Absorva essa energia e deixe que ela o relaxe enquanto a ansiedade da espera se esvaece.

Nas próximas semanas, dias, horas ou qualquer que seja o tempo de sua espera, revisite o âmbar ou a madeira fossilizada quando tiver problemas para ser paciente. Coloque na peça sua energia ansiosa indesejada quando precisar. E, quando estiver precisando apenas de um pouco de segurança de que você é capaz de ter paciência e vencer esse obstáculo, toque de leve o âmbar ou a madeira fossilizada e observe sua energia calmante. Carregue a peça com você se necessário.

Se você usou o âmbar ou a madeira petrificada para inundá-lo(a) de energia indesejada, coloque a peça no seu altar ou em um pires com sal ou terra à noite para livrá-la de suas energias ansiosas. Na manhã seguinte, ela deve estar limpa e pronta para ser usada novamente.

FEITIÇO DO VIAJANTE
(PARA PESSOAS E BAGAGENS)

Este é um feitiço simples que requer apenas duas peças de malaquita. De frente para sua mala de viagem, segure as duas peças de malaquita na mão dominante e diga:

Que minha mala volte para mim.
Como é de minha vontade, que seja assim!

Coloque uma das peças de malaquita na bolsa e a outra no seu bolso ou carteira. Agora, sua bagagem chegará até você em seu destino, sã e salva!

Este feitiço também pode ser feito em seres humanos. Quando Jason viaja a trabalho, Ari coloca uma foto dele na geladeira e cola uma peça de malaquita nela. Ao colocar a malaquita na foto, ela diz:

Que meu marido (parceiro/esposa etc.)
volte são e salvo para mim.
Pelo poder desta pedra, que seja assim!

Então, ela repete a cantilena acima antes de colocar a segunda peça de malaquita na bagagem dele (ela não confia que ele não vai perdê-la se colocar no bolso!) para garantir que ele volte das viagens para a casa em segurança.

FEITIÇARIA COMPARTILHADA: FEITIÇO DE ADIVINHAÇÃO COM PEDRA DA SERPENTE POR KATIE GERRARD

Pedras da serpente (também conhecidas como pedras-da-Bruxa, pedras furadas ou pedras de Odin) são peças de rocha ou pedregulho que se formaram naturalmente para conter um buraco. Em geral, esse buraco é criado por água, o que significa que essas pedras são frequentemente encontradas na praia ou perto de um riacho.

Pedras da serpente podem assumir muitas formas: grandes ou pequenas, ásperas ou lisas. Algumas têm vários buracos, outras, apenas um, ou um buraco e alguns recortes que mais cedo ou mais tarde se tornam buracos. Você pode encontrar uma pedra da serpente com um pedregulho menor preso nela. Essas pedras também têm significado relevante na magia.

Muitas vezes, pedras da serpente são presas em um cordão e usadas no pescoço, ou penduradas em uma soleira para proteção. Mas elas também podem ser usadas para adivinhação, tema deste feitiço em particular.

Pedras da serpente eram relacionadas ao deus nórdico Odin, que sacrificou seu olho para beber do poço de Mímir. Esse processo lhe trouxe imensa sabedoria, mas separou seu olho de seu corpo, deixando-o para sempre no fundo do poço. Quando vejo uma pedra da serpente tremeluzindo na água, sempre penso no olho que falta de Odin.

Antes de começar este feitiço, você vai precisar encontrar uma pedra da serpente. Também precisará de uma vela e algum incenso.

Nem todas as praias são boas para se encontrar pedra da serpente, portanto, faça uma pequena pesquisa na internet e veja se alguma perto de você é famosa por isso.

Eu moro perto de uma praia de penhascos de giz, e muitas das rochas calcáreas encontradas na areia possuem buracos. No entanto, eles podem ser muito delicados. Sílex é outro material que muitas vezes forma buracos naturalmente. O sílex é muito mais durável, mas, por causa disso, leva mais tempo para os buracos se formarem, e você vai encontrar menos dessa variedade do que as alternativas em giz mais comuns e mais frágeis.

Se não conseguir encontrar sua própria pedra furada, tente comprar na internet. Há muitas pessoas que moram perto da praia e adoram colecionar mais fragmentos de conchas e pedras do que pessoalmente precisam.

Como todo feitiço que se preze, comece o ritual purificando seu espaço de trabalho. Para isso, eu canto as runas Kenaz e Laguz, mas você pode facilmente fazer um círculo ritualístico ou, talvez, usar um diapasão para purificar o ar.

Pegue sua pedra furada e segure-a na palma da mão. Peça a Odin que abençoe a pedra, e prometa dedicar essa pedra da serpente em particular a ele a partir de então.

Acenda a vela e o incenso.

Segure a pedra da serpente entre seu olho e a vela. Você deve conseguir enxergar a chama através do furo. Foque o olhar na chama da vela enquanto entoa estes versos:

Pedra da visão, pedra do conhecimento,
O olho que falta em Odin;
Veja por mim, saiba por mim,
Trabalhe para vidência em meu intento.

Entoe os versos algumas vezes para despertar energia, então, foque silenciosamente a chama da vela.

Quando seus olhos começarem a pesar, feche-os e permita que sua mente visualize e vagueie.

Use este feitiço no início de uma sessão de meditação durante a qual receba visões e sabedoria.

Funciona ainda melhor se, assim como com outras formas de adivinhação, você começar com uma pergunta específica como intenção.

Boa sorte!

Katie Gerrard é bruxa pagã e autora, e mora em Londres, Inglaterra.

CAPÍTULO 13

Óleos Essenciais e Incensos

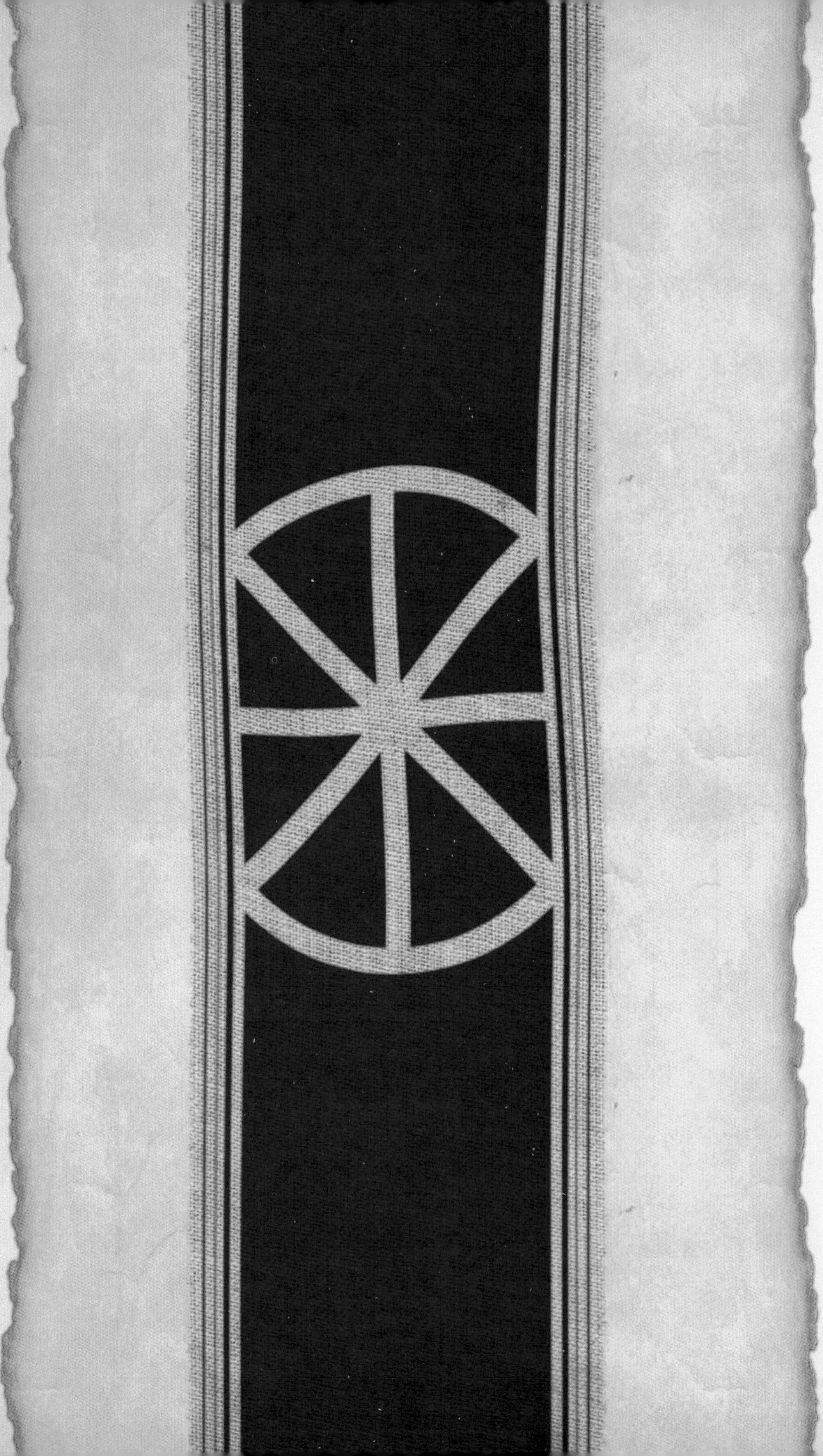

Óleos são energia concentrada em um frasco. Se você quer usar a verdadeira essência de uma flor, árvore ou erva particular, use um óleo essencial. Apesar de todo o poder que contêm, em geral o papel que os óleos desempenham na magia e na Bruxaria é complementar.

Há várias fórmulas disponíveis de óleos mágicos. A mais conhecida são os óleos essenciais, que tipicamente são extraídos de uma única planta-fonte, como jasmim ou limão. A maioria dos óleos essenciais é "pura", ou seja, eles não contêm aditivos ou extras, mas o óleo essencial puro não é obtido com facilidade. Por exemplo, é preciso mais de 50 mil rosas para produzir apenas 30 ml de óleo de rosas. Esses números espantosos explicam o alto preço nas etiquetas de muitos óleos essenciais.

Os óleos essenciais mais caros muitas vezes são diluídos em óleo carreador (como de oliva, jojoba ou girassol) para criar uma versão mais acessível. O óleo carreador age como base, frequentemente com somente algumas gotas do óleo essencial puro adicionado. Se você já se perguntou por que alguns frascos de óleo de rosas custam quinze reais e outros, oitenta, é porque o de quinze foi diluído.

Quando usamos óleos diluídos estamos sacrificando um pouco do poder mágico, mas adicionar um óleo essencial puro a um carreador atende alguns propósitos. Um deles é tornar o óleo mais acessível. Um frasco minúsculo de óleo puro de lavanda de vinte reais não vai durar muito tempo. Um frasco de vinte reais de óleo puro de lavanda misturado com algum óleo carreador lhe dará óleo de lavanda por anos! O segundo motivo para diluir um óleo é porque a maioria dos óleos essenciais são nocivos ao corpo humano em quantidades concentradas.

Se alguma vez aplicaram óleo puro de canela em sua testa durante um ritual, é um momento doloroso de que provavelmente você nunca vai se esquecer.

Misturas de óleos são cada vez mais comuns em lojas esotéricas e de Bruxaria (e também são criadas por muitos Bruxos e Bruxas em casa) e, em geral, são feitas com vários óleos essenciais e um óleo carreador. Algumas dessas fórmulas vêm sendo usadas há centenas de anos, enquanto outras são de uma safra mais recente. Se você compra de uma loja ou marca de boa reputação, provavelmente seu óleo tem um poder mágico eficaz. Se compra de uma loja de departamentos e sua mistura tem um preço bom demais para ser verdade, há uma boa chance de que esse óleo seja sintético. Óleos sintéticos contêm fragrâncias artificiais feitas em laboratório a partir de compostos químicos.

Óleos sintéticos são ruins? Sim e não. Certamente haverá muito mais poder mágico em um óleo extraído de uma planta viva (ou que já viveu). O óleo vai conter uma grande parte da energia que a planta teve durante a vida. Sem dúvida, há mais energia irradiando de algo vivo do que de uma coisa criada em um tubo de ensaio. Enfim...

Mesmo que não acreditemos que um óleo sintético terá quase a mesma pegada que um natural, ele não necessariamente é desprovido de energia. Se você usa um óleo sintético de jasmim, o aroma desse óleo vai conjurar algumas sensações da energia normal do jasmim em você. O poder do óleo em seu sistema olfativo provavelmente será o suficiente para afetar você, ainda que de leve. Óleos sintéticos permitem que muitas pessoas desfrutem de certos aromas que, de outra forma, elas não conseguiriam aproveitar.

Óleos são usados principalmente como acompanhamento ou acessório na prática da magia. O uso mais comum do óleo é provavelmente para untar velas. Quando você esfrega óleo em uma vela, está acrescentando o poder desse óleo à vela, e, quanto mais poder, melhor! Mas óleos podem ser usados mais do que para velas.

Praticamente qualquer coisa pode ser untada. Você pode aumentar o poder de suas pedras e cristais untando-os com óleo. (Um alerta: óleos podem ser prejudiciais a certos cristais, portanto, faça uma pesquisa antes. No entanto, a maioria das pedras vai se dar bem.) Livros e feitiços escritos também podem ser untados. Desenhar com óleo um grande pentáculo de invocação ou banimento em tais itens acrescentará bastante poder extra a seu trabalho mágico.

Untar ferramentas ritualísticas é uma forma fácil de adicionar o poder dos óleos essenciais a seus trabalhos com magia. Como bônus duplo, um pouco de óleo em um punhal ou uma espada também o/a protegerá da ferrugem! Em geral, untamos todas as nossas ferramentas ritualísticas e refazemos isso a cada ano, para manter forte a energia do óleo essencial nelas.

O óleo pode ser usado para outros fins além da simples unção. Um difusor de óleo colocará diretamente no ar a energia do óleo que você está usando, o que pode ser direcionado para seu trabalho mágico. Óleo em difusor também pode ser usado para criar uma atmosfera mágica. Vai dar uma festa e deseja energizar o local? Coloque óleo de alecrim num difusor. Um óleo espalhado no ar vai compartilhar sua energia com qualquer pessoa que entre em contato com ele e alterar sutilmente seu estado de consciência. (Se você tem um pássaro ou outro animal pequeno em casa, tome cuidado ao usar um difusor; seus pequenos corpos têm problema para metabolizar alguns óleos.)

Se colocar óleo em um difusor dá trabalho demais ou você não está em condições de segurar o rojão, um frasco em *spray* com algumas gotas de óleo essencial adicionadas a um pouco de água pode fazer maravilhas. Quando nosso coven está barulhento demais para nossa Alta Sacerdotisa, ela borrifa um pouco de água de sálvia em nosso espaço ritualístico. A sálvia promove foco e pensamento claro, que é algo de que precisamos desesperadamente às vezes.

Em nosso coven, antes de iniciar rituais adicionamos algumas gotas de óleo de rosas em uma grande jarra de água e a usamos para lavar as mãos, em termos cerimoniais, de todos os presentes. O óleo de rosas promove energia alinhada com "amor perfeito e confiança perfeita", um ideal almejado por muitos covens. Algumas gotas de óleo para limpeza, como ylang-ylang em uma tigela grande, são perfeitas para autopurificação antes de iniciar trabalhos com magia. (Há muito mais espaço dedicado à tigela de bênçãos no Capítulo 2.)

Óleos essenciais também são usados em banhos com sal. O combo sal + óleo é uma ótima maneira de remover energia negativa, cuidar da pele e infundir energia extra a seu banho. Além disso, você estará muito cheiroso(a) ao sair da banheira!

O óleo pode ser usado em dezenas de formas, e é um aliado poderoso na magia. O único limite para o uso dos óleos é sua imaginação. Se você pode acrescentar óleo em algo, acrescente! Sua magia ficará muito mais forte com isso.

OS ÓLEOS MÁGICOS FAVORITOS DE AMANDA

Muitos dos itens mágicos destacados neste livro parecem ter um sem-número de usos, o que pode ser meio confuso para uma Bruxa ou Bruxo iniciante. Porque as energias de coisas como óleos e pedras nos afetam de maneira diferente, a maioria dos acessórios mágicos possui várias associações. Ao usar um óleo específico, é prudente descobrir como você reage pessoalmente à energia dele e anotar. Suas reações aos óleos essenciais desta seção podem ser completamente diferentes da descrição aqui.

Angélica

A angélica faz jus ao nome! Ela é especialmente útil para tentar se conectar com espíritos angelicais (há muitas Bruxas e Bruxos que trabalham com anjos) ou outros poderes mais elevados, ou quando você está em busca de intervenção divina para sua vida. Como anjos na prática da magia, a angélica é também fonte de proteção e guia. Ao tentar se conectar com energias angelicais durante a meditação, esfregar um pouco de angélica nas têmporas lhe dará uma chance maior de sucesso.

Da mesma forma, a angélica vem sendo usada há séculos em exorcismos. Se houver forças ou espíritos hostis em sua casa, unte os cantos do imóvel com angélica, para afastá-los. Uma varinha ou um punhal consagrado com óleo de angélica também ajudará a livrar sua casa de entidades negativas. (Próximo ao fim do capítulo seguinte, há um feitiço completo para isso chamado "Feitiço com Punhal de Angélica".)

Anis

Por ter cheiro de alcaçuz preto, o anis é algo que as pessoas ou amam ou odeiam. (Um de nós disse "eca!" ao ouvir esse nome enquanto trabalhava neste livro.) Se você é alguém que gosta do cheiro de anis, está com sorte, porque ele tem várias utilidades na magia. Ele é fonte de proteção, sorte e fertilidade. Também é um óleo útil para se envolver com adivinhações ou trabalhos oníricos.

O anis também é ótimo para se conectar com suas emoções. Ao lidar com questões do coração, desenhar com anis um pentáculo de invocação sobre seu coração ajudará a evitar mágoas.

Canela

Óleo de canela não é para os fracos. Mesmo que extremamente útil em magia, ele sempre deve ser diluído, porque pode causar sensações de queimação na pele. Suas propriedades de queima provavelmente sejam a razão de ele ser um óleo poderoso para usar em magia defensiva. A canela também traz sucesso, sorte e prosperidade. Para despertar suas propriedades vantajosas, pingue um pouco de óleo de canela em um cartão de visita (ou um pedaço de papel) e coloque-o na carteira para atrair dinheiro.

A canela também é um óleo poderoso para o sexo. Antes de fazer amor, o casal pode untar a testa um do outro com óleo de canela diluído. O ato será cheio de paixão extra e tesão.

Cânfora

Há centenas de anos a cânfora vem sendo usada na medicina, e ela é antimicrobiana. Além de matar germes, ela também dá força e proteção, e limpa energias negativas. Em tempos estressantes, algumas gotas de óleo de cânfora em um difusor manterão seu espaço calmo, fresco e com as coisas fluindo.

Cipreste

O óleo de cipreste é poderoso para usar durante a meditação. Ele traz clareza mental e nos ajuda a conectar com o espírito. Para aproveitar cem por cento as qualidades mágicas do cipreste, use-o para untar seu terceiro olho antes de começar trabalhos divinatórios. Isso não somente o deixará mais aberto à energia psíquica e espiritual como, também, dará um pouco de proteção para afastar forças indesejadas.

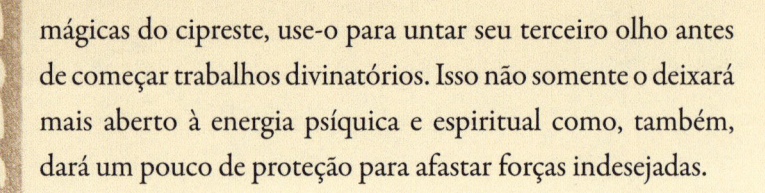

Eucalipto

A maioria de nós conhece o aroma do eucalipto porque ele é recorrente em pastilhas contra tosse durante a época de gripes e resfriados. Por conta das propriedades medicinais do eucalipto, você pode adicionar algumas gotas em um pouco d'água num *spray* e borrifá-lo pela casa, ou usá-lo em um difusor de óleo para curar problemas respiratórios e promover saúde e clareza mental. (Também é ótimo para banho de banheira quando se está congestionado!)

O eucalipto é usado para trazer equilíbrio, e é um valioso aliado em trabalhos oníricos. Também pode ser utilizado para limpeza e purificação.

Hortelã-pimenta

A hortelã-pimenta tem um sem-número de usos em práticas de magia. Ela pode ser usada para banir energias e hábitos indesejados, e também atrai abundância e prosperidade. No entanto, seu melhor uso é para promover clareza e foco.

Ao estudar, adicione algumas gotas de óleo de hortelã-pimenta a um *spray* ou um difusor. A hortelã-pimenta ajudará você a memorizar o conhecimento que está adquirindo. Ao planejar uma festa e enviar convites, coloque algumas gotas de óleo de hortelã-pimenta nos dedos e aplique-as nos convites. Isso ajuda os convidados a se lembrarem dos detalhes de sua festa. De modo similar, você pode untar seu calendário com óleo de hortelã-pimenta, para se lembrar dos próprios horários!

Jasmim

O jasmim é um de nossos óleos favoritos. Por florescer à noite, a planta jasmim (e o óleo) é tradicionalmente associada com todas as coisas relacionadas à lua e à noite. Para garantir sonhos agradáveis, pingue uma gota de jasmim no travesseiro ou coloque algumas gotas na água em um frasco com *spray* e borrife-as de leve em almofadas. O jasmim também tem a ver com sedução e promove amor, outro ótimo motivo para colocá-lo no travesseiro!

Aplicar óleo de jasmim no chakra da coroa ajudará a iniciar contatos com deusas lunares. Ele também é associado ao mistério, o que o torna um óleo excelente para usar ao se conduzir uma iniciação ou um ritual de elevação. O óleo de jasmim é imprescindível no armário bem sortido de uma Bruxa ou um Bruxo!

Limão

Como a maioria dos óleos cítricos, o de limão é cheio de energia positiva. Ele pode trazer clareza, abundância e felicidade à sua vida. Também é um excelente óleo para usar em feitiços de descruzamento, a fim de remover obstáculos de sua vida. Limões (e a maioria das outras coisas cítricas) absorvem boa quantidade de energia solar, o que os torna ótimos para se aproximar de divindades solares ou trazer um pouco de brilho solar e abundância à sua vida.

Adicionado em uma esfoliação com sal, o óleo de limão não apenas removerá qualquer energia negativa grudada em você, como também o deixará se sentindo feliz e revigorado.

Manjerona

O óleo de manjerona é um dos mais eficazes para proteção. Ele proporciona segurança e pode agir como uma barreira quando há energia negativa em seu caminho. A maioria dos Bruxos e Bruxas é bem legal com outros colegas de Bruxaria, mas há uns e outros maldosos que lançarão maldições e sortilégios contra qualquer um que discorde deles(as). Quando uma coisa dessas acontece, é bom recorrer ao óleo de manjerona.

A manjerona também promove consolo em períodos de luto. Se você precisa ir a um funeral e necessita de apoio, coloque algumas gotas de manjerona em pedaços de tecido ou num lenço de pano para ajudar a superar o luto. Se o velório for na sua casa ou houver uma reunião pós-funeral, colocar manjerona num difusor ajudará seus convidados a lidar com a dor e a tristeza.

Mil-folhas

Quando estiver tentando encontrar uma solução para um problema incômodo, borrifar ou pingar óleo de mil-folhas no travesseiro ajudará a trazer clareza, ancoragem e sonhos agradáveis. Mil-folhas também tem propriedades protetoras, e pode ser usado como proteção contra pesadelos.

Musgo de carvalho

Musgo de carvalho é um líquen que cresce em carvalhos e tem cheiro de floresta após uma tempestade. Suas energias facilitam o contato com espíritos dos bosques. Aplicar algumas gotas de musgo de carvalho acima do terceiro olho (o meio da testa) ajudará você a avistar fadas quando estiver andando no mato.

O cheiro terroso do musgo de carvalho também ajuda quando trabalhamos com nossos ancestrais. Por causa de sua associação com a morte, o musgo de carvalho é o óleo de unção perfeito para usar no Samhain ou qualquer outro ritual em honra aos finados.

Néroli

O óleo de néroli também é "positivo", e conhecido por trazer alegria, beleza, amor e felicidade à nossa existência. Ele também é associado a fertilidade, o que significa que ele deve ser usado sempre que você estiver buscando fazer alguma coisa crescer em sua vida.

Para trazer um pouco de alegria extra e felicidade ao seu dia, adicione algumas gotas de óleo de néroli em seu xampu ou condicionador. Você não apenas vai sair do banho mais estimulado, bem como também ficará muito cheiroso(a) o dia todo. O néroli também pode ser usado em loções corporais, para efeitos similares.

Pimenta-da-jamaica

Pimenta-da-jamaica serve para mais coisas além de torta de abóbora; ela também é um ótimo óleo para magia. Geralmente associada a prosperidade e abundância, a pimenta-da-jamaica também é útil para consagrar itens sagrados. Ao dedicar um novo altar para a arte da Bruxaria,[30] unte cada canto do altar (ou circunferência, se seu altar for redondo) com pimenta-da-jamaica. Isso ajudará a limpar o altar e ampliará a magia que você cria nele.

Sálvia esclareia

Ari adora sálvia esclareia, porque é um óleo essencial extremamente prático. Proporciona foco, aumenta a intuição e traz equilíbrio. Também promove sentimentos de beleza, especialmente úteis quando você está lidando com problemas de autoestima.

Ari sempre mantém um frasco em *spray* cheio de água e espalha algumas gotas de sálvia esclareia pela casa. Borrifar

---

30. Você pode ler mais sobre altares em *The Witch's Altar*, de coautoria de Jason e da maravilhosa Laura Tempest Zakroff, também publicado pela Llewellyn em 2018.

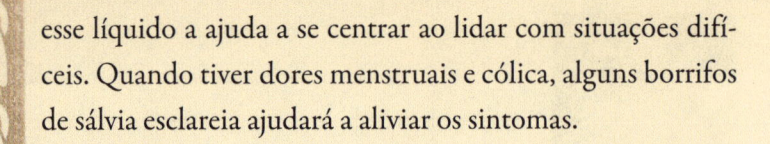

esse líquido a ajuda a se centrar ao lidar com situações difíceis. Quando tiver dores menstruais e cólica, alguns borrifos de sálvia esclareia ajudará a aliviar os sintomas.

Tomilho

Força, cura, purificação e adivinhação são energias presentes no óleo de tomilho. Por ser ótimo para adivinhação e purificação, é um óleo especialmente útil para usar ao se estrear um novo conjunto de runas ou cartas de tarô, ou um dispositivo para vidência. Algumas gotas de tomilho colocadas em um frasco com *spray* podem ser usadas para limpar energias indesejadas de um cômodo que você está usando para adivinhação e para despertar poderes psíquicos.

Para limpar seu baralho de tarô depois que você deixou outra pessoa usá-lo, coloque algumas gotas de óleo de tomilho nos dedos e vá passando pelas cartas. O tomilho ajudará a remover toda energia indesejada das cartas.

Vetiver

Não vamos dizer a você que o vetiver é o óleo perfeito para apostadores, mas, se quiser aumentar sua sorte no vinte-e-um ou enquanto joga em caça-níqueis, esfregue algumas gotas de vetiver nas mãos antes de ir ao cassino. Se está recebendo amigos para jogar pôquer em casa e quer dar a si mesmo um pouco de vantagem mágica, abençoe e unte suas cartas com óleo de vetiver.

Além de seu uso em apostas, o vetiver atrai sorte e dinheiro, e pode quebrar uma maldição ou um sortilégio excepcionalmente forte. Também é um óleo fortificante, que pode vir a calhar quando se lida com situações difíceis. Massageie algumas gotas na parte interna dos punhos para ajudar a se fortalecer em momentos assim.

Ylang-ylang

Todos nós adoramos ylang-ylang, e não só porque é divertido pronunciar seu nome. Adicione óleo de ylang-ylang em sua loção ou na água do banho para se sentir mais bonito e atrair um pretendente. O óleo de ylang-ylang contém uma confiança tácita que também ajudará você a encontrar paz interna e equilíbrio.

Se está havendo muitas brigas e conflitos no seu lar, coloque algumas gotas de ylang-ylang em um difusor para ajudar a acalmar a situação. As energias do óleo colocarão todo mundo nos eixos para resolver conflitos e encontrar um pouco de harmonia.

Zimbro

O zimbro ajuda a cultivar habilidades psíquicas e a promover poderes proféticos e divinatórios. Antes de fazer uma leitura de cartas de tarô ou se envolver em outras formas de adivinhação, borrife zimbro na mesa que você vai usar para tornar suas leituras mais precisas. Você também pode acrescentar uma ou duas gotas de zimbro (diluído) em seus dedos e embaralhar as cartas, imantando-as com o poder do óleo.

Além de sua utilidade na adivinhação, o zimbro também nos ajuda a superar obstáculos e é um excelente óleo para magia defensiva. Por esse motivo, ele é um dos principais ingredientes do óleo van van, uma das misturas de óleo mais populares encontradas em tradições de Conjuro. (Logo, logo, falaremos do óleo van van!)

ÓLEOS CARREADORES

Óleos carreadores são óleos seguros para o corpo, usados para "carregar" óleos essenciais caros e que, muitas vezes, irritam a pele, sobretudo se você está usando esse óleo para untar uma vela ou planeja passá-lo na pele. A maioria das misturas de óleos essenciais contém óleos essenciais que são acrescentados a um óleo carreador. Se você tem vontade de criar uma fórmula de óleo para ajudá-lo a se sentir mais desejável, pode adicionar uma gota de óleo de canela, uma de néroli e uma de jasmim em 30 ml de óleo de jojoba. Dessa forma, você pode utilizar as energias combinadas dos três óleos essenciais e aplicá-los com segurança no corpo.

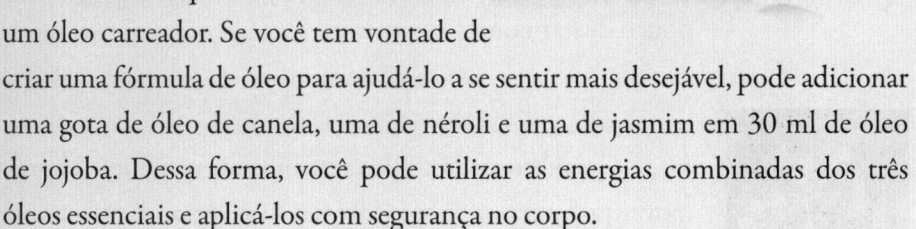

Qual é o nível certo de diluição ao acrescentar um óleo essencial ao óleo carreador? Isso provavelmente depende de você, mas uma boa regra são três ou quatro gotas de óleo essencial puro por 30 ml de óleo carreador. No entanto, em última instância você deve usar o que funcionar para si. Se esse nível de diluição interfere no aroma do óleo que você está tentando usar, talvez queira acrescentar um pouco mais.

Ainda que não haja óleo carreador certo ou errado, há alguns fatores adicionais a se considerar. Óleos carreadores contêm associações mágicas próprias, então lembre-se disso ao escolher um óleo desse tipo. Certos óleos também duram mais que outros. O óleo é um produto natural, logo, pode, e vai, ficar rançoso com o tempo.

Para extrair o máximo de suas misturas de óleos, guarde-os em frascos escuros, ao abrigo da luz solar. O ideal é tentar guardar na geladeira qualquer mistura que você criar. Misturas guardadas na geladeira durarão mais e são menos propensas a ficar rançosas.

Existem dezenas de óleos carreadores diferentes. Os seguintes são alguns de nossos favoritos.

Abacate

Se você está criando uma mistura de óleo para aplicar na pele, o óleo de abacate é outra boa opção. O óleo de abacate ajudará a hidratar peles secas, mas o lado ruim é que pode piorar problemas com acne. Há milhares de anos abacates têm sido associados com amor e beleza, o que torna o óleo de abacate um excelente óleo carreador para misturas com foco em sexo, desejo e romance. Na geladeira, o óleo de abacate solidifica, e nas prateleiras dura mais ou menos um ano.

Amêndoas doces

Existem dois tipos de óleo de amêndoas, amargo e doce, e cada um deles é feito de um tipo diferente de amêndoa. O óleo de amêndoas amargas é difícil de achar, e não é usado por muitos praticantes de magia. Como óleo carreador, o de amêndoas doces tem alguns poréns. Sua vida útil é relativamente curta, menos de seis meses, em alguns casos. Também tem um cheiro bem forte, o que significa que ele vai mascarar alguns óleos essenciais que tiverem aromas mais fracos.

O lado positivo é que o óleo de amêndoas é muito bom para a pele, e seu cheiro em si já é bom. É um ótimo óleo para untar o corpo. Também é bom por si só para trabalhos de magia relacionados a dinheiro e prosperidade.

Azeite

Uma das melhores coisas do azeite é que a maioria de nós já tem uma garrafa dele em casa. O lado ruim do azeite é que sua vida útil é menor que a dos outros óleos nesta lista. Em outras palavras, se você está fazendo uma mistura que quer que dure alguns anos, o azeite é a escolha errada.

O azeite também tem aroma característico, não potente o bastante para superar o de um óleo essencial puro, mas marcante o suficiente para você se dar conta de sua presença. Ele tem um elo forte com deuses da Grécia antiga, e pode ser usado sozinho para invocar energias relacionadas a proteção, abundância e conhecimento.

Coco

Geralmente sólido à temperatura ambiente (algo na casa dos 25 graus Celsius), o óleo de coco é um óleo carreador ideal na criação de misturas para serem usadas no corpo. É mais fácil trabalhar com esse óleo do que com cera de jojoba porque ele se liquefaz em uma temperatura bem confortável, tornando moleza adicionar outros óleos. O óleo de coco tem uma vida útil razoável de dois anos na prateleira e, já que a maioria das pessoas o guarda na geladeira, muitas vezes ele dura ainda mais que isso.

Comercialmente, há dois tipos de óleo de coco disponíveis na maioria dos mercados: refinado e não refinado. O óleo de coco não refinado é ideal para uso em magia. Ele não contém aditivos ou química, e geralmente é cem por cento natural. O único lado negativo é que ele tem cheiro de coco. Dependendo do que você acha de cocos, isso pode ser bom. O óleo de coco refinado tem um cheiro muito fraco, mas ele é criado por meio de um processo químico. Por causa disso, a maioria dos praticantes de magia prefere usar óleo de coco não refinado em suas misturas de óleos.

Em termos de magia, o aroma do coco conjura imagens de férias de verão e dias ociosos na praia. Tradicionalmente, cocos são associados a castidade e proteção. O primeiro é como que uma surpresa, e é por isso que não recomendamos usar óleo de coco como carreador se você estiver tentando usar óleos essenciais para dar um *up* na libido.

Damasco

Devido ao sabor doce, damascos têm uma longa história em magias amorosas, e o óleo de damasco pode ser usado sozinho para esse propósito. Por causa de seu aroma ligeiramente doce, o óleo de damasco é um ótimo óleo carreador quando se criam misturas de óleos mágicos para passar na pele. Em geral, o óleo de damasco é comestível, mas tome cuidado: certas misturas desse óleo são elaboradas "somente para uso cosmético", ou seja, são nocivas se ingeridas. O óleo de damasco tem cerca de um ano de vida útil.

Girassol

O óleo de girassol é outro óleo prontamente disponível, que pode ser adquirido por um baixo custo. Sua energia é radiante e solar, e, a menos que você esteja fazendo uma mistura de óleos com objetivo de contatar os mortos, o girassol é compatível com quase tudo. O óleo de girassol não tem uma vida útil lá muito longa, normalmente dois anos fechado e um ano depois de aberto.

Jojoba

A jojoba é vendida comercialmente como óleo e cera, ambos provenientes das sementes da jojoba. (A planta jojoba é nativa do sudoeste norte-americano.) Outros óleos essenciais podem ser adicionados a ambas as formas. A cera de jojoba é especialmente útil se você quiser criar uma pomada usando óleos essenciais.

O óleo de jojoba tem vida útil bem longa, o que o torna um ótimo óleo carreador. Uma mistura de óleos que utilize a jojoba durará anos sem muito alarde. O óleo refinado de jojoba é livre de odores, outro motivo para ele ser um óleo carreador tão popular. (O óleo não refinado de jojoba tem um ligeiro aroma.) Em misturas, a jojoba é mais compatível com óleos cujas energias são associadas a amor ou cura.

Semente de uva

O óleo de semente de uva provém das uvas, e é um subproduto da vinificação. Não tem muito cheiro e pesa bem pouco. Por esse motivo, é um óleo carreador popular. O lado negativo é que o óleo de semente de uva tem vida útil muito curta, de apenas três meses ou pouco mais, quando não armazenado em geladeira. Se você usa óleo de semente de uva para fazer mistura de óleo, é bom planejar usá-lo depressa.

O óleo de semente de uva é rico em energias de fertilidade e abundância – perfeito para trazer mais riqueza em sua vida. Quando usado como óleo carreador, o óleo de semente de uva adicionará seus atributos a qualquer óleo com que você combiná-lo.

MISTURAS COMUNS DE ÓLEOS MÁGICOS

Os tipos mais comuns de misturas de óleos para uso em magia vêm do Vodu. As raízes do Vodu são africanas, mas a prática também contém alguns elementos americanos e europeus. O Vodu se originou na América do Sul, mas durante o século XX ele se espalhou pelos Estados Unidos, conforme a população afro-americana migrava pelo país.

A maioria das misturas de óleos Vodu estiveram comercialmente disponíveis nos últimos cem anos ou mais, mas as fórmulas usadas para fazer essas misturas variam de fabricante para fabricante. A maioria das misturas listadas nesta seção começaram com praticantes tradicionais de Vodu, mas, com o advento de catálogos de pedidos via correio, a venda de tais óleos começou a ser dominada por empresas grandes cujos elos com o Vodu (e a comunidade afro-americana) são no mínimo suspeitos.

Em nossa prática, fazemos amplo uso desses óleos, e temos sorte por Matt ser treinado nessa tradição. Se você compra seus óleos de uma loja esotérica ou fabricante credenciados, é provável que sua mistura de óleos seja imantada de energia magista. Se você não consegue rastrear a origem da mistura de óleos que está usando, talvez o óleo não fique tão potente. No próximo capítulo, incluímos nossas próprias fórmulas para algumas dessas misturas.

Muitas misturas de óleos possuem nomes bem óbvios. Um óleo chamado Lar Feliz não precisa de muita explicação. Por esse motivo, aqui só incluímos óleos com nomes que suscitam um pouco de imaginação.

⛤ Óleo Abre-Caminhos

Depois do óleo Van Van, o óleo Abre-Caminhos provavelmente é a segunda mistura de óleos Vodu mais popular. Ele é elaborado para criar, de maneira sutil, novas oportunidades na vida. Matt o descreve como "abrir caminho por uma selva usando um machado". O óleo Abre-Caminhos deve ser usado quando você estiver começando uma nova empreitada ou querendo uma mudança em sua vida.

⛤ Óleo Arrasa-Quarteirão

Semelhante ao óleo de Abertura de Caminhos, porém mais explosivo, é o Óleo Arrasa-Quarteirão, elaborado para remover obstáculos grandes e enraizados que ficam no seu caminho. A remoção desses obstáculos muitas vezes terá repercussões importantes, portanto, essas operações de magia devem ser feitas com cuidado. (Aqui, quando falamos de mudanças importantes, estamos falando de coisas como romper com um familiar ou, talvez, com um parceiro.) Consideramos o óleo Arrasa-Quarteirão uma dinamite mágica, motivo por que ele é eficaz, mas, também, por ter consequências importantes.

⛤ Óleo Coroa de Sucesso

Uma das misturas de óleos mais antigas, o óleo Coroa de Sucesso traz vitória tanto na esfera magista quanto na de negócios. O óleo Coroa de Sucesso pode ajudar a tornar seus sortilégios mais eficazes e enfraquecer as defesas dos que trabalham magia contra você. Antes de partir para uma nova aventura, adicione algumas gotas de óleo Coroa de Sucesso em seus sapatos, para garantir boa sorte em sua jornada.

Óleo de Adão e Eva
(Óleo de Adão e Ivo, de Ana e Eva etc.)

Muitos praticantes de Vodu se identificam como cristãos, e os nomes de muitos óleos de Vodu contêm referências bíblicas. O óleo de Adão e Eva é uma das misturas tradicionais mais antigas de Vodu, e pode ser usado para atrair um parceiro ou fazer as pazes após uma briga.

Conforme nosso mundo se torna mais inclusivo, o nome desse óleo passa a ser conhecido por variantes como óleo de Adão e Ivo, e óleo de Ana e Eva. As propriedades desse óleo permanecem as mesmas, mas os nomes rompem com o gênero binário.

Óleo de Descruzamento

Outro óleo que existe em várias formulações, o óleo de Descruzamento é elaborado para remover sortilégios e azar. Também pode ser usado no corpo ao entrar em um espaço hostil. Se você tem muitos desafetos no trabalho ou precisa estar perto de outras pessoas que têm inveja do seu sucesso, aplique uma ou duas gotas de óleo de Descruzamento para afastar energias indesejadas.

Óleo do Altar

Se você está em busca de um óleo para consagrar seu altar ou suas ferramentas de magia, o óleo do Altar é o certo para você! Ele também pode ser usado para ajudar a facilitar um novo começo nos negócios, relacionamentos ou, simplesmente, a vida como um todo.

Óleo do Gato Preto

O óleo do gato preto traz sorte e proteção, o oposto do que seu nome sugere. Tradicionalmente, era usado por apostadores, e acredita-se que ele reverta a má sorte.

Óleo Enfeitiçante

Outra mistura disponível em várias formulações, o óleo Enfeitiçante é elaborado para atrair romanticamente outras pessoas.

Se está querendo seduzir um *crush*, coloque um pouco de óleo Enfeitiçante no pescoço e punhos, para que ele opere sua magia na pessoa que você tem em vista. Não tem um *crush*? O óleo enfeitiçante também pode ser usado para atrair um parceiro.

⛤ Óleo Vá Embora

Há dezenas de nomes e fórmulas diferentes para esse tipo de óleo, mas todos eles são elaborados para se livrar de pessoas e energias indesejadas de sua vida. (O favorito de Jason é o óleo Bitch Be Gone, de Dorothy Morrison, e ele faz jus a sua eficácia.) O óleo Vá Embora pode ser usado em qualquer magia de banimento. Também é eficaz para remover o mal e energias de vingança.

⛤ Óleo Van Van

Desenvolvido em Nova Orleans, Louisiana, a primeira formulação do óleo Van Van era simplesmente álcool com óleo de capim-limão. Conforme a popularidade do Van Van se espalhou pelo país, várias formulações surgiram. O óleo de Van Van deve ser o mais popular em Conjuros, e essa popularidade se estendeu a muitas outras tradições magistas.

O óleo de Van Van é usado para limpeza, para atrair dinheiro e amor, e criar novas oportunidades. É um óleo para tudo, e amplificará qualquer feitiço que você estiver experimentando. Muitas vezes o óleo Van Van cheira a produto de limpeza, e ao longo dos últimos cem anos tem sido adicionado a produtos caseiros e à água de lavar pisos para livrar os lares de negatividade.

INCENSO

É difícil imaginar rituais de Bruxas e Bruxos sem incenso. Não somente os aromas variados que queimamos em rituais encantam os nervos olfativos como, também, a fumaça espiralada que sai dos incensos é cativante. Em um mundo cheio de celulares, rituais impressos sob demanda e velas elétricas, há algo de romântico e atemporal em incensos. Em muitos casos, o incenso de hoje é basicamente o mesmo do que havia há centenas de anos, ou mesmo milhares.

O incenso tem um poder de transformação muitas vezes menosprezado. Nosso coven usa uma mistura de incensos própria criada por Ari, e o simples fato de acendê-la nos coloca quase imediatamente em um estado mental ritualístico. Ao trabalharmos os feitiços contidos neste livro, várias vezes acenderíamos esse incenso específico para inspiração e para ativar nossa(o) Bruxa(o) interior. Fazer isso transformava reuniões de trabalho (escrever um livro é trabalho duro, não importa quanto possa parecer divertido) em encontros mágicos, em que simplesmente nos perdíamos nos feitiços e nos esquecíamos dos boletos e prazos mundanos.

Quando pensamos no que o incenso faz em trabalhos de magia ou ritualísticos, a primeira coisa a considerar é o *ambiente*. Incensos transformam espaços comuns em mágicos. A maioria de nós tende a reservar incensos para ocasiões específicas. Em nosso caso, essas ocasiões geralmente estão ligadas à Bruxaria. Tentamos alternativas aos incensos ao longo dos anos, como difusores de óleo e velas aromáticas, mas nada parece funcionar tão bem quanto.

Além de criar o ambiente, o incenso frequentemente é usado para limpeza. Se há incenso queimando em nosso altar mágico, provavelmente ele será usado para purificar o espaço em que estamos trabalhando e, muitas vezes, para purificar os participantes também. O incenso também é usado com frequência para limpar ferramentas mágicas e outros itens.

Incensos têm mais poder do que muita gente acredita. Em um ritual de iniciação no livro *A Witches' Bible* (originalmente publicado como *The Witches' Way*), Janet e Stewart Farrar listam outro uso para incensos: "receber e incentivar bons espíritos, e banir maus espíritos".[31] Presumimos que bons espíritos são tão encantados por incensos quanto nós, e que usá-los estimula sua visita durante rituais e feitiços. Os aspectos de banimento do incenso se relacionam a seus poderes de purificação, e esse poder é o motivo por que se veem padres católicos balançando incensários antes de missas.

Para a maioria de nós, o incenso é um *acompanhamento* na feitiçaria. A maioria de nós não faz feitiços apenas com incensos, e em muitos casos na verdade nem pensamos no que estamos queimando, mas isso é imediatista. O incenso de rosas, presumindo que seja feito de óleo de rosas de verdade, contém toda a energia do óleo de rosas ou de pétalas secas dessa flor. Quando queimado, ele libera energia que atrai amor e nos faz amar a nós mesmos um pouco mais. O incenso está trabalhando magia, quer percebamos isso ou não.

Geralmente, já que uma vareta de incenso de rosas contém mais carvão e madeira que a essência dessas flores, a energia liberada pela queima do incenso de rosas é sutil. Sozinho, ele não vai nos trazer amor, porém, quando suas energias são adicionadas a uma vela vermelha, óleo de rosas, um pedaço de quartzo rosa e nossas próprias vontades, temos um feitiço superpotente. Ao fazer magia focada em uma meta ou um objetivo específico, é uma boa ideia usar o incenso certo como acompanhante.

Tradicionalmente, a substância mais comum usada para fazer incenso é a resina, uma secreção ressecada de plantas (mais tipicamente, seiva de árvores). Incensos como olíbano, sangue de dragão, copaíba e mirra provêm de árvores, e incensos de árvores são de longe os tipos mais populares. Em geral, a cor da resina varia de amarelo a marrom, e é vendida em pequenos pedaços. (Tecnicamente, qualquer coisa que queima poderia ser uma forma de incenso, mas isso não significa que ela vai cheirar bem!)

Muitos de nós ainda queimam resina, mas sua popularidade tem sido ofuscada pelos formatos já prontos de incenso, como em varetas e cones. Não tem nada de errado com varetas e cones, mas, em vez de resina, o ingrediente ativo desses tipos de incenso tende a ser óleo essencial. Se você compra vinte

---

31. Janet e Stewart Farrar. *A Witches' Bible: The Complete Witches' Handbook*. Custer, WA: Phoenix Publishing, 1996, p. 20. Originalmente publicado em 1984 como *The Witches' Way*.

varetas de incenso por cinco reais, é provável que o óleo usado para esses incensos seja sintético, ou seja, provavelmente eles terão o cheiro do nome que consta da embalagem, mas na verdade não serão feitos dessa substância.

Incensos sintéticos são eficazes? Talvez. O aroma do olíbano provavelmente colocará sua mente em um estado particular, mas duvidamos que o cheiro contenha todo o poder e a energia da *Boswellia sacra*, a árvore de que provém a resina do olíbano. Se você vai queimar incenso para acompanhar algum trabalho sério de feitiçaria, aconselhamos usar tipos naturais de incenso. Se está usando incenso principalmente para criar certo ambiente, é provável que o artificial dê certo.

Mesmo que incensos sejam comuns em muitos ritos de Bruxaria, é melhor checar com as pessoas antes de acendê-los. Há muita gente alérgica a incenso, especialmente a colas e outros fixadores usados para criar incensos de varetas e cones. Ainda que o óleo usado para fabricar o incenso seja natural, as colas não são.

Embora a maioria de nós queime incensos para utilizar suas propriedades mágicas, eles também podem ser adicionados em saquinhos e amuletos em formato integral. Isso geralmente funciona melhor quando se adiciona um incenso de resina ou de madeira, como o palo santo. Carregar uma bolsinha com um ou dois pedaços de resina também é uma excelente forma de utilizar a energia de um incenso sem queimá-lo. Falaremos mais sobre saquinhos no Capítulo 15.

TIPOS DE INCENSOS

Existem dois tipos básicos de incensos. O primeiro é o incenso *direto* ou *combustível*. Incenso direto é o incenso que não precisa de uma fonte de calor. Quando você acende um pedaço de incenso direto, como um cone ou uma vareta, ele produzirá fumaça até queimar por inteiro, e exige muito pouca supervisão. O incenso *indireto* ou *não combustível* requer uma fonte secundária de calor, geralmente um pedaço de carvão. No incenso indireto, o material bruto (geralmente, resina) é colocado diretamente na fonte usada para gerar calor e, então, deve ser readicionada em intervalos periódicos para manter a fumaça.

Qual é o melhor tipo de incenso? Depende da Bruxa ou do Bruxo. Sem dúvida, a maioria dos tipos de incenso direto é mais fácil de usar. É só acendê-lo e obter um fluxo constante de fumaça. Um dos lados negativos do incenso direto é que não se pode controlar a quantidade de fumaça sendo produzida (além de, simplesmente, acender mais dele). Se você quer produzir grandes quantidades de fumaça de mirra, é possível fazer isso com incensos indiretos. Quando se trata de incenso, o mais importante é a preferência pessoal, embora as variedades de incensos disponíveis hoje tenham algumas diferenças marcantes.

Varetas

A forma mais comum de incenso hoje em dia é em varetas. Em geral, elas são feitas de bambu e, em seguida, revestidas por uma pasta contendo o agente de queima e o aroma desejado do incenso. A maioria dos incensos de vareta contém carvão em pó ou serragem como agente de queima, e os materiais aromáticos são compostos principalmente de resina, óleos essenciais ou materiais sintéticos. A maioria das varetas de incensos também contêm salitre (nitrato de potássio) para promover mais queima.

Muitas das empresas que produzem incenso em varetas usam materiais naturais e evitam ingredientes e aromas sintéticos. Se sua praia são tipos de incensos que parecem naturais, provavelmente você terá bons resultados. Se você compra incenso com aroma de "algodão-doce" ou "piña colada", é provável que esteja obtendo algo feito principalmente de materiais sintéticos.

Uma das coisas mais legais do incenso em vareta é que ele pode ser manuseado e mudado de lugar com facilidade. Por esse motivo, ele é um incenso especialmente interessante para abençoar ferramentas, objetos e pessoas. As cinzas coletadas do incenso em vareta também tem utilidades mágicas. Se você está queimando incenso com energia de proteção, pegue as cinzas e espalhe no lado de fora de sua casa, para segurança extra.

Incenso em vareta faz sujeira, e a maioria dos incensários disponíveis em varejistas comerciais são mais decorativos do que úteis. Se você gosta de incenso em varetas mas quer evitar a sujeira, coloque o incenso em uma vela de sete dias que esteja quase toda queimada. Você pode inserir na cera a extremidade não queimada do incenso e observar as cinzas caindo no porta-velas sem causar danos.

Cone

Incensos em cone não são muito diferentes dos incensos em vareta, embora seja necessário um recipiente à prova de calor para usá-lo. Assim como as varetas, os cones são feitos de serragem ou carvão em pó, algum tipo de cola (que pode ser natural ou sintética), e geralmente óleos essenciais ou algum outro tipo de produto aromático. Se você compra seu incenso em cone de uma loja esotérica ou de Bruxaria de boa reputação, é provável que a maioria dos ingredientes sejam naturais. Se você compra incenso em cone colorido de uma rede de lojas, é provável que a maioria do material que o compõe seja sintético.

Ao longo dos anos, temos visto muita gente queimar incenso em cone de maneiras não seguras, o que é frustrante, pois é bem fácil fazer um recipiente para incensos em cone. Só é necessário um pires ou uma tigela com um pouco de areia dentro. Posicione o cone de pé na areia e pronto! As cinzas que sobram podem ser tiradas facilmente da areia quando o incenso acabar de queimar.

Espiral

Incensos em espiral se parecem muito com incensos em varetas, com exceção de que não há varetas; em vez disso, adiciona-se resina a uma pasta de incenso e algum tipo de material combustível, em geral feito de carvão ou algum derivado de petróleo. O incenso em espiral é frágil, ocupa muito espaço e faz um pouco de sujeira, motivo pelo qual não está muito presente em altares. No entanto, é fácil de acender, geralmente queima por um período maior de tempo que o incenso em vareta e é mais puro, já que não há bambu misturado à fumaça do incenso.

Pó

O tipo de incenso que usamos em trabalhos no nosso coven é em pó. Incensos em pó contêm resinas finamente moídas e outros materiais misturados com alguma forma de agente de queima. Alguns incensos em pó contêm carvão ou serragem, mas existem soluções bem mais inteligentes. O incenso que usamos contém casca de árvore como agente de queima. A vantagem é que não há salitre, cola ou nenhum outro fixante adicionado. Como não há muitos aditivos utilizados no fabrico do incenso em pó, suas energias geralmente são mais fortes do que a produzida por incensos em vareta, cone ou espiral. A casca usada em nosso incenso deixa seu aroma melhor.

Usamos incenso em pó porque Ari é alérgica aos fixantes usados na maioria dos incensos combustíveis. Isso o torna uma boa opção se alguém com quem você trabalha é sensível a ingredientes artificiais. O único lado negativo de vários tipos de incenso em pó é que eles não queimam particularmente bem. Mesmo a menor quantidade de mistura pode tornar sua queima escassa. Ao contrário da maioria dos formatos diretos de incenso, o incenso em pó geralmente requer um pouco de atenção para continuar queimando.

Incenso Indireto (Não Combustível)

Incensos indiretos são o tipo mais antigo de incenso, e o mais natural. Não há colas ou agentes fixadores em incensos não combustíveis; tudo o que você precisa é de um incenso qualquer e um pedaço de carvão. Por você não estar queimando nada além de resina pura ou ervas aromáticas, esse tipo de incenso gera a maior quantidade de energia. Se você está usando incenso como oferenda a uma divindade ou outro poder maior, ou quer usá-lo para ajudar a potencializar um feitiço específico, o incenso indireto é a melhor escolha.

O tipo mais comum de incenso indireto para queimar é a resina. A queima da resina é limpa, e, quando acaba, tudo o que restará será o carvão em que ela queimou. Muitas misturas de incensos indiretos contêm ervas aromáticas e outros materiais. Isso é certamente aceitável; no entanto, após um tempo, plantas desidratadas acabarão cheirando a queimado. Em pequenas quantidades, provavelmente não será ruim, mas, se você queimar um incenso indireto que mais se parece com seu apotecário herbal, vai acabar com um monte de matéria carbonizada (e malcheirosa) no fim do ritual.

Incensos indiretos também têm outros pontos fracos. A resina queima bem rápido, e, se você quiser manter seu incenso aceso enquanto trabalha o feitiço, talvez tenha de queimar mais resina do que gostaria. Discos de carvão também não têm um tempo de queima muito longo, portanto, um ritual duradouro talvez requeira acender um segundo ou terceiro disco.

Discos de carvão de "acendimento instantâneo" estão cada vez mais populares, mas contêm salitre, portanto, não são completamente naturais. Você ainda pode comprar discos de carvão 100 por cento naturais (em geral, feitos de bambu), mas eles são mais difíceis de acender. Não é preciso dizer que o carvão só deve ser usado com um incensário ou colocado em um prato cheio de areia. (Discos de carvão não são a mesma coisa que carvão de briquete usado em churrasqueiras. Briquetes nunca devem ser usados em ambientes internos, enquanto discos de carvão são feitos para uso caseiro.)

Ao escolher um incenso, opte por um que atenda melhor suas necessidades. Você precisa de conveniência e facilidade de uso? É provável que incenso em varetas seja melhor. Você quer muita fumaça ou está tentando evitar ingredientes não naturais? Então, provavelmente incenso indireto é melhor para você. O que quer que faça, tente comprar incensos que sejam o mais naturais possível e evite químicos.

INCENSOS COMUNS

Aqui estão muitos dos incensos de resina mais comuns, ao lado de alguns que frequentemente aparecem em formato de cone ou vareta. Além dos que listamos aqui, há uma variedade de ervas que também são usadas como incenso. Antes de queimar qualquer coisa, pesquise um pouco e garanta que o que você está queimando não é venenoso.

Benjoim

O benjoim tem um aroma ligeiramente doce, como a baunilha, e é queimado para proteção e prosperidade, o que faz dele um ótimo incenso para o dia a dia.

Para trazer um pouco mais de segurança financeira e física a seu lar, comece todo mês purificando sua casa com benjoim. Isso é feito mais facilmente com incenso em vareta, mas também é possível fazer com a versão em resina, contanto que o benjoim e o carvão sejam queimados em um prato sólido com areia. O benjoim também é usado por muita gente para promover capacidades psíquicas, tornando-o o incenso perfeito para leituras de cartas de tarô.

Copaíba

A copaíba é nativa da América Central, e originalmente era usada tanto pelos astecas quanto pelos maias. Por esse motivo, é consagrada à santa folclórica Santa Muerte e pode ser queimada como uma oferenda a ela. A copaíba tem um aroma ligeiramente amadeirado, como o do pinheiro.

Tradicionalmente, a copaíba era usada para cura, portanto, ela é ótima acompanhante em feitiços de cura. Também faz excelente fumaça para limpeza e purificação, e sua capacidade de afastar energias negativas a torna útil para proteção. Muitos Bruxos e Bruxas usam copaíba para limpar pedras e cristais.

Goma Arábica

A goma arábica provém da acácia, que há milhares de anos vem sendo usada para variados propósitos mágicos e espirituais, da Índia ao Egito. Provavelmente, a goma arábica é mais conhecida hoje em dia como um fixante (daí *goma*), o que a torna um incenso útil para queimar quando se busca um relacionamento ou se está tentando fazer algum novo hábito "colar".

A goma arábica é usada com frequência para proteção e para aumentar poderes psíquicos. Ela possui um leve aroma frutado e/ou de nozes.

Madeira de sândalo

Em geral, a madeira de sândalo é queimada como madeira em pó, embora também esteja disponível em formato de lasca. É usada com frequência para proteção, mas também pode ser utilizada para facilitar interações com poderes maiores, como divindades ou anjos. Devido à popularidade da madeira de sândalo, muitas vezes ela é cultivada sem ética, e em vários de seus hábitats tradicionais asiáticos ela é uma espécie ameaçada.

Lascas de madeira de sândalo são especialmente úteis na prática da magia. Se você escreve uma intenção em um pedaço de madeira de sândalo e o queima em um pequeno incensário ou um caldeirão, não somente sua intenção será liberada no mundo, bem como seu espaço ritual também será abençoado com o aroma terroso da fumaça da madeira do sândalo.

Mirra (também Mirra Doce)

A mirra é uma forma extremamente comum de incenso, mas em geral é queimada em conjunto com outras coisas. Isso provavelmente se deve ao fato de muitas pessoas acharem o aroma da mirra desagradável. (Seu cheiro é muitas vezes descrito como "medicinal".) Tradicionalmente, a mirra é queimada durante a meditação ou quando é necessária uma clareza maior. Por conta de seu aroma, ela também é útil em feitiços de cura. Como a maioria dos incensos nesta lista, a mirra também é usada para purificação e proteção.

A mirra doce, ou *opopanax*, é a prima mais aromática da mirra. Por causa do odor agradável, a mirra doce pode ser queimada para inspirar bons sentimentos e uma sensação de calma, e para promover sentimentos de hospitalidade. Ela também pode ser usada para atrair energia positiva, seja em casa, seja no espaço de ritual.

Nag Champa

Nag champa é uma das misturas mais comuns de incensos, e é feita de dois ingredientes principais: madeira de sândalo e frangipane. Ela vem da Índia, onde há séculos é usada em rituais hindus e budistas. A *nag champa* pode ser encontrada em lojas de produtos esotéricos e tabacarias no mundo todo.

A maneira como a *nag champa* influencia a magia provavelmente depende daquilo com o que você a associa. Na época do ensino médio, Jason e Ari associavam o aroma da *nag champa* com amigos que ouviam *jam bands* e usavam sapatos de cânhamo (não que haja algo errado com nenhuma dessas coisas). Tradicionalmente, a *nag champa* é queimada para proteção e como auxílio na iluminação espiritual.

Olíbano

Por ter crescido na igreja católica, muitas vezes Ari descreve o aroma do olíbano como de "incenso de igreja". O cheiro marcante do olíbano o tornou um dos incensos mais famosos do mundo, e ele é usado para uma vasta gama de praticantes religiosos. Há algo muito autoritário e focado no olíbano, o que faz dele um ótimo incenso para usar durante rituais "sérios", como o Samhain.

A fumaça do olíbado é limpa e purificante, perfeita para se livrar de energias e entidades indesejadas em casa, como um espírito aprisionado neste mundo. Tradicionalmente, o olíbano era associado a riqueza, e por causa disso ele aparece em uma história bíblica bem conhecida (do Novo Testamento). Ainda usamos essa categorização em nosso trabalho com magia, e muitas vezes queimamos olíbano em feitiços para emprego ou dinheiro.

Palo Santo

Palo santo é uma árvore nativa da América do Sul cujo nome se traduz como "madeira sagrada". Tradicionalmente, é usada para cura e para livrar lugares de energias negativas, e em geral é queimada em um pedaço de madeira, bem parecido com o que se usaria para queimar um maço de sálvia. No entanto, ao contrário da sálvia, o palo santo não fica aceso por longos períodos de tempo, e em geral requer reacendimento frequente.

O palo santo se tornou cada vez mais popular ao longo dos últimos dez anos, e é usado para um vasto leque de praticantes de bem-estar. Devido à sua popularidade atual, uma grande preocupação é a *origem* de onde seu palo santo provém. Ele é cultivado de maneira ética e sustentável, ou as pessoas estão cortando árvores? Usar palo santo de uma fonte ética tornará sua magia muito mais potente.

Patchouli

Ao contrário de muitos incensos nesta lista, o de *patchouli* deriva de óleos extraídos das folhas da planta *patchouli*, que é nativa de regiões tropicais da Ásia. O *patchouli* tem uma ampla variedade de usos na magia, mas é usado principalmente para atrair abundância. Ele pode atrair parceiros (seu aroma é de luxúria, não de amor), e ajuda a trazer riqueza e prosperidade.

O *patchouli* tem um cheiro adocicado e almiscarado, mas, assim como o *nag champa*, sua presença em lojas esotéricas e tabacarias faz muitas pessoas associarem o aroma à maconha. (O *patchouli* vem sendo usado há muito tempo para disfarçar o cheiro de maconha acesa.) Se o odor do *patchouli* o faz dar risada ou pensar no Grateful Dead, provavelmente você precise queimar outra coisa durante seu trabalho com magia.

Sangue de Dragão

O nome sangue de dragão provém de sua cor vermelho-escuro. A resina se origina da árvore dragoeiro, nativa da Europa e da Ásia. O sangue de dragão vem sendo usado há milhares de anos para fins medicinais e espirituais. Por causa de seu uso para cura, muitas vezes é vendido como suplemento para a saúde.

Não surpreende que o sangue de dragão seja queimado durante feitiços de cura, mas ele é comum também em feitiços de amor e relacionamentos. Incenso potente, também pode ser usado para aumentar a libido. Recomendamos queimar sangue de dragão enquanto faz amor, para apimentar seus encontros sexuais.

Muita gente acha agradável o aroma do sangue de dragão, mas também há quem o deteste. Descrições do cheiro de sangue de dragão variam de almiscarado a doce.

CAPÍTULO 14

Feitiços com Aromas e Defumação

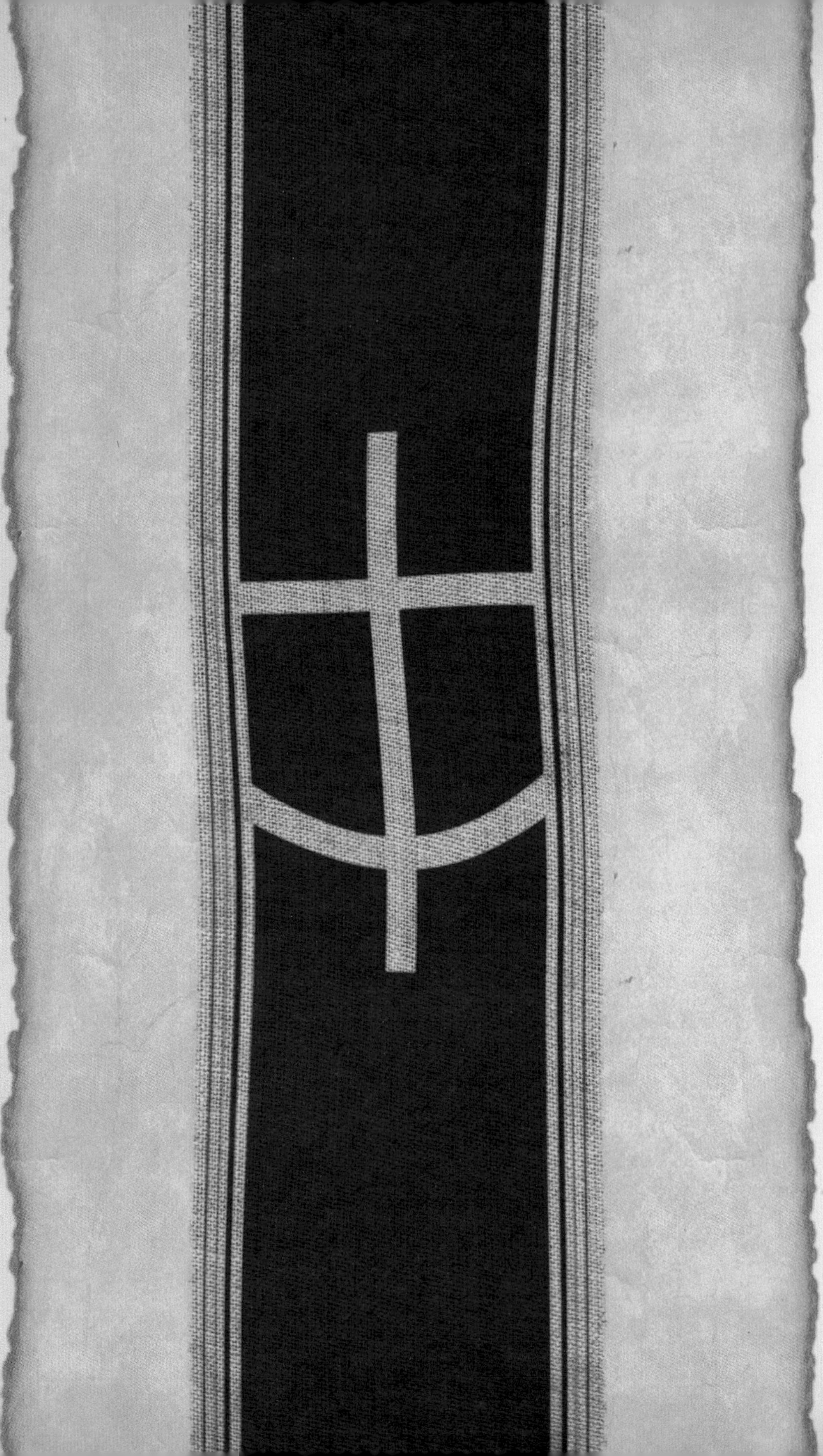

Em geral, óleos e incensos são acompanhamentos em magia. Ao contrário de velas ou até de pedras, raramente eles são o centro por si sós. Por causa disso, este capítulo inclui algumas fórmulas e técnicas rituais externas aos domínios da feitiçaria geral.

ÓLEO EGÍPCIO DE UNÇÃO RITUAL

Vários conjuntos diferentes de hieroglifos egípcios fazem menção a "sete óleos sagrados" chamados *setji-beb*, *hekenu*, *seftji*, *nekhnem*, *twat*, *hatet-ash* e *hatet-tjehenu*. Desses sete óleos, há somente um cuja identidade pode ser confirmada: *hatet-ash* é cedro ou óleo de pinha. Apesar do fato de não sabermos exatamente quais são os outros seis óleos, o que sabemos é para que eles eram usados no antigo Egito. Os óleos eram usados para untar os corpos dos mortos, quando os falecidos se preparavam para se mudar para o pós-vida.

Esta receita utiliza alguns dos aromas mais populares no antigo Egito, ao lado de óleos descobertos em múmias dos mortos. Esta versão do óleo egípcio para unção contém sete óleos diferentes misturados em homenagem à ideia dos sete óleos sagrados. A melhor parte deste óleo é que, aqui, nós o utilizamos para os vivos. Ele é feito para ser usado em qualquer situação que exige "caminhar entre os mundos", como rituais sabáticos ou ritos de iniciação e elevação.

Para fazer esta mistura de óleos, você vai precisar de:

- Óleo de cardamomo
- Óleo de cássia
- Óleo de cedro
- Óleo de camomila
- Óleo de canela
- Óleo de olíbano
- Óleo de mirra
- Um frasco marrom de 15 mililitros (cerca de 30 g), limpo e esterilizado
- Um conta-gotas
- Azeite (como óleo carreador)

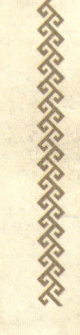

A maioria dos óleos essenciais é vendida com um conta-gotas incluso, ou é feita de modo que apenas uma gota de óleo saia do frasco a cada vez. Em geral, uma única gota equivale à vigésima parte de um mililitro, embora o tamanho varie de conta-gotas para conta-gotas.

Para esta mistura de óleo, é bom você adicionar duas gotas de cada um dos sete óleos essenciais (cardamomo, cássia, cedro, camomila, canela, olíbano e mirra) ao frasco marrom limpo e esterilizado. Complete o frasco com azeite (aproximadamente 14 mililitros) e agite. Como alternativa, você pode misturar os óleos em uma tigela e remexê-los todos juntos delicadamente, mas sacudir o frasco para misturar geralmente dá certo.

No início do ritual, desenhe com o óleo um pentáculo de invocação na testa de cada participante. O óleo ajudará a facilitar a viagem entre os dois mundos e tornará sua magia mais potente. Quando acabar o procedimento com o óleo, guarde-o na geladeira para evitar que ele fique rançoso.

ÓLEO VAN VAN DE MATT

As fórmulas do óleo Van Van são variadas, mas quase toda formulação contém altas quantidades de óleo de citronela e erva-doce, e a de Matt não é diferente. Para potência extra, esta fórmula inclui mais que apenas óleos. Para fazer seu próprio óleo Van Van, você vai precisar de:

- Capim-limão desidratado
- Um frasco de 4 ml
- Pelo menos uma lasca de pirita
- Um conta-gotas
- Óleo essencial de capim-limão
- Óleo essencial de citronela
- Óleo essencial de palmarosa
- Óleo essencial de vetiver
- Óleo de amêndoas doces (como óleo carreador)

Comece adicionando ao frasco uma pitada do capim-limão desidratado, seguido pela(s) lasca(s) de pirita. O capim-limão adiciona poder extra de limpeza ao seu óleo Van Van, enquanto a pirita é usada para atrair boa sorte.

Fórmulas de óleo Van Van são uma questão de preferência pessoal, na maioria das vezes. Matt sugere usar sete gotas de óleo de capim-limão, uma ou duas gotas de citronela, uma de *palmarosa*, e uma ou duas gotas de *vetiver*. Comece com capim-limão antes de passar para os outros aromas. Antes de adicionar uma segunda gota de citronela ou *vetiver*, dê uma verificada para garantir que a primeira gota não mascarou o aroma do capim-limão. Independentemente da formulação exata que você usar, o aroma do capim-limão deve ser o dominante na mistura.

Depois de acrescentar todos os óleos essenciais, coloque por último o óleo de amêndoas doces e agite. Guarde na geladeira ou em um local fresco, longe da luz solar excessiva. O óleo de Van Van é multiúso, e pode ser utilizado para quase tudo!

ÓLEO DE PROTEÇÃO

Fácil de fazer, este óleo de proteção pode ser usado em feitiçarias e aplicado diretamente em você e em quaisquer itens que deseje manter seguros. Se for colocá-lo na própria pele, sugerimos aplicá-lo nas têmporas ou no punho.

Para fazer este óleo, você vai precisar de:

- Um pedaço pequeno de resina de sangue de dragão
- Um frasco de 4 ml
- 13 gotas de óleo de olíbano
- 9 gotas de óleo de mirra
- 7 gotas de óleo de sangue de dragão
- 3 gotas de óleo de arruda
- Óleo de amêndoas doces (como óleo carreador)
- Um pedaço de unha (opcional)

Coloque o pedaço da resina de sangue de dragão no frasco e vá cobrindo-o com as quantidades recomendadas dos óleos. Se você gostar mais de certos aromas do que de outros, é bom ajustar de acordo a quantidade de gotas. Após acrescentar os óleos essenciais, cubra o frasco com o óleo de amêndoas doces e agite.

Se você está usando o óleo principalmente para proteger a si ou o seu lar, adicione um pedaço de unha na mistura para que as energias dele se alinhem mais com as suas.

ÓLEO DA LUA

Esta mistura de óleos é especialmente útil quando se tenta despertar o poder da lua ou trabalhar com deusas ou deuses lunares. Se você está tentando invocar uma deusa, unte-se com este óleo para aumentar as chances de ela aparecer por inteiro.

Para fazer esta mistura de óleos, você vai precisar de:

- Uma lasca de pedra da lua (opcional, mas recomendado)
- Um frasco de 4 ml
- 8 gotas de óleo de jasmim
- 4 gotas de óleo de rosas
- 4 gotas de óleo de madeira de sândalo
- O óleo carreador de sua preferência

Coloque no frasco a pedra da lua, e então cubra-a com os óleos de jasmim, rosas e madeira de sândalo. Se você gosta mais de um aroma específico que de outros, tudo bem fazer uns ajustes aqui e ali, mas não ponha uma quantidade muito pequena de jasmim! Essa planta só floresce à noite, o que faz dela uma aliada poderosa quando se trabalha com a lua. Coloque por último no frasco o óleo carreador que você escolheu.

Quando terminar de misturar seu óleo, coloque o frasco do lado de fora, em uma noite de lua cheia, para carregá-lo.

BORRIFADA REFRESCANTE

Esta mistura de óleos é elaborada para se acrescentar na água, para pulverizar ou borrifar pela casa. Para fazer esta mistura, você vai precisar de:

- 15 gotas de óleo de pimenta
- 5 gotas de óleo de alecrim
- 5 gotas de óleo de eucalipto
- 3 gotas de óleo de cânfora ou 2 gotas de óleo de lavanda
- Um frasco de spray de 60 ml
- Água filtrada

Pingue os óleos diretamente no frasco com *spray* e cubra com água filtrada. A água filtrada é ideal porque, em geral, é livre de odores, produtos químicos e minerais, coisas com potencial para mudar o aroma e as propriedades mágicas de sua borrifada. Se você não tem acesso à água filtrada (ou se está momentaneamente sem), tudo bem usar água de torneira, embora não seja o ideal.

Para borrifar sua mistura, agite bem o frasco antes de usar e aspergir em qualquer lugar que precise de uma recarga energética. Esse *spray* funciona muito bem para limpar um cômodo de negatividade ou revigorar seus lençóis após uma noite de pesadelos. Você também pode borrifá-lo direto em si mesmo quando precisar de um *up* ou um pouco de clareza mental. Se for borrifar em si mesmo, certifique-se de proteger os olhos e a boca.

MISTURA DE ÓLEOS PARA INSPIRAÇÃO CRIATIVA

Esta mistura de óleos é ótima para trazer inspiração quando você emperrar enquanto trabalha em um projeto criativo. Nós a usamos para escrever este livro! Para esta mistura, você vai precisar de:

- 4 gotas de óleo de bergamota
- 4 gotas de óleo de madeira de sândalo
- 4 gotas de óleo de limão
- 4 gotas de óleo de sálvia branca
- Um frasco de 4 ml (opcional)
- Água filtrada (opcional)

Você tem opções para criar esta mistura de óleos. A primeira é adicionar as gotas de bergamota, madeira de sândalo, limão e sálvia diretamente no difusor de óleo e, em seguida, cobrir com água. A segunda é adicionar os quatro óleos em um frasco de 4 ml e depois cobri-lo com água. Se você descobrir que gostou de verdade dessa mistura, colocar uma porção grande dela em uma garrafa tornará seu uso mais fácil e mais conveniente.

FEITIÇO COMPARTILHADO: ÓLEO FORTIFICANTE DE LILITH
POR LILITH DORSEY

O registro mais antigo remanescente do nome da deusa Lilith vem do poema sumério ancestral *Gilgamesh e a Árvore Huluppu*, que data do ano 2000 a.C. Na história, a primeira conexão de Lilith é com uma serpente sagrada e uma ave. Em mitos e contos posteriores, ela começa a ser descrita como um demônio. Mas será que ela é um demônio de verdade, uma deusa, ou ambos? Com muita frequência ela é associada à coruja, um animal noturno que também é um predador e guerreiro invisível da escuridão profunda.

Este óleo é elaborado para despertar o poder de Lilith em você. Ela tem garras e dentes para proteger o que é dela, e você também tem.

Para este feitiço, você vai precisar de:

- 15 ml de azeite
- Um frasco de vidro
- 3 ramos de açafrão
- 6 gotas de óleo de copaíba
- 6 gotas de óleo de mirra

Reúna todos os ingredientes no seu altar de trabalho ou templo. Adicione o azeite no frasco. Em seguida, coloque o açafrão e os óleos de copaíba e mirra. Esfregue rapidamente o frasco entre suas mãos para imantá-lo com sua energia. Agora, ele está pronto para uso.

Lilith Dorsey é autora, blogueira, diretora, sacerdotisa vodu e médium. Ela também é uma das pessoas favoritas de Jason e Ari, e ótima companheira de garfo em restaurantes simples em Nova Orleans às 2h da manhã.

FEITIÇO DE LIMPEZA DA PRIMAVERA

Este feitiço vai limpar, proteger e trazer bênçãos ao seu lar. Ele pode ser feito em qualquer época do ano, mas as melhores são a celebração do Ano-Novo ou quando se está fazendo limpeza de primavera. Para melhores resultados, faça este feitiço uma vez por ano.

Para este feitiço, você vai precisar de:

- 1 peça de cânfora
- Resina de mirra
- Resina de olíbano
- Uma tigela pequena
- Velas brancas: uma para cada cômodo da casa, se possível (velas réchaud dão conta do recado)
- Óleo Van Van
- Discos de carvão
- Um porta-incenso (ou um pequeno caldeirão, ou um pires cheio de areia)

Comece misturando seus incensos: cânfora, mirra e olíbano. A peça de cânfora contém muito mais desse material do que você vai usar para criar o incenso. Comece partindo mais ou menos um quarto da peça e, em seguida, esmigalhe esse quarto em pedaços menores na tigela. Acrescente a mesma quantidade de mirra e olíbano, e misture-as.

Unte todas as velas com o óleo Van Van. Apronte as velas começando pelo topo e vá descendo em movimento anti-horário. Depois de aprontar as velas, abra todas as janelas da casa, ou pelo menos uma em cada cômodo. Ao abrir cada janela, invoque o poder do ar:

*Espíritos do ar, sejam bem-vindos
e me ajudem a limpar este espaço!*

Coloque uma vela em cada cômodo. Deixe as velas em um lugar que não sejam incomodadas pelo vento, por animais ou por qualquer coisa que possa derrubá-las.

Acenda o carvão em um incensário portátil ou em outro recipiente que você consiga carregar com facilidade pela casa. Caldeirões pequenos de ferro funcionam bem nesse caso. Na falta deles, um pires cheio de areia com o disco de carvão no topo também dará certo. Cuidado: o carvão é quente! Polvilhe o incenso sobre o carvão e comece a se movimentar pela casa, espalhando o incenso em cada cômodo. Aqui, é importante ser minucioso, portanto, preste atenção especial aos cantinhos e certifique-se de incensar embaixo das camas!

Depois de incensar a casa toda, acenda as velas em todos os cômodos. Ao acender cada uma das velas, diga:

Invoco bênçãos e novos começos neste espaço!

Deixe cada vela queimar durante pelo menos meia hora antes de apagá-la. Sempre se deve vigiar uma vela acesa, portanto, pode levar algumas horas para acender todas as velas. (Se sua casa é bem grande, você pode acender uma vela de cada vez ao longo de várias noites.)

Se houver partes de sua casa que não transmitam a sensação de total renovação após fazer este feitiço, você pode adicionar uma limpeza com sal e dar a essas áreas um pouco mais de atenção particular. Para fazer essa limpeza, você vai precisar de:

- Sal de cozinha
- Óleo Van Van
- Um pires com água
- Um pedaço de pano, papel-toalha ou esponja

Adicione umas pitadas de sal e algumas gotas de óleo Van Van no pires com água. Para energia extra, misture seus ingredientes com seu punhal ou outra ferramenta ritualística (como uma varinha). Quando tudo estiver misturado, aplique a água nas partes mais problemáticas de sua casa e enxugue em movimento anti-horário para remover energias indesejadas.

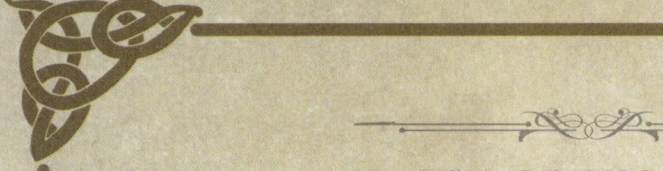

LIMPEZA DE FERRAMENTAS

Ainda que Bruxas e Bruxos não *precisem* de ferramentas, elas facilitam a prática da magia. Quando compramos ferramentas, muitas vezes percebemos que temos muita pressa em usá-las, mas limpar e abençoar suas ferramentas antes de utilizá-las vai torná-las mais eficazes. Por que limpar e abençoar? A limpeza ajuda a remover toda a energia envolvida na construção de uma ferramenta, inclusive a energia absorvida por ela ao ser fabricada e enviada. Abençoar sua ferramenta é uma forma de consagrá-las à prática magista, tornando-as mais sagradas do que elas seriam sem essa bênção.

Usar os poderes dos quatro elementos (Terra, Fogo, Água e Ar) é a maneira mais básica de limpar ferramentas, e é essa que utilizamos aqui. Para este exercício, você vai precisar de:

- Seu punhal ou varinha (opcional)
- Uma tigela pequena de água
- Um pires com sal
- Um pentáculo (opcional)
- Uma vela
- Incenso de olíbano
- Isqueiro ou fósforos

Se você tem um pentáculo, é costume colocar sobre ele os quatro itens elementais (e, depois, suas ferramentas) que você vai imantar e limpar. Pentáculos são mais do que itens bonitinhos, são portais para a energia magista. Colocar seus objetos no pentáculo os infundirá de energia positiva![32]

Para começar, é bom você limpar o sal e a água antes de misturá-los. Comece colocando o punhal (ou o dedo indicador da mão dominante) na

---

32. Jason dedicou muito tempo escrevendo sobre pentagramas, inclusive instruções sobre como construir o seu, em *The Witch's Altar*. Desculpe pela propaganda.

tigela com água e colocando sua própria energia nela. Você está usando essa energia para limpar a água de qualquer detrito psíquico que ela possa conter. Visualize sua energia se movendo pela água, removendo qualquer coisa que não sirva a seu propósito.

Depois de imantar a água com sua energia, diga:

Te abençoo e te consagro, ó água!
Através do meu poder, agora estás livre de todas as impurezas.
Que seus poderes e energias limpem
e imantem tudo o que eles tocarem.
Que assim seja!

Limpe o sal da mesma maneira que você limpou a água. Coloque sua energia no sal, removendo qualquer negatividade que possa haver nele. Quando ele estiver limpo, diga:

Te abençoo e te consagro, ó sal da terra!
Através do meu poder, agora estás livre de todas as impurezas.
Que seus poderes e energias limpem
e imantem tudo o que eles tocarem.
Que assim seja!

Usando seu punhal (ou varinha, ou dedo), coloque três medidas de sal na água. Enquanto coloca sal na água, diga:

Água e sal se tornam um neste caldeirão.

Com o punhal, misture o sal na água.

Coloque qualquer tipo de incenso que você estiver usando (e, provavelmente, o incensário) no seu pentáculo ou no altar. Toque o incenso com a ponta do punhal, assim como tocou a água e o sal, enviando sua própria energia de limpeza para ele. Depois que o incenso for limpo, diga:

Te abençoo e te consagro, ó incenso do ar!
Através do meu poder, agora estás livre de todas as impurezas.
Que seus poderes e energias limpem
e imantem tudo o que eles tocarem.
Que assim seja!

Repita com a vela, tocando-a com o punhal para limpá-la. Enquanto acende a vela, diga:

Te abençoo e te consagro, ó vela do fogo!
Através do meu poder, agora estás livre de todas as impurezas.
Que seus poderes e energias limpem
e imantem tudo o que eles tocarem.
Que assim seja!

Acenda seu incenso com a vela e diga:

Ar e fogo agora se unem em um só.

Agora, sua água salgada e o incenso estão prontos para limpar ferramentas (e também podem ser usados para limpar a si mesmo e qualquer pessoa com quem você está fazendo magia). Comece escolhendo a primeira ferramenta para ser limpa. Segurando-a, pare um pouco para olhar de verdade essa ferramenta, e sinta-a na mão. Pratique usá-la para o fim a que ela se destina. Se estiver limpando uma varinha, desenhe um pentagrama de invocação ou banimento. Se estiver limpando um sino, toque-o suavemente. Reserve um momento para se conectar com sua ferramenta em um nível energético.

Quando for estabelecida a conexão, coloque a ferramenta no seu altar ou pentáculo e borrife-o com água salgada. Ao borrifar a ferramenta, diga:

Eu limpo e consagro esta ferramenta para que ela possa me servir em minha prática da Bruxaria.
Removo dela tudo o que for indesejado, e deixo apenas o que me servirá.
Que assim seja!

Certifique-se de virar a ferramenta de cabeça para baixo, para que a água salgada toque ambos os lados dela.

Quando acabar com a água, pegue a ferramenta e passe-a pela fumaça do incenso. Mova-a devagar, deixando a fumaça tocar cada centímetro dela. Ao mover a ferramenta pela fumaça, diga:

Eu limpo e consagro esta ferramenta para que ela possa me servir em minha prática da Bruxaria.
Removo dela tudo o que for indesejado, e deixo apenas o que me servirá.
Que assim seja!

Sua ferramenta está limpa e pronta para uso. Se ela for feita de metal, certifique-se de enxugar a água salgada para não danificá-la.

ÓLEO PARA ABENÇOAR FERRAMENTAS

Na obra de ficção de Gerald Gardner, de 1949, *High Magic's Aid*, aparece uma foto de um punhal com vários símbolos mágicos no cabo. Quase todos esses símbolos provêm do grimório *Key of Solomon* do século XV, e aparecem tanto em tradições da Bruxaria quanto em outras tradições magistas. Por conta da inclusão de Gardner dessa imagem, muitos Bruxos e Bruxas entalham símbolos em suas ferramentas, especialmente nos punhais.

Para muitos de nós, entalhar ou desenhar símbolos permanentes em nossas ferramentas não é desejável. Gostamos de nossos punhais como eles são, e ponto-final. No entanto, símbolos e imagens têm poder, e podem ajudar a imantar uma ferramenta mágica. Se você quiser adicionar um pouco de poder extra em suas ferramentas, é possível colocar sigilos e símbolos não permanentes usando óleo.

Para essa bênção, você só vai precisar de algum tipo de óleo que associa à consagração de itens. Sugerimos manjericão, pimenta-da-jamaica, olíbano ou o óleo egípcio no início deste capítulo. Independentemente de qual você use, certifique-se de que ele sintoniza consigo mesmo. E, se for um óleo essencial nocivo à pele, não deixe de usar um óleo carreador.

Roda Raiada · Deus Cornífero · Deusa da Lua

Ankh · Casal Perfeito · Pentagrama · Poder que Vai Adiante

Há uma variedade de símbolos que podem ser desenhados ou entalhados em suas ferramentas, como os representados aqui. Mesmo que certos símbolos sejam mais tradicionais que outros, escolha aqueles pelos quais você se sente atraído. Ao traçar um símbolo em sua ferramenta, imagine esse poder específico entrando nela e infundindo-a com essa energia particular. Jason, por exemplo, sempre desenha um símbolo do Deus Cornífero em todas as suas ferramentas, e, ao fazer isso, imagina suas conexões com o deus dos espaços selvagens e seu próprio lugar na natureza. Ainda que tenhamos incluído alguns símbolos comuns aqui, você pode usar o que quiser ou até mesmo fazer o seu próprio!

Uma das coisas mais poderosas que você pode desenhar em uma ferramenta é seu próprio nome, ou, no mínimo, suas iniciais. Desenhar seu nome na ferramenta indica que ela é sua, e a deixa mais alinhada com suas energias pessoais. Tente assinar com óleo em sua ferramenta – você vai praticamente sentir sua energia correndo para dentro dela!

Ao desenhar em sua ferramenta com o óleo, verbalize sua intenção dizendo algo do tipo:

Eu infundo esta ferramenta com a energia e as bênçãos do Deus Cornífero (ou do que quer que seja). Que esta ferramenta me sirva bem no meu trabalho e seja uma valiosa aliada em meu Bruxedo. Que assim seja!

Você pode desenhar a quantidade (pouca ou muita) de símbolos que quiser na sua ferramenta. Pode, inclusive, desenhar um símbolo em cima do outro; ainda assim a energia vai entrar na ferramenta. Todos os símbolos incluídos aqui também podem ser usados em todos os seus trabalhos com magia. Eles são extremamente populares em magia com velas, por exemplo.

Depois de adicionar na ferramenta todos os símbolos que você quiser, coloque o óleo nela ou enxugue-o, dependendo do que o óleo pode fazer com ela. Se você estiver untando uma varinha de madeira, por exemplo, esfregue o óleo na madeira para adicionar energia extra à varinha. Se estiver adicionando símbolos em um punhal, provavelmente você vai querer enxugar o óleo e, depois, acrescentar o óleo de proteção que coloca na lâmina.

Embora alguns Bruxos e Bruxas façam isso com as ferramentas só uma vez, recomendamos fazê-lo uma vez por ano. O Imbolc, com foco em renovação e preparação para a primavera, é uma época excelente para reuntar suas ferramentas e dar a elas uma carga renovada de energia.

FEITIÇO COMPARTILHADO:
BÊNÇÃO DO BRINQUEDO GUARDIÃO PARA CRIANÇAS
POR BADER SAAB

Certa vez, quando uma de minhas primas me visitou, a mais jovem delas, quis lhe dar um presente especial, algo que a fizesse se lembrar de mim sempre que o visse, mas que, ao mesmo tempo, a protegesse e invocasse boas energias. Não pense que foi fácil para um primo mais velho e gótico como eu encontrar alguma coisa de que uma menina de 5 anos pudesse gostar, mas parece que tudo é possível!

Perguntei se ela gostaria de uma surpresa, e é claro que a resposta foi sim, com olhinhos empolgados. Quando lhe mostrei uma personagem minha de Arlequim, vestido de púrpura, verde e ouro, ela não ficou tão entusiasmada, mas, depois que garanti que era só um tipo diferente de brinquedo, ela voltou a sorrir.

Em um esforço para tornar o personagem especial, pedi à minha prima que escolhesse uma das penas que eu havia coletado (ela escolheu uma branca) e um óleo com um cheiro bom (ela gostou de um mix de mais de 30 ervas, a bruxinha refinada), e que desse ao brinquedo um nome que só ela soubesse. "Será nosso segredo", contei a ela, que riu, animada.

Limpei o Arlequim com a pena, varrendo-o da cabeça aos pés, e ela fez o mesmo. Finalmente, ela aplicou só um pouco do óleo no peito do brinquedo, dizendo, "Eu o chamo de _____". Quando perguntei se ela gostou, a resposta foi sim, com um brilho nos olhos. Foi embora da minha casa com um brinquedo abençoado por ela e uma pena branca para limpá-lo sempre que desejasse.

*Bader Saab é um bruxo árabe e jornalista prestes a terminar um mestrado sobre pesquisas digitais. Trabalhou como resenhista de livros e escreveu sobre folclore pré-islâmico. Você pode visitá-lo em **A Modern Day Sha'ir**, uma parte do paganismo Patheos.*

FEITIÇO COM PUNHAL E ANGÉLICA

Espaços mágicos atraem entidades mágicas. Se você fizer magia de forma consistente no mesmo lugar durante um período prolongado, é provável que entidades de outros mundos deem uma espiada no seu círculo vez ou outra. Na maioria das vezes, tais entidades são benignas e se sentem simplesmente atraídas pela magia que você está criando. No entanto, de vez em quando talvez você depare com um intruso indesejado.

Como saber se há um espírito malévolo ou outra entidade indesejada em sua casa? Se você sente que alguma coisa está constantemente olhando por cima do seu ombro sem sua permissão, talvez haja um problema. A simples sensação de uma energia repulsiva é outro sinal de que tem algo errado. Outros sinais são pontos frios inesperados em cômodos onde há calor e sons estranhos e inexplicáveis. Acredite em sua intuição e nas sensações corporais.

A maneira mais fácil de se livrar de um visitante inoportuno é pedir que ele saia. Se isso não funcionar, você pode reforçar sua "segurança mágica" com garrafas de Bruxa (veja o Capítulo 17) e alguns dos feitiços para proteção deste livro. Se você esgotou todas essas opções, é hora de o óleo de angélica entrar em ação.

Para este feitiço, você vai precisar de:

- Óleo de angélica

- Um pedaço de pano ou papel-toalha

- Uma ferramenta para projetar energia, de preferência um punhal, espada ou varinha (se você não tiver nenhuma dessas, uma faca de cozinha cumpre a função, assim como o dedo indicador de sua mão dominante)

Coloque de 5 a 6 gotas de óleo de angélica em um pedaço de pano ou no papel-toalha e vá passando-o em sua ferramenta. Comece pela base do instrumento e vá subindo. Se estiver untando um punhal, você só precisa untar a lâmina, não o cabo. Se planeja usar os dedos para aplicar o óleo de angélica, sugerimos adicionar esse óleo ao óleo carreador de sua escolha. Um pouquinho de óleo resolverá o problema, portanto, use-o em pouca quantidade. Enquanto unta a lâmina (ou outro objeto) com o óleo, diga:

Para as forças nocivas afastar,
O mal para longe vou enviar!

Ao untar a ferramenta, visualize um pouco de sua própria energia entrando nela. Entre o óleo de angélica e seu próprio poder, a ferramenta deve ficar quente ao toque.

Quando a ferramenta estiver untada, vá para a área de sua casa em que a entidade indesejada se encontra. Fique no centro desse espaço, respire fundo e sinta sua própria energia irradiando através de você. Ao expirar, solte essa energia de si e passe-a para a ferramenta. Visualize-a como uma energia de limpeza azul e branca. Imagine sua energia purificante queimando tudo o que for indesejado e tornando seu espaço inabitável a forças malquistas.

Você pode dizer alguma coisa durante essa parte do rito, mas, quando tínhamos de fazer isso, geralmente estávamos focados demais no que fazíamos para dizer algo. Conforme a energia emanar de você, ela reagirá com o óleo de angélica, formando um limite de proteção que vai repelir espíritos e entidades indesejados. Para proteção máxima, repita essas etapas durante três dias consecutivos, depois, refaça conforme necessário.

Se você está em uma situação em que sente a entidade indesejada por perto, é possível cortá-la com o punhal untado. (Nesse caso, não recomendo usar o dedo.) Não se pode cortar um ser mágico como se corta um mortal, mas o toque indesejado do aço e do óleo de angélica deve afastá-lo. Se você se encontrar em uma situação como essa, verbalize sua intenção dizendo, "Caia fora!", "Afaste-se desse espaço!" ou "Esse espaço pertence a mim!". Depois disso, é improvável que você venha a ter mais problemas.

FEITIÇARIA COMPARTILHADA:
FEITIÇO PARA CONSEGUIR A CASA QUE VOCÊ DESEJA
POR ALURA ROSE

Comprar uma casa pode ser desafiador. Primeiro, você precisa encontrar a que se encaixe perfeitamente às suas necessidades e de sua família. Então, quando você a encontra, outras pessoas também podem querê-la, gerando uma competição e uma corrida até a linha de chegada. Este feitiço ajudará você a selar o acordo, independentemente de estar comprando ou alugando seu lar perfeito.

Para este feitiço, você vai precisar de:

- Uma vela verde de sete dias, de pote
- Uma imagem impressa da casa para a qual você está dando lances ou solicitando (melhor se impressa em papel de baixa gramatura)
- Tesoura
- Cola comum ou para artesanato
- Decorações na vela, como caneta com tinta metálica ou strass (opcional)
- Um objeto perfurante, como uma broca ou saca-rolhas (para fazer furos na cera)
- Uma pequena quantidade de terra da propriedade que você deseja
- Óleo essencial de patchouli
- Pequenas quantidades de manjericão desidratado, canela em pó e folhas de hortelã-pimenta desidratadas

É melhor começar este feitiço três dias antes da lua cheia. Quando sua vela estiver preparada para este feitiço, deixe-a queimar completamente. Você pode apagá-la se tiver que sair de perto, mas deve deixá-la queimar a cada dia até se extinguir por inteiro.

Para começar, pegue a imagem da casa que você deseja e corte-a de modo que ela caiba na parte externa da vela. Aplique um pouco de cola comum ou para artesanato na parte de trás da imagem e pressione-a no lado de fora do pote. Deixe secar. Depois, decore a parte externa da vela como preferir. Cada item vai acrescentar energia à sua intenção. Tente usar canetas coloridas ou de tinta metalizada, *strass* ou outros itens.

Com o topo da vela virado para você, use um objeto cortante para fazer, com cuidado, três furos na cera entre o pavio e o pote. Os furos devem ter 2 cm ou mais de profundidade, e cerca de meio centímetro de diâmetro. Pegue a terra que você coletou da casa que deseja e coloque-a em cada um dos furos. Enquanto faz isso, visualize sua casa e como seria viver nela. Imagine-se entrando pela porta da frente, sentindo-se feliz e confiante.

Depois de preencher os furos com a terra, coloque três gotas de óleo essencial de *patchouli* no topo da vela, tomando cuidado para ele não atingir a vela. Faça as gotas girarem movendo a vela lentamente em sentido horário. Continue focando a visualização de seu lar desejado.

Adicione pequenas quantidades (uma pitada de cada será suficiente) do manjericão, da canela e da hortelã-pimenta no topo da vela. O óleo essencial de *patchouli* deve absorver um pouco. Em outras palavras, as ervas vão parecer um pouco molhadas.

Coloque a vela perto de uma parede ou prateleira ao norte. Certifique-se de que ela possa queimar sem perigo nesse local.

Ao acender a vela pela primeira vez, diga a seguintes palavras em voz alta:

Deusa do poder triplicado, venha e ouça o solicitado
Enquanto acendo esta vela brilhante,
que minha intenção um voo levante.
O lar que desejo está perto agora,
que os proprietários assim o vejam sem demora.
Esta casa é minha, sei que é para ser;
não tenho mais nada a fazer.
Acendo esta vela assim, traga esta casa para mim.
Que não prejudique ninguém, e que seja assim,
esta casa foi feita só para mim!

Deixe que a vela queime pelo menos durante as três noites seguintes, lembrando de apagá-la sempre que não estiver por perto para vigiá-la. Para melhores resultados, deixe a vela queimar totalmente.

*****Alura Rose** é Bruxa, profissional do Tarô, leitora de dedos dos pés, herbalista, professora e autora. Descubra mais sobre ela e seus produtos em poisonedapple.org.*

CAPÍTULO 15

Nós Mágicos, Amuletos e Impedimentos

Quando estávamos discutindo os conteúdos deste livro, o capítulo que mais nos preocupou foi este que você está lendo agora. Nó mágico? Até chegamos a conversar um pouco sobre deixar isso totalmente de fora. À medida que começávamos a destacar sobre o que exatamente escreveríamos neste capítulo, aos poucos todos chegamos à conclusão de que o nó mágico é muito mais prático e útil do que pensávamos no início. Na verdade, o nó mágico se aplica a várias situações, e é uma ferramenta especialmente útil no caldeirão de truques de uma Bruxa ou um Bruxo.

No passado um tema bem popular nos primeiros livros sobre Bruxaria, hoje em dia o nó mágico é um assunto raramente desatado (Desculpe!) por escritores Bruxos e Bruxas. Um dos maiores motivos é porque a estética do nó mágico não é exatamente inspiradora. Ao navegarmos em redes sociais, é comum ver imagens de feitiçaria com velas e ervas dispostas num altar, mas um pedaço de corda com alguns nós simplesmente não tem o mesmo apelo visual. Ainda assim, o nó mágico tem lá seu charme, ainda que não contenha um clima de magia.

O que talvez surpreenda mais é como usamos nós em práticas de magia sem sequer pensar neles. Ao criarmos um amuleto ou um saquinho da sorte, nós os amarramos com um nó. Para muitos Bruxos e Bruxas, o nó é supérfluo, e não algo em que pensam contribuir ativamente para a magia. Mas os nós são a cereja fácil do *sundae* de um feitiço.

Também usamos nós e cordões/cordas/fitas em feitiços de impedimento e muitas vezes incorporamos nós nesses tipos de magia. Montes de ervas também são amarrados por nós e barbantes, e como geralmente pensamos nas ervas como fonte de energia mágica nessas criações, por que não também nos nós? Muitos de nós trançamos e damos nós nos cabelos diariamente, e esse é outro caminho para a magia com nós. A magia dos nós e cordas pode ser incorporada em todos os tipos de feitiçaria.

COMO O NÓ MÁGICO FUNCIONA

O nó mágico funciona de maneira diferente de vários outros tipos de magia descritos neste livro. Óleos, ervas e pedras irradiam as próprias energias naturais. Muitas vezes, usamos nosso próprio poder pessoal para imantar itens como velas e torná-las mais proveitosas em nossas empreitadas magistas. Se você imanta uma vela e a acende, a energia dessa vela será liberada enquanto ela queima. Se você imanta uma vela e a deixa no altar, mas nunca a acende, a energia que você colocou nela lentamente vai arrefecer até se tornar novamente mais uma vela comum.

À guisa de contraste, o nó mágico começa com uma corda comum, um pedaço de cordão ou de fio. Esses itens têm um pouco de poder próprio, determinado pelo material de que são feitos e de que cor eles são, mas isso não é energia suficiente para criar magia de transformação. Ao fazermos magia com nós, imantamos a corda ou o cordão com nosso próprio poder e, em seguida, começamos a fazer nós nessa corda. Os nós encerram a energia em uma corda. Ao contrário de uma vela ou outro objeto imantado, o nó vai reter sua energia enquanto permanecer atado.

O fato de o nó reter energia até ser desatado contém implicações magistas importantes. Podemos acessar a energia contida em um nó ao tocá-lo e absorver seu poder. Se você quer se sentir próximo de um amigo ou familiar, fazê-los amarrar alguns nós energéticos lhe dará acesso à sua energia pessoal. Muitos covens trabalham com mantos, amarrando cordas ao redor dessas vestes. Fazer todos os participantes darem um nó no cordão do novo membro do coven é uma ótima forma de compartilhar energia pessoal.[33]

O nó mágico pode ser feito em silêncio, mas há um pico extra de poder quando se amarra um nó e se pronuncia em voz alta a intenção. Por exemplo, se você estivesse criando um encantamento mágico para ajudá-lo a estudar para uma prova importante, poderia pegar uma corda e fazer nós nela que representassem as qualidades necessárias para passar nesse exame. Poderiam ser coisas como concentração, retenção de ideias, foco, energia para o estudo, e tempo suficiente para se preparar por inteiro.

Em seguida, você pegaria um pedaço de corda ou cordão e pensaria em todas essas ideias. Você poderia se imaginar estudando e se saindo bem no teste. Você se imaginaria lembrando tudo o que precisa saber para tirar a nota desejada. E então entraria em detalhes, como visualizar a si mesmo concentrando-se intencionalmente em seus materiais de estudo. Neste momento, você afirmaria em voz alta seu desejo: "a concentração necessária para a preparação adequada!". Você faria um nó ao pronunciar essas palavras, apertando-o ao dizer "preparação". Isso aprisiona no nó a energia de que você precisa, que pode ser acessada a qualquer momento em que você a tocar. Então, você repetiria o processo, aprisionando todas as energias necessárias para o êxito.

Um barbante de nós como o que acabamos de descrever também pode ser terapêutico e contemplativo. Antes de toda sessão de estudos, você pode passar por cada nó do barbante, repetindo as qualidades necessárias para se dar bem no teste. Percorrer os nós dessa forma não apenas ajudará seus estudos, mas também acrescentará mais poder a seu encantamento. Tocando os nós e reforçando seus significados, você os torna mais poderosos.

É parecido com recitar o rosário em tradições católicas. Os nós reforçam ideias e possuem certas qualidades atribuídas a elas. Um barbante parecido de nós pode servir como uma forma poderosa de estabelecer relações com divindades ou se preparar para trabalhos com magia. Exemplos disso estão incluídos no próximo capítulo.

---

33. Jason escreveu um ritual inteiro sobre o coven amarrar nós em uma corda para um novo membro de coven. Esse ritual aparece no capítulo 8 de seu livro *Transformative Witchcraft*.

Fazer nós também lida com a magia dos números. Para os cristãos, o número 13 é considerado portador de má sorte. Fazer treze nós em um encantamento mágico elaborado para livrar seu ambiente de trabalho de um colega problemático acrescenta a energia do número 13 a seu trabalho, e torna muito mais provável que esse colega seja dispensado. O número 3 é relacionado a ideias como a Deusa Tríplice (Donzela, Mãe e Anciã) e a passado, presente e futuro. Terminar um feitiço e fazer um nó para o que foi, o que é e o que será conecta sua feitiçaria a ideias mais abrangentes.

Acredita-se que os números têm significados e energias próprias. Estas são as associações mais comuns atribuídas aos números 0 a 9, e também ao 11 e ao 13.

0	Ausência de tudo, uma página em branco para um novo começo
1	O início, a fonte eterna, poder, plenitude
2	Dualidade, como dia/noite, yin/yang etc.; também expressa conexão com os outros
3	Representativo da criação, novos começos, o ciclo da vida (nascimento, vida, morte), a Deusa Tríplice
4	Os quatro elementos: terra, fogo, água e ar; também equilíbrio
5	As cinco pontas do pentagrama, os cinco sentidos humanos
6	O número do sol
7	O número da lua; no folclore, o 7 era considerado um número especialmente importante, acreditando-se que o sétimo filho de um sétimo filho tenha habilidades psíquicas especiais
8	Os oito sabás, a Roda do Ano, a mudança de estações
9	O número 3 ao quadrado, logo, todos os poderes do três são amplificados; felicidade e manifestação; um dos números mais comuns do nó mágico
11	Muitos magistas cerimoniais acreditam que este é o número mais mágico de todos
13	Considerado azarado por alguns, embora muitos Bruxos e Bruxas acreditem exatamente no oposto

Quando se trabalha com amuletos e outros itens atados com barbante ou corda, os nós são a corda mágica final. Na maioria dos casos, os saquinhos e outros itens que fechamos com nós são feitos para permanecerem fechados. Ao atar um saquinho, é melhor preencher o nó final com a energia feita para manter outras pessoas longe do seu trabalho mágico. Se você não tem a menor intenção de reabrir o saquinho, pode fazer um nó bem apertado e dizer algo do tipo:

Por cima e por baixo, acima e ao redor,
com este nó meu encantamento está atado!
Meu nó o manterá livre de olhares indiscretos.
Com isto, meu feitiço está feito.
Que assim seja!

Pelo fato de os nós serem feitos para conservar energia, a única maneira de liberar toda essa energia é desatá-los. Se você usou nós em um feitiço e esse feitiço agora está encerrado, talvez você perceba que quer liberar de volta para o universo a energia contida dentro desses nós. Ao desatar nós, em geral é melhor fazer isso na ordem em que eles foram atados (o que seria difícil, é claro, se você tivesse apenas amarrado nós aleatórios em um barbante!). A magia geralmente aumenta quando um feitiço está sendo feito, o que significa que na maioria dos casos as concentrações mais potentes de energia ficam nos últimos nós que você atou. Ir do primeiro ao último o impede de se sobrecarregar com uma grande explosão de energia.

MATERIAIS E TÉCNICAS PARA O NÓ MÁGICO

Ao selecionar material para usar em um feitiço com nó, acreditamos que a escolha é sua e de suas circunstâncias atuais. Na maioria dos casos, provavelmente você se descobrirá usando qualquer coisa que tenha em casa, e tudo bem! Como muitos outros Bruxos e Bruxas, acreditamos que fibras naturais funcionam melhor, mas tudo bem se tudo o que você tiver forem fibras sintéticas.

Encontrar fios feitos de materiais cem por cento naturais é bem fácil, mas com fitas é mais difícil. Se você realmente tiver que usar materiais sintéticos, garanta que não haja nenhum plano de queimar seu projeto mágico. Um monte de ervas atadas com material sintético é um desastre em potencial!

Ao trabalhar com o nó mágico, a maioria de nós provavelmente vai usar barbante, fio ou cordão, mas há algo de gratificante em criar suas próprias cordas. Se você quiser usar cordas mais grossas para seu trabalho mágico, usar fio para criar as próprias cordas aumentará muito a energia mágica delas. Enquanto tece uma corda, simplesmente visualize-se fazendo o trabalho com magia e coloque essa energia no fio que está usando.

A expressão "cortar o cordão" não vale somente para sair de casa no início da vida adulta, mas também pode ser aplicada à magia. A magia funciona melhor quando simboliza claramente algo por que estamos passando, e quase todos nós já estivemos em situações em que chegou a hora de cortar alguma coisa ou alguém de nossa vida. Esse tipo de magia pode ser realizado com bastante facilidade com um pedaço de barbante ou corda, e uma tesoura ou um punhal.

Para cortar magicamente alguém ou algo de sua vida com um cordão, escreva em uma das pontas desse material o nome da pessoa (ou da coisa) que você está tentando remover de sua vida. Se isso não for possível (por exemplo, quando se tratar de um pedaço de fio muito fino), cole o nome ou a foto da pessoa em uma das pontas do cordão. Na outra ponta, escreva o seu próprio nome (ou cole seu nome ou foto aí). Pense na sua necessidade de deixar essa pessoa para trás e então, com o punhal ou a tesoura, corte o cordão. Coloque os dois pedaços de corda no altar e, nos dias seguintes, vá afastando-os devagar, cimentando mais tarde sua nova dissociação.

Esse tipo de magia pode ser usado para cortar todo tipo de coisa de sua vida e não exige muito em termos de parafernália. É uma magia bem simples, mas funciona! Uma versão mais elaborada dessa técnica está incluída no feitiço "Corte-os!", no próximo capítulo.

Não é exatamente magia de nó ou de corda, mas estas também foram incluídas aqui porque também utilizam cordões, fios etc.: a tecelagem e a trança. Tanto a tecelagem quanto a trança unem dois ou mais pedaços de fibras para formar um único todo contínuo, embora as tranças tendam a ser estruturas bem menos permanentes do que peças que são tecidas juntas. Quando muitos de nós ouvem a palavra *tranças*, pensamos em tranças de cabelos, que em geral são fáceis de desfazer. Tentar desfazer uma camisa de tecido seria um processo muito mais demorado. A melhor coisa das tranças e da tecelagem é que ambas podem ser usadas para fins mágicos sempre que você quiser unir dois tipos diferentes de energia.

Trançar seu cabelo, ou ter alguém que faça isso por você, é uma forma poderosa de carregar consigo um pouco de magia extra sem que ninguém saiba. Enquanto a trança estiver sendo feita, tudo o que você precisa fazer é cantar e visualizar o que quer que esteja tentando realizar. Antes de uma entrevista de emprego, você pode fazer algumas tranças enquanto entoa "equilíbrio e confiança", qualidades desejáveis ao se procurar um novo emprego. As tranças vão manter essa energia perto de você, e causarão impacto positivo sobre o que você está fazendo.

Há outras coisas criativas que podem ser feitas com cabelo. Você pode adicionar barbantes ou fitas coloridas no cabelo para utilizar as energias associadas a cores particulares. Também pode acrescentar encantamentos ao cabelo que reflitam seus objetivos mágicos.

Se magia na cozinha é sua praia, tecer dois fios de massa de pão é outra maneira de fundir dois tipos diferentes de energia. Para trazer alegria e boa vontade a seu lar quando comemorar as festas de fim de ano, tinja um fio de massa de verde e o outro de vermelho, adicionando ervas e outros ingredientes que reflitam essas ideias. Antes de assar, entrelace os dois fios, enquanto canta "alegria e boa vontade". Em seguida, asse o pão e o sirva aos convidados. Se você é tão hábil em panificação quanto em Bruxaria, todos os que comerem o pão ficarão cheios de alegria quando acabarem!

AMULETOS

Depois das velas, amuletos (às vezes chamados de patuás) talvez sejam a forma mais comum de magia da Bruxaria Moderna. Valorizados pela facilidade com que são elaborados, amuletos também contêm muita energia mágica, apesar de seu tamanho diminuto. Um dos pontos fortes do amuleto é que ele combina uma ampla variedade de disciplinas magistas. A maioria de nossos amuletos contêm pedras ou cristais, ervas, óleo essencial, alguma coisa escrita, alguns nós mágicos e até cera de vela.

Amuletos também são fáceis de carregar. Em média, um amuleto não tem mais que alguns centímetros de altura e largura, e caberá com folga em um bolso ou na bolsa. Amuletos também podem ser guardados em uma gaveta no trabalho, debaixo do travesseiro ou ficar em um altar mágico. Eles também podem ser colocados diretamente no item que estão mirando ou perto dele. Jason, por exemplo, tem alguns amuletos para ajudar com a escrita que estão digitados diretamente no computador. Não há limite para o que se pode fazer com um amuleto ou para lugares onde colocá-lo.

Quanto mais pensamento você aplica em sua magia, mais forte ela se torna. Ao criar um amuleto, às vezes é tentador apenas pegar um saquinho já pronto, juntar alguns objetos aleatórios, untar tudo com óleo e ponto-final. E talvez funcione! Mas, se você quer realmente extrair o máximo de um amuleto, é melhor considerar com cuidado cada aspecto de sua produção.

Depois de descobrir para qual finalidade você vai construir seu amuleto, primeiro deve escolher o tipo de saquinho que vai usar. Hoje, muitas lojas esotéricas vendem saquinhos pré-fabricados (que também estão disponíveis na internet), com uma fitinha na parte de cima. Isso é ótimo se você estiver com pressa ou, talvez, elaborando vários amuletos com outros Bruxos e Bruxas, mas também há desvantagens. Saquinhos pré-fabricados muitas vezes são feitos de materiais sintéticos, e muitos Bruxos e Bruxas torcem o nariz para isso. Um saquinho pré-fabricado também limita suas opções em termos de magia. Por esse motivo, geralmente preferimos fazer nossos próprios saquinhos.

Um amuleto não precisa de elásticos ou fitinhas; tudo o que ele precisa fazer é conter alguns objetos. Por esse motivo, um quadradinho de tecido (e um pouco de barbante ou fio) é tudo o que você precisa para criar um amuleto. O material que você usa nem precisa ser novo. Há algo a ser dito sobre o uso de panos de prato velhos, roupas ou até lençóis para criar sua magia. Não somente você fará um favor à terra reciclando algo que provavelmente jogaria fora, mas também conseguirá infundir energia extra ao amuleto.

Por exemplo, se você está tentando criar um amuleto para dormir melhor, qual tecido é melhor do que um lençol velho? (Lençóis também podem ser usados para feitiços de intimidade!) Se você sente que faz seu melhor trabalho mágico na cozinha, por que não usar um pano de prato? Talvez seu amuleto tenha como foco sair de uma situação difícil, portanto, você poderia usar uma meia velha para isso. Todos esses itens previamente usados estão infundidos da energia diretamente relacionada ao objetivo de sua magia, o que os torna muito mais poderosos que um saquinho pré-fabricado. Eles também estão borbulhando de sua energia pessoal!

Outra opção poderosa aqui é usar materiais ou roupas que já pertenceram a um amigo ou parente falecido. A energia desses itens ajudará a facilitar o contato com uma pessoa que já morreu ou com os espíritos de seus ancestrais. Se você associa certo sentimento ou emoção com um amigo ou parente específico já falecido, usar os artigos deles é uma forma de ativar essa energia. Se em vida um avô ou avó tinha uma influência tranquilizadora sobre outros, essa influência também pode ser sentida no pós-vida, e usar suas roupas e outros itens similares é uma maneira fácil de acessá-la.

Ao criar um amuleto, é bom você pensar na cor do saquinho. Não gosta de reutilizar coisas? Tudo bem. Usar um pedaço de feltro ou tecido de uma cor relacionada a seu objetivo ajudará a fortalecer sua magia. (As correspondências de cor aqui são as mesmas que as listadas na magia com velas no Capítulo 7.) A cor de qualquer fio, barbante ou fitinha que você usa para amarrar o saquinho também se aplica aqui. Por exemplo, um saquinho verde é óbvio para um feitiço de dinheiro, mas que tal uma fita roxa para amarrá-lo (o roxo representa ambição)?

Muitos Bruxos e Bruxas ignoram o fato de que seus amuletos são o equivalente de uma tela em branco esperando para ser desenhada. Você pode escrever o objetivo de seu feitiço diretamente no amuleto. Você também pode desenhar símbolos mágicos no saquinho para atrair ou repelir o que quer que esteja buscando. Não quer que as pessoas vejam o que você escreveu? Uma das vantagens de usar um pedaço de tecido em um amuleto é que é fácil escrever ou desenhar no interior dele! Uma vez que você fechá-lo, ninguém saberá o que está desenhado dentro do pano.

Você pode colocar tudo o que quiser em um amuleto. Se fizer sentido para você, é o necessário. A maioria dos Bruxos e Bruxas usam os itens mágicos com que estão familiarizados, mas, se ficou alguma coisa de fora e você quer usar, faça isso sem pestanejar! Aqui estão alguns dos itens mais comuns que talvez você queira considerar acrescentar em seus próprios amuletos.

Ervas e Outros Materiais Naturais

Ao acrescentar ervas em um amuleto, é bom que elas sejam desidratadas! Só porque alguma coisa está em um saquinho mágico não quer dizer que está livre de estragar. Também é bom considerar se algo que você está colocando pode sobrecarregar os nervos olfativos de alguém. Se não quiser que seu amuleto chame atenção, provavelmente ele não deve conter muito orégano, o que pode fazer seus colegas de trabalho espirrarem.

Pingentes

Há uma loja de bijuterias não muito longe de nosso coven que é "visita obrigatória" quando criamos amuletos em grupo. As contas e pedras dessa loja são úteis, mas ainda mais benéficos para nossas empreitadas mágicas são os pingentes variados vendidos ali, inclusive de saquinhos de dinheiro de metal, símbolos de cifrão, corações, trevos de quatro folhas, anjinhos e sementes! Se as pessoas os usam em um bracelete, provavelmente eles vêm dessa loja.

Adoramos usar pingentes em nossos saquinhos, porque eles são um exemplo perfeito de "semelhante atrai semelhante". Os pingentes são um lembrete constante do que estamos tentando obter ao fazer magia, adicionando mais energia aos amuletos. Você pode colocar os pingentes dentro do saquinho ou amarrá-los do lado de fora para servir como lembrete do propósito desse saquinho.

Óleos

Óleos podem ser usados em um amuleto de várias maneiras. É bom untar com óleo cada item que você colocar no saquinho, ou talvez o interior ou o exterior do próprio saquinho. Para evitar bagunça no bolso ou na bolsa, talvez a melhor maneira de usar óleo em um amuleto é untando o lado interno do tecido.

Em vez de acrescentar óleo a esmo em seu material, tente desenhar um pentagrama de invocação ou banimento (dependendo de seu objetivo mágico) no tecido. Em geral, isso basta para imantar seu amuleto com a magia do óleo sem deixar o pano oleoso demais.

Ao colocar o óleo ou desenhar um pentagrama com ele, é bom dizer algo como:

*Com a marca das Bruxas e Bruxos, eu unto com óleo este saquinho
Para que ele possa ajudar a me trazer o que desejo.*

Pedras

Pedras e cristais frequentemente fazem parte de amuletos, e por um bom motivo: eles nunca estragam e também são inodoros. A única desvantagem de colocar uma pedra no saquinho é que basicamente você está abrindo mão dela para outros usos mágicos, já que ela continuará dentro do saco até você não usá-lo mais.

Itens Escritos

Além de escrever no próprio saquinho, você também pode anotar sua intenção em um pedaço de papel (ou em outro item) e colocá-lo dentro do saco. Essa é outra maneira de focar sua energia e intenção no amuleto e fortalecer sua magia. Também pode ajudá-lo a clarificar e mirar melhor suas empreitadas magistas. Você pode escrever apenas uma palavra ou incluir uma lista inteira. Faça o que funcionar para você. Muitas vezes, quando cria um amuleto, Jason inclui listas detalhadas de cada passo necessário para chegar ao objetivo final. Além de palavras mágicas, você pode incluir uma runa ou um desenho em seu amuleto.

Outras Coisas

O céu é o limite para o que se pode colocar em um amuleto. Se a energia de um item ressoa com você e seu objetivo, não deixe de acrescentá-lo! Alguns dos itens que já usamos incluem pedaços de cera de vela, folhas secas, sementes, raminhos, botões, uma gota de água de uma fonte sagrada, e terra. Nunca deixe alguém dizer que o que você está colocando no seu saquinho não é "tradicional". É Bruxaria, então não tem tanta regra assim!

Se você escolheu uma pessoa específica como alvo da energia de seu saquinho, pode acrescentar algo que pertença a ela. Pode ser um item pessoal ou uma mecha de cabelo. Se você é o alvo do feitiço, também pode acrescentar uma mecha de cabelo, saliva ou pedaço de unha. Isso alinhará melhor o saquinho com suas próprias energias. É uma forma de programar o saquinho para que funcione só para você! (Mas tome cuidado para não perdê-lo se acrescentar algo muito pessoal a ele. Itens como cabelo e pedaços de unhas se conectam diretamente com você.)

Não há nenhum truque sobre como colocar os itens em um amuleto. Alguns Bruxos e Bruxas definem uma ordem, como pedras, depois ervas etc., mas faça o que dê mais certo para você. Deixe sua intenção guiá-lo! Se puder, afirme em voz alta sua intenção enquanto coloca cada item no saquinho. Não se preocupe tanto com as palavras. Elas não precisam rimar ou parecer elegantes. É só afirmar o propósito de cada item que entra no saquinho.

Quando o saquinho estiver cheio, é melhor amarrá-lo. A maneira mais fácil de fazer isso é com um pedaço de fita ou barbante. Alguns Bruxos e Bruxas gostam de transformar seus amuletos em pequenas bolsas costuradas. Independentemente da forma como você amarra o saquinho, é bom fazer isso de maneira a acrescentar mais magia nele.

A maneira mais fácil de fechar um amuleto feito de pano é erguer delicadamente as quatro pontas do tecido que você está usando. O material do amuleto deve ficar confortavelmente reunido no fundo do tecido. O lugar ideal para amarrar o saquinho é bem acima do lugar onde esses itens se juntam. Às vezes, isso dará ao saquinho uma "cauda" comprida de tecido não preenchido. Você pode manter a cauda grande ou cortá-la com uma tesoura quando terminar de criar o amuleto.

Se você amarrar o saquinho com um nó, é bom afirmar sua intenção ao atá-lo. Além disso, talvez você queira dar mais de um nó. Muitos Bruxos e Bruxas gostam de usar um número com significado mágico, como 7, 9 ou 13. Por exemplo, se você está criando um feitiço para trazer mais riqueza à sua vida, é possível dizer:

Um nó para o dinheiro que virá.
Dois nós para a renda aumentar.
Três nós para o dinheiro que vou ter.
Quatro nós para o que estou prestes a colher.
Cinco nós para todo o trabalho que farei.
Seis nós para tudo o que aumentarei.
Sete nós para todos os ganhos sem demora.
Que assim seja, meu feitiço está feito agora!

Se você estiver costurando o amuleto, pode usar rimas parecidas, mas, como é mais difícil determinar quantos pontos vai acabar usando, outra opção é repetir um encantamento curto, como um mantra. Repetir as mesmas palavras vezes seguidas não somente acrescentará muita energia ao feitiço, como também você talvez descubra que sua costura entrou em um ritmo que combina com suas palavras. Aqui estão alguns exemplos de dísticos que você pode usar ao costurar um amuleto:

Sou digno de amor, que ele venha de cima.

Em paz eu durmo, com um sono repousante e profundo.

Não me incomode mais, saia pela porta.

Protegido estarei, nenhum perigo verei.

Gostamos de incluir um encantamento na parte externa dos saquinhos, para que possamos saber para que ele é feito. Se você estiver usando um pingente, o barbante pode passar facilmente pelo furo do berloque, que deve amarrá-lo com segurança ao saquinho. Costumamos passar o barbante pelo pingente antes de começarmos a fazer os nós para fechar o saco.

Depois de amarrar o saquinho, você também pode fechá-lo com cera de vela. Se estiver fazendo seu trabalho mágico em um ritual, usar uma vela acesa para uma divindade ou elemento particular é uma forma fantástica de adicionar a energia dessa divindade ou poder ao seu amuleto. Outra opção é acender uma vela nova quando começar a montar seu amuleto, já que qualquer energia residual que você emitir será captada pela vela e depois colocada de volta no amuleto por meio da cera.

Depois que o saquinho estiver amarrado com segurança e a cera (se foi usada) estiver seca, é bom você imantá-lo e sintonizar as energias dentro dele. Para começar, segure o saquinho em sua mão dominante e visualize seu trabalho se realizando. Sinta essa energia se construir no seu corpo, e mova-a através de si mesmo e para dentro do saquinho. É importante colocar um pouco de si no saquinho, para que esteja em sincronia com suas energias específicas.

Quando um pouco de sua energia pessoal for acrescentado ao saquinho, ainda segurando-o em sua mão dominante, reserve um momento para sentir as energias variadas se movendo por ele. Todos os itens colocados no saquinho devem ter um tipo de energia que você consegue sentir. Pelo fato de todas essas energias se alinharem com sua ferramenta mágica, elas não devem ser muito diferentes, mas ainda devem ser bem distintas. Ao notar essas energias, imagine-as como contas que precisam ser costuradas juntas.

O ideal é pegar todos esses fios diferentes de energia e fazê-los "se ligar" uns aos outros, para que eles trabalhem juntos como um grupo. Mentalmente, visualize esses fios e imagine-os se unindo, cada um deles único mas todos parte de um grande todo. A ideia de ligar todas as contas diferentes de energia que constituem a mágica de seu amuleto pode soar complicada, mas você vai descobrir que elas se unem com bastante facilidade. Só é preciso um pouquinho de concentração.

Quando seu saquinho estiver imantado e suas energias se alinharem umas às outras, ele estará pronto para uso! Você pode manter seu amuleto consigo ou perto de você. Também pode colocá-lo em um lugar onde sua energia seja mais necessária. Amuletos são magias potentes, fáceis de montar e favoritas de muitos Bruxos e Bruxas!

FEITIÇARIA COMPARTILHADA: MAGIA DO CABELO
POR MARTHA KIRBY CAPO

Dê uma pesquisada em "magia popular" e "cabelo" e encontrará toda sorte de artigos sobre feitiços com nós e Escada da Bruxa. Histórias sobre o uso de cabelo por Bruxas e Bruxos para lançar feitiços remontam a centenas de anos, se não milhares. Diane Purkiss, professora de Literatura inglesa na Universidade de Oxford, e membro e tutora no Keble College, Oxford, escreve:

> A principal diferença entre um magista e uma Bruxa ou um Bruxo e os contemporâneos de Shakespeare eram os livros. Bruxas e Bruxos fazem magia com o corpo, ou, às vezes, com o de outras pessoas, mas magistas fazem magia com palavras.[34]

O cabelo também é mencionado no infame *Malleus Maleficarum*, um manual publicado em 1487 que era usado para identificar e perseguir supostas Bruxas e Bruxos. No *Maleficarum*, o cabelo é listado ao lado de pós, bebidas, unhas e rãs como implementos mágicos usados por Bruxas e Bruxos.[35]

Em sua obra *Folk-Lore in the Old Testament: Studies in Comparative Religion, Legend, and Law*, Sir James George Frazer escreve:

> Aqui na Europa, pensava-se que os poderes maléficos de bruxas, bruxos e magos residiam nos cabelos, e nada seria capaz de impressionar esses canalhas contanto que mantivessem os cabelos presos.[36]

Talvez seu pai ou sua mãe tenham cortado uma mecha de cabelo de quando você era bebê para guardar de lembrança, ou talvez você tenha feito isso com seu

---

[34]. Diane Purkiss, "Witches in Macbeth", British Library, 15 de março de 2016. Disponível em: https://www.bl.uk/shakespeare/articles/witches-in-macbeth#.
[35]. Hans Peter Broedel. *The Malleus Maleficarum and the Construction of Witchcraft*. Manchester, Inglaterra: Manchester University Press, 2003, p. 139.
[36]. Sir James George Frazer. *Folk-Lore in the Old Testament: Studies in Comparative Religion, Legend, and Law*, vol. 2. Londres: Macmillian and Co., 1918, p. 485.

próprio filho como uma memória de seu pequenino. É uma prática muito antiga cortar uma pequena mecha de cabelo, amarrá-la com uma fita e colá-la atrás de uma foto ou em um livro de memórias. Sabe-se que cabelos cortados mantêm a cor durante décadas (e, às vezes, séculos!). Ainda que seja improvável que a maioria dessas pessoas tivesse qualquer intenção magista ao cortar os cabelos de seus bebês, sem dúvida elas também reconheciam o poder que cabelos evocam.

Na época Vitoriana, a mortalidade infantil era alta, e foi aí que a arte capilar se espalhou. O cabelo de um ente querido podia ser tecido ou trançado (ou uma combinação de ambos) e incorporado como uma moldura em uma fotografia de família, e em seguida colocado sob o vidro, emoldurado e pendurado na parede. Uma árvore genealógica podia ser construída com os cabelos de vários entes queridos, com suas fotografias colocadas ao longo dos galhos da árvore, e tudo isso seria colocado embaixo de um vidro, emoldurado e exposto. Assim como no caso do cabelo cortado da criança, é altamente duvidoso que se pronunciasse um intento mágico sobre os cabelos enquanto essas memórias eram construídas. Não obstante, há uma sólida consciência da conexão física com o ente querido evocado ao se trabalhar e visualizar a arte criada usando-se os cabelos dessa pessoa.

Cabelos são uma coisa poderosamente mágica. Ainda que a fibra capilar (feita de queratina proteica) esteja morta, o bulbo capilar subcutâneo (em que está ancorado o folículo capilar – a parte que ancora a fibra ao bulbo) contém células vivas que se dividem e crescem para construir a fibra. E, como a maioria de nós aprendeu na escola, células contêm DNA, a estrutura em dupla hélice que carrega informações genéticas para, bem, tudo. Seu DNA é uma grande parte do que faz com que você seja *você*.

Para fazer feitiços usando cabelos, guarde os fios que se juntam na escova, a fim de ter um suprimento pronto. Se seus cabelos forem curtos, pode levar um tempo para guardar a quantidade necessária de fios para certos feitiços, mas você vai acabar chegando lá.

Martha Kirby Capo é a editora/administradora de página do **The Agora**, *um* **blog** *compartilhado no Patheos Pagan, onde escreve como* **The Corner Crone**. *Você pode ouvir seus* **Moments for Meditation** *na rádio KPPR Pure Pagan. Atualmente, ela mora no Sul da Flórida. Seu feitiço com cabelo e nó mágico aparece na página 362 deste livro.*

MAGIA DE IMPEDIMENTO

Depois dos amuletos, feitiços relacionados a impedimento são a forma mais popular de magia envolvendo cordas e nós. A imagem mais conhecida de magias de impedimento é uma Bruxa ou um Bruxo envolvendo uma corda ou fita em volta da fotografia de um antagonista. Durante a criação de um feitiço de impedimento, geralmente se pronunciam palavras do feitio de "Eu o amarro para impedi-lo de fazer mal a si mesmo e a outros". Para muitos *millenials* e membros da Geração X, essas descrições de magia de impedimento provavelmente evoquem lembranças do filme *Jovens Bruxas*, de 1996, que de maneira intensa deram vida a um feitiço de impedimento.

Tradicionalmente, feitiços de impedimento são usados para impedir ações alheias, o que fez com que muitos Bruxos e Bruxas considerassem "ruins" esse tipo de feitiço, já que eles limitam o livre-arbítrio de outras pessoas. No entanto, se alguém está propositalmente causando mal a nós mesmos ou a outrem, não temos a obrigação de intervir? A pessoa que está causando o mal obviamente não se preocupa com a maneira como suas ações afetam os outros. Bruxaria não é um exercício passivo. Se magia funciona, não deveríamos ter medo de usá-la!

Mas há que se acrescentar que muitos livros apresentam uma compreensão bastante limitada da magia de impedimento. Feitiços de impedimento podem ser usados para muito mais do que para frear as ações de um valentão; eles também podem ser usados para amarrar ideias e energia a si mesmo e a outras pessoas. A magia de impedimento não trata apenas de limitar a si e a outrem; ela também pode ser usada para trazer novas ideias à sua vida ou reforçar qualidades que você gostaria que fossem mais dominantes em sua vida e na vida alheia.

A magia de impedimento é popular porque exige muito pouco em termos de materiais e é fácil de fazer. Só são necessárias três coisas: uma conexão com a pessoa ou coisa que você está tentando impedir; fita, corda ou barbante (algum tipo de fibra que possa ser amarrada em torno de um objeto); e um foco claro sobre o que você está tentando impedir. Há alguns exemplos em que você talvez queira adicionar um quarto objeto, mas chegaremos lá.

A parte mais importante de um feitiço de impedimento é descobrir o que precisa ser impedido. Digamos que você tenha um vizinho chamado Larry que se recusa a respeitar sua propriedade e privacidade. Não basta apenas impedir o Larry; é bom pensar nas ações particulares que você quer impedir o Larry de fazer. Talvez ele tenha filhos, portanto, impedi-lo de ter um emprego é uma coisa bem horrível a se fazer. Em um caso desses, provavelmente você ia querer impedir o Larry de fazer coisas que prejudiquem e/ou incomodem você e sua propriedade. As palavras que você diria durante o feitiço de impedimento poderiam ser parecidas com estas: "Eu o impeço, Larry, de causar dano e estresse a mim e a minha casa. Que assim seja!".

Agora que você descobriu para que serve o feitiço de impedimento, vai precisar de um pedaço de fita, corda ou barbante para usar no seu feitiço. Sem dúvida você pode usar alguma coisa que já tenha em casa, mas para melhores resultados talvez queira escolher uma cor específica de fita ou corda. O preto repele a negatividade, o que o torna uma escolha popular em feitiços de impedimento, mas, se Larry for barulhento e chato, talvez você queira escolher uma cor calmante para relaxá-lo.

Pelo fato de semelhante atrair semelhante, quanto mais forte for sua fibra, mais forte será seu feitiço de impedimento. Use barbante ou fita que sejam fortes e não se rompam com facilidade. Se seu problema é bem sério, corda, ou mesmo correntes, são aceitáveis. Outra opção é fita. Mesmo algo bem simples como fita adesiva vai funcionar.

Neste nosso exemplo, a última coisa de que você vai precisar é algo que conecte seu feitiço ao Larry. Imagens são itens comuns de conexão, mas também têm suas desvantagens. Uma fotografia tradicional tem peso e presença; uma imagem impressa do computador, nem tanto. Escrever o nome de alguém numa tira de papel é uma forma de conectar com essa pessoa, mas é difícil amarrar um cordão ou pedaço de barbante ao redor de um pedaço frágil de papel.

Se você tiver uma imagem de seu alvo impressa em um pedaço padrão de papel, pode ser útil colar essa foto (ou o nome) em algo mais consistente, como uma capa de revista ou uma página grossa de um livro que você não tem planos de ler no futuro. Se sua forma de se conectar é simplesmente escrever o nome de Larry em um pedaço de papel, por que não escrevê-lo em um palito de picolé? É muito mais fácil amarrar uma fita em alguma coisa mais sólida que um pedaço de papel.

Além de imagens e nomes escritos, você também poderia usar algo que pertença ao Larry. Se ele deixou lixo ou resíduos no seu quintal, seria uma forma excelente de conexão, já que ele tocou nessas coisas e talvez tenha deixado DNA nelas. Cabelo ou sangue funcionam melhor, é claro, mas provavelmente você não vai querer aparecer de surpresa na casa do vizinho com uma tesoura na mão. (Mas, se conseguir uma mecha de cabelos, sugerimos amarrá-la em um palito de picolé para facilitar o impedimento.)

De posse do objeto conector de seu feitiço a Larry e do cordão ou barbante que vai usar, é hora de dar início ao feitiço. Essa é a parte mais importante de todo o processo, e requer mais que apenas dizer "Eu o impeço, Larry, de causar dano e estresse a mim e a minha casa!". Ainda que seja importante proferir as palavras do feitiço, o mais vital aqui é a energia enviada enquanto se trabalha o feitiço. No caso de um feitiço de impedimento, é bom visualizar ativamente sua magia trabalhando – nesse caso, impedir Larry de incomodá-lo e causar danos à sua propriedade.

Ao amarrar fisicamente o cordão em torno da foto de Larry, visualize a energia de seu feitiço se enrolando em volta dele. Enquanto o cordão vai se enrolando ao redor do retrato no reino físico, imagine sua energia envolvendo o Larry – uma energia que o impedirá de agir de maneiras que prejudiquem você ou sua propriedade. A magia de impedimento é potente, e exige muita energia. Amarrar uma foto pequena e depois seguir a vida não é o bastante. Você precisa imaginar sua energia envolvendo Larry lentamente, movendo-se devagar pelo corpo dele e cobrindo cada aspecto de seu ser.

Continue visualizando à medida que for fazendo o impedimento, repetindo a intenção de seu feitiço até cobrir *totalmente* a imagem de Larry (ou qualquer outro item) com seu cordão ou a fita. Não cobrir adequadamente o objeto que conecta você a Larry deixará espaço para ele romper seu impedimento, portanto, seja o mais criterioso possível. Sugerimos dar pelo menos duas a três voltas com a fita ao redor da imagem. Quando terminar, você não precisa imantar o item, pois já fez isso ao elaborar o feitiço. Enquanto amarra o cordão em torno do objeto, afirme seu objetivo e faça a visualização, assim estará acrescentando ativamente toda a energia de que seu feitiço de impedimento precisa.

Ao terminar de amarrar o cordão ao redor da foto do Larry, prenda a ponta para que ele não se desfaça. A maneira de garantir a parte final de sua magia vai variar. Um método é reservar uma parte do início do cordão, o que significa começar a enrolá-lo cerca de 12 centímetros do ponto inicial. Quando acabar, você pode atar as duas pontas do cordão usando o nó mágico de sua escolha. Outra opção é prender a ponta do cordão com cera de vela ou um pedaço de fita (ou cola), ou então prendê-la ou amarrá-la no cordão que você já enrolou na imagem ou no objeto.

Outra maneira de usar magia de impedimento é prender alguma coisa em você ou em outra pessoa. Você pode prender uma boa sorte em si mesmo escrevendo sua assinatura em um palito de picolé, desenhando símbolos de sorte nele (como um trevo de quatro folhas, uma ferradura etc.) e depois amarrando o cordão em volta dele. Também é possível usar um trevo de quatro folhas de verdade ou outro item de sorte, e amarrá-lo com o cordão, ao lado de alguma coisa que represente você. Nesse caso, você estaria prendendo felicidade em si mesmo, e seria bom visualizar a sorte envolvendo-o enquanto diz: "Prendo a boa sorte em mim para que possa ter tudo de que preciso". Você também poderia prender dinheiro e riqueza em si, ou mesmo amor e autoaceitação. Tudo aquilo que visualizar pode ser preso em você mesmo e em outras pessoas.

Também é possível usar magia de impedimento para afastar as coisas de você e dos outros. Se você é fumante, pode prender um maço de cigarros, dizendo: "Eu impeço este vício de me tentar e me prejudicar". Enquanto amarra o cordão no maço, seria bom visualizar uma energia semelhante envolvendo você, mantendo-o distante da tentação de fumar.

Ao terminar o feitiço de impedimento, é bom manter o item amarrado o mais seguro possível. Não o deixe em um lugar onde ele possa ser desamarrado, o que quebraria o feitiço. Se possível, ponha o item amarrado em um lugar de difícil acesso. Se o feitiço é direcionado a outra pessoa, colocar o item amarrado em um local inóspito ligará a pessoa que você impediu à energia claustrofóbica de uma gaveta ou da parte de trás da geladeira.

Se o feitiço foi elaborado para benefício próprio, é bom você colocar o item amarrado em um local mais acolhedor, talvez em seu altar mágico ou na parte de cima de uma estante. Se for um feitiço para boa sorte, talvez você queira manter o objeto amarrado no bolso ou na bolsa. Se você dirige muito, guardar o amuleto no porta-luvas manterá a magia perto de si e lhe dará boa sorte em um lugar onde erros alheios (má sorte) podem ter consequências fatais.

Se você está fazendo um feitiço para banir um mau hábito, esconda o objeto amarrado no fundo de um armário ou algum outro lugar raramente visitado. Aqui, a ideia é querer esse mau hábito longe da vista e da mente, para você não se envolver mais com ele! É tentador enterrar itens de magia de impedimento, mas existem riscos nisso, e o maior deles é de que o feitiço se deteriore, ou de que uma minhoca ou, talvez, um animal selvagem o coma ou desenterre, liberando sua energia de modo que ele não funcione mais.

Para deixar sua magia mais potente, você pode adicionar outras propriedades energéticas ao feitiço de impedimento. Óleos essenciais são fáceis de acrescentar no cordão e na imagem, ou em outro item. Pedras e ervas imantadas podem ser colocadas junto a imagens e palitos de picolé e, em seguida, amarradas com fita adesiva ou fita comum. Ao terminar um feitiço de impedimento, você pode colocar o objeto amarrado sob uma pedra grande de proteção, adicionando a energia dessa pedra ao feitiço. Acender uma vela apropriada e pingar um pouco da cera no objeto amarrado é outra maneira fácil de fortalecer sua magia de impedimento.

Magias de impedimento são uma ferramenta versátil e poderosa do arsenal de uma Bruxa ou um Bruxo. Podem ser usadas para muito mais coisas do que apenas para impedir certos comportamentos em uma pessoa. Também podem ser utilizadas para impedir certos comportamento e atitudes em nós mesmos e nos outros.

CAPÍTULO 16

Feitiços com nó e corda

Um nó mágico serve para muito mais do que para fechar um saquinho. Ele pode ser usado para várias operações magistas. Além dos feitiços usuais neste capítulo, também incluímos informações sobre a Escada da Bruxa, bem como uma visão alternativa do processo por nosso amigo Thorn Mooney.

Muitos dos feitiços aqui envolvem nove nós, sendo o número 9 talvez o mais usado na magia com nós. Se outros números o atraem mais, não deixe de usá-los! O nove é popular, mas usá-lo não é obrigatório. Se oito nós fazem mais sentido para você, use oito nós.

A ESCADA DA BRUXA

A expressão Escada da Bruxa foi usada pela primeira vez em um artigo do *The Folk-Lore Journal*, publicado em 1887 na Inglaterra. O autor do artigo detalha vários itens então recentemente descobertos que, acredita ele, pertenciam a Bruxas ou Bruxos. O autor do artigo, dr. Abraham Colles, assim os descreve:

> Compõe-se de um pedaço de corda de cerca de seis metros de comprimento e mais ou menos um centímetro de diâmetro. É feito de três faixas, com um laço em uma das pontas, como se para

ficar suspenso. Inseridas nos cruzamentos da corda há várias penas – a maioria de ganso, mas outras são de corvo ou de gralha – sem uma ordem definida ou intervalos regulares, mas saindo por todos os lados da corda em (ou próximo a) ângulos retos com seu eixo.[37]

Colles sugere que a Escada da Bruxa deve ter sido projetada para impedir pessoas de entrar na casa da Bruxa ou Bruxo que a fez. Na verdade, o item descrito por Colles provavelmente não pertencia a Bruxa ou Bruxo algum, sendo tão somente um *sewel*, um feixe de penas frequentemente pendurado em árvores e usado para afastar cervos. Independentemente de suas origens, a Escada da Bruxa se tornou um item popular em muitos círculos de Bruxaria, e pode ser usado para vários propósitos.

Como muitos itens envolvendo nó mágico, a Escada da Bruxa muitas vezes é descrita como um rosário católico: um feixe de nós e itens para Bruxos e Bruxas orarem, meditarem e/ou refletirem. Outros usam a escada para feitiços de impedimento, cura e proteção. Ainda que a Escada da Bruxa no artigo de Colle contivesse quarenta penas e não nós (as penas eram trabalhadas nas tranças), a maioria das Bruxas e Bruxos de hoje fazem suas escadas com nove penas (ou outros itens) e nós.

Na maioria das tradições da Bruxaria, a corda usada para a escada é trançada pela Bruxa ou Bruxo individual com três pedaços de barbante, cada um de uma cor diferente, tradicionalmente vermelha, branca e preta. Isso parece mais assustador do que realmente é. Para criar uma Escada da Bruxa, é só amarrar os três pedaços de barbante nas pontas e começar a trançar. Enquanto trança, amarre as penas ou outros itens nas peças de barbante, prendendo cada uma delas com um nó. Ao terminar, você pode criar um laço na ponta da escada para pendurá-la, ou pode amarrar as duas pontas da corda para formar um círculo.

A energia colocada nos nós e nos cordões enquanto se elabora a Escada da Bruxa é o combustível que sua escada usará para atrair seus desejos até você (ou, em alguns casos, repelir o que você quer afastar). Os bibelôs e penas que você adicionar a ela reforçarão essas energias, acrescentando seus elementos exclusivos para tornar a escada o mais poderosa possível.

---

37. Dr. Abraham Colles, "A Witches' Ladder," *The Folk-Lore Journal* 5, nº 1 (1887), p. 1-5. Disponível em: https://www.jstor.org/stable/1252510.

Para criar sua própria Escada da Bruxa, você vai precisar de:

- 3 pedaços de barbante, cada um com um metro de comprimento (no mínimo)
- 9 penas ou outros itens (A máxima "semelhante atrai semelhante" está em jogo aqui, portanto, use itens que representem seu objetivo mágico.)

Comece amarrando um nó em seus três pedaços de barbante. Enquanto os trança, foque sua intenção e sinta essa energia se movendo para o barbante. A cada poucos centímetros de barbante que trançar, é bom você colocar algumas penas ou outros itens. Penas são tradicionalmente usadas na Escada da Bruxa porque se acredita que elas carreguem as energias de nossos desejos para o universo. Outros penduricalhos encontrados em várias escadas incluem bibelôs, contas e ossos. Independentemente do que você usar, garanta que isso ressoa consigo mesmo e se encaixe em seu objetivo final. Se você usar penas, pode selecioná-las por cor (vermelho para amor, por exemplo) ou por ave.

Vá inserindo as penas nas tranças do cordão e prenda-as em um lugar com nó. Amanda usa as seguintes rimas ao fazer nós em uma Escada da Bruxa:

Ao primeiro nó, o feitiço tem início.
Ao segundo nó, ele se torna vitalício.
Ao terceiro nó, que seja assim.
Ao quarto nó, o poder guardo em mim.
Ao quinto nó, o feitiço é avivado.
Ao sexto nó, o feitiço é determinado.
Ao sétimo nó, eventos vou impregnar.
Ao oitavo nó, um destino a selar.
Ao nono nó, o que está feito é meu, e só.

Seus nós armazenam energia na Escada da Bruxa, portanto, é importante estar focado no seu objetivo ao atá-los. Sinta a energia de sua vontade e corpo se movendo para cada nó! Extraia energia da terra e coloque-a no nó. É bom cada nó conter a maior quantidade possível de energia mágica.

Quando chegar no fim do barbante, você tem uma escolha a fazer. Pode criar um laço no topo da Escada da Bruxa para ela ser pendurada, ou então amarrar as duas pontas juntas para formar um círculo. Se optar por pendurar a escada, é bom acrescentar um décimo bibelô na ponta dela para fazer peso, especialmente se você escolheu adorná-la somente com pedras. Isso evitará que ela seja tirada da parede por um vento forte.

Como alternativa, você pode amarrar as duas pontas da escada para fazer um círculo. Se seu objetivo mágico está relacionado a fins/começos, plenitude, eternidade ou unidade, transformar sua Escada da Bruxa em um círculo não apenas simboliza essas energias como, também, lhe dá mais poder ainda. Independentemente de como você escolher finalizar sua Escada da Bruxa, é bom adicionar um poder extra ao nó final, dizendo:

Onze nós te circundam,
E nove penas e três cordas.
Como é de minha vontade, que assim seja![38]

Para dar um pouco mais de substância à sua Escada da Bruxa, você pode untá-la com o óleo essencial apropriado ou passar cera de vela nela depois de atar o último nó.

Se você estiver usando sua Escada da Bruxa para proteção, o costume é colocá-la próximo à entrada de sua casa ou pendurá-la na varanda. Você também pode enterrá-la no quintal, de preferência sob uma janela ou perto de uma soleira. Se você transformou a escada em um círculo, pode colocá-la no seu altar. Se quiser transformar seu laço com algo parecido com uma coroa de flores, você pode abri-lo em um círculo e borrifar selante nele, tornando-o rígido e fácil de pendurar (embora esteja adicionando produtos químicos estranhos a ele).

---

38. Sei o que alguns de vocês estão pensando: *mas só usamos três nós!* Mas há dois nós no topo e na base da Escada da Bruxa.

Dependendo da intenção por trás de sua Escada da Bruxa, é bom você dar uma verificada periódica nela e adicionar energia extra a seus nós e bibelôs. Você também pode usar sua escada como artifício meditativo, usando os nós como pontos de partida para focar partes específicas de seu feitiço. Se estiver usando a Escada da Bruxa para ativar um objetivo específico, quando sua magia atingi-lo é bom enterrar a escada para liberar sua energia de volta para o universo.

FEITIÇARIA COMPARTILHADA:
A ESCADA DA BRUXA COMO UM ALTAR PORTÁTIL
POR THORN MOONEY

A esta altura, provavelmente você descobriu que a magia pode ser elaborada ou simples, conforme sua preferência. Você pode adquirir um conjunto completo de ferramentas e usar todas elas a cada vez que fizer um feitiço ou conduzir um ritual, ou pode se concentrar somente em dominar as próprias faculdades mentais, conduzindo seus trabalhos puramente em outros mundos ou, talvez, apenas com as coisas que tiver imediatamente à mão. Seria possível construir um altar complexo que ocupe metade do seu quarto, ou trabalhar apenas em um canto de uma escrivaninha ou balcão de cozinha, e só quando tiver alguma coisa para fazer. Alguns Bruxos e Bruxas gostam de alternar entre várias ferramentas diferentes – cada uma com funções altamente específicas – e aprender roteiros de rituais elaborados que levam horas para serem feitos. Outros se atêm a uma coisa só – como velas mágicas, trabalho com cristais ou feitiços em frascos – e tendem a acumular suprimentos que pertençam a esse único estilo de magia. A variedade é ilimitada, e sua própria prática provavelmente vai mudar dependendo de outras coisas que estejam acontecendo na sua vida no momento.

Entretanto, independentemente de sua preferência, em algum ponto (pode apostar) você se encontrará em uma situação em que as coisas simplesmente não são ideais. Você estará viajando e não terá acesso ao seu altar, ficará momentaneamente (ou permanentemente) enclausurado, estará sem algum suprimento de que precise, ou seu coven vai se separar e você ficará trabalhando sozinho. Às vezes, pode ser tão simples quanto não ter a energia física ou emocional para conduzir um ritual completo da forma como faria normalmente. Em qualquer uma dessas situações, é útil ter alguma coisa no bolso que lhe permita se sentir conectado e trabalhar a magia com eficiência e esforço mínimo. E, quando digo no bolso, é no sentido *literal*.

Escada da Bruxa é uma forma consolidada de magia. Em tradições folclóricas, ela pode ser feita com cabelo, farrapos de tecidos, fios ou outros itens pessoais para lançar feitiços. A Bruxa ou o Bruxo define a intenção e a direção do feitiço e então ata seu poder à escada, em geral recitando algum tipo de encantamento. Em algumas tradições, o poder é liberado quando os nós são desfeitos. Em outros, a escada permanece atada, e a Bruxa ou o Bruxo continua a imbuindo de magia conforme necessário. Nos últimos anos, muitas Bruxas e Bruxos contemporâneos passaram a usar a Escada da Bruxa da mesma maneira que rosários e malas são usados em tradições católicas e budistas, respectivamente. Cada nó representa uma oração ou um mantra, que a Bruxa ou o Bruxo recita para despertar um estado alterado de consciência, seja lançando um feitiço, seja rezando a uma divindade.

Quando aprendi a usar uma Escada da Bruxa pela primeira vez, foi assim. Fiz escadas diferentes para cada um dos deuses e espíritos com quem trabalhava, além de cordas que usaria para feitiços simples com nós. Mas com o tempo, como consequência de estar muitas vezes na estrada a trabalho ou por compromissos familiares, elaborei uma escada que, por assim dizer, tem função dupla, servindo como altar e círculo por si só, além de seu propósito mais tradicional. Não posso jogar toda a parafernália no carro, sobretudo quando vou fazer *couch surfing* ou compartilhar um quarto de hotel com não bruxos, mas sempre tenho espaço na bolsa para minha Escada da Bruxa!

Comecei coletando bibelôs e penduricalhos que representavam aspectos de minha prática, bem como ferramentas importantes. Acabei com um bibelô de pentáculo para substituir o pentáculo do altar, uma espadinha disfarçada de miniatura para servir de punhal, peças de âmbar e azeviche, e um dente de chifre para representar a deusa e o deus que venero, e outras coisinhas exclusivas de meu bruxedo. Alguns já tinham argolas ou orifícios que os tornaram apropriados para amarrar no fio, mas outros (como o dente de chifre) eu simplesmente amarrei em arame artesanal. Seja criativo. Minha escada tem uma chave de ossos que serve como lembrete de que, como Bruxa, tenho o poder de abrir portas fechadas a outras pessoas. Também amarrei um pedaço de carvalho para servir de varinha, uma vértebra de raposa para manter conexão com um espírito animal com quem trabalho de perto, e várias runas e outros símbolos que entalhei em discos de madeira artesanais para propósitos pessoais e lembretes. Você pode optar por contas, ossos, cristais, raminhos, bibelôs de metal e quaisquer outros talismãs e ferramentas que conseguir inventar.

Amarre cada um deles em barbante, fio, cabelo ou tiras de pano, como preferir. Minha escada é feita de uma trança de quatro fios de cores diferentes de barbante, cada um representando um dos quatro elementos. (Sou Bruxa Wiccana, então isso faz muito sentido para mim – seu campo de ação pode variar.) Sussurre palavras de poder em sua escada ao trançá-la, amarrando os bibelôs em qualquer ordem que faça sentido para você. Sua escada também pode ter o comprimento que você quiser. Você pode escolher um número sagrado para decidir o tamanho – talvez 30 centímetros para cada lua cheia, ou sua própria altura, ou a distância do seu cotovelo até a ponta do dedo indicador, como às vezes é o costume para varinhas de corte. Se sua prática envolve um círculo, considere fazer uma escada comprida o bastante para formar um pequeno círculo no piso ou amarrar na cintura (para que você possa ficar "dentro" do círculo sempre que precisar).

Você decide o que cada nó, objeto e fio representa. Com uma Escada da Bruxa, você pode ter consigo representações de suas ferramentas, espíritos, tradições, ancestrais e de si mesmo o tempo todo. Use-a para recitar orações memorizadas ou afirmações, ou utilizá-la quase como um altar em si. Afinal, não é o tamanho de uma ferramenta que a torna poderosa. Desafie-se a adaptar seu ritual "completo" para que ele possa ser feito só por você mesmo e pelo que teceu na sua escada.

Se posso escolher, adoro ter um grande altar com um leque de ferramentas, mãos extras para ajudar a fazer o trabalho, e bastante espaço e privacidade. Mas nem sempre isso acontece. Quando estou na estrada, ou me falta tempo e espaço, ou quando preciso ficar quieto ou fora de vista, tenho tudo de que preciso bem na bolsa ou no bolso. A Escada da Bruxa é uma ferramenta versátil e cem por cento customizável à sua disposição, não importa sua tradição ou nível de experiência.

Thorn Mooney é sacerdotisa Wiccana e líder de coven na Carolina do Norte e autora de **The Witch's Path: Advancing Your Craft at Every Level and Traditional Wicca: A Seeker's Guide.** *Encontre Thorn no YouTube e no Instagram e em www.thornthewitch.com.*

AMULETO DE COZINHA DE AMANDA

Como todos sabemos, não importa quanto a festa esteja boa, todo mundo sempre acaba na cozinha! Esse cômodo é conhecido quase universalmente como lugar de conforto e amor, e um ótimo lugar para entreter convidados. Então, por que não adicionar um pouco de magia extra incorporando um amuleto para transformar a cozinha em um lugar onde todos se sintam bem-vindos?

Para esse amuleto, recomendo usar ervas que tragam alegria e prazer. O objetivo é trazer riqueza e abundância à sua cozinha, motivo por que sugiro usar ervas de uma receita familiar ou de uma refeição que você adore servir a seus amigos e familiares. Da mesma forma, fique à vontade para usar ervas que tradicionalmente representam abundância, amor, família ou qualquer vibração que você pretenda trazer à sua cozinha.

Quando tiver decidido quais ervas usar no saquinho, é hora de criar o amuleto. Você vai precisar dos itens a seguir:

- As ervas que você escolheu (secas e bem picadinhas)
- Uma pequena tigela de vidro
- Uma colher de pau
- Uma toalha de mão de cozinha
- Tesoura de cozinha
- Barbante de cozinha (também conhecido como barbante de açougueiro ou linha de cozinha)

Corte suas ervas se necessário; depois, coloque-as na tigela de vidro. Misture-as com a colher de pau, visualizando sua cozinha como um lugar acolhedor e caloroso. Imagine-a cheia de amigos e entes queridos. Talvez você se veja cozinhando refeições nutritivas ou assando guloseimas deliciosas para essas pessoas. Ao visualizar isso, recite este cântico enquanto mexe as ervas:

Ervas mágicas de minha cozinha,
Encham este local de amor e alegria
Enquanto cozinho, asso e faço minha bruxaria.
Assim como é em cima, é embaixo!

Com a tesoura, corte a toalha de cozinha em um quadrado de 15 por 15 centímetros. Coloque no centro do tecido as ervas cortadas que você imantou magicamente. Pegue as beiras do tecido e amarre o saquinho com o barbante, recitando mais uma vez o cântico enquanto o amarra. Coloque o amuleto em um lugar da cozinha onde sua energia será sentida com mais facilidade.

MINIALMOFADA PARA PODER PSÍQUICO

Esta minialmofada é o objeto perfeito para manter por perto se você lê tarô ou está em busca de sonhos proféticos. As ervas na almofada aumentarão seus poderes psíquicos, tornando muito mais fácil ter vislumbres do futuro.

Para este feitiço, você vai precisar de:

- 2 pedaços pequenos de tecido, com não mais que 20 x 13 cm (um quadradinho de apenas 8 x 8 cm é mais que suficiente!)
- Linha e agulha
- Ervas para a almofada (Recomendamos artemísia, flores de jasmim, tomilho, lavanda, bagas de zimbro, manjericão e alecrim. Você pode usar todas essas ervas ou somente algumas delas.)
- Bibelôs (se quiser)

Qualquer tipo de tecido vai funcionar na criação de sua almofada, mas, se puder reutilizar e reciclar algo que você já tenha, melhor ainda. Se você tiver um saquinho já deteriorado que usa (ou usava) para guardar cartas de tarô, acabou de encontrar o tecido ideal. Um antigo pano de altar ou mesmo uma camiseta velha que você associe com trabalho mágico tornará sua almofada muito mais potente. Outra coisa a se considerar é a cor. Existem certas cores que fazem você se sentir mais mágico ou mediúnico? Se sim, são as cores perfeitas para sua almofada e/ou para a linha!

Com a agulha e a linha, comece a costurar a almofada. É bom costurar três dos quatro lados dela, deixando uma abertura em um dos lados para colocar as coisas dentro. Se estiver usando dois tamanhos diferentes de tecido, costure a base e os dois lados, deixando a parte de cima aberta. Se estiver fazendo uma almofada quadrada, o lado que você vai deixar aberto não fará tanta diferença.

Enquanto costura as duas peças de tecido, pense na magia que deseja receber da almofada. Você pode pronunciar os seguintes versos ao costurar:

Magia de agulha e linha a coser,
Mostre-me o lugar que logo vou percorrer!

Depois que três lados estiverem costurados, você pode deixar toda a parte "de cima" aberta ou só uma pequena parte dela. Independentemente do que optar por fazer, certifique-se de haver espaço suficiente para passar as ervas (e bibelôs) pela abertura. Ao adicionar as ervas à almofada, visualize suas energias potencializando suas cartas de tarô e intuição. Sinta essas energias potencializando seus sentidos psíquicos e poderes divinatórios.

Além de ervas, você pode adicionar outros itens em sua almofada. Pode acrescentar bibelôs que sugiram consciência psíquica, como um olho. Se você tem uma carta de tarô antiga e amada de um baralho cuja maioria das cartas foram perdidas, também é possível acrescentá-la à almofada. As coisas adicionadas dependem de você, e não há nada de "errado" que possa ser adicionado. Se o item sintoniza com você, isso já basta. Apenas tenha cuidado para não estufar demais a almofada, porque você ainda precisa costurá-la!

Depois que costurar e fechar a almofada, acrescente alguns nós (recomendamos três) para cerrá-la, dizendo:

Um nó para o que verei,
Um para o que será,
Agora atados com o poder de três.
Minha vontade feita, que assim seja!

Quando sua almofada estiver pronta, você pode deixá-la no altar e usá-la sempre que ler tarô ou cartas de oráculo. Se sua almofada for pequena o bastante, você pode guardá-la em um saquinho com suas cartas, potencializando-as (e deixando-as muito cheirosas!).

Se você está precisando de sonhos proféticos, coloque essa minialmofada embaixo do seu travesseiro comum e diga:

Com a magia cosida dentro deste envoltório,
Traga a mim sonhos divinatórios!

De manhã, certifique-se de anotar quaisquer sonhos de que se lembrar.

CORTE-OS!

Há vezes em que é preciso remover um amigo, familiar ou outra pessoa significativa de nossa vida. Este feitiço é elaborado para fazer isso, a fim de que você possa seguir tocando em frente e focar relacionamentos saudáveis em vez dos tóxicos.

Para este feitiço, você vai precisar de:

- Um pedaço de corda, fio ou barbante facilmente cortável (pelo menos 30 centímetros)
- Óleo para untar, como o Vá Embora ou o Abre Caminhos
- Tesoura ou punhal, ou outro tipo de faca ritualística
- Conexões com a pessoa que você está deixando para trás e consigo mesmo (como seus nomes escritos em pedaços de papel ou mechas de cabelo de ambos)
- Uma área onde você pode amarrar a corda de modo que ela fique esticada (Se estiver trabalhando em seu altar, amarrar a corda em dois porta-velas funciona muito bem. Nesse caso, não acenda as velas!)

Comece untando a corda com o óleo. Inicie pelo meio e unte a corda em movimento anti-horário até cada ponta. Depois de untar a corda com o óleo, marque uma ponta como sua e a outra como pertencente à pessoa que você está tentando remover da sua vida. Se sua corda é grossa, isso pode ser feito escrevendo os nomes nela. Se estiver usando barbante ou fio, é possível colar o nome escrito em um pequeno pedaço de papel em cada ponta. Você também poderia amarrar cabelo de ambas as partes na corda. Apenas se certifique de indicar qual ponta pertence a qual pessoa.

Com os lados da corda marcados, amarre a ponta que representa a pessoa que você está cortando da sua vida ao porta-velas (ou outro objeto) com um nó frouxo (você vai querer conseguir desatar a corda quando terminar). Ao dar esse nó, diga:

Amarro este nó para a pessoa que me causou prejuízo.
Nesta nossa despedida, que eu seja valente.
O que antes se compartilhou foi destruído.
Esta noite, através da arte da Bruxa e do Bruxo, seguimos em frente!

Agora, amarre a sua ponta da corda (sem apertar) no porta-velas (ou outro objeto). Ao dar este segundo nó, diga:

Amarro este nó para começar renovado(a).
Dou adeus à relação passada.
Esta noite, corto os laços que havia entre ti e mim.
De ora em diante para sempre separados,
minha vontade será assim!

Certifique-se de que sua corda esteja tesa antes de continuar. É bom que ela esteja esticada o suficiente para que seja fácil cortá-la. Depois que a corda estiver em uma posição segura, diga:

Agora as conexões entre nós se cortaram.
O que antes existia agora ficou para trás.
Onde os caminhos antes se cruzavam, agora eles se separam.
Com este corte, esta relação já não existe mais!

Com cuidado, corte a corda no meio após pronunciar as últimas palavras do feitiço. Ao cortar a corda, visualize as conexões entre você e a pessoa que está removendo da sua vida se desfazerem. Em seguida, pegue as duas pontas da corda e coloque-as no seu altar (ou em algum outro lugar seguro), e, ao longo dos dias ou semanas seguintes, vá afastando lentamente os dois pedaços da corda um pouco mais a cada dia.

Quando os dois pedaços da corda chegarem aos limites do altar, queime ou enterre a parte que representa a pessoa que você quer cortar da sua vida. Se onde você mora não é possível cortar ou queimar, em voz alta e com bastante ênfase jogue esse pedaço de corda no lixo. Você pode guardar a ponta que representa a si mesmo como lembrete de sua força individual ou descartá-la da maneira que preferir.

FEITIÇARIA COMPARTILHADA: FEITIÇOS COM NÓS DE CABELO
POR PHOENIX LEFAE

Feitiços com nós possuem longa linhagem e história, e suas potenciais utilidades são infinitas. Uma forma simples de acrescentar nós mágicos ao lançar feitiços é usando tranças.

Este feitiço é para manifestação. As especificidades dele terão de ser modificadas com base no seu objetivo. A única exigência é ter cabelos compridos o bastante para trançar.

Faça sua escolha com base nas seguintes opções e no que você tem acesso.

Tipo de Trança

Primeiro, decida como você vai trançar seu cabelo.

Trança embutida: Uma trança que pega todo o cabelo é melhor para trabalhos importantes e objetivos grandiosos.

Trança francesa: Uma trança francesa funciona bem quando você enfeita seus cabelos sem que isso seja visto como algo bizarro. Não seria a melhor opção para uma entrevista de emprego.

Minitrança escondida: Uma trança pequena é ótima para disfarçar seu trabalho e ser mais discreto.

Óleos

Adicione óleos nos seus cabelos que se alinhem com seu objetivo. Se você não é de tomar banho de perfume ou óleos essenciais, use pouco. Algumas gotas de óleo essencial esfregadas na palma das mãos e depois aplicadas nos cabelos que você vai trançar funcionarão perfeitamente.

Penduricalhos

Coloque objetos ao trançar os cabelos. Podem ser fitas coloridas, ervas, flores, amuletos etc. Escolha com cuidado os itens. Se for apropriado, eles podem ficar à mostra. Se for preciso manter o trabalho em segredo, escolha penduricalhos que possam ser facilmente escondidos nas tranças.

Os Nós/Tranças

Depois de reunir todos os itens e óleos, sente-se com esses objetos à sua frente. Respire fundo algumas vezes para se centrar e focar. Fale em voz alta seu objetivo ou intenção. Continue respirando com foco, e sinta essa intenção ganhar vida em suas mãos.

Quando estiver pronto, divida seu cabelo em três partes e comece a aplicar os óleos, devagar e com intenção. Foque seu objetivo, sentindo-o se realizar.

Em seguida, pegue os objetos, bibelôs, penduricalhos etc. que você queira trançar nos nós. Comece a trançar e acrescente esses itens. Enquanto trança cada faixa de cabelo, veja seu objetivo se manifestando e sinta seu poder surgindo em suas mãos e passando para as tranças. Ao chegar à ponta dos cabelos, amarre a trança com um elástico de borracha ou uma fita da cor apropriada. Visualize ou sinta isso como um ponto-final na frase de seu sucesso. Saiba que seu objetivo será atingido.

Desfazendo o nó

Se possível, mantenha a trança até encerrar suas ações. Por exemplo, se você está indo a um encontro, fique com a trança até o fim. Se ela foi feita para um novo emprego, mantenha a trança no cabelo até receber a oferta de trabalho.

Phoenix LeFae é bruxa, sacerdotisa e lojista. É autora de vários livros, entre eles, **What Is Remembered Lives**, **Walking in Beauty** *e* **Life Ritualized**.

FEITIÇO DA CORDA MEDITATIVA

Este feitiço é elaborado para ajudar você a entabular relações mais íntimas com divindades ou outros poderes mais elevados. Ainda que este livro tenha citado tangencialmente divindades e espíritos, essas forças são importantes para muitos Bruxos e Bruxas. Se você está tentando se aproximar de uma deusa, deus, anjo, fada, santo ou ancestral, este feitiço é para você.

Para este feitiço, você vai precisar de:

- Um pedaço razoável de corda ou cordão (Escolha algo mais substancial que barbante ou fio.)
- Uma vela
- Óleo Abre-Caminhos
- Incenso (opcional)

Comece untando o pedaço de corda e a vela. Sugerimos usar óleo Abre-Caminhos, já que você vai forjar novos laços e explorar novas aventuras. Unte sua vela e a corda em sentido horário, começando pela base e movendo para cima. Enquanto unta a vela e a corda, pense no poder elevado de que você está tentando se aproximar. Imagine-o em sua mente e sinta o poder dele ao seu redor. Se puder, queime o incenso que você acha que ele apreciaria.

Depois que tudo foi untado, acenda a vela e diga:

Acendo esta vela para me aproximar de você.
Que meu coração e magia sejam sinceros pra valer!

Sinta-se à vontade para acrescentar palavras que expressem seu desejo de construir uma relação com o poder que você está invocando. A mera pronúncia do nome da força de que está tentando se aproximar pode ser especialmente poderosa.

Neste feitiço, você vai fazer onze nós. A célebre frase de Aleister Crowley "Do what thou wilt shall be the whole of the Law" ("Faze o que tu queres, será tudo da Lei", em tradução livre) tem onze palavras e onze sílabas, o que torna o número 11 especialmente mágico. Comece fazendo um nó no meio da corda, dizendo:

Humildemente inicio esta solicitação.
Conhecer você é minha missão.

Faça o segundo nó no lado esquerdo da corda e o terceiro na direita, alternando os lados a cada nó (esquerda, direita, esquerda, direita, esquerda, direita, esquerda, direita, esquerda, direita). Tente deixar pelo menos um espaço pequeno entre cada nó. Enquanto faz cada um dos nós, pronuncie os versos a seguir:

Dois para seus mistérios conhecer.
Três para todas as suas histórias saber.
Quatro para a pureza de meu coração.
Cinco para o poder de nossa aptidão.
Seis para seu aparecimento contínuo.
Sete para todo o seu ensino.
Oito para o insight que você der.
Nove para a vida que houver.
Dez para que eu o veja.
Onze e o feitiço está feito, que assim seja!

Quando acabar de fazer os nós, guarde a corda em um lugar de fácil acesso. Nos onze dias seguintes, reacenda a vela, revisite a corda e vá percorrendo cada nó, começando pelo primeiro e passando pelos outros dez. Ao tocar cada nó, pronuncie o encantamento acima, e, quando acabar, aja de acordo com as palavras do feitiço.

Fale com a divindade da qual você está tentando se aproximar, e leia sua mitologia e história. Pratique magia em nome dela quando for apropriado, e fale sua verdade a ela. Esteja aberto à presença dos poderes mais elevados que você invocou, e reconheça quando eles estiverem ao seu redor. Imagine-os como parte de sua vida, e saiba que eles caminharão com você enquanto sua busca por eles for sincera. Repita o encantamento sempre que sentir necessário fortalecer sua relação com esses poderes.

FEITIÇARIA COMPARTILHADA:
FEITIÇO COM NÓ DE CABELO PARA IMPEDIMENTO
POR MARTHA KIRBY CAPO

Quando faço este feitiço de impedimento, uso os cabelos que se acumularam na escova durante as duas últimas semanas, ou mais. Se você leva mais tempo para juntar uma boa quantidade de cabelo com que trabalhar, isso é perfeitamente normal. (Os cabelos em sua cabeça já estão mortos; o bulbo capilar sob a pele é o lugar onde ficam as células vivas e que cria a fibra do cabelo.) Uso apenas meus próprios cabelos ao trabalhar este feitiço. Ainda que sejam comuns feitiços de impedimento com cabelo alheio, isso não é algo que faz parte de minha prática.

Para este feitiço, você vai precisar de:

- Cabelo suficiente para torcer em uma única faixa de cerca de 22 centímetros (Esta parte é muito importante. Para este feitiço, você não vai usar somente uma faixa de cabelo; você vai usar muito cabelo formando uma única faixa.)
- Lua cheia (de preferência, mas não é cem por cento necessário)
- Um pouco de papel e alguma coisa para escrever
- Fogo (como em um caldeirão, fogueira, pira, lareira, ou mesmo um fósforo ou vela)

Antes do ritual, defina sua intenção. Reserve um tempo para isso e seja o mais específico possível. Palavras têm poder, portanto, é preciso usá-las bem e com sabedoria. Mesmo que minha tendência seja impedir o alvo de minha intenção para que seu poder/efeito se reduza a nada conforme a lua cheia comece a minguar, este feitiço de impedimento não necessariamente se vincula a fases lunares. Às vezes, o alvo precisa ser afetado mais cedo, e não mais tarde, portanto, se esperar pela lua cheia distorce a sincronização de seu feitiço, favor seguir no seu próprio ritmo.

Reserve um tempo e um espaço para ficar em silêncio com os fios de cabelo torcidos, um pedaço de papel em branco e alguma coisa que sirva para escrever. Enrole os fios de cabelo nos dedos de uma mão e pense nas palavras que você associa com o alvo do feitiço de impedimento. Neste momento, não se preocupe com a "beleza" delas; limite-se a anotar palavras ou frases aleatórias que vierem à mente quando você pensar no alvo que vai impedir. Parceiro romântico controlador demais? Talvez você se pegue escrevendo coisas como "controlador", "restritivo" ou "grudento". Ex-chefe ameaçando seu ganha-pão? Você pode escrever "ataque", "má intenção" ou "reputação".

Depois de passar um tempo escrevendo palavras variadas e continuando a enrolar os fios de cabelo nos dedos, olhe para as palavras e circule as duas ou três que ressoem mais fortemente com você. Essas palavras compõem a destilação, o cerne, de sua intenção. Pessoalmente, acredito que as intenções mais potentes e eficazes são escritas com simplicidade; mais palavras não significam mais magia. Escreva uma única frase curta, direta, que abarque sua intenção. Um exemplo é "Impedir qualquer mal que (nome da pessoa) direcione a mim ou a minha subsistência". Quando você estiver satisfeito com a frase que elaborou, escreva sua intenção em um pedaço de papel.

Durante o ritual, é bom você ter algum tipo de fogo para queimar os cabelos e a intenção. Eu uso um pequeno caldeirão de ferro onde coloco uma quantidade bem pequena (não mais que duas a três colheres de sopa) de álcool isopropílico, mas certamente você pode usar uma fogueira ou lareira externa, uma lareira interna, ou mesmo uma vela ou um fósforo. Independentemente do que usar, certifique-se de tomar as devidas precauções de segurança.

Antes de trabalhar seu feitiço de impedimento, reserve alguns instantes para se aquietar e conectar com o que você considera sagrado. Se você trabalha com uma ou mais divindades, siga sua prática de conexão e pedido que tem com elas. Se trabalha com energias telúricas, aterre-se para se conectar profundamente com Tudo o Que Há.

Quando estiver centrado e pronto, segure os fios de cabelo em uma das mãos, pegue com a outra o pedaço de papel com sua intenção escrita, e pronuncie sua intenção três vezes e com convicção. Ponha o pedaço de papel em um ângulo reto (transversalmente) cruzando o centro dos fios de cabelo, em seguida, dê um primeiro nó apertado ao redor do papel usando os fios de cabelo.

Pronuncie com firmeza o encantamento dos nove nós ao fazer os nós restantes (veja na página seguinte).

Ao terminar de dar os nós, atire o feitiço de impedimento no fogo e foque o feitiço até os cabelos e o papel se queimarem por inteiro. Talvez você note que seus cabelos não se reduzem a cinzas. Muitas vezes, os meus se transformam em uma massa carbonizada, que deixo no caldeirão por vários dias antes de descartar.

Encantamento dos Nove Nós

Uso uma variação de um encantamento de nove nós que se consegue encontrar praticamente em qualquer lugar na internet. Ao atar os nós, começo fazendo um no centro da faixa de cabelos, com o segundo e o terceiro nós em cada ponta dessa faixa. Isso me dá uma boa ideia de onde colocar os nós de 4 a 8, trabalhados de forma alternada em cada um dos lados do nó central indo para os nós finais. O nono nó amarra as duas pontas das faixas de cabelo, formando um círculo.

Esta é minha versão do encantamento de nove nós:

Ao primeiro nó, este feitiço começou.
Ao segundo nó, que ele se torne realidade.
Ao terceiro nó, que assim seja.
Ao quarto nó, minha Vontade eu guardo.
Ao quinto nó, este feitiço está vivo.
Ao sexto nó, este feitiço eu elaboro.
Ao sétimo nó, minhas palavras ao céu.
Ao oitavo nó, abra o Portal.
Ao nono nó, venho por este meio impedir.

Personalize o encantamento de nove nós que sirva para sua prática. Por exemplo, um dos aspectos de Hécate com que trabalho é *Rixipila*, A Que Derruba os Portais; Hécate Rixipila é a divindade a quem faço o pedido ao atar o oitavo nó. Adaptar este encantamento de modo a incluir elementos de sua prática o infundirá com mais poderes mágicos ainda.

> **Martha Kirby Capo** *é a editora/administradora de página do* **The Agora**, *um* **blog** *compartilhado no Patheos Pagan, onde escreve como* **The Corner Crone**. *Você pode ouvir seus* **Moments for Meditation** *na rádio KPPR Pure Pagan. Atualmente, ela mora em South Florida.*

FEITIÇARIA COMPARTILHADA:
O ENCANTAMENTO DOS NOVE NÓS DA BRUXA
POR IAN CHAMBERS

Oh, quem soltou os nove nós da bruxa
Que estavam no meio dos cabelos daquela senhora?
— *Willie's Lady*, Child ballad 6 (1783)[39]

Os três primeiros nós são para aumento e ganhos, o quarto para bênçãos e ruínas.[40] Os três nós seguintes são para declínio e queda, e o oito celebra a luz divina.

1 Primeiro Nó

Pegue um cordão de cânhamo ou uma corda de bom comprimento. Quando os Sinos da Candelária soarem sobre o solo congelado, e as Fadinhas de Fevereiro[41] dançarem à chegada da primavera, pegue o cordão. Quando sopra o vento nordeste, um nó Stafford[42] se forma e franze os lábios como se fosse assoviar. Através do círculo que se forma antes de se atar o nó, sussurre o encantamento e aperte o nó:

Do monte, a rainha-serpente se levantou,
Donzela salpicada, cobra do bosque de aveleiras.
Não vou ferir a Rainha,
Nem ela a mim vai ferir.

---

39. Francis James Child. *The English and Scottish Popular Ballads*, Volume I (Boston, Ma: Houghton, Mifflin and Company, 1882), 87. Disponível como e-book no Project Gutenberg em: https://www.gutenberg.org/files/44969/44969-h/44969-h.htm#Ballad_6. Acesso em: 5 dez. 2021. Para deixar este encantamento mais legível, mudei duas palavras. A versão original usa a palavra *wha* em vez de *who* no primeiro verso, e *amo* em vez de *among* no segundo.
40. Observação de Jason: Este feitiço segue o estilo da Bruxaria Tradicional, motivo de seu ritmo bem diferente. Alguns Bruxos e Bruxas adoram esse tipo de coisa, outros(as), nem tanto. Achamos importante incluir esse feitiço em particular para ilustrar essas diferenças.
41. Provável referência ao poema "Snowdrop", do poeta vitoriano Lord Tennyson, em que ele chama a delicada flor campainha-branca, uma das primeiras a florescer na primavera, de *fair-maid of february*. (N. da T.)
42. O nó Stafford, ou Staffordshire, é um nó de três voltas que aparece no brasão de Staffordshire, na Inglaterra.

2 Segundo Nó

No cordão da bússola, oriente para o leste à primeira luz da manhã. Quando o dia e a noite forem iguais, amarre de novo o nó Stafford e, antes de dar o laço, sussurre o encantamento do vento leste:

Ó Estrela da Manhã, luz do oriente,
Brilho eterno, sol da justiça;
Vinde, Lúcifer, iluminar os corações
De todos aqueles que agora habitam as trevas.

3 Terceiro Nó

Quando a flor de maio florescer com seu buquê branco e a alegria se arrefecer, pegue mais uma vez o cordão de cânhamo e prepare o vento que espera. Com os lábios franzidos e o nó semifeito, carregue todo o laço com a respiração. Assovie o vento através desse nó enquanto ele é fechado com o encantamento a seguir:

Ó Maio luxuriante com a Rainha Flora,
As gotas balsâmicas do fulgor de Febo
Feixe prelúcido antes do dia;
Por ti Diana cresce verdejante,
Em meio à alegria deste Maio vigoroso. [43]

4 Quarto Nó

À medida que o Sol vai subindo mais alto no céu do meio-dia, a jornada empírica de Apolo chega ao topo do firmamento. Esse é o momento em que o cordão deve ser retirado do local onde está guardado e amarrado ao vento sul do verão, a bênção de Tubiel para prender bem:

---

[43] 41. John Ross. *The Book of Scottish Poems: Ancient and Modern*. Edimburgo: Edinburgh Publishing, 1884, p. 318.

No pico mais alto da colina celeste,
Ousado Rei do Verão, honro a ti,
A sombra escura se insinua enquanto o sol fica inerte,
O Senhor da Morte em breve deve vir.

5 Quinto Nó

O cordão com os nós já passou de seu ponto médio, a maré minguante mantém o equilíbrio. Agora passamos para o vento minguante, enquanto o ceifador vai colher o milho com sua foice afiada. Quando a colheita começar, o nó Stafford vai te amarrar. Entre as pontas do nó, sussurre o encantamento e aperte-o:

Com a semente amadurecida,
Sua aceleração é recebida,
Mas pelo talo que segura a coroa,
O senhor do verão será dividido.

6 Sexto Nó

Quando as noites forem igualadas ao dia, quando a balança virar pela vontade Dela, é hora de pegar o cordão com nós mais uma vez. Sob as rajadas do vento oeste, com a lua alta e o sol baixo, mostre o nó aberto que você vai atar esta noite. À medida que o vento passa pelo laço vazio, entoe o feitiço e feche o cordão sobre o zéfiro:

Dia e noite, sol e lua,
Velho e jovem, perdição e bênção,
Começo e fim, luz e escuridão,
Verão, inverno, cotovia e coruja,
Agora o equilíbrio da balança deve pender,
E fechar este vento com forte prender.

7 Sétimo Nó

Chegou o momento em que os pássaros voaram e o Rei Inverno está nas florestas, desnudando as árvores e deixando os animais selvagens com sono. O noroeste traz um vento límpido, abrindo caminho à noite fresca e pura. Diante da boca escancarada do monte, faça o sétimo nó sagrado e sussurre o feitiço conforme amarra a corda:

Para o Alto Sabá, de quatro mestres,
Vem o caçador da boca aberta do monte,
Coletor de almas, para sua casa ele conduz,
Do leste ao norte, do túmulo o consorte,
Acumulador de almas, hálito frio da noite,
Do sul ao oeste, perseguidor da morte.

8 Oitavo Nó

O oitavo nó é selado pelos ventos do caos e da mudança, o mistério atemporal. Pegue a corda e prepare-se para quando o túmulo oco e frio se tornar o ventre parturiente que vai capturar o vento vago da luz recém-nascida e a coroação do ano.

Cavernosa noite, escura e sombria,
Luz secreta, da morte a moradia,
Tecido cravejado de estrelas da abóbada celeste elevada,
Vênus anunciando a próxima hora da alvorada,
Agora este nó, o nó eterno, amarre
Que abarca o enredo deste entrave.

9

O Nó sem Nome

Agora você percorreu a roda do ano, amarrando os ventos no cordão com nós. Ao todo são oito, como uma rosa dos ventos, amarrados em um diadema de fios de cânhamo usado na cintura ou no pescoço. Quando cingido na cintura, o portador se torna o centro, o espírito axial que comanda as direções. No coração da bússola, entre o céu e o inferno, use os ares amarrados em cada nó. Sempre que surgir necessidade, pode-se soltar um vento e seu espírito será liberado. Quando a corda está desequilibrada, seus nós estão fora de ordem, e sua marcha também será desigual. Lembre-se de ajustar isso para que a bússola não se torne precária e difícil de manejar.

O último nó, fora do tempo, deve ser feito quando os ventos estiverem equilibrados. Quando um vento sopra sem direção, que provém de todos e de ninguém, você pode fechar o nó que une o conjunto. Pegue a corda e lembre-se deste encantamento enquanto a ponta solta é amarrada em um nó corrediço – pois o Nó sem Nome é sem dúvida um laço, cujo significado e uso ainda serão informados.

Dê um nó para apanhar um vento,
O diabo em tormento,
Leve-o todos os dias contigo,
Nove nós do destino tecidos.

Ian Chambers *é um viajante no caminho da feitiçaria popular, da bruxaria tradicional e da arte da astúcia. Mora com sua esposa no interior da arborizada Surrey, na Inglaterra.*

CAPÍTULO 17

Bonecos, Garrafas de Bruxa e Feitiços em Frascos

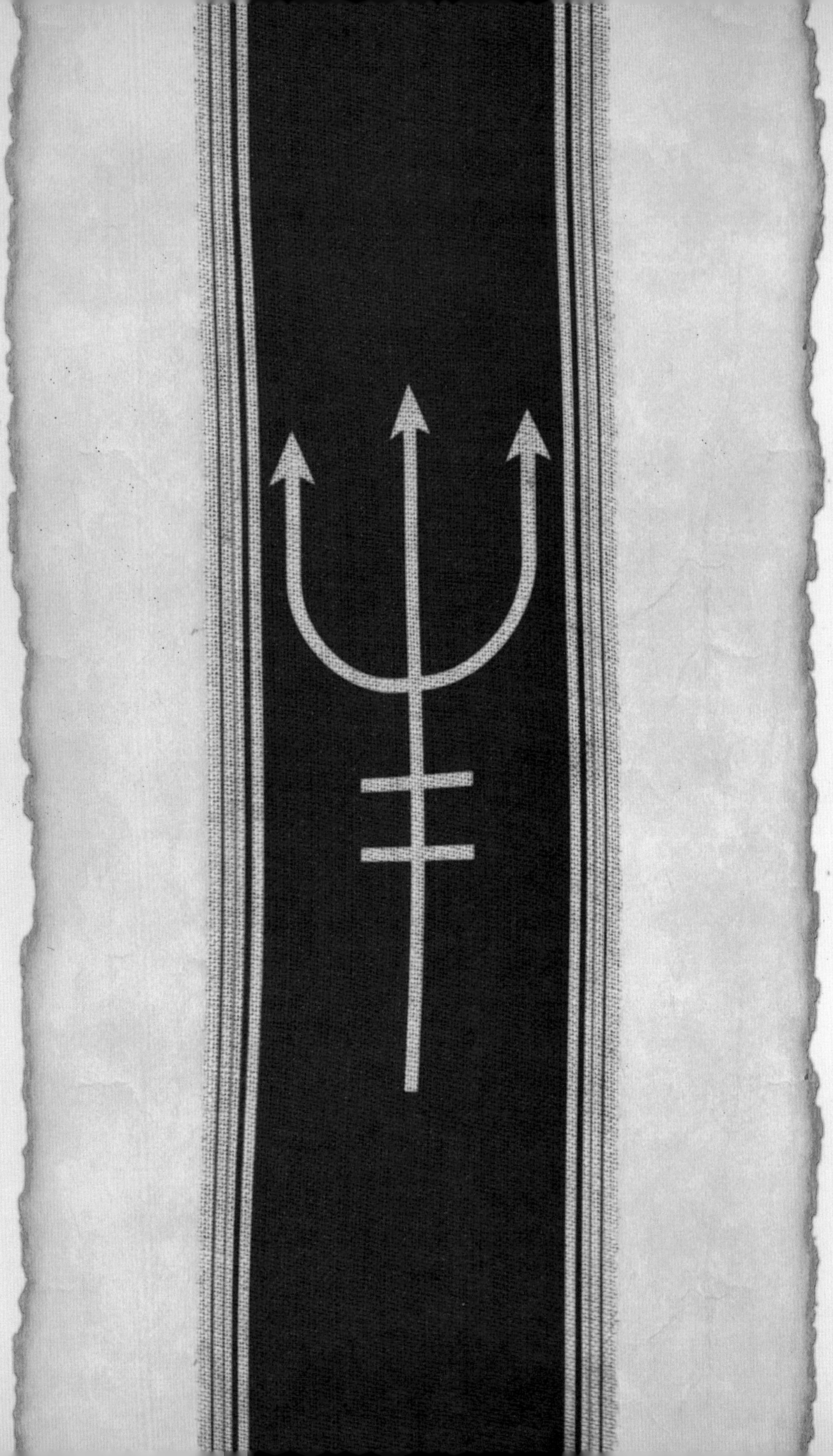

Pelos critérios da Bruxaria, este livro é extenso, mas ainda assim não inclui *todas* as técnicas e artifícios magistas usados por Bruxos e Bruxas modernos. Neste último capítulo, quisemos compartilhar algumas técnicas mais avançadas. A maioria são práticas magistas que combinam coisas variadas sobre as quais já escrevemos aqui. Este capítulo também inclui um mergulho aprofundado em um fundamento particular que tem uma história especial para contar.

Algumas das coisas destacadas aqui estão entre os tipos de magia mais "estimulantes" usados por Bruxas e Bruxos. Bonecos e garrafas de Bruxa passam uma impressão sugestiva, e é nisso que muitos de nós pensam quando imaginamos a magia. Mas, na verdade, eles são tipos mais avançados de magia, não apenas por causa da variedade de disciplinas que perpassam sua criação como, também, porque sua magia muitas vezes é fortemente direcionada a nós mesmos ou a pessoas específicas.

MAGIA COM BONECOS

Na Grã-Bretanha, *poppet* (boneco) é um termo carinhoso, direcionado sobretudo a crianças. Se a palavra *poppet* parece semelhante a *puppet* (boneca), isso não é coincidência. *Poppet* é um termo do inglês medieval para *puppet*, e, quando não é usado como palavra carinhosa, *poppet* aparece com mais exclusividade em ambientes magistas.

Simplificando, um boneco é uma boneca usada para propósitos de magia. Bonecos não possuem boca que se move, mas em geral são feitos de modo a conter uma aparência vagamente humana. Bonecos são usados quase exclusivamente para representar um indivíduo específico (inclusive você mesmo) ou um ideal. Com frequência são associados a formas negativas de magia. A onipresente "boneca Vodu" é um tipo de boneco porque é fácil direcionar a ira de alguém a uma boneca que represente uma pessoa específica. Mas bonecos também podem ser usados para cura e outras práticas mais benignas.

Em práticas magistas, a forma mais comum de boneco é semelhante a um bicho de pelúcia. Um molde é desenhado em dois pedaços de tecido, em seguida esses tecidos são cortados e costurados, e o boneco é recheado com vários itens mágicos. Essa é a imagem na qual a maioria de nós pensa ao ouvir a palavra *boneco*, mas na realidade um boneco pode ser qualquer coisa que represente uma pessoa (ou coisa) específica. Um pedaço de madeira com um rosto desenhado à mão e alguns barbantes representando o cabelo também é um boneco. Então, se você não gosta de costurar, é possível fazer bonecos de sabugo de milho ou de palitos. Poxa, você poderia até usar uma boneca de brinquedo como boneco se quisesse.

Para que um boneco funcione conforme o planejado, precisa haver uma conexão entre o boneco e o alto da magia. As maneiras mais eficazes de conexão são itens físicos, como pedaços de unha, cabelo, sangue, cuspe ou secreções sexuais. Se isso não estiver disponível, um item que a pessoa representada pelo boneco tocou é uma poderosa segunda opção, assim como uma assinatura do alvo. Em último caso, os velhos apoios – um nome escrito em um pedaço de papel ou uma foto da pessoa – também são aceitáveis.

Deixar seu boneco parecido com o alvo de alguma forma fortalece o laço entre boneco e pessoa. Se você não é artista, sempre é possível escolher uma cor de tecido cujas energias ressoem com o propósito do boneco. Não quer costurar? Um boneco feito de materiais naturais que vão apodrecer e desaparecer é uma ótima maneira de fazer magia de banimento. À medida que o boneco deteriora, o alvo vai desaparecer da vida de quem lançou o feitiço.

Bonecos também se beneficiam magicamente do tempo que leva para fazê-los. Sim, você poderia fazer um boneco simples e barato colando olhos arregalados em um palito, mas a magia é sempre mais forte quando se leva tempo para elaborar um feitiço.

Muito da magia dentro de um boneco resulta do que há dentro dele. Sugerimos usar as várias coisas sobre as quais escrevemos neste livro: pedras, ervas desidratadas, cera de vela usada, óleos, penduricalhos e resina de incenso. Se optou por não usar tecido para criar seu boneco, você pode colar ou anexar vários implementos mágicos nele para o mesmo efeito.

A magia imitativa também desempenha um papel aqui, pois você pode querer encher o boneco com coisas que representem seu objetivo. Se você está tentando remover alguém de sua vida ou impedir essa pessoa de incomodá-lo, encha seu boneco de coisas indesejáveis que simbolizem como a presença dela não é desejada em sua vida. Imediatamente, pensa-se na serragem como uma forma barata, leve e fácil de encher um boneco. Se seu boneco é para cura, você poderia enchê-lo com um pouco de musgo (resfriamento) ou algodão (conforto).

Por ser necessária uma quantidade significativa de tempo para construir e encher um boneco, esses itens contêm muita energia da Bruxa ou do Bruxo que os cria. Se seu objetivo fosse criar um boneco para se vingar de alguém que lhe causou mal, você encheria seu boneco de toda a ira e raiva justificáveis enquanto visualizasse o resultado da magia que deseja manifestar. Ao encher o boneco, você também acrescentaria suas energias específicas a ele. Entoar ou afirmar seus desejos em voz alta enquanto enche o boneco são outras maneiras de preenchê-lo com o propósito específico.

Cada centímetro e fibra de um boneco tem potencial mágico. Coisas bem simples como um fio colorido podem adicionar mais de sua energia à magia de um boneco. Costurar um boneco pode ser um exercício meditativo, facilmente acompanhado por um canto para infundir ainda mais energia ao boneco. Não surpreende que os últimos nós usados para finalizar a criação de um boneco sejam mais uma chance de infundir o objeto com mais energia mágica.

Por conta da relação próxima com pessoas específicas, tradicionalmente "se sopra" dentro de bonecos para despertar seu poder. O sopro é sagrado, e contém em si força vital. Muitos praticantes usam um canudo para soprar dentro do boneco, na tentativa de infundir o ar mais a fundo no objeto. Se essa técnica chama sua atenção, sem dúvida você deve usá-la. No entanto, o simples fato de se aproximar da boca do boneco e sussurrar "Agora desperto você e sua magia, que seja feita minha vontade!" enquanto sopra dentro da boca deve ser mais que suficiente para despertar a energia dentro dele.

Depois que o boneco recebeu seu sopro, é importante verbalizar sua intenção, para que a magia dentro do boneco possa ser adequadamente projetada no universo. Dizer algo assim vai funcionar: "Que este boneco me traga justiça e retifique os erros de (nome da pessoa)!" Se você segue a Rede Wiccana, talvez queira adicionar algum tipo de alerta à declaração, como este: "Que este boneco me traga justiça contra (nome da pessoa) sem prejudicar ninguém".

Na maioria dos casos, o ato de criar um boneco e depois direcioná-lo para um objetivo específico será o bastante para atingir seu objetivo mágico. Mas bonecos também são condutores ativos de magia, e continuar interagindo com o seu após criá-lo vai fortalecer seu feitiço. Por exemplo, se você está fazendo um feitiço de cura para um amigo doente, pegar o boneco, sussurrar palavras de ânimo para ele e embalá-lo em seus braços vai transferir energia para o amigo adoentado.

Por outro lado, você pode inserir um alfinete ou uma agulha em um boneco para tentar ferir alguém? Sim, essa é uma forma válida de magia. Não esperamos que a pessoa a quem o boneco foi feito se contorça de dor assim que você enfia o alfinete na sua lateral, mas muito provavelmente o alfinete causará algum tipo de dano, mental ou físico. É claro que é mais eficaz ter em mente algum objetivo específico do que simplesmente causar dor. Deitar o boneco em um pedaço de madeira e atravessar o boneco com o alfinete até ele tocar a madeira, enquanto diz "Eu o impeço de agir contra mim!", vai gerar melhores resultados.

Ao trabalhar um feitiço para amaldiçoar, punir ou se livrar de alguém, você pode fazer mais que apenas fincar alfinetes e agulhas no seu boneco.

Acender uma vela vermelha para justiça e pingar cera quente no boneco vai liberar os poderes da verdade em seu alvo. Enterrar um boneco de pano (ou jogar um na composteira) e deixá-lo apodrecer e estragar removerá uma pessoa negativa de sua vida. Se o alvo de seu boneco é um reconhecido mentiroso, talvez você queira cobrir a boca do boneco com fita isolante ou amarrar uma corda ou pedaço de pano ao redor da boca dele para impedi-lo de falar.

Se você está tentando separar uma pessoa que é uma influência negativa de um grupo de amigos ou colegas de trabalho, é possível pendurar o boneco em uma maçaneta, simbolizando como essa pessoa logo estará se retorcendo ao vento, isolada e sozinha. Algumas dessas sugestões parecem e soam bem sinistras, mas são extremamente simbólicas. O simbolismo exagerado é usado para enfatizar o objetivo da magia e torná-lo claro. Entretanto, antes de pendurar um boneco, é bom verbalizar sua intenção para evitar que alguma coisa nefasta demais aconteça.

ALGUNS PASSOS FÁCEIS PARA CRIAR UM BONECO

Siga estes passos para criar seus próprios bonecos.

- ⛤ Crie um personagem para representar o alvo da magia. Tradicionalmente, bonecos são feitos de tecido e costurados, mas, se isso não for possível, há outras opções disponíveis. Enquanto monta o boneco, infunda-o com sua energia pessoal.

- ⛤ Reúna itens para encher (ou acrescentar ao) o boneco. Tudo que se adiciona ao boneco deve simbolizar seu objetivo final ou ressoar com a energia dele.

- ⛤ Encha o boneco. Não existe jeito certo ou errado de encher um boneco. Você pode guardar os "artigos" mágicos mais importantes para o final ou espalhá-los de forma aleatória. Enquanto enche o boneco, continue acrescentando sua energia pessoal e verbalize ou projete sua intenção nele.

⛤ Costure e/ou finalize o boneco. Quando a criação do boneco estiver perto do fim, reafirme sua intenção em fazê-lo. Ao acabar, é bom você segurar e empurrar sua própria energia pessoal dentro do boneco.

⛤ Dê um sopro vital ao boneco. Ative a energia do boneco soprando dentro dele e despertando seu poder.

⛤ Use o boneco. A simples afirmação de sua intenção no final e direcionar o boneco para trabalhar sua vontade é tudo o que se precisa para ativar o feitiço. No entanto, manusear o boneco, seja colando cacos de vidro nele ou lhe dando abraços amorosos, acrescentará mais poder a ele e direcionará sua magia de maneira mais precisa.

⛤ Descarte o boneco. Quando seu feitiço se completar, você deve descartar o boneco. Você pode simplesmente enterrá-lo ou jogá-lo no lixo, mas uma forma mais ética de descartar um boneco é desfazendo-o (e isso é absolutamente imprescindível se seu boneco foi feito para cura ou ânimo – e se ele cair em mãos erradas?). As partes mais importantes para remover são as que conectam o boneco com seu alvo. Se você colocou uma pedra ou um cristal que quer guardar, não deixe de limpá-lo antes de usá-lo de novo.

O BONECO "CALE SUA BOCA MENTIROSA!", DE JASON

Você já se viu em uma situação em que um antigo amigo ou colega de trabalho ativamente mentiu sobre sua pessoa e tentou arruinar sua reputação? Isso aconteceu com Jason alguns anos atrás, e, quando todas as outras tentativas de corrigir a situação não funcionaram, ele criou este boneco. Ele é feito para mirar uma pessoa específica, o que se encaixa no código de conduta de Jason, mas é um tipo de magia com que alguns Bruxos e Bruxas não se sentem à vontade.

Para este feitiço, você vai precisar de:

- Uma vela palito preta (Evite velas que não escorrem. Você vai querer a cera escorrida!)
- Incenso de resina de copaíba (ou em vareta)
- Um disco de carvão (para queimar o incenso)
- Um incensário
- Um molde para o boneco (É fácil encontrá-los na internet, e eles têm um formato genérico semelhante a um ser humano.)
- Canetas para desenhar no boneco (principalmente preta e/ou vermelha para a boca, e uma da cor dos olhos do seu alvo)
- Dois pedaços de tecido de cores claras para o boneco (Branco e bege funcionam bem. Você vai desenhar no boneco, e seu desenho deve ser facilmente visível, daí a cor clara.)
- Tesoura para tecido
- Botões da cor dos olhos do seu alvo (se você não usar caneta)
- Algumas linhas azuis e uma agulha
- Madeira em lascas (geralmente disponíveis em lojas para pets)
- Alguma coisa que represente o alvo do seu boneco
- Um pedaço de azeviche (a pedra)
- Óleo Vá Embora (ou um equivalente)
- Fita colorida (Fita isolante e fita adesiva funcionam muito bem; fita transparente, não.)
- Alfinetes

Comece acendendo sua vela preta, dizendo:

Mentiras foram ditas, os fatos, escondidos. Mas esta noite ponho fim às mentiras e calo a boca da pessoa que as contou. Que a luz da verdade brilhe na escuridão da falsidade! Agora que o feitiço começou, esta noite minha vontade será feita. Que assim seja!

Aqui, diga as palavras de abertura com todo o rancor e raiva que esteja sentindo de verdade, e deixe essas emoções emanarem de você. Usa-se uma vela preta aqui porque a cor preta absorve tudo ao redor, e você quer que toda a sua energia emocional seja armazenada em algum lugar para adicioná-la no seu boneco.

Usando a vela preta, acenda o disco de carvão e coloque-o no incensário (ou acenda um incenso de vareta). Ao espalhar a copaíba no disco, diga:

Este será um espaço de proteção enquanto trabalho meu feitiço.
Que nenhum mal chegue até mim,
mas deixe minha fúria cair sobre aquele que me prejudicou.
A fumaça do incenso de copaíba vai me manter seguro,
mas sem prover abrigo algum a quem me fez mal.
Que assim seja!

Usando o molde, faça o esboço de um boneco nos dois pedaços de tecido. Ao desenhar no tecido, visualize seu alvo. Desenhe seu rosto, ouça sua voz hipócrita e sinta o cheiro de qualquer coisa que você associe a ele. Despeje no boneco tudo o que você sabe sobre essa pessoa enquanto traça seu formato no tecido e o corta com a tesoura.

Se você estiver usando botões no lugar dos olhos, é bom costurá-los no tecido antes de unir as duas peças. Preferimos olhos de botões por parecerem assustadores, mas olhos desenhados com caneta também são aceitáveis. Usar botões ou uma caneta da cor dos olhos do seu alvo fortalecerá a conexão entre essa pessoa e o boneco (mas não se preocupe se isso não for possível).

Depois de acrescentar os olhos, desenhe a boca. É bom desenhar seu alvo com boca aberta, representando suas mentiras e calúnias. Dar lábios a ele (com caneta vermelha) é um bom toque artístico. Certifique-se de que a boca seja razoavelmente grande e facilmente vista. Ao desenhar a boca, verbalize que ela é uma latrina de inverdades e diarreia verbal e que esta noite você a fechará.

Depois de decorar o rosto do boneco e cortar o tecido, é hora de costurar os dois lados do boneco com a linha azul. Comece costurando perto do ombro e vá descendo, depois volte subindo, deixando um espaço grande sem costurar na cabeça, para que consiga colocar as coisas no boneco. O azul simboliza a verdade, portanto, enquanto costura o boneco, entoe:

Suas mentiras vão parar! A verdade reinará!

Visualize seu atormentador fechando a boca e a verdade da situação sendo revelada a todos que conhecem você.

Comece a encher o boneco com as lascas de madeira, certificando-se de colocá-las na base, preenchendo as pernas. Escolhemos lascas de madeira porque elas são secas e, em geral, desagradáveis, e queremos que a boca do boneco-alvo seque e pare de espalhar mentiras. Serragem é outra opção aqui, mas as lascas de madeira são menos prováveis de vazar pelas emendas do boneco. Ao adicionar as lascas, diga:

Sua boca ficará ressequida! Às suas mentiras, a despedida!

Depois que as pernas estiverem cheias de lascas, adicione tudo o que você estiver usando para relacionar o boneco ao seu alvo. No caso de Jason, ele tinha uma carta escrita por seu desafeto, com assinatura. O que quer que você use, coloque-o dentro do boneco. Ao fazer isso, diga:

Grande enganador, imperador das mentiras,
eu o vinculo a este boneco!
Controlo e limito o que você dirá.
Sua boca não mais jorrará mentiras.
Que todos vejam suas mentiras como elas são,
e que você volte para o silêncio das sombras!

Se ficar à vontade, diga o nome da pessoa que você está mirando, construindo o elo físico entre seu boneco e o indivíduo que ele representa.

Pegue seu pedaço de azeviche e segure-o. Pense em como você foi prejudicado, e deixe essa energia fluir para dentro do azeviche. Essa pedra é poderosa para reter energia, e o preto absorve energia e emoção, e aqui é bom deixar o azeviche absorver a maior quantidade possível de raiva que você sente. Quando toda a sua ira e frustração tiverem sido colocadas em sua peça de azeviche, ela deve estar bem quente.

Unte o azeviche com o óleo Vá Embora (ou outro óleo apropriado). Enquanto unta o azeviche, cante vezes seguidas:

Mentiras, vão embora! Mentiras, vão embora!

Unte a fundo sua pedra com o óleo, para que o poder do óleo Vá Embora se misture à sua energia irada no azeviche. Quando você sentir que a pedra está adequadamente untada, diga:

Sinta minha ira, sinta minha indignação,
Suas palavras trancadas nesta prisão!

Adicione o azeviche ao boneco, junto com mais lascas de madeira.

A esta altura a sua vela já deve ter escorrido e um pouco da cera deve estar seca. Pegue essa cera e coloque alguns pedaços dela no boneco. Ao esmigalhar a cera e colocá-la no boneco, diga:

Justa indignação caída da luz da verdade,
Que sua voz seja silenciada e as mentiras, banidas.
Que você sinta minha dor e que a realidade
da situação seja revelada para todos verem!

Termine de encher seu boneco, garantindo que os braços estejam cheios de lascas. Neste momento, você também pode adicionar outras coisas que sentir necessário.

Termine de costurar a cabeça do boneco. Ao amarrá-la, faça três nós e diga:

Um nó para as mentiras que você não mais dirá.
Dois nós para a verdade que todos verão.
Três nós para atar este boneco ao mestre das mentiras.
Com o boneco quase pronto, meu poder e
vontade se libertarão!

Agora, sopre no seu boneco e diga:

(Nome do alvo), agora você estará conectado a este boneco!

Segure o boneco na mão. Agora, ele deve pulsar de energia. Se a energia estiver desconfortável, você conseguiu, porque o boneco deveria transferir sua ira justificada para o seu alvo.

Destaque um pedaço de fita grande o bastante para tapar a boca do boneco e pegue os alfinetes. Diga este encantamento enquanto coloca a fita na boca do boneco e os alfinetes nas partes apropriadas do corpo:

Eu o impeço e silencio
De contar as mentiras que tão alegremente cuspiu.
(Coloque a fita na boca.)
Sem foco ou tempo para suas injúrias,
Que sua mente agora só conheça a candura.
(Finque um alfinete no topo da cabeça.)

Finco seu coração para purificar sua amargura.
Agora chegamos ao fim de minha agrura.
(Finque um alfinete na área do coração.)
Que você não conheça prazer, alívio ou benesse
Até que se saiba a verdade, e suas mentiras confesse.
Tal é minha vontade, e hoje à noite ela se fará.
Suas inverdades acabarão, e a justiça vencerá!

Com o passar dos dias, coloque mais fita e alfinetes no boneco conforme necessário até que seu alvo seja silenciado ou forçado a se mudar. (Talvez você descubra que sua magia o faz trocar de emprego, cidade ou situação.) Se você acha que a pessoa terá problemas para seguir em frente, cubra bem a boca e coloque o boneco em um lugar discreto para manter fechada a boca mentirosa do seu alvo!

FEITIÇARIA COMPARTILHADA: FEITIÇO DO BONECO PARA AMIZADE
POR ASTREA TAYLOR

Amigos são muito importantes. Eles nos ajudam a desenvolver o melhor de nós, compartilham nosso senso de humor e ficam conosco em períodos bons e ruins. No entanto, se você se mudou, pode ser difícil fazer novos amigos. Você pode usar este longo feitiço como ajuda para fazer um amigo sempre que precisar de um.

Para este feitiço, você vai precisar de:

- Papel e lápis
- Um boneco parecido com você para representá-lo
- Outro boneco para representar um amigo (de qualquer aparência)
- Um altar em que trabalhar nos próximos catorze dias

Com o lápis e o papel, anote as qualidades que você deseja em um amigo. Enrole o papel e o coloque dentro do boneco que represente o amigo.

Segure o boneco-amigo e feche os olhos. Sinta no corpo a energia de amizade que você quer, quase como se estivesse compartilhando um momento especial com ele. Durante um ou dois minutos, troque energia com o boneco como se ele fosse seu amigo.

Coloque os dois bonecos em lados opostos do altar, de modo que eles não se encarem diretamente. Todos os dias, ao longo dos catorze dias seguintes, vá aproximando aos poucos os bonecos e faça-os se entreolharem um pouco mais. Passe um minuto olhando para os bonecos com amor e confiança. Se possível, vá todos os dias a um lugar onde possa conhecer pessoas, como uma cafeteria, um bar ou um *meetup*.

No décimo quarto dia, aproxime os bonecos de modo que as mãos deles se toquem. Se você conheceu alguém durante esse período, pense em como gostaria de reencontrar essa pessoa. Se possível, entre em contato com ela e pergunte se quer sair. Deixe o altar montado até a amizade se confirmar.

Astrea Taylor é autora de **Intuitive Witchcraft: How to Use Intuition to Elevate Your Craft**. *Ela ministra* **workshops** *e rituais em festivais pelos Estados Unidos. Também escreve em* **blogs** *sobre experiências estranhas com o outro mundo e cultura* **pop** *pagã na plataforma Patheos Pagan como* **Starlight Witch**.

GARRAFAS DE BRUXA

Todo ano circula na internet alguma história sensacionalista documentando a descoberta de uma "garrafa de Bruxa". Apesar do que o nome implica, garrafas de Bruxa eram mais comumente usadas *contra* Bruxas e Bruxos e bruxaria. Vale notar que nenhum alvo de uma garrafa de Bruxa era parecido com uma Bruxa durante o auge dessas garrafas, do século XVII ao XIX, e pessoas que elaboravam garrafas de Bruxa muito provavelmente se consideravam cristãos devotos (apesar de usarem magia). Garrafas de Bruxa e seus conteúdos poderiam ser direcionados a pessoas específicas consideradas Bruxas, mas, de maneira mais genérica, eram vistas como uma forma de proteção contra um agressor mágico desconhecido.

A ideia por trás de uma garrafa de Bruxa é a simples magia imitativa. Coisas desagradáveis e dolorosas como alfinetes, espinhos, cacos de vidro, agulhas e pregos eram colocadas em um frasco de vidro, junto com algo que identificasse quem lançou o feitiço, geralmente urina, sangue e/ou pedaços de unha. A urina era especialmente importante porque, na versão clássica da garrafa de Bruxa, a garrafa tinha a intenção de simular a bexiga da Bruxa ou do Bruxo em questão e causar dano a essa pessoa. Um londrino afirmou ter ouvido a voz da Bruxa que o atormentava, enquanto fervia a garrafa direcionada a ela. Ele afirmou que ela "Gritou [*sic*] como se estivesse sendo assassinada" e apareceu no dia seguinte com o rosto inchado.[44]

Além de serem usadas contra ameaças específicas, garrafas de Bruxa também eram feitas para proteger o lar. Garrafas com pregos, urina e outros materiais muitas vezes eram enterradas sob a soleira, o terraço ou a porta da frente. Ali, as garrafas fariam discretamente o seu trabalho, protegendo todos os moradores contra negatividade e magia funesta. Nos Estados Unidos, a prática de usar garrafas de Bruxa foi adotada por um amplo leque de praticantes de magia. No século XIX, as garrafas eram usadas em tradições de Conjuro e Vodu.

Embora não apareçam com tanta frequência em registros arqueológicos, garrafas de Bruxa eram provavelmente bem comuns nos Estados Unidos e na

---

44. Owen Davies. *Popular Magic: Cunning-Folk in English History*. Londres: Hambledon Continuum, 2003, p. 108.

Grã-Bretanha até o início da Primeira Guerra Mundial. É provável que, ao longo dos anos, muitas garrafas de Bruxa desenterradas simplesmente tenham sido confundidas com lixo e ignoradas ou descartadas. Fora da Bruxaria Moderna, a maioria das pessoas não conhecia garrafas de Bruxa, apesar de sua popularidade ocasional.

Em geral, atualmente Bruxas e Bruxos Modernos usam garrafas de Bruxa para proteção do lar e de seus moradores. Todas as coisas dentro da garrafa que "causam dor" são feitas para romper qualquer magia negativa direcionada à casa ou aos que moram nela. Itens brilhantes, como moedas, às vezes são adicionados a garrafas de Bruxa para enviar de volta a energia ao remetente. A tradição de enterrar garrafas de Bruxa perto da entrada da casa continua até o presente, e é aí que aconselhamos que você enterre a sua. Jason e Ari têm quatro garrafas de Bruxa enterradas ao redor de sua casa: na porta de trás, na porta da frente, na janela lateral (onde o coven se reúne) e na janela do quarto.

Quando uma garrafa de Bruxa é usada para proteção, deve-se adicionar alguma coisa nela que identifique você como o protegido de energias negativas. Aqui, pedaços de unha são uma opção boa (e fácil). Unhas também têm a vantagem extra de causar dor, o que aumenta o poder dos pregos e cacos de vidro. Sangue e urina são outras opções, mas o verdadeiro poder da urina consiste em ser um repelente desagradável.

Para quem não quer usar fluidos corporais, qualquer líquido que seja desagradável funcionará. Quando criamos garrafas de Bruxa com o coven, tapamos os recipientes com vinagre. Qualquer líquido que cause sede aumentará o poder de sua garrafa de Bruxa. Outra alternativa é alguma bebida alcoólica barata. Uma bebida repulsiva não apenas funciona como repelente, como também as propriedades intoxicantes do álcool confundirão as energias negativas que tentam entrar na sua casa. Você também pode usar vinho azedo ou cerveja estragada.

A energia de uma garrafa de Bruxa não dura para sempre, e, quando uma garrafa é desenterrada pelas intempéries, animais ou seres humanos, é um sinal de que a energia do objeto está amplamente esgotada. Um colega nosso do coven foi obrigado a se mudar de casa depois que o valor do aluguel disparou. Ao limpar o terreno, ele notou que várias garrafas de Bruxa haviam emergido nos arredores de seu quintal, garrafas que ele e sua esposa sequer tinham enterrado!

Antes de se mudar, suas próprias garrafas subiram à superfície, e a casa afundou um pouco mais no solo. Definitivamente, era hora de ir embora!

Garrafas de Bruxa podem ser usadas para mais do que proteção; elas também podem ser utilizadas para mirar magicamente uma pessoa específica que possa estar causando mal a você ou a um ente querido. Em casos assim, sugerimos adicionar algo em sua garrafa de Bruxa que mire essa pessoa, como seu nome, alguma coisa que lhe pertença, uma foto etc. Também recomendamos que você evite enterrar a garrafa no solo, colocando-a em seu altar em vez disso, onde possa monitorar o progresso e a deterioração do item que representa seu alvo. Quando esse item se estragar por completo e não ser identificável, a garrafa de Bruxa fez seu trabalho, e seu conteúdo pode ser descartado.

Os itens que você vai adicionar a uma garrafa de Bruxa direcionada a uma pessoa específica são os mesmos que os da versão tradicional. É bom incluir todas as coisas dolorosas, como espinhos e pregos, ao lado dos itens refletivos se você acreditar que está sofrendo magia de ataque. Materiais pessoais, como unhas ou sangue, devem ser deixados de fora dessa versão da garrafa de Bruxa (você não vai querer que sua garrafa o ataque por acidente), mas urina ainda pode ser usada.

Se algo pode ser usado para prejudicar, também pode ser usado para curar. Para usar uma garrafa de Bruxa para cura, é bom ter algo que identifique o alvo da garrafa, bem como itens de natureza positiva. Em vez de alfinetes e agulhas, adicione cristais, pedras, ervas e qualquer outro item que você associe com energias de cura. Você também pode acrescentar itens que sugerem poder, força e resistência para auxiliar o sistema imunológico. Em vez de urina, deve-se encher a garrafa de água mineral ou, melhor ainda, de um lugar sagrado, como uma fonte local ou de um lugar conhecido por conter energias de cura, como a água do Chalice Well em Glastonbury, na Inglaterra.

Um método alternativo para usar uma garrafa de Bruxa para cura seria utilizar os conteúdos da garrafa a fim de atacar uma doença específica do corpo. Para fazer isso, seria bom usar espinhos, pregos e alfinetes para mirar e atacar magicamente cânceres e vírus corporais. Ainda que a magia não seja capaz de curar uma doença, acreditamos que a energia despertada pela magia fortalece o corpo e o ânimo de uma pessoa. Ao usar uma garrafa de Bruxa dessa maneira, você pode cobri-la de urina, mas vinagre é uma alternativa melhor.

FAÇA SUA PRÓPRIA GARRAFA DE BRUXA

Este feitiço segue o modelo tradicional de usar uma garrafa de Bruxa para proteção. No entanto, garrafas de Bruxa são um acessório magista extremamente flexível e poderoso. Dentro de uma garrafa de Bruxa, você também pode combinar dezenas de disciplinas magistas. Este feitiço contém itens tradicionais, como pregos e outros que cortam e ferem, mas também inclui alimentos picantes que irritam a boca e o corpo. Você também pode adicionar óleos essenciais, pedras ou restos de cera de uma vela queimada para proteção. Observe que, no século XIX, a tradição era adicionar nove itens quaisquer em uma garrafa de Bruxa, como nove pregos ou nove moedas. Você não precisa fazer isso, mas, se o atrai, sinta-se à vontade para proceder assim.

Para este feitiço, você vai precisar de:

- Um frasco de vidro ou outro recipiente (um vidro de molho para macarrão ou pote de geleia vai funcionar.)
- Itens perfurantes e cortantes (como pregos, lâminas de barbear, cacos de vidro, tampas de garrafa, alfinetes e parafusos – se estiverem enferrujados, tanto melhor. Tome cuidado ao manuseá-los.)
- Alimentos que causem sede, queimação e bolhas (como pimentas e outras comidas picantes, gengibre, canela, sal, vinagre e/ou vinho estragado, ou qualquer coisa de que você não goste)
- Materiais/itens que façam reflexo (como papel-alumínio, vidro refletor ou várias moedas brilhantes)
- Alguma coisa do seu corpo (como urina, unhas dos dedos da mão ou do pé, cabelo ou sangue)

Comece colocando no frasco todos os itens que machucam e pontiagudos. Enquanto os coloca no recipiente, visualize-os fatiando, picando e ferindo qualquer energia negativa enviada em seu caminho. Depois de acrescentar todos eles, diga:

> *Afiado e pontudo,*
> *De metal e arguto.*
> *Ninguém lançará maldição ou sortilégio,*
> *Assim dizem desta Bruxa os versos.*

Agora, acrescente o líquido que estiver usando e os itens alimentícios "quentes". Aqui, a ideia é que os alimentos picantes e ardentes queimem qualquer negatividade direcionada a você. Mantenha a imagem na sua mente enquanto acrescenta os ingredientes. Depois que todos os ingredientes picantes estiverem dentro do frasco, diga:

> *Bolhas, sede e queimadura,*
> *Para isso este feitiço se volta.*
> *Experimente o desespero, experimente a derrota,*
> *Assim diz as preces desta Bruxa (ou deste Bruxo).*

Seu terceiro passo é adicionar coisas que reflitam, a fim de fazer voltar a energia negativa direcionada a você. Aqui, os itens mais fáceis de usar são moedas (ou outros objetos que reflitam), que são usadas em Conjuros para desviar maldições. Alternativas incluem pedaços de vidro que reflitam ou, mesmo, alguns pedaços de papel-alumínio. Ao adicionar materiais que reflitam, diga:

Moeda de prata (ou nomeie qualquer outro item que reflita),
proteja-me do mal.
Seja parte do encantamento desta Bruxa (ou deste Bruxo).

O último passo envolve usar alguma coisa de seu próprio corpo. Acrescentando um pedaço de unha ou um pouco de saliva, sangue ou urina, você está informando à garrafa da Bruxa quem ela deve proteger. Se colocar algo seu dentro da garrafa o deixa desconfortável, é só escrever seu nome em um pedaço de papel e colocá-lo na garrafa. Para resultados maximizados, um pedaço pequeno de unha ou um pouco de urina faz toda a diferença. Ao acrescentar o último ingrediente, diga:

Dou a esta garrafa um pedaço de mim,
Para me livrar do mal e da escuridão sem fim.
Garrafa da Bruxa, conjurei a ti.
Agora o feitiço está lançado, que seja assim!

Sinta-se à vontade para adicionar mais vinagre neste momento, se você quiser que sua garrafa fique totalmente cheia.

Antes de enterrar a garrafa, você também pode fechá-la com cera de vela ou amarrar uma fita ao redor do bocal do objeto. Se onde você mora não é possível enterrar sua garrafa de Bruxa, ainda assim ela será eficaz. Basta colocá-la em um local afastado, como embaixo da pia da cozinha ou na parte de trás de um armário. Se você tiver de guardar a garrafa dentro de casa, garanta que ela esteja bem fechada e num lugar onde ninguém mexa.

MAGIA EM FRASCO

Semelhante às garrafas de Bruxa são o que chamamos de "magia em frasco". Esse tipo de magia envolve um frasco de algum tipo, sendo o mais comum um recipiente de vidro com alguns itens mágicos colocados dentro dele. Assim como na garrafa de Bruxa, itens comuns para colocar nesses frascos incluem pedras, cristais, ervas, óleos e tudo o mais que a Bruxa ou o Bruxo achar conveniente reunir no recipiente. Ainda que essas duas técnicas magistas tenham aparência similar, elas não funcionam da mesma maneira.

Quando montamos uma garrafa de Bruxa, adicionamos ingredientes a ela, imantamos e, depois, enterramos no quintal ou a colocamos em um lugar discreto na casa. Ali, a garrafa da Bruxa funciona de modo muito semelhante a uma bateria, irradiando energia até ser necessário substituí-la. Feitiços em frascos, por outro lado, requerem que você os mantenha "ativos". Isso significa que seu trabalho com eles é contínuo, pelo menos uma vez por semana, embora preferencialmente com frequência maior. Em vez de limitar sua magia a um lugar definido, como um lar com uma garrafa de Bruxa, um feitiço em frasco está constantemente enviando energia para o universo maior. Feitiços em frasco são para operações magistas contínuas, como ter dinheiro para pagar o aluguel, e não para medidas extraordinárias, como achar um emprego ou um lugar para morar.

Feitiços em frascos também são úteis porque não precisam de um altar ou de ingredientes muito elaborados. Depois de serem elaborados, eles podem ser guardados numa gaveta ou outro lugar discreto. Se você mora em uma casa onde as pessoas torcem o nariz para feitiçaria e Bruxaria, feitiços em frascos são uma ótima forma de utilizar as magias variadas encontradas neste livro sem que ninguém saiba.

Para usar magia em frasco, tudo o que você precisa é de algum recipiente e itens com que enchê-lo. Recomendamos um pote de vidro. Pode ser bem pequeno, como um potinho de geleia ou molho de macarrão, mas você também pode usar um frasco onde caibam apenas alguns gramas de coisas; apenas certifique-se de que ele tenha uma abertura ampla o bastante para você colocar coisas dentro. As únicas outras coisas de que você precisa são um objetivo específico, algo que vincule seu frasco ao alvo do feitiço, e alguns ingredientes mágicos relacionados ao seu objetivo.

Por representarem uma coisa em andamento, feitiços em frascos geralmente se relacionam a um objetivo específico. Se você tem um pequeno negócio, seu feitiço em frasco poderia se relacionar a obter lucros substanciais. Para esse fim, você usaria ingredientes mágicos associados a atrair fartura e dinheiro. Você poderia, por exemplo, untar uma peça pequena de aventurina com óleo Abre-Caminhos e adicioná-la no recipiente, ao lado de um pouco de cravo-da-índia, verbena e resina de olíbano.

Antes de vedar o frasco, é bom "marcar" o ponto de entrega da magia do seu feitiço. Se você está fazendo algo para garantir sua segurança ou a de um ente querido, seria possível adicionar um pedaço de unha da pessoa, um item que contenha sua energia (ou a dela), uma foto da pessoa ou, mesmo, um pedacinho de papel com o nome dela. Se está fazendo um feitiço para negócios, poderia adicionar o cartão de visitas da loja ou, talvez, um recibo da caixa registradora.

Diferentemente da garrafa de Bruxa, que em geral não contém um pedido escrito em seu interior, recomendamos adicionar uma solicitação por escrito a seu feitiço em frasco. Só é preciso um pedaço pequeno de papel com sua intenção escrita, com a maior clareza e concisão possível. No caso de um feitiço para negócios, a intenção pode ser algo como "Fazer um negócio bem-sucedido, de maneira sustentável, que trate funcionários e clientes com respeito". Para essa parte do feitiço, você também poderia reutilizar o recibo, o cartão de visitas ou o pedaço de papel com seu nome; é só escrever sua intenção do outro lado do objeto que você já usou.

Ao contrário da garrafa de Bruxa, à qual tradicionalmente se adicionam líquidos, um feitiço em frasco não precisa de vinagre (ou urina), o que o torna muito mais fácil de armazenar. É claro que você pode acrescentar esses ingredientes, mas, pelo fato de feitiços em frascos representarem uma coisa em andamento, talvez você queira colocar mais itens nele nas semanas e meses seguintes, e encher um recipiente de vinagre tornaria isso mais desafiador. Diferentemente da garrafa de Bruxa, um feitiço em frasco não precisa ser enterrado, nem sequer escondido. É só colocá-lo em um lugar facilmente acessível e onde ninguém mexa.

Garrafas de Bruxa são usadas sobretudo para proteção, daí a inclusão de lâminas de barbear e pregos enferrujados, mas um feitiço em frasco pode ser usado para tudo, inclusive amor, dinheiro, saúde e prosperidade. Uma das coisas para que feitiços em frascos são mais utilizados é adoçicar um colega de trabalho, amigo ou namorado. Por esse motivo, às vezes feitiços em frascos são chamados de potes de mel, especialmente quando o mel é um dos ingredientes usados. O mel possui excelentes propriedades mágicas, mas também faz sujeira e, com o tempo, cristaliza. O açúcar comum é uma opção que faz bem menos sujeira.

Manter ativo um feitiço em frasco pode parecer bastante complicado, mas a quantidade de trabalho necessária para fazer isso não precisa ser excessiva. Atitudes simples como agitar o frasco rotineiramente e reafirmar sua intenção manterá suas energias fluindo. Matt sugere agitá-lo todos os dias, ou logo ao acordar ou antes de ir dormir. O ideal é você tornar isso parte de sua rotina geral, para que seja fácil se lembrar de agitar o recipiente.

Outra maneira de manter a energia de um frasco fluindo é acender uma vela no topo do frasco uma vez por semana (ou por mês, dependendo das circunstâncias). Acender uma vela adequadamente preparada no topo do frasco não só manterá a energia em movimento como acrescentará ainda mais energia ao recipiente. Mesmo que você o agite todos os dias, recomendamos acender periodicamente uma vela no topo ou perto dele. Ainda que acender uma vela cônica no topo do frasco sem dúvida pareça "bruxesco", acender uma simples vela *réchaud* também vai funcionar, e faz muito menos sujeira!

FEITIÇO EDULCORANTE

Já trabalhou com alguém que se recusava a se dar bem com você e tornava sua vida profissional um desastre? Temos um feitiço para você! Este feitiço é elaborado para adoçar um relacionamento tóxico do qual você não pode escapar, geralmente com alguém do trabalho ou faculdade, um parente ou um sogro.

Este feitiço não necessita de tantos materiais, mas você vai precisar de uma pedra pequena (ou lasca de pedra) que de alguma forma se relacione ao seu algoz. A conexão não precisa ser forte demais. Por exemplo, a pedra pode se parecer com a pessoa de alguma forma ou, talvez, compartilhar uma assinatura energética com ela. (Quando Ari fez esse feitiço pela primeira vez, o foco foi uma pessoa chamada Ruby, portanto, ela usou um rubi pequeno.)

Além da pedra, você vai precisar de:

- Óleo para untar a pedra, como de alecrim, toranja ou lavanda (opcional)
- Um recipiente pequeno, mas com espaço suficiente para colocar a pedra
- Algo que conecte o recipiente ao seu antagonista (como uma foto dele, o nome escrito em um papel, uma mecha de cabelo ou um pedaço de unha)
- Água com açúcar ou mel

Se você estiver usando óleo para untar, comece untando a pedra com o óleo de sua escolha. Ao colocá-lo na pedra, imagine seu antagonista sendo gentil com você. Represente-o como uma pessoa agradável que não o incomoda nem se intromete na sua vida. Depois de untar a pedra, coloque-a no frasco, então acrescente o que você estiver usando para conectá-lo ao seu alvo. Ao acrescentar esses itens no frasco, diga:

(Nome da pessoa), seja agradável e gentil.
Faça isso sempre que precisarmos nos encontrar.

Com cuidado, ponha a água com açúcar ou o mel no frasco. Ao fazer isso, imagine seu antagonista como uma pessoa gentil e agradável de se ter por perto. Represente-o com um sorriso, e não com uma carranca eterna. Coloque o frasco em um lugar discreto do qual provavelmente seu antagonista fique próximo, como uma gaveta de escrivaninha. Dentro de algumas semanas, seu algoz vai "adocicar" e, em alguns casos, encontrar um emprego diferente que combine mais com seu temperamento.

FEITIÇO VOU COLOCAR VOCÊ NUM JARRO, DE MATT

Este feitiço é uma combinação de um feitiço em frasco, uma garrafa tradicional de Bruxa e um feitiço de impedimento. Ele é feito para impedir um inimigo de causar dano a você ou aos seus entes queridos. Além de impedir o oponente, você o coloca, em termos magistas, em um jarro, onde não será mais capaz de prejudicá-lo.

Para este feitiço, você vai precisar de:

- Um jarro com tampa metálica
- Algum incenso purificante (como de olíbano, benjoim, madeira de sândalo ou copaíba)
- Uma foto do seu inimigo ou um bonequinho que o simbolize
- Barbante ou fita
- Olmo-vermelho (para parar a fofoca e proteger seu trabalho)
- Semente de mostarda preta (para confundir os pensamentos de seu inimigo)
- Uma vela palito

Limpe o jarro e use o incenso de sua escolha para purificá-lo. Depois de preparar o recipiente, fale sua intenção para ele. Nesse caso, é bom dizer algo do tipo:

Com este jarro, eu o impeço e o tranco, para que você não prejudique a mim ou aqueles a quem amo!

Pegue a foto ou o boneco que represente seu adversário, e comece o impedimento usando a fita ou o barbante. Se estiver utilizando uma foto, é só começar pela base do retrato e ir subindo. Se for um boneco, comece pelas pernas e vá subindo pelo corpo. Enquanto faz o impedimento, verbalize suas intenções magistas:

*Impeço suas pernas, para que você
não possa andar para me prejudicar.
Impeço seus braços, para que você
não possa estendê-los e me machucar.
Impeço suas mãos, para que você não possa me tocar.
Impeço sua boca, para que você não possa me difamar.
Impeço seus olhos, para que você não possa me enxergar.
Impeço suas orelhas, para que você não possa me escutar.
Impeço seu espírito, para que de mim você não possa se aproximar.*

Antes de colocar o boneco ou a foto no jarro, ponha as ervas, dizendo em voz alta o propósito de cada item. Para este feitiço, recomendamos olmo-vermelho e semente de mostarda preta, mas você pode adicionar outras ervas que julgar apropriadas ou, simplesmente, usar o que tiver à mão. Você não precisa cobrir com as ervas o boneco ou o retrato; aqui, só um punhado de ervas já é o bastante.

Ponha o boneco ou a foto no jarro, sussurrando dentro dele mais uma vez para definir sua intenção:

*Impedido de causar mal a mim ou a outros, agora
o coloco neste jarro.
Sozinho neste espaço, tudo ficará livre de suas mentiras.*

Feche a tampa do jarro e coloque uma vela em cima. Ao acendê-la, diga:

*Eu o aprisiono e o amarro neste local!
A não ser que permita, você não escapará.
Aqui, você vai pagar por suas mentiras e seu mal.
Minha vontade se fará, então assim será!*

A chama da vela acesa ajudará a selar as energias de seu alvo no jarro, onde ele será incapaz de ferir outras pessoas. Você pode pingar um pouco da cera na tampa do jarro para fortalecer o vedamento do recipiente e impedir seu alvo de se libertar.

Quando a vela se queimar por inteiro, o feitiço estará lançado. Para reforçá-lo, agite o jarro e fale sua intenção a ele pelo menos uma vez por dia na semana seguinte. Decorrida uma semana, agite o jarro ao menos uma vez por semana para manter a magia em movimento. Para revigorar o jarro, acenda outra vela no topo da tampa.

Quando você não precisar mais do jarro, descarte o boneco ou a foto em uma lata de lixo fora da sua casa ou trabalho. O jarro também pode ser descartado de maneira similar ou enterrado num local onde não seja remexido.

RAIZ DE SUA ALTEZA JOHN, O CONQUISTADOR

Pergunte a um botânico sobre a raiz Sua Alteza John, o Conquistador, e provavelmente ele vai olhá-lo com cara de "hein?". Pergunte a um praticante de magia e é provável que você receba um aceno positivo de cabeça e um sorriso. Sua Alteza John é uma potência magista, mas também uma raiz com um passado complexo e misterioso. Por ser tão diferente de outras coisas mágicas, achamos que ela merecia seção própria neste livro. Também é uma de nossas plantas mágicas favoritas, e Matt e Jason são excepcionalmente obcecados por ela.

Parte do que torna a raiz Sua Alteza John, o Conquistador, tão fascinante é que ninguém sabe exatamente o que ela é. A Sua Alteza John original era uma raiz africana, muito provavelmente parecida com um falo ou um testículo. A candidata mais provável a Sua Alteza John original era a raiz do *Costus lucanusianus* (planta típica do oeste africano), que era usada pelo povo congolês. Para acessar o poder da raiz, as pessoas a mastigariam, cuspindo em seguida. O cuspe infundido com a planta, pensava-se, oferecia proteção. O povo congolês também acreditava que o espírito de antigos comandantes tribais estava de alguma forma vinculado à raiz, tornando-a uma aliada magista reverenciada e respeitada.[45]

Os principais usos mágicos da Sua Alteza John são proteção, sorte e potência sexual, ou seja, tanto a aparência quanto a energia de Sua Alteza John hoje em dia correspondem às do *Costus lucanusianus*. A raiz Sua Alteza John também é reverenciada e, muitas vezes, "alimentada" de uma forma contrária aos métodos usados com a maioria das outras ervas e raízes em práticas magistas. Podemos dizer, por experiência, que há um espírito nas raízes identificadas como Sua Alteza John, o Conquistador, inexistente em outras plantas.

Quando africanos foram forçadamente tirados de seus lares e trazidos aos Estados Unidos como escravizados, eles trouxeram consigo suas tradições magistas. Mas a flora e a fauna do sudeste norte-americano não eram as mesmas que as dessa região da África, portanto, buscou-se um substituto para o precursor

---

45. Carolyn Morrow Long. *Spiritual Merchants: Religion, Magic and Commerce.* Knoxville, TN: University of Tennessee Press, 2001, p. 222.

original africano de Sua Alteza John atual. Para complicar ainda mais, o nome específico Sua Alteza John, o Conquistador, é bastante moderno, aparecendo impresso pela primeira vez em 1899. Antes disso, houve algumas variações de registros históricos de "John" sendo usado em referência a uma raiz mágica, e é provável que o que chamamos hoje de John, o Conquistador, tivesse uma variedade de nomes diferentes no sul norte-americano durante o século XIX.

No sul norte-americano, há numerosas referências a uma raiz mágica usada por pessoas não brancas para proteção. Ninguém menos que o grande abolicionista e escritor Frederick Douglass (*c*. 1818-1895) menciona uma raiz mágica muito parecida com Sua Alteza John. Em *Narrative of the Life of Frederick Douglass, an American Slave*, de 1845, Douglass narra como ele encontrou a raiz, suas utilidades e o êxito que teve com ela.

No relato de Douglass, um colega escravizado chamado Sandy o aconselha a encontrar a raiz para se proteger das surras de Edward Covey, o homem que afirmava ser proprietário de Douglass:

> Devo ir com ele a outra parte da floresta, onde há uma certa *raiz* que, se eu fosse levar um pouco dela comigo, carregá-la *sempre do meu lado direito* tornaria impossível o sr. Covey, ou qualquer outro homem branco, me chicotear. Ele disse que a carregou durante anos; e, desde que fez isso, nunca recebeu um golpe, e nunca esperou por isso enquanto a trouxe consigo.[46]

Douglass encerra o relato descrevendo uma luta física com Covey que termina com este último acreditando erroneamente que havia ferido ou acertado Douglass. Este escreve que "ele [Covey] não tirara sangue meu, mas eu tirei o dele".[47]

Boa parte dos praticantes de magia acredita que haja uma pessoa ou um espírito por trás do nome Sua Alteza John, o Conquistador, mas a quem (ou a quê) Sua Alteza John se refere permanece em aberto. A história que mais

---

46. Frederick Douglass. *Narrative of the Life of Frederick Douglass, an American Slave*. Boston, MA: The Anti-Slavery Office, 1845, p. 70.
47. Douglass. *Narrative of the Life of Frederick Douglass, an American Slave*, p. 72.

ouvimos muitas vezes envolve um príncipe africano chamado John cujo espírito nunca foi quebrantado após ter sido capturado e vendido como escravo. O príncipe John é descrito como um zombeteiro, pregando peças em seus mestres. Por amar demais seu povo, ele transferiu a maior parte de seu poder mágico para uma raiz específica, para ser usada como forma de proteção. Assim, o nome da raiz provém do príncipe John. A história é linda, mas não há muitas evidências textuais que a comprovem.

Sua Alteza John poderia receber seu nome de Prester John, um lendário rei africano (ou, às vezes, asiático) que, acreditava-se, descendia dos Três Sábios da Bíblia. As histórias de Prester John se tornaram populares no século XII, quando europeus buscavam aliados cristãos no Oriente Médio em suas guerras contra o Islã. Pensava-se que Prester John governava um paraíso terrestre livre de pobreza e fome, e histórias sobre seu reinado continuaram a ser contadas por centenas de anos após as Cruzadas. Parece o tipo de personagem que poderia inspirar indivíduos escravizados e maltratados, mas Prester John foi presença maior na mitologia europeia do que no folclore africano.[48]

Outra sugestão é que Sua Alteza John poderia ser um termo carinhoso para um dos loa (ou lwa) do Vodu de Nova Orleans.[49] Isso vincularia a imagem de Sua Alteza John a divindades africanas cultuadas pelos povos Fon e Iorubá. Também há outra conexão possível em Nova Orleans. A raiz Sua Alteza John, o Conquistador, pode ter recebido o nome do dr. John Montanee (c. 1815-1885), um dos mais famosos praticantes de Vodu em Nova Orleans do século XIX.[50]

O mais importante de todos esses pontos de origem para o nome da raiz Sua Alteza John, o Conquistador, é que todos eles se referem a pessoas não brancas (ou, no caso dos loa, poderes maiores tradicionalmente cultuados por essas pessoas). Hoje, a raiz Sua Alteza John, o Conquistador, pode ser encontrada em lojas de plantas e esotéricas, mas sua origem reside nas tradições Hoodoo e Vodu, caminhos com inquestionáveis raízes africanas. Se você optar por trabalhar com Sua Alteza John, honrar suas origens africanas é imprescindível.

---

48. Carolyn Morrow Long. *Spiritual Merchants*, p. 231.
49. Não conhece os loa? São espíritos mediadores que interagem com um poder maior desconhecido em prol dos seres humanos. Loa são tipos de divindades, mas pessoas mortais como Marie Laveau podem chegar ao status de um loa.
50. Carolyn Morrow Long. *Spiritual Merchants*, p. 231.

No início dos anos 1900, Sua Alteza John virou *commodity*, e passou a ser mais provável encontrá-la em uma drogaria Hoodoo do que colhê-la em pântanos da Louisiana ou da Carolina do Norte. Já que ninguém sabia exatamente o que era a raiz Sua Alteza John, o Conquistador, fabricantes de *curios* (itens mágicos Hoodoo) escolhem as raízes usadas com mais frequência hoje como Sua Alteza John, o Conquistador. A certa altura, provavelmente havia dezenas de raízes diferentes utilizadas, mas hoje existem três particularmente comuns.

O primeiro tipo de raiz vendida com frequência hoje em dia como Sua Alteza John é a raiz de jalapa, que se parece muito com um testículo ressecado. A raiz de jalapa é um tipo de flor glória-da-manhã, e Bruxos como Scott Cunningham (1956-1993) recomendam usar as raízes dessa flor para substituir Sua Alteza John.[51] Não é nem um pouco provável que a jalapa se relacione à precursora africana original de Sua Alteza John atual. A raiz de jalapa vem do México, o que significa que ela não estaria disponível para uso pelos africanos escravizados que moravam no sul norte-americano. A jalapa também é venenosa, e em algumas situações Sua Alteza John é mascada.

A galanga é outro tipo de raiz frequentemente vendida como Sua Alteza John. A galanga é um tipo de gengibre, e às vezes suas raízes se parecem com falos. A galanga não é nativa da América do Norte, ou seja, de forma alguma ela poderia ser a raiz sobre a qual Frederick Douglass escreve. No início dos anos 1920, a galanga era vendida com frequência com o nome Chewing John (John para Mascar, em tradução livre), e usada de maneiras similares àquelas como o povo congolês utilizava o *Costus*. Minhas histórias favoritas envolvendo Chewing John mencionam que ele era cuspido em tribunais para proteção e para garantir que a justiça fosse feita.

A raiz Beth (a flor trílio vermelho) é a terceira raiz mais comum vendida atualmente como Sua Alteza John, e sua aparência é única. Assim como a raiz jalapa, a raiz Beth meio que se parece com um testículo, mas coberto por pelos. A raiz Beth é nativa do leste dos Estados Unidos, e pode ser ingerida (embora não recomendemos que você faça isso), logo, ela poderia ser uma das raízes originais que leva o nome de Sua Alteza John nos Estados Unidos.

---

51. Scott Cunningham. *Cunningham's Encyclopedia of Magical Herbs* (1985; reimpressão, St. Paul, MN: Llewellyn, 1987), p. 156.

Invocar o poder de Sua Alteza John, o Conquistador, desperta uma energia exclusiva não relacionada à planta específica, que ofereceu esperança e proteção durante mais de duzentos anos na América do Norte. Quando você invoca Sua Alteza John, o Conquistador, não está apenas despertando energias da planta, mas o poder do próprio John. Para fazer Sua Alteza John trabalhar por você, é imprescindível honrar a energia do John protetor e conquistador e refletir sobre a opressão, escravidão e maus-tratos de pessoas não brancas desde sua chegada à América do Norte séculos atrás.

A energia relacionada ao nome Sua Alteza John é tão poderosa que você pode encontrar itens magistas à venda sob esse nome que não contenham nenhum tipo de raiz. Em geral, esses itens são infundidos com a essência de John e contêm propriedades similares às das raízes vendidas com esse nome. O que há em um nome? No caso de Sua Alteza John, o Conquistador, bastante coisa!

De acordo com a tradição, a raiz Sua Alteza John, o Conquistador nunca deve ser usada para "trabalhos ruins". É antiético usar Sua Alteza John para prejudicar ou ferir, já que sua raiz é um encanto usado sobretudo para proteção. Se Sua Alteza John for usada incorretamente, haverá um contragolpe negativo contra o praticante.

Sua Alteza John, o Conquistador, pode ser utilizada de várias formas, mas em geral ela é colocada em amuletos ou carregada no bolso como talismã de proteção. Também pode ser fervida em água, e essa água pode ser usada para limpeza ou adicionada à água do banho (de chuveiro ou banheira). Você também pode embeber Sua Alteza John em perfumes (como água de colônia), uísque ou um óleo essencial e, depois, usar esse perfume, bebida alcoólica ou óleo para untar a si mesmo ou suas ferramentas mágicas.

Hoje, a raiz Sua Alteza John, o Conquistador, é vendida com vários outros nomes. Joan, a Conquistadora, adiciona uma mística feminina ao poder de Sua Alteza John. Em espanhol, Sua Alteza John, o Conquistador, é vendida como *Juan el Conquistador*. Produtos vendidos como Juan, o Conquistador, muitas vezes representam a realeza europeia em si, uma imagem similar à encontrada na embalagem de muitos produtos Sua Alteza John vendidos à comunidade Hoodoo. Apesar do homem branco frequentemente representado na caixa ou na garrafa de produtos Sua Alteza John, os poderes de John e Juan provêm da África e dos povos provenientes desse continente.

USANDO A RAIZ SUA ALTEZA JOHN, O CONQUISTADOR

Este feitiço particular não especifica para que você usará a raiz Sua Alteza John, o Conquistador. Independentemente do que você optar por fazer com a raiz, seja para proteção, potência sexual, sorte, dinheiro ou apenas para remover bloqueios psíquicos, recomendamos empregar a abordagem a seguir.

Para este feitiço, você vai precisar de:

- Um pedaço de raiz Sua Alteza John, o Conquistador
- Uma tigela pequena de uísque ou outra bebida alcoólica (como alternativa para o uísque, você pode usar água-de-colônia ou algum outro tipo de perfume aromático/colônia)
- Óleo para untar compatível com seu objetivo mágico
- Um saquinho ou pedaço de tecido para guardar a raiz Sua Alteza John, o Conquistador
- Qualquer outra coisa que quiser adicionar no saquinho (como pedras/cristais, outras ervas, bibelôs etc.)
- Fita/barbante para fechar o saquinho

O uso da raiz Sua Alteza John, o Conquistador, não é parecido com o de nenhuma outra erva, portanto, exige alguns passos extras para atingir máxima eficácia magista. Sugerimos que você comece fazendo uma oferenda às almas das pessoas trazidas às Américas contra sua vontade e escravizadas. Como alternativa, você poderia fazer uma pequena doação a uma organização de direitos civis, como a NAACP ou o Black Lives Matter (Vidas Negras Importam), em agradecimento às pessoas que foram mais instrumentais em fornecer essa poderosa forma de magia.

Depois de fazer a oferenda, comece despertando a raiz. Para isso, embeba a raiz Sua Alteza John em uma bebida alcoólica, como uísque. Em tradições sulistas de Conjuro, o uísque serve para vários fins. É uma oferenda ao espírito. Aqui, você a está oferecendo ao poder de sua Alteza, John. Às vezes, o uísque é chamado de "água da vida", por conta da alegria e sensação de fuga que pode trazer ao ser consumida com moderação. É importante embeber sua raiz no álcool, e não ensopá-la. Você não está tentando afogar a raiz; você a está honrando e despertando suas energias.

Depois que a magia de sua raiz estiver desperta, unte-a com seu óleo favorito. Ao untar sua raiz, foque sua intenção mágica, infundindo-a à raiz. Certifique-se de que sua intenção não viole a lei contra usar Sua Alteza John para "trabalhos ruins". Independentemente do uso que você der à sua raiz Sua Alteza John, o foco deve ser tirar proveito, e não deve causar mal a outras pessoas. Se sua raiz tiver mais de 5 centímetros, é bom untá-la começando pela parte que você achar que é a base e ir subindo até o topo.

Por conta do álcool e do óleo dentro e na raiz, achamos que a melhor maneira de trabalhar com Sua Alteza John é num amuleto. Ao escolher o saquinho em que você quer abrigar sua raiz, opte por uma cor que complemente seu objetivo magista. Você também pode usar materiais adicionais ao saquinho que possam ajudá-lo a obter o que deseja.

Quando trabalhamos com Sua Alteza John no coven, fechamos os saquinhos com nove nós. Lembre-se de que há muitas pessoas que acreditam que a raiz Sua Alteza John, o Conquistador, deve ser constantemente cuidada e alimentada. Ou seja, para manter fluindo a energia magista de Sua Alteza John, é bom você voltar a embebê-la com uísque e acrescentar óleos extras nela. Se fizer isso, certifique-se de usar um cordão mais pesado para amarrar o saquinho, porque você vai querer desatá-lo depois. O que quer que você use para amarrar o saquinho, garanta que a cor do material seja compatível com seu objetivo magista.

Enquanto amarra o saquinho, diga as palavras a seguir:

Ao primeiro nó, este feitiço começou.
Ao segundo nó, que ele se torne realidade.
Ao terceiro nó, que assim seja.
Ao quarto nó, minha Vontade eu guardo.
Ao quinto nó, este feitiço está vivo.
Ao sexto nó, este feitiço eu elaboro.
Ao sétimo nó, minhas palavras ao céu.
Ao oitavo nó, lanço o destino.
Ao nono nó, o que é feito está bom!

Agora seu saquinho está pronto para uso. Guarde-o em um lugar seguro ou carregue-o no bolso ou na bolsa. Adicione mais álcool e óleo à raiz Sua Alteza John a cada poucos meses para mantê-lo totalmente carregado.

ENCANTAMENTO FINAL PARA PROTEÇÃO

Este último feitiço é elaborado para manter seu lar a salvo de toda ameaça magista e mundana. Ao contrário da garrafa de Bruxa, você faz acréscimos constantes a este amuleto para manter a magia fluindo com força. Este é um encantamento ideal para usar quando você se encontrar em uma situação excepcionalmente espinhosa.

Usamos sangue neste feitiço, coisa que deixa muitos Bruxos e Bruxas pouco à vontade. Se esse for o seu caso, é só pular essa etapa. Aqui, o sangue é usado tanto como oferenda (você está dando uma parte de si para ser protegida) quanto para indicar que a magia do amuleto pertence a você.

Para este feitiço, você vai precisar de:

- Papel-manteiga ou um papel pardo para escrever
- Algum utensílio para escrever
- Um bisturi
- Desinfetante
- Gaze esterilizada
- Uma tigela ou caldeirão pequeno
- Terra de sua casa
- Raiz de angélica
- Folhas de boldo (boldo é uma árvore)
- Um saquinho de pano, vermelho ou preto
- Fio para amarrar o saquinho
- Óleo de proteção ou uísque/rum (opcional)

Escreva sua intenção no papel-manteiga (ou no saco de papel pardo), sendo o mais específico possível. Então, com delicadeza, fure o dedo indicador de sua mão não dominante. A maneira mais fácil de fazer isso é aplicando pressão à ponta do dedo com o dedão e o dedo indicador de sua mão dominante e, depois, furando rapidamente o dedo com um bisturi e intenção de proteção. Esfregue o sangue no pedaço de papel. Ao trabalhar com sangue em magia, recomendamos fortemente o uso do bisturi, pois sua esterilização é garantida. Após obter a pequena quantidade de sangue necessária para este feitiço, desinfete o ferimento e aplique uma gaze esterilizada.

Na tigela ou caldeirão, misture a terra, o papel do feitiço, a raiz de angélica e as folhas de boldo. Enquanto os mistura, entoe "Estou seguro, estou protegido", junto com outras palavras que sentir apropriadas. Ao misturar os ingredientes mágicos, visualize uma força e uma energia protetoras à sua frente. Imagine as energias das ervas adentrando o território de seu caldeirão ou tigela e, em seguida, passando por ele(a) e entrando no solo fora da sua casa.

Quando você sentir que seus ingredientes foram misturados e carregados adequadamente, adicione-os no saquinho. Antes de fechá-lo, fale dentro dele, afirmando sua intenção pela última vez, exalando vida e significado em sua magia. Em seguida, use o fio para amarrar bem o saquinho com três nós, dizendo:

Um nó para a magia que iniciei.
Dois nós para o feitiço que lancei.
Três nós, e meu trabalho não se desmanchará.
Que assim seja, minha vontade se cumprirá!

Coloque o saquinho em um lugar seguro. Uma vez por semana, unte-o com o óleo de proteção ou pingue mais um pouco de uísque ou rum nele para alimentar o encantamento e manter sua energia em movimento.

CONSIDERAÇÕES FINAIS

Lance seu Próprio Feitiço

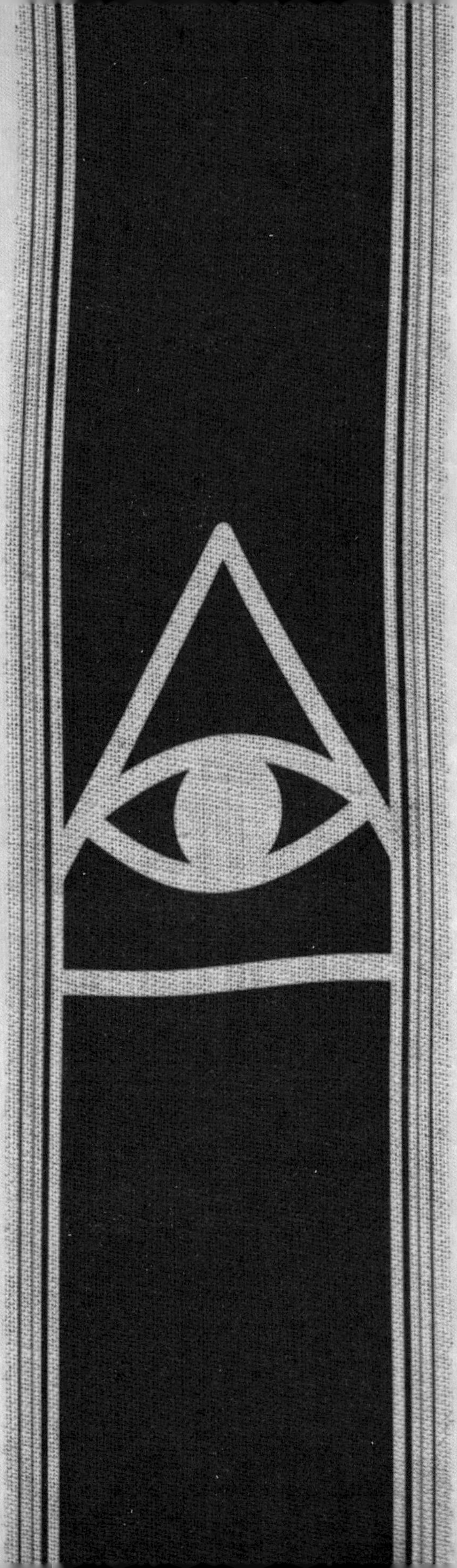

Livros de feitiços estão mais populares do que nunca. Com frequência eles aparecem no topo das listas de *best-sellers* sobre Bruxaria em *sites* como o da Amazon, e lojas esotéricas locais contêm dezenas deles. Matt, que trabalha em uma loja esotérica, recebe frequentes pedidos de clientes não só de recomendações de ingredientes para feitiços, como também lhe pedem para escrever feitiços. (Nem vamos comentar quantas pessoas acham que esse tipo de trabalho tem que ser gratuito.)

Há muitas reflexões envolvidas nos feitiços que encontramos em livros. Autores passam horas elaborando dísticos rimados e compilando listas exaustivas de encantamentos e ingredientes para livros. Mas no mundo real, longe das páginas impressas ou das telas reluzentes das redes sociais, a magia tende a ser mais improvisada. No calor do momento mágico, as palavras rebuscadas se dissipam e de repente você se pega substituindo a salsa por um ingrediente muito mais exótico. A feitiçaria não precisa ser tão bonita quanto na foto, e frequentemente não é. Não se preocupe em fazer seu feitiço combinar com exatidão com o que você vê em livros como este aqui.

Há dezenas de feitiços neste livro, e esperamos que você os use, mas realmente acreditamos que os feitiços mais potentes são os que escrevemos para nós mesmos. Esta obra foi escrita para dar aos Bruxos e Bruxas as ferramentas necessárias para desenvolver a própria prática magista exclusiva, e os feitiços são oferecidos como exemplos para ajudar você a fazer isso. O mais importante, esperamos que você *personalize* os feitiços deste livro acrescentando a eles suas próprias palavras e seja tão criativo com os ingredientes quanto achar adequado.

Escrever os próprios feitiços pode ser exaustivo, e, se você duvidar de sua capacidade de fazê-lo, comece tentando feitiços já existentes e acrescentando seu toque pessoal a eles. A magia é sua, portanto, assuma-a! Escrever feitiços é uma tarefa e tanto, mas Bruxos e Bruxas têm sucesso em tarefas grandiosas.

Não existe uma forma única de escrever um feitiço, e, ainda que a melhor atitude seja confiar na própria intuição, podemos oferecer algumas orientações. Este livro contém todos os ingredientes e artifícios para elaborar feitiçarias eficazes. Esta última parte é um apanhado de tudo.

IDENTIFIQUE O PROBLEMA E AS POSSÍVEIS SOLUÇÕES

A maioria de nós usa magia para um propósito específico, portanto, a primeira coisa que precisamos fazer é identificar o problema que queremos resolver em nossa vida. Muitas vezes nossos problemas podem ser afirmados em termos simples e genéricos, mas nossa magia será mais eficaz se tivermos um objetivo específico e conciso. Por exemplo, se você está fazendo um feitiço de trabalho, quase sempre há empregos disponíveis, mas que tal um que pague suas contas? Será que qualquer trabalho vai lhe dar satisfação pessoal? É possível que alguns empregos piorem sua situação atual em vez de melhorá-la?

Use visualização criativa para analisar o problema da maior quantidade possível de ângulos. Leve em conta todas as variáveis ao visualizar possíveis soluções. Você precisa de um novo lugar para morar ou só de um novo colega de quarto? São dois problemas e feitiços diferentes, portanto, isso ilustra bem por que é tão importante reservar um tempo para decidir para que você precisa de magia.

Quando escrevemos rituais, com frequência começamos afirmando nossa intenção. Essa intenção destaca o que faremos no ritual e por que nos reunimos como coven. Uma afirmação de intenção também funciona bem para lançar feitiços. Depois de identificar o problema real e as melhores soluções para ele, destile-o até a essência. Anote ou guarde na memória o propósito de sua feitiçaria, e, ao elaborar o feitiço, descarte tudo o que não sirva ao propósito maior. O resultado desse processo deve ser uma compreensão total do problema que você precisa resolver e como você o vê solucionado.

MAGIA GRANDE OU PEQUENA?

Quanto maior a magia, maior deve ser seu feitiço! Isso não significa que um feitiço para comprar uma casa nova exija trinta pedras diferentes, mas apenas que, provavelmente, você deve planejar passar um pouco mais de tempo angariando energias potentes para ele. Em vez de proferir um rápido encantamento e fazer surgir um pouco de poder pessoal, magias grandes podem precisar de uma grande vela acesa durante vários dias ou até semanas. Quanto mais energia você puder reunir para o feitiço, maior sua chance de sucesso.

Ao decidir como elaborar um feitiço, um dos fatores é o tempo. Às vezes, a magia pode ser feita com lentidão, ao longo de semanas ou meses. Em outros momentos, o tempo é essencial, e o feitiço tem que ser lançado na mesma noite! Magias grandes podem ser feitas em uma noite; apenas reserve um tempo pensando no que vai enviar melhor sua energia e intenção para o universo às pressas. Por exemplo, talvez o feitiço exija uma vela votiva que vai queimar em quatro horas, em vez de uma vela de sete dias.

Acreditamos que a localização do sol e da lua pode beneficiar a prática magista, mas às vezes não há tempo para esperar uma lua cheia, e tudo bem. Certa vez, quando Jason foi amaldiçoado por uma Bruxa local, ele quebrou a maldição sob uma lua minguante (o ciclo diário é útil!) em vez de esperar a lua nova. Tire vantagem de todas as energias que o cercavam, mas faça o trabalho que precisar fazer, e com a maior rapidez e simplicidade possível.

REÚNA SEUS INGREDIENTES E FERRAMENTAS

Livros como este muitas vezes incluem listas extensas de ingredientes mágicos, mas os itens mágicos mais eficazes são aqueles com que você sintoniza com mais força. Se você sente que precisa achar uma flor exótica para usar em um feitiço particular, não deixe de procurá-la! Mas se esse tipo de coisa só deixa você frustrado, encontre alguma coisa no seu quintal; vai funcionar tão bem quanto. Quando trabalhamos em um feitiço mais importante, saímos e compramos algumas parafernálias mágicas a mais, porém, em geral usamos o que já temos em mãos.

Quando conjuramos a maior quantidade possível de energia, nossa magia tende a ser mais eficaz. É por isso que magias envolvendo velas, amuletos e bonecos são tão populares: todas essas técnicas magistas envolvem muitas "coisas". Um amuleto, por exemplo, utiliza pedras, cristais, nós, cor, ervas e magia imitativa em sua criação. Mas se você não está em condições de usar oito disciplinas magistas diferentes, sua feitiçaria não está fadada ao fracasso. Contanto que você se aplique de coração no que está fazendo, as coisas deverão se sair bem.

Ao reunir os ingredientes para seu feitiço, certifique-se de que eles ressoem com você. Não faça uma mera consulta a livros; consulte sua intuição – confie naquela voz dentro de si! E, se seu feitiço começar a parecer desnecessariamente complicado, reduza a quantidade de itens que você está usando.

ESCREVA SEU ENCANTAMENTO

Ao escrever um feitiço, o ponto de foco mais importante é sua intuição. Rimas e palavras rebuscadas são legais, mas nada disso importa tanto quanto sua intenção. Se você não gosta de poesia, não escreva feitiços que utilizem rimas. Se feitiços que parecem saídos de uma peça de Shakespeare soam mais mágicos para você, escreva os seus dessa maneira. Se você está usando o feitiço de outra pessoa como ponto de partida e não gosta de alguma coisa que ela fez, mude!

As pessoas tendem a se preocupar demais com as palavras que usam em feitiços. Quando em dúvida, simplifique o máximo possível. Entoar "cure meu gato, cure meu gato, cure meu gato" quando esse sentimento vem do seu coração é mais forte que recitar um soneto com rimas perfeitas que mais se parece com um trabalho de aula de ingês do que com um sentimento verdadeiro.

Palavras também podem ser superestimadas, especialmente quando se faz magia sozinho. Contanto que você se concentre no que está fazendo, as palavras não são tão importantes.

PREPARE-SE PARA O FEITIÇO

Antes de lançar seu feitiço, certifique-se de estar em condições mentais para fazê-lo. Se não for o caso, espere uma hora, um dia, ou até uma semana. Todos nós temos dias ruins, e, se o seu estiver difícil, a magia pode esperar.

Quando estiver pronto, certifique-se de que você e o lugar onde vai trabalhar sua magia estejam adequadamente limpos. A limpeza não é um processo especialmente complexo, e, se você passou alguns dias elaborando o feitiço certo, o que são mais dez minutos de esforço para garantir obter os melhores resultados possíveis?

Por fim, passe um tempo se concentrando no seu feitiço bem antes de lançá-lo. Quanto mais tempo você passa maquinando e pensando em um feitiço, mais energia fará surgir e mais potente sua magia será. Nos dias e horas anteriores a uma feitiçaria excepcionalmente importante, repasse várias vezes suas visualizações criativas para garantir que está focando exatamente o que deseja atingir.

LANCE O FEITIÇO

Ao lançar o feitiço, faça-o com autoridade e confiança. Esteja certo sobre seu trabalho e a realidade da magia na sua vida. Se você tiver dúvidas sobre sua feitiçaria ou seu trabalho como Bruxa(o), deixe isso de lado para que não poluam seu trabalho. Você é um(a) Bruxo(a)! E vem dando duro nisso! Você vai ser bem-sucedido(a)!

Quando estiver próximo do fim do feitiço e acender a vela ou amarrar a fita no seu amuleto, você deve sentir pelo menos um filete da energia que sua magia está enviando para o universo. É mais provável que não seja uma sensação muito forte, mas, se você permaneceu verdadeiro a si mesmo e despertou energia de verdade, vai notar isso. Se você não sentir nada, reserve alguns minutos para adicionar um poder extra ao seu feitiço. O trabalho nunca está de fato acabado até você dizer que está.

DÊ SEQUÊNCIA AO FEITIÇO

Os maiores feitiços com que trabalhamos ao longo dos anos se concentraram, no mais das vezes, em preocupações contínuas. Se seu feitiço exige que você acenda uma vela toda noite durante os dez dias seguintes, faça isso! Não fale da ideia apenas da boca para fora, mas termine de verdade o feitiço conforme planejou. E, se sua magia foi grande, talvez tenha de reforçá-la periodicamente. Dê uma agitada no boneco, adicione óleo extra a seu amuleto e mantenha a magia em movimento!

Dar sequência a um feitiço também exige ação no mundo material. Para a magia funcionar, temos de nos colocar em situações em que ela possa nos encontrar. Ao procurar um(a) parceiro(a) romântico(a), não dá para ficar sentado no sofá e esperar que essa pessoa venha até você; é preciso se colocar em situações para conhecer pessoas novas. Às vezes, parece que a "magia não funcionou" simplesmente porque não fizemos o trabalho necessário após um feitiço ser lançado. Sua magia o aproximará de seu objetivo, mas, para atingir a linha de chegada, você vai precisar tomar uma atitude no mundo real.

SEGUINDO EM FRENTE

Quanto mais você trabalhar com magia, mais fácil será praticá-la. Mais cedo ou mais tarde, você conseguirá lançar feitiços grandes sem ter de pensar demais a respeito. Através de tentativas e erros, você descobrirá o que funciona e o que não funciona para si mesmo. Para muitos de nós, a magia é um pouco intimidante quando começamos a trabalhar com ela, mas com o tempo ela se torna algo natural.

E haverá erros envolvidos. Nem todos os seus feitiços funcionarão exatamente como você planejou, e alguns não vão dar certo e ponto-final. Mesmo os Bruxos e as Bruxas mais bem-sucedidos contam histórias de quando sua magia não funcionou, por qualquer que fosse o motivo. É fácil ficar desanimado quando não se obtém os resultados que se deseja imediatamente, mas é pra isso que existem outras chances.

Quando um feitiço não funcionar, ou se funcionar de maneira inesperada, reserve um tempo para repassar o que pode ter dado errado. Aprendemos por meio de tentativa e erro, e muitas vezes nossos maiores lapsos oferecem a maior parte dos *insights* no processo mágico. Talvez você tenha usado o ingrediente errado, ou estivesse no espaço errado, ou concentrado no problema errado. Anote seus sucessos e fracassos. Isso deixará sua magia mais potente e mais precisa.

A magia e as ferramentas de Bruxos e Bruxas trouxeram sentido e sucesso para nossa vida. A feitiçaria nos manteve sempre em frente, nos erguendo quando estávamos para baixo e nos levantando ainda mais quando as coisas estavam ótimas. Como Bruxos e Bruxas, podemos transformar nossa vida e controlar nossas circunstâncias através do poder da magia. Esperamos que você ache a prática da magia tão poderosa quanto nós achamos.

Que assim seja!
Matt, Amanda, Ari e Jason
Março de 2021

APÊNDICE 1

Tipos de Feitiços e Correspondências Mágicas

A lista de correspondências mágicas na segunda parte deste apêndice divide as pedras, óleos, ervas e outros ingredientes para feitiços escritos neste livro em 22 categorias. A maioria de nós não tem dezenas de pedras e ervas prontamente disponíveis em todas as ocasiões, portanto, esta lista o ajudará a substituir itens, a fim de que possa usar o que já tem à mão para obter os resultados mágicos que deseja, com base no propósito de seu feitiço. As 22 categorias de feitiços incluídas aqui são bem amplas, e podem ser aplicadas a uma vasta gama de práticas magistas.

Mas primeiro incluímos uma lista de objetivos de feitiços e seus usos possíveis em magia.

TIPOS DE FEITIÇOS E SEUS POSSÍVEIS USOS

Aqui está uma lista de vários tipos de feitiços, divididos em 22 categorias, ao lado de sugestões sobre como aplicá-los à sua feitiçaria.

Abundância: Abundância tem a ver com crescimento. Pode ser crescer algo internamente ou ter a melhor colheita de sua vida no jardim.
Adivinhação: Itens associados a adivinhação nos tornam leitores de tarô mais potentes (ou quaisquer outras ferramentas divinatórias que você use).
Amizade: Faça amizade com pessoas, animais de estimação e até com a terra.
Amor: Feitiços de amor podem ser usados para atrair um novo parceiro romântico ou um pretendente à sua vida. Também podem ser utilizados para atrair novos amigos (próximos) e companheiros animais.
Autoestima: Quando nos sentimos bem conosco, geralmente vêm coisas boas em seguida. É mais provável que você seja bem-sucedido em praticamente qualquer empreitada se tiver confiança em si mesmo.
Banimento: O banimento nos ajuda a nos livrar de coisas que não desejamos em nossa vida. Essas coisas podem incluir pessoas, ideias, hábitos e dívidas.
Bênçãos: Abençoar algo é dedicá-lo à sua prática de Bruxaria e acrescentar um pouco de sua energia mágica a isso.

Cura: Envie energia de cura para outras pessoas ou a si mesmo. Como Bruxos e Bruxas, também podemos trabalhar para curar o ambiente ou um relacionamento.

Descruzamento: Feitiços de descruzamento podem remover uma maldição ou sortilégio. Um feitiço de descruzamento também pode agir como um "botão mágico de *reset*", restaurando circunstâncias a uma situação anterior.

Desenvolvimento Psíquico: Muitos Bruxos e Bruxas trabalham ativamente para desenvolver habilidades e capacidades psíquicas, e a magia pode ajudar nesse trabalho.

Dinheiro: Feitiços para dinheiro ajudam a fazer a grana aparecer quando precisamos, e também a aumentar nossa conta bancária.

Felicidade: Crie seu próprio local feliz e compartilhe esse sentimento com os outros.

Limpeza: Limpar remove energias negativas, mas também nos ajuda a facilitar novos começos.

Paixão: A paixão é mais associada ao desejo físico, mas paixões são um combustível para nosso trabalho e Arte como Bruxos e Bruxas. Reacenda seu amor por uma profissão ou *hobby* com magias para paixão.

Poder: Poder é a força para superar os obstáculos; não se trata necessariamente do poder sobre os outros.

Prosperidade: Prosperidade é mais do que dinheiro, e será um pouco diferente para cada pessoa, dependendo das necessidades pessoais. Para prosperar, tudo de que precisamos é de um bom emprego, um teto sobre a cabeça e alguns bons amigos.

Proteção: Magias de proteção mantêm pessoas e energias indesejadas longe de nossa vida.

Purificação: Feitiços de purificação podem remover um sortilégio ou uma maldição, ou a negatividade de um espaço ou uma pessoa. Eles também podem ajudar a preparar para novos começos.

Sonhos: Ative a energia de seus sonhos para dar uma espiadela no futuro ou colocar sua mente subconsciente para trabalhar a fim de resolver um problema pessoal.

Sorte: A sorte aumenta a probabilidade de coisas positivas acontecerem na nossa vida. Magias de sorte podem ser usadas para ativar a possibilidade de qualquer coisa que você deseje.

Sucesso: Sucesso pode ser sinônimo de emprego, mas também de obter algo, preservar um relacionamento ou, mesmo, apenas preparar o jantar perfeito.

Viagem: Garanta viagens seguras aonde quer que vá e que você chegue ao destino desejado. A Bruxaria em si é uma jornada, e, quando praticamos magia ou nos envolvemos em rituais, em certo sentido estamos viajando.

CORRESPONDÊNCIAS MÁGICAS

Aqui está uma lista de objetivos mágicos dividida em 22 categorias, ao lado de pedras, óleos, ervas e outros ingredientes de feitiços encontrados neste livro que correspondem a cada objetivo.

Abundância: Azeite, azeitonas, farinha, hortelã-pimenta, limão, óleo de semente de uva, *patchouli*, pimenta-da-jamaica, uvas, vinho

Adivinhação: Anis, artemísia, café, cipreste, hibisco, maçã, prata, roxo, tomilho, verbena, zimbro

Amizade: Ametista, quartzo rosa, rosa

Amor: Adão e Eva, banana, bordo, canela, cereja, chocolate, cornalina, damasco, damiana, erva-gato, granada, hibisco, jasmim, maçã, malaquita, manjericão, néroli, óleo Bewitching, *patchouli*, pimenta-malagueta, quartzo rosa, raiz de gengibre, rodocrosita, rosa, rosa (cor), rosa-mosqueta, safira, salgueiro, sangue-de-dragão, Van Van, verbena, vermelho, ylang-ylang, zimbro

Autoestima: Sálvia esclareia, rosa

Banimento: Azul, cravo-da-índia, cebola, espinheira, hissopo, hortelã-pimenta, manjericão, óleo Vá Embora, preto

Bênção: Cedro, chuva, rosa, sal

Cura: Ametista, aventurina, azul, branco, camomila, copaíba, espinheira, fluorita, heliotrópio, hematita, jojoba, lavanda, maçã, mirra, *palo santo*, sabugueiro, sangue, sorveira brava, tomilho

Desenvolvimento Psíquico: manjericão, benjoim, cedro, café, cipreste, goma arábica, hematita, hissopo, bagas de zimbro, lápis-lazúli, lavanda, artemísia, hortelã-pimenta, prata

Descruzamento: cravo-da-índia, limão, pinha

Dinheiro: Algodão, arbusto-de-cera, aventurina, azul, cedro, manjericão, ouro, pinha, pirâmide, prata, verbena, verde, trevo de quatro folhas

Felicidade: Citrina, erva-gato, laranja, limão, néroli, quartzo

Limpeza: Água, arroz, bétula, branco, capim-limão, cedro, copaíba, hissopo, lavanda, limão, olíbano, pinha, sálvia, sálvia esclareia, sangue-de-dragão, tomilho, Van Van, ylang-ylang

Paixão: Bagas de zimbro, canela, damiana, hibisco, quartzo, rodocrosita, rosa, safira, vermelho

Poder: Bagas de zimbro, café, canela, cedro, girassol, hematita, ouro, sorveira-brava, Sua Alteza John, o Conquistador

Prosperidade: Amêndoa doce, aventurina, benjoim, canela, citrina, cravo-da-índia, freixo, hortelã-pimenta, manjericão, *patchouli*, pirita, verde

Proteção: Alecrim, alho, âmbar, ametista, angélica, anis, arruda, artemísia, azeite, azeviche, bardana, benjoim, bétula, canela, cânfora, carneliana, carvalho, cipreste, citrina, coco, copaíba, cravo-da-índia, fluorita, freixo, funcho, Gato Preto, girassol, goma arábica, lápis-lazúli, lavanda, madeira de sândalo, malaquita, manjerona, mirra, *nag champa*, olíbano, orégano, pimenta-malagueta, quartzo, rosa, safira, sálvia, sangue-de-dragão, São Miguel, Sorte do Profeta, topázio, verbena

Purificação: Água, camomila, canela, copaíba, eucalipto, mirra, sal, tomilho

Sonhos: Alecrim, amarelo, anis, eucalipto, hibisco, jasmim, mil-folhas, pedra da lua

Sorte: Arbusto-de-cera, botão de rosa, camomila, canela, cereja, damiana, erva-gato, Gato Preto, raiz de gengibre, sangue-de-dragão, Sua Alteza John, o Conquistador, trevo de quatro folhas, verbena, verde, *vetiver*

Sucesso: Amarelo, angélica, árvore-da-cera, aventurina, canela, Coroa do Sucesso, cravo-da-índia, malaquita, manjericão, pirita, Sorte do Profeta, sorveira brava, trevo de quatro folhas, verde

Viagem: Artemísia, malaquita

APÊNDICE 2

Propriedades Gerais de Ervas, Óleos, Cores, Pedras e Cristais

Segue uma lista de vários itens mágicos que aparecem neste livro e suas correspondências mais comuns. Esta lista foi elaborada para ser um guia prático para Bruxos e Bruxas fazerem magias mais rápidas. Cada item listado aqui tem uma descrição bem mais detalhada em outros trechos deste livro.

Adão e Eva: Amor
Água: Limpeza, purificação
Água da chuva: Bênção, prosperidade, proteção
Álamo: Ver Algodão
Alecrim: Proteção, sonhos
Algodão (álamo): Dinheiro
Alho: Proteção
Amarelo: Inspiração, sonhos, sucesso
Âmbar: Proteção
Amêndoa doce: Prosperidade
Ametista: Amizade, cura, proteção
Angélica: Proteção, sucesso
Anis: Adivinhação, proteção, sonhos
Arroz: Limpeza
Arruda: Proteção
Árvore-da-cera: Dinheiro, sorte, sucesso
Artemísia: Adivinhação, desenvolvimento psíquico, proteção, viagem
Aventurina: Cura, dinheiro, prosperidade, sucesso
Azeitona/Azeite: Abundância, proteção
Azeviche: Proteção
Azul: Cura, dinheiro
Banana: Amor, paixão
Bardana: Proteção
Benjoim: Desenvolvimento psíquico, prosperidade, proteção
Bergamota: Inspiração
Bétula: Banimento, proteção
Bordo: Amor, dinheiro, proteção
Botão de rosa: Sorte
Branco: Cura, limpeza
Cabelo: Cura, poder, proteção
Café: Adivinhação, desenvolvimento psíquico, poder
Camomila: Cura, purificação, sorte
Canela: Amor, prosperidade, proteção, purificação, sorte, sucesso
Cânfora: Proteção
Capim-limão: Limpeza
Carneliana: Amor, proteção
Carvalho: Poder, proteção
Cebola: Banimento
Cedro: Bênçãos, desenvolvimento psíquico, dinheiro, limpeza, poder
Cereja: Amor, sorte
Chocolate: Amor, prosperidade
Cipreste: Adivinhação, desenvolvimento psíquico, proteção
Citrina: Felicidade, prosperidade, proteção
Coco: Proteção
Coroa do Sucesso: Sucesso

Copaíba: Cura, limpeza, proteção, purificação
Cravo-da-índia: Banimento, descruzamento, prosperidade, proteção, sucesso
Damasco: Amor
Damiana: Amor, paixão, sorte
Erva-gato: Amor, sorte
Espinheira: Banimento, cura
Eucalipto: Purificação, sonhos
Farinha: Abundância
Fluorita: Cura, proteção
Fogo: Poder
Freixo: Prosperidade, proteção
Funcho: Proteção
Girassol: Poder, proteção
Goma Arábica: Desenvolvimento psíquico, proteção
Granada: Amor
Heliotrópio: Cura
Hematita: Cura, desenvolvimento psíquico, poder
Hibisco: Adivinhação, amor, paixão, sonhos
Hissopo: Desenvolvimento psíquico, limpeza
Hortelã-pimenta: Abundância, banimento, desenvolvimento psíquico, prosperidade
Jasmim: Amor, sonhos
Jaspe: Cura, proteção
Laranja: Felicidade, sucesso, viagem
Lápis-lazúli: Proteção, desenvolvimento psíquico
Laranja: Felicidade, sucesso, viagem
Lavanda: Cura, limpeza, desenvolvimento psíquico, proteção
Limão: Abundância, descruzamento, felicidade, inspiração, limpeza
Maçã: Adivinhação, amor, cura
Malaquita: Amor, proteção, sucesso, viagem
Manjericão: Amor, banimento, desenvolvimento psíquico, dinheiro, prosperidade, sucesso
Manjerona: Proteção
Marrom: Banimento, limpeza
Mil-folhas: Sonhos
Mirra: Cura, proteção, purificação
Nag Champa: Proteção, purificação
Néroli: Amor, felicidade
Óleo Vá Embora: Banimento
Óleo Bewitching: Amor
Óleo Gato Preto: Cura, proteção
Olíbano: Limpeza, proteção
Orégano: Sorte, proteção
Ouro: Dinheiro, poder
Palo Santo: Cura, sorte, sucesso
Patchouli: Amor, abundância, prosperidade
Pedra da lua: Desenvolvimento psíquico, intuição, sonhos
Pedra da serpente: Adivinhação, poderes psíquicos

Pimenta-da-jamaica: Abundância, prosperidade
Pimenta-malagueta: Amor, proteção
Pinha: Descruzamento, dinheiro, limpeza
Pirita: Prosperidade, sucesso
Prata: Adivinhação, desenvolvimento psíquico, dinheiro
Preto: Banimento, proteção
Quartzo: Felicidade, paixão, proteção
Quartzo rosa: Amizade, amor
Raiz de gengibre: Amor, sorte
Rodocrosita: Amor, paixão
Rosa (cor): Amizade, amor
Rosa: Amor, autoestima, bênção, paixão, proteção
Rosa-mosqueta: Amor
Roxo: Adivinhação, prosperidade, sucesso
Sabugueiro: Cura
Sangue: Cura, proteção
Sal: Bênção, purificação
Salgueiro: Amor
Sálvia: Limpeza, proteção
Sálvia esclareia: Autoestima, inspiração, limpeza
Sândalo: Inspiração, proteção
Sangue-de-dragão: Amor, limpeza, proteção, sorte
São Miguel: Proteção
Sorte do Profeta: Proteção, sucesso
Sorveira-brava: Poder, sucesso
Sua Alteza John, o Conquistador: Poder, sorte
Tomilho: Adivinhação, cura
Topázio: Proteção
Trevo de quatro folhas: Dinheiro, sorte, sucesso
Uvas (também Vinho e Óleo de Semente de Uva): Abundância, cura, prosperidade
Verde: Dinheiro, prosperidade, sorte, sucesso
Van Van: Amor, limpeza
Verbena: Adivinhação, amor, dinheiro, proteção, sorte
Vermelho: Amor, paixão
Vetiver: Sorte
Ylang-ylang: Amor, limpeza
Zimbro: Desenvolvimento psíquico, paixão, poder

APÊNDICE 3

Lista Mestra de Feitiços

Há quase cem feitiços neste livro, e ideias mágicas para mais uns cem. Esta lista inclui todos os principais feitiços encontrados nos capítulos sobre feitiços, ao lado de alguns outros sorrateiramente incluídos em outros capítulos. A maioria dos itens mágicos deste livro inclui uma ideia para um feitiço, e alguns deles são bem elaborados o suficiente para serem incluídos aqui como um feitiço específico. Feitiços que aparecem em um verbete de erva ou pedra incluem o nome da seção em que esse feitiço pode ser encontrado.

Você vai reparar que muitos dos feitiços incluídos neste livro aparecem em múltiplas categorias, e de propósito. Dependendo de suas necessidades pessoais e da concepção do feitiço, uma garrafa de Bruxa pode ser usada para bênçãos pessoais ou proteção. Um feitiço de rompimento é um tipo de banimento, mas, quando deixamos uma pessoa ir embora, também experienciamos certo nível de autocura. Em outras palavras, um único feitiço pode habitar vários universos diferentes. A maneira como você escolhe lançar o feitiço, ao lado de seu objetivo específico, determinará a categoria em que um feitiço pode se encaixar. Para mais informações sobre as categorias variadas de feitiços, consulte o Apêndice I.

OS FEITIÇOS

Abra seus Caminhos: Remova Obstáculos e Esteja Aberto a Novas Oportunidades, p. 151: Abundância, banimento, bênção, descruzamento, limpeza, prosperidade, sucesso, viagem

Abra-te, Sésamo (verbete Sementes de Sésamo), p. 196: Abundância, felicidade, prosperidade

Absorva sua Tristeza com Azeviche (verbete Azeviche), p. 239: Autoestima, bênção, felicidade, limpeza

Acabando com o Assédio com uma Banana (verbete Banana), p. 191: Banimento, descruzamento, poder, proteção

Afastar Inimigos, p. 157: Banimento, descruzamento, limpeza, poder, proteção

Água de Rosas para Autoestima, p. 218: Autoestima, bênção, cura, limpeza

Água Lunar Mágica, p. 117: Adivinhação, amizade, bênção, cura, descruzamento, desenvolvimento psíquico, felicidade, limpeza, paixão, prosperidade, sorte, sonhos, sucesso

Amuleto com a Raiz de Sua Alteza John, o Conquistador (verbete Usando a Raiz de sua Alteza John, o Conquistador), p. 404: Abundância, amizade, autoestima, bênção, felicidade, paixão, poder, sorte, sucesso

Amuleto com Ervas para Proteção, p. 204: Banimento, proteção

Amuleto da Cozinha, p. 352: Abundância, amizade, autoestima, bênção, felicidade

Atrair Clientes para seu Negócio, p. 250: Abundância, felicidade, prosperidade, sucesso

Aumente sua Sensação de Amor-Próprio e Autoestima, p. 251: Abundância, autoestima, cura, felicidade, limpeza

Banho de Ervas para Limpeza Espiritual, p. 220 Autoestima, bênção, cura, limpeza

Banho para Limpeza Espiritual, p. 206: Autoestima, cura, descruzamento, limpeza

Bênção do Brinquedo Guardião para Crianças, p. 312: Amizade, bênção

Boa Sorte em Apostas (verbete Vetiver), p. 272: Abundância, sorte

Boneco "Cale Sua Boca Mentirosa!", p. 378: Banimento, descruzamento, proteção

Borrifador Refrescante, p. 302: Amizade, bênção, limpeza

Carta aos Mortos, p. 84: Amizade, autoestima, banimento, cura, felicidade

Círculo para Proteção e Deflexão, p. 78: Proteção

Consagrar um Altar para Bruxaria (verbete Pimenta-da-jamaica), p. 271: Bênção, limpeza

Conseguindo a Casa que Você Deseja, p. 315: Abundância, felicidade, prosperidade, sorte, sucesso

Construindo o Cone de Poder, p. 111: Abundância, autoestima, banimento, bênção, cura, descruzamento, felicidade, limpeza, poder, prosperidade, proteção, sorte, sucesso

Conversa Animadora da Visualização Criativa, p. 77: Autoestima, bênçãos, sucesso

Corte-os!, p. 356: Banimento, descruzamento, limpeza, proteção

Criando Raízes: Feitiço para se Mudar para um Novo Lugar, p. 214: Abundância, bênção, felicidade, sucesso, viagem

Derreta o Indesejado (verbete Chocolate), p. 193: Banimento, descruzamento, limpeza, poder, proteção

Derreta o Sortilégio, p. 120: Banimento, descruzamento, proteção

Desejos com Farinha (verbete Farinha), p. 193: Bênção, sorte

Encantamento de Nove Nós da Bruxa, p. 365: Abundância, banimento, bênção, poder, prosperidade, proteção, sucesso

Encantamento para Proteção, p. 406: Banimento, descruzamento, proteção

Energia da terra, p. 98: Abundância, bênçãos, cura, felicidade, limpeza, prosperidade, proteção, sorte, sucesso

Enfeitice a si Mesmo, p. 158: Abundância, autoestima, bênçãos, felicidade

Escada da Bruxa como Altar Portátil, p. 349: Bênção

Escada da Bruxa, p. 345: Abundância, bênção, cura, prosperidade, proteção, sorte, sucesso

Escudo a Postos! Feitiço Rápido para Proteção, p. 76: Proteção

Exercício do Sigilo (verbete Crie seu Próprio Sigilo), p. 65: Abundância, autoestima, felicidade, poder, sucesso

Faça sua Própria Garrafa de Bruxa, p. 389: Banimento, bênção, cura, poder, proteção

Feitiço Vou Colocar Você num Jarro, p. 396: Banimento, descruzamento, proteção

Feitiço com Boneco para Amizade, p. 385: Amizade, bênção, felicidade, sorte

Feitiço com Cebolas para Vizinhos Ruins (verbete Cebolas), p. 192 Banimento, descruzamento, poder, proteção

Feitiço com Maçã para Saúde e Proteção, p. 222 Banimento, bênção, cura, prosperidade, proteção

Feitiço com Nó de Cabelo para Impedimento, p. 362: Banimento, proteção

Feitiço com Nós de Cabelos, p. 358: Abundância, amizade, autoestima, bênção, felicidade, poder, prosperidade, proteção, sorte, sucesso

Feitiço com Punhal e Angélica, p. 313: Banimento, descruzamento, limpeza, purificação

Feitiço com Vela e Alfinetes para Enviar Bênçãos, p. 153: Abundância, bênçãos, felicidade, sorte, sucesso

Feitiço de Amor com Vela Réchaud, p. 155: Abundância, amizade, autoestima, paixão

Feitiço da Corda Meditativa, p. 360: Bênção, desenvolvimento psíquico

Feitiço da Invisibilidade, p. 148: Banimento, poder, proteção

Feitiço da Pirâmide do Dinheiro, p. 80: Abundância, felicidade, poder, prosperidade, sucesso

Feitiço da Verdade, p. 166: Banimento, poder, proteção, sucesso

Feitiço de Adivinhação da Pedra da Serpente, p. 259: Adivinhação, desenvolvimento psíquico

Feitiço de Limpeza da Primavera, p. 304: Banimento, limpeza, proteção

Feitiço de Proteção para o Lar e Quintal com Sementes de Girassol, p. 208: Banimento, poder, proteção

Feitiço do Envelope para Sorte (verbete Feitiços com Envelope), p. 83 Abundância, bênção, prosperidade, sorte, sucesso

Feitiço do Viajante (para Pessoas e Bagagens), p. 258: Proteção, sucesso, viagens

Feitiço Edulcorante, p. 395: Abundância, bênção, amizade, proteção, descruzamento

Feitiço para Criar Laços com um Companheiro Animal, p. 255: Amizade, bênção, felicidade

Feitiço para Encontrar Minha Comunidade, p. 146: Abundância, amizade, bênção, felicidade, sucesso

Feitiço para Encontrar Possibilidades, p. 252: Abundância, adivinhação, desenvolvimento psíquico, sonhos

Feitiço para Memorização com Hortelã-pimenta (verbete Hortelã-pimenta), p. 268: Sucesso

Feitiço para Paciência, p. 256: Cura, limpeza, sucesso

Feitiço para Rompimento, p. 159: Autoestima, banimento, limpeza, proteção

Feitiço Simples para Solstício (ou Sempre que Você Precisar se Lembrar de seu Brilhantismo Pessoal), p. 150: Amizade, bênção, cura, felicidade, prosperidade, sucesso

Fluorita no Bolso/Magia para Estudar (verbete Fluorita), p. 240: Sucesso

Jogue o Lixo Fora com Grãos de Café (verbete Café e Grãos de Café), p. 192: Banimento, descruzamento, proteção

Lidando com o Luto (verbete Manjerona), p. 269: Banimento, bênção, cura, proteção

Limão para Justiça, p. 210: Banimento, limpeza, poder, proteção

Limpar Minhas Cartas de Tarô (verbete Tomilho), p. 272: Adivinhação, desenvolvimento psíquico

Limpeza de Ferramentas, p. 306: Bênção, limpeza

Loteria do Amor, p. 82: Amizade, paixão

Mantra Matinal do Espelho, p. 77: Autoestima, bênção, felicidade, prosperidade, sorte, sucesso

Melhor Leitura de Cartas de Tarô com Zimbro (verbete Zimbro), p. 273: Adivinhação, desenvolvimento psíquico

Minialmofada para Poder Psíquico, p. 353: Adivinhação, desenvolvimento psíquico, sonhos

Mistura de Óleos para Inspiração Criativa, p. 302 Adivinhação, sonhos, sucesso

Moinho de Bruxa, p. 113: Adivinhação, autoestima, banimento, cura, descruzamento, desenvolvimento psíquico, limpeza, poder, prosperidade, proteção, sorte, sucesso

Não Magoe Meu Coração (verbete Anis), p. 266: Bênção, paixão, proteção

Óleo da Lua, p. 301: Adivinhação, bênção, cura, desenvolvimento psíquico, sonhos

Óleo Fortificante de Lilith, p. 303: Poder

Óleo de Proteção, p. 300: Banimento, limpeza, proteção

Óleo Egípcio de Unção Ritual, p. 297: Abundância, bênção, sucesso

Óleo para Abençoar Ferramentas, p. 310: Bênção

Óleo Van Van, p. 299: Banimento, descruzamento, limpeza, proteção

Pago na Íntegra, p. 86: Abundância, prosperidade, sorte, sucesso

Paixão e Luxúria com Canela (verbete Canela), p. 267: Paixão

Pedra da Lua para Dormir Bem e Ter Sonhos Agradáveis, p. 254: Adivinhação, bênção, desenvolvimento psíquico, sonhos

Personalize sua Vela de Sete Dias, p. 160: Abundância, adivinhação, amizade, autoestima, banimento, bênção, cura, descruzamento, desenvolvimento psíquico, felicidade, limpeza, paixão, poder, prosperidade, proteção, sorte, sucesso, viagem

Põe para Gelar!, p. 116: Banimento, limpeza, proteção

Prestem Atenção, Bruxas (introdução do Capítulo 13), p. 263: Banimento, limpeza

Revelar um Futuro Pretendente (verbete Maçã), p. 194: Adivinhação, paixão

Saia da Minha Casa (verbete Cuspe Mágico), p. 117: Banimento, proteção

Saia da Minha Vaga de Estacionamento (verbete Cuspe Mágico), p. 117: Banimento, proteção

Sigilo Chega de Preguiça, p. 70: Autoestima, banimento, limpeza, poder, prosperidade

Sigilo do Jardim, p. 69: Abundância, prosperidade, sucesso

Sigilo Nada (para Ver Aqui), p. 71: Proteção

Tigela de Bênçãos, p. 59: Banimento, bênçãos, descruzamento, limpeza, proteção

Tirando o Lixo: Um Feitiço de Proteção com Batatas, p. 219: Banimento, descruzamento, poder, proteção

Transforme seu Chá em uma Poção Mágica, p. 212: Abundância, adivinhação, amizade, autoestima, banimento, bênção, cura, descruzamento, desenvolvimento psíquico, felicidade, limpeza, paixão, poder, prosperidade, sonhos, sorte, sucesso

Velas de Nó para Boa Sorte, p. 162: Abundância, felicidade, sorte, prosperidade

APÊNDICE 4

Feitiços por Categoria

Segue uma lista de todos os feitiços principais deste livro, indexados por categoria. Como no apêndice anterior, um feitiço aparecerá com frequência em várias categorias diferentes. Para mais informações sobre as diferentes categorias de feitiços, consulte o Apêndice I.

Abundância: A Escada da Bruxa, 345; Abra-te, Sésamo (verbete Sementes de Sésamo), 196; Adquirindo o Lar que Você Deseja, 315; Amuleto da Raiz de Sua Alteza John, o Conquistador (Usando o verbete Raiz de Sua Alteza John, o Conquistador), 404; Amuleto de Cozinha, 352; Amuleto dos Nove Nós da Bruxa, 365; Atrair Clientes para seu Negócio, 250; Aumentar Sensação de Amor-Próprio e Autoestima, 251; Boa Sorte em Apostas (verbete *Vetiver*), 272; Construindo o Cone de Poder, 111; Criando Raízes: Feitiço para se Mudar para um Novo Lugar, 214; Energia da Terra, 98; Enfeitice a si Mesmo, 158; Exercício Sigiloso (verbete Criar seu Próprio Sigilo), 65; Feitiço com Velas e Alfinetes para Enviar Bênçãos, 153; Feitiço da Pirâmide de Dinheiro, 80; Feitiço do Amor com Vela *Réchaud*, 155; Feitiço do Envelope da Sorte (verbete Feitiços com Envelope), 83; Feitiço Edulcorante, 395; Feitiço para Descobrir as Possibilidades, 252; Feitiço para Encontrar Minha Comunidade, 146; Feitiços com Nó de Cabelo, 358; Óleo Egípcio de Unção Ritual, 297; Pagos na Íntegra, 86; Personalize sua Vela de Sete Dias, 160; Sigilo do Jardim, 69; Transforme seu Chá em uma Poção Mágica, 212; Velas de Nó para Boa Sorte, 162

Adivinhação: Água Lunar Mágica, 117; Consagrar um Altar para Bruxaria (verbete Pimenta-da-jamaica), 271; Feitiço de Adivinhação com Pedra da Serpente, 259; Feitiço Encontrando Possibilidades, 252; Limpar Minhas Cartas de Tarô (verbete Tomilho), 272; Melhor Leitura de Cartas de Tarô com Zimbro (verbete Zimbro), 273; Minialmofada para Poderes Psíquicos, 353; Mistura de Óleos para Inspiração Criativa, 302; Moinho de Bruxa, 113; Óleo da Lua, 301; Pedra da Lua para Dormir Bem e Ter Sonhos Agradáveis, 254; Personalize sua Vela de Sete Dias, 160; Revele um Futuro Pretendente (verbete Maçã), 194; Transforme seu Chá em uma Poção Mágica, 212

Amizade: Água Lunar Mágica, 117; Amuleto com Raiz de Sua Alteza John, o Conquistador (Usando o verbete Sua Alteza John, o Conquistador), 404;

Amuleto de Cozinha, 352; Bênção do Brinquedo Guardião para Crianças, 312; Borrifada Refrescante, 302; Carta aos Mortos, 84; Feitiço com Boneco para Amizade, 385; Feitiço de Amor com Vela *Réchaud*, 155; Feitiço Edulcorante, 395; Feitiço para criar Laços com um Companheiro Animal, 255; Feitiço para Encontrar Minha Comunidade,146; Feitiço Simples para Solstício (ou Sempre que Você Precisar se Lembrar de Seu Brilhantismo Pessoal), 150; Feitiços com Nós de Cabelo, 358; Loteria do Amor, 82; Personalize sua Vela de Sete Dias, 160; Transforme seu Chá em uma Poção Mágica, 212

Amor: Amuleto com Raiz de Sua Alteza John, o Conquistador (verbete Usando a Raiz de Sua Alteza John, o Conquistador), 404; Aumente sua Sensação de Amor-próprio e Autoestima, 251; Feitiço com Boneco para Amizade, 385; Feitiço de amor com Vela *Réchaud*, 155; Feitiço para criar Laços com um Companheiro Animal, 255; Loteria do Amor, 82; Paixão e Luxúria com Canela (verbete Canela), 267; Personalize sua Vela de Sete Dias, 160; Transforme seu Chá em uma Poção Mágica, 212

Autoestima: Absorva sua Tristeza com Azeviche (verbete Azeviche), 239; Água de Rosas para Autoestima, 218; Amuleto com Raiz de Sua Alteza John, o Conquistador (Usando o verbete Sua Alteza John, o Conquistador), 404; Amuleto da Cozinha, 352; Aumente sua Sensação de Amor-próprio e Autoestima, 251; Banho de Ervas para Limpeza Espiritual, 220; Banho para Limpeza Espiritual, 206; Carta aos Mortos, 84; Construindo o Cone de Poder, 111; Conversa Animada de Visualização Criativa, 77; Enfeitice a Si Mesmo, 158; Exercício de Sigilo (verbete Crie seu Próprio Sigilo), 65; Feitiço de Amor com Vela *Réchaud*, 155; Feitiço de Rompimento, 159; Feitiços com Nós de Cabelos, 358; Mantra Matinal do Espelho, 77; Moinho de Bruxa, 113; Personalize sua Vela de Sete Dias, 160; Sigilo Chega de Preguiça, 70; Transforme seu Chá em uma Poção Mágica, 212

Banimento: Abra seus Caminhos: Remova Obstáculos e Esteja Aberto a Novas Oportunidades, 151; Acabando com o Assédio com uma Banana (verbete Banana), 191; Afastar Inimigos, 157; Amuleto de Ervas para Proteção, 204; Boneco "Cale sua Boca Mentirosa!", 378; Carta aos Mortos, 84; Construindo o Cone de Poder, 111; Corte-os!, 356; Derreta o Indesejado (verbete Chocolate), 193; Derreta o Sortilégio, 120; Encantamento dos Nove Nós da Bruxa, 365; Encantamento para Proteção, 406; Faça sua Própria Garrafa da Bruxa, 389; Feitiço Colocá-lo em um Jarro, 396; Feitiço com Cebola para Maus Vizinhos (verbete Cebolas), 192; Feitiço com Maçã para Saúde e Proteção, 222; Feitiço com Nó de Cabelo para Impedimento, 362; Feitiço com Punhal de Angelica, 313; Feitiço da Invisibilidade, 148; Feitiço da Verdade, 166; Feitiço de Limpeza de Primavera, 304; Feitiço para Proteção do Lar e do Quintal com Sementes de Girassol, 208; Feitiço de Rompimento, 159; Gerencie seu Luto (verbete Manjerona), 269; Jogue o Lixo Fora com Grãos de Café (verbete Café e Grãos de Café), 192; Limão para Justiça, 210; Moinho de Bruxa, 113; Óleo de Proteção, 300; Óleo Van Van, 299; Personalize sua Vela de Sete Dias, 160; Põe pra Gelar!, 116; Preste Atenção, Bruxas (introdução do Capítulo 13), 263; Saia da Minha Casa (verbete Cuspe Mágico), 117; Saia da Minha Vaga de Estacionamento (verbete Cuspe Mágico), 117; Sigilo Chega de Preguiça, 70; Tigela de Bênçãos, 49; Tirando o Lixo: Feitiço de Proteção com Batatas, 219; Transforme seu Chá em uma Poção Mágica, 212

Bênçãos: Abra seus Caminhos: Remova Obstáculos e Esteja Aberto a Novas Oportunidades, 151; Absorva sua Tristeza com Azeviche (verbete Azeviche), 239; Água de Rosas para Autoestima, 218; Água Lunar Mágica, 117; Amuleto da Cozinha, 352; Amuleto da Raiz Sua Alteza John, o Conquistador (verbete Usando a Raiz de Sua Alteza John, o Conquistador), 404; Banho de Ervas para Limpeza Espiritual, 220; Bênção do Brinquedo Guardião para Crianças, 312; Borrifada Refrescante, 302; Consagrar um Altar para Bruxaria (verbete Pimenta-da-jamaica), 271; Construindo o Cone de Poder, 111; Conversa Animada de Visualização Criativa, 77; Criando Raízes: Feitiço para se Mudar para um Novo Lugar, 214; Desejos com Farinha (verbete Farinha), 193; Encantamento dos Nove Nós da Bruxa, 365; Energia da Terra, 98; Enfeitice a Si Mesmo, 158; Escada da Bruxa como um Altar Portátil, 349; Escada da Bruxa, 345; Faça sua Própria Garrafa de Bruxa, 389; Feitiço com Boneco para Amizade, 385; Feitiço com Maçã para Saúde e Proteção, 222; Feitiço com Vela e Alfinetes para Enviar Bênçãos, 153; Feitiço da Corda Meditativa, 360; Feitiço da Sorte com Envelope (verbete

Feitiços com Envelope), 83; Feitiço Edulcorante, 395; Feitiço Encontre minha Comunidade, 146; Feitiço para criar Laços com um Companheiro Animal, 255; Feitiço Simples para Solstício (ou Sempre que Você Precisar se Lembrar do Próprio Brilhantismo), 150; Feitiços com Nós de Cabelos, 358; Gerencie seu Luto (verbete Manjerona), 269; Limpeza de Ferramentas, 306; Mantra Matinal do Espelho, 77; Não Magoe Meu Coração (verbete Anis), 266; Óleo Egípcio de Unção Ritual, 297; Óleo da Lua, 301; Óleo para Abençoar Ferramentas, 310; Pedra da Lua para Dormir Bem e Ter Sonhos Agradáveis, 254; Personalize sua Vela de Sete Dias, 160; Tigela de Bênçãos, 49; Transforme seu Chá em uma Poção Mágica, 212

Cura: Água de Rosas para Autoestima, 218; Água Lunar Mágica, 117; Aumente sua Sensação de Amor-próprio e Autoestima, 251; Banho com Ervas para Limpeza Espiritual, 220; Carta aos Mortos, 84; Construindo o Cone de Poder, 111; Energia da Terra, 98; Escada da Bruxa, 345; Faça sua Própria Garrafa de Bruxa, 389; Feitiço com Maçã para Saúde e Proteção, 222; Feitiço para Paciência, 256; Gerencie seu Luto (verbete Manjerona), 269; Mantra Matinal do Espelho, 77; Moinho de Bruxa, 113; Óleo da Lua, 301; Personalize sua Vela de Sete Dias, 160; Transforme seu Chá em uma Poção Mágica, 212

Descruzamento: Abra seus Caminhos: Remova Obstáculos e Esteja Aberto a Novas Oportunidades, 151; Acabando com o Assédio com uma Banana (verbete Banana), 191; Afastar Inimigos, 157; Água Lunar Mágica, 117; Banho para Limpeza Espiritual, 206; Boneco "Cale Sua Boca Mentirosa", 378; Construindo o Cone de Poder, 111; Corte-os!, 356; Derreta o Indesejado (verbete Chocolate), 193; Derreta o Sortilégio, 120; Encantamento para Proteção, 406; Feitiço com Cebolas para Vizinhos Ruins (verbete Cebolas), 192; Feitiço com Punhal e Angélica, 313; Feitiço Edulcorante, 395; Feitiço Vou Colocar Você num Jarro, 396; Jogue o Lixo Fora com Grãos de Café (verbete Café e Grãos de Café), 192; Moinho de Bruxa, 113; Óleo Van Van, 299; Personalize sua Vela de Sete Dias, 160; Tigela de Bênçãos, 49; Tirando o Lixo: Feitiço de Proteção com Batatas, 219; Transforme seu Chá em uma Poção Mágica, 212

Desenvolvimento Psíquico: Água Lunar Mágica, 117; Feitiço da Corda Meditativa, 360; Feitiço de Adivinhação com Pedra da Serpente, 259; Feitiço para Descobrir Possibilidades, 252; Limpar Minhas Cartas de Tarô (verbete Tomilho), 272; Melhor Leitura de Cartas de Tarô com Zimbro (verbete Zimbro), 273; Minialmofada para Poder Psíquico, 353; Moinho de Bruxa, 113; Óleo da Lua, 301; Pedra da Lua para Dormir Bem e Ter Sonhos Agradáveis, 254; Personalize sua Vela de Sete Dias, 160; Transforme seu Chá em uma Poção Mágica, 212

Dinheiro: Amuleto da Raiz Sua Alteza John, o Conquistador (verbete Usando a Raiz de Sua Alteza John, o Conquistador), 404; Boa Sorte em Apostas (verbete *Vetiver*), 272; Construindo o Cone de Poder, 111; Encantamento de Nove Nós da Bruxa, 365; Escada da Bruxa, 345; Feitiço da Pirâmide de Dinheiro, 80

Felicidade: Abre-te, Sésamo (verbete Sementes de Sésamo), 196; Absorva sua Tristeza com Azeviche (verbete Azeviche), 239; Água Lunar Mágica, 117; Amuleto da Raiz Sua Alteza John, o Conquistador (verbete Usando a Raiz de Sua Alteza John, o Conquistador), 404; Atraia Clientes para seu Negócio, 250; Aumente sua Sensação de Amor-próprio e Autoestima, 251; Carta aos Mortos, 84; Conseguindo a Casa que Você Deseja, 315; Construindo o Cone de Poder, 111; Criando Raízes: Feitiço para se Mudar para um Novo Lugar, 214; Energia da Terra, 98; Enfeitice a Si Mesmo, 158; Exercício do Sigilo (verbete Crie seu Próprio Sigilo), 65; Feitiço com Boneco para Amizade, 385; Feitiço com Vela e Alfinetes para Enviar Bênçãos, 153; Feitiço da Pirâmide para Dinheiro, 80; Feitiço Encontrando Minha Comunidade, 146; Feitiço para criar Laços com um Companheiro Animal, 255; Feitiço Simples para Solstício (ou Sempre que Você Precisar se Lembrar de Seu Brilhantismo Pessoal), 150; Feitiços com Nós de Cabelos, 358; Personalize sua Vela de Sete Dias, 160; Transforme seu Chá em uma Poção Mágica, 212; Velas de Nó para Boa Sorte, 162

Limpeza: Abra seus Caminhos: Remova Obstáculos e Esteja Aberto a Novas Oportunidades, 151; Absorva sua Tristeza com Azeviche (verbete Azeviche), 239; Afaste Inimigos, 157; Água de Rosas para Autoestima, 218; Água Lunar Mágica, 117; Aumente sua Sensação de Amor-próprio e Autoestima, 251; Banho de Ervas para Limpeza Espiritual, 220; Banho para Limpeza Espiritual, 206; Borrifada Refrescante, 302; Construindo o Cone de Poder, 111; Corte-os!, 356; Derreta o Indesejado (verbete Chocolate), 193; Energia da Terra, 98; Feitiço com Punhal e Angélica, 313; Feitiço de Limpeza de

Primavera, 304; Feitiço de Rompimento, 159; Feitiço para Paciência, 256; Limão para Justiça, 210; Limpeza de Ferramentas, 306; Moinho de Bruxa, 113; Óleo de Proteção, 300; Óleo Van Van, 299; Personalize sua Vela de Sete Dias, 160; Põe pra Gelar!, 116; Preste Atenção, Bruxas (introdução do Capítulo 13), 263; Sigilo Chega de Preguiça, 70; Tigela de Bênçãos, 49

Paixão: Água Lunar Mágica, 117; Amuleto da Raiz Sua Alteza John, o Conquistador (verbete Usando a Raiz de Sua Alteza John, o Conquistador), 404; Feitiço de Amor com Vela *Réchaud*, 155; Loteria do Amor, 82; Não Magoe Meu Coração (verbete Anis), 266; Paixão e Luxúria com Canela (verbete Canela), 267; Personalize sua Vela de Sete Dias, 160; Revele um Futuro Pretendente (verbete Maçã), 194; Transforme seu Chá em uma Poção Mágica, 212

Poder: Acabando com o Assédio com uma Banana (verbete Banana), 191; Afastar Inimigos, 157; Amuleto da Raiz Sua Alteza John, o Conquistador (verbete Usando a Raiz de sua Alteza John, o Conquistador), 404; Construindo o Cone de Poder, 111; Derreta o Indesejado (verbete Chocolate), 193; Encantamento dos Nove Nós da Bruxa, 365; Exercício do Sigilo (verbete Crie seu Próprio Sigilo), 65; Faça sua Própria Garrafa de Bruxa, 389; Feitiço com Cebolas para Vizinhos Ruins (verbete Cebolas), 192; Feitiço da Invisibilidade, 148; Feitiço da Pirâmide de Dinheiro, 80; Feitiço da Verdade, 166; Feitiço de Proteção para o Lar e Quintal com Sementes de Girassol, 208; Feitiços com Nós de Cabelo, 358; Limão para Justiça, 210; Moinho de Bruxa, 113; Óleo Fortificante de Lilith, 303; Personalize sua Vela de Sete Dias, 160; Sigilo Chega de Preguiça, 70; Tirando o Lixo: Feitiço de Proteção com Batatas, 219; Transforme seu Chá em uma Poção Mágica, 212

Prosperidade: Abra seus Caminhos: Remova Obstáculos e Esteja Aberto a Novas Oportunidades, 151; Abra-te, Sésamo (verbete Sementes de Sésamo), 196; Água Lunar Mágica, 117; Atrair Clientes para seu Negócio, 250; Conseguindo a Casa que Você Deseja, 315; Construindo o Cone de Poder, 111; Encantamento dos Nove Nós da Bruxa, 365; Energia da Terra, 98; Escada da Bruxa, 345; Feitiço com Envelope para Sorte (verbete Feitiços com Envelope), 83; Feitiço com Maçã para Saúde e Proteção, 222; Feitiço da Pirâmide de Dinheiro, 80; Feitiço Simples para Solstício (ou Sempre que

Você Precisar se Lembrar de Seu Brilhantismo Pessoal), 150; Feitiços com Nós de Cabelos, 358; Mantra Matinal do Espelho, 77; Moinho de Bruxa, 113; Pago na Íntegra, 86; Personalize sua Vela de Sete Dias, 160; Sigilo do Jardim, 69; Sigilo Chega de Preguiça, 70; Transforme seu Chá em uma Poção Mágica, 212; Velas de Nó para Boa Sorte, 162

Proteção: Acabando com o Assédio com uma Banana (verbete Banana), 191; Afastar Inimigos, 157; Amuleto com Ervas para Proteção, 204; Boneco "Cale Sua Boca Mentirosa", 378; Círculo para Proteção e Deflexão, 78; Construindo o Cone de Poder, 111; Corte-os!, 356; Derreta o Indesejado (verbete Chocolate), 193; Derreta o Sortilégio, 120; Encantamento de Nove Nós da Bruxa, 365; Encantamento para Proteção, 406; Energia da Terra, 98; Escada da Bruxa, 345; Escudo a Postos! Um Feitiço Rápido para Proteção, 76; Faça sua Própria Garrafa de Bruxa, 389; Feitiço com Cebolas para Vizinhos Ruins (verbete Cebolas), 192; Feitiço com Maçã para Saúde e Proteção, 222; Feitiço com Nó de Cabelo para Impedimento, 362; Feitiço com Punhal e Angélica, 313; Feitiço da Verdade, 166; Feitiço de Invisibilidade, 148; Feitiço de Limpeza de Primavera, 304; Feitiço de Proteção para o Lar e o Quintal com Sementes de Girassol, 208; Feitiço de Rompimento, 159; Feitiço do Viajante (para Pessoas e Bagagens), 258; Feitiço Edulcorante, 395; Feitiços com Nós de Cabelos, 358; Feitiço Vou Colocar Você num Jarro, 396; Gerencie seu Luto (verbete Manjerona), 269; Jogue o Lixo Fora com Grãos de Café (verbete Café e Grãos de Café), 192; Limão para Justiça, 210; Moinho de Bruxa, 113; Não Magoe Meu Coração (verbete Anis), 266; Óleo de Proteção, 300; Óleo Van Van, 299; Personalize sua Vela de Sete Dias, 160; Põe pra Gelar!, 116; Saia da Minha Vaga de Estacionamento (verbete Cuspe Mágico), 117; Saia de Minha Casa (verbete Cuspe Mágico), 117; Sigilo Nada (para Ver Aqui), 71; Tigela de Bênçãos, 49; Tirando o Lixo: Feitiço de Proteção com Batatas, 219

Purificação: Abra seus Caminhos: Remova Obstáculos e Esteja Aberto a Novas Oportunidades, 151; Absorva sua Tristeza com Azeviche (verbete Azeviche), 239; Água de Rosas para Autoestima, 218; Água Lunar Mágica, 117; Aumente sua Sensação de Amor-próprio e Autoestima, 251; Banho de Ervas para Limpeza Espiritual, 220; Banho para Limpeza Espiritual,

206; Feitiço com Punhal e Angélica, 313; Feitiço de Limpeza de Primavera, 304; Gerencie seu Luto (verbete Manjerona), 269; Óleo da Lua, 301; Óleo Van Van, 299; Prestem Atenção, Bruxas (introdução do Capítulo 13), 263; Tigela de Bênçãos, 49

Sonhos: Água Lunar Mágica, 117; Feitiço para Descobrir Possibilidades, 252; Minialmofada para Poderes Psíquicos, 353; Mistura de Óleos para Inspiração Criativa, 302; Óleo da Lua, 301; Pedra da Lua para Dormir Bem e Ter Sonhos Agradáveis, 254; Transforme seu Chá em uma Poção Mágica, 212

Sorte: Água Lunar Mágica, 117; Amuleto da Raiz Sua Alteza John, o Conquistador (verbete Usando a Raiz de Sua Alteza John, o Conquistador), 404; Banho para Limpeza Espiritual, 206; Boa Sorte em Apostas (verbete *Vetiver*), 272; Conseguindo a Casa que Você Deseja, 315; Construindo o Cone de Poder, 111; Desejos com Farinha (verbete Farinha), 193; Energia da Terra, 98; Escada da Bruxa, 345; Feitiço com Boneco para Amizade, 385; Feitiço com Envelope para Sorte (verbete Feitiços com Envelope), 83; Feitiço com Vela e Alfinetes para Enviar Bênçãos, 153; Feitiço Simples para Solstício (ou Sempre que Você Precisar se Lembrar de Seu Brilhantismo Pessoal), 150; Feitiços com Nós de Cabelos, 358; Mantra Matinal do Espelho, 77; Moinho de Bruxa, 113; Pago na Íntegra, 86; Personalize sua Vela de Sete Dias, 160; Transforme seu Chá em uma Poção Mágica, 212; Velas de Nó para Boa Sorte, 162

Sucesso: Abra seus Caminhos: Remova Obstáculos e Esteja Aberto a Novas Oportunidades, 151; Água Lunar Mágica, 117; Amuleto da Raiz Sua Alteza John, o Conquistador (verbete Usando a Raiz de Sua Alteza John, o Conquistador), 404; Atrair Clientes para seu Negócio, 250; Conseguindo a Casa que Você Deseja, 315; Construindo o Cone de Poder, 111; Conversa Animada de Visualização Criativa, 77; Criando Raízes: Feitiço para se Mudar para um Novo Lugar, 214; Encantamento dos Nove Nós da Bruxa, 365; Energia da Terra, 98; Escada da Bruxa, 345; Exercício do Sigilo (verbete Crie seu Próprio Sigilo), 65; Feitiço com Envelope para Sorte (verbete Feitiços com Envelope), 83; Feitiço da Pirâmide de Dinheiro, 80; Feitiço da Verdade, 166; Feitiço do Viajante (para Pessoas e Bagagens), 258; Feitiço Encontre minha Comunidade, 146; Feitiço para Memorização com Hortelã-pimenta (verbete Hortelã-pimenta), 268; Feitiço para Paciência, 256;

Feitiço Simples para Solstício (ou Sempre que Você Precisar se Lembrar de Seu Brilhantismo Pessoal), 150; Feitiços com Nós de Cabelos, 358; Fluorita no Bolso/Magia para Estudos (verbete Fluorita), 240; Mantra Matinal do Espelho, 77; Mistura de Óleos para Inspiração Criativa, 302; Moinho de Bruxa, 113; Óleo Egípcio de Unção Ritual, 297; Pago na Íntegra, 86; Personalize sua Vela de Sete Dias, 160; Sigilo do Jardim, 69; Transforme seu Chá em uma Poção Mágica, 212

Viagem: Abra seus Caminhos: Remova Obstáculos e Esteja Aberto a Novas Oportunidades, 151; Criando Raízes: Feitiço para se Mudar para um Novo Lugar, 214; Feitiço do Viajante (para Pessoas e Bagagens), 258; Personalize sua Vela de Sete Dias, 160

GLOSSÁRIO

altar: O ponto focal da maioria dos rituais de Bruxaria, onde é feita a maior parte dos feitiços. Simplificando, um altar é tão somente o local onde Bruxas colocam suas coisas.

amor e confiança perfeitos: Diz-se que um coven ideal opera em um estado de "amor e confiança perfeitos". Por causa disso, "amor e confiança perfeitos" é muitas vezes usado como senha em rituais de Bruxaria.

amuleto: Uma pequena bolsa mágica costurada, geralmente cheia de ervas, pedras e outros itens.

arrebatamento: Entrega voluntária da consciência a um poder maior (geralmente, uma divindade) para que esse poder possa interagir com as pessoas ao redor.

aspergir: O processo de borrifar água abençoada e consagrada (salgada) pelo círculo, com fins de purificação. Se algum objeto além dos dedos é usado para aspergir a água (como uma minivassoura ou uma pena), esse objeto é chamado de *aspersor*.

Beltane: Feriado que celebra a plenitude da vida, geralmente comemorado no dia 1º de maio[52].

boline: Faca usada exclusivamente em jardins mágicos de Bruxas. Bolines são utilizadas para cultivar vegetais, frutas e ervas. A boline é muitas vezes

---

52. No hemisfério norte. No hemisfério sul, a data é comemorada no dia 31 de outubro. (N. da T.)

confundida com a faca de cabo branco, e, por causa dessa confusão, muitas bolines têm cabo branco.

boneco: Objeto construído por uma Bruxa para representar uma pessoa ou ideia específica. O que quer que seja feito ao boneco afetará a pessoa específica ou ideia conectada a ele.

Bruxaria Tradicional: Tradição da Bruxaria Moderna com foco predominante em ideias encontradas em tradições magistas como curandeirismo. Às vezes, grupos de Bruxas não relacionados à Bruxaria Wiccana são incluídos nesta categoria.

cálice (ou taça): Taça ou copo de vinho reservado para rituais de Bruxaria. Em geral, o cálice é usado durante as cerimônias de bolo e cerveja e o Grante Rito (simbólico).

carregar: "Carregar" um item é infundi-lo com sua própria energia magista. Em rituais, uma carga é uma revelação escrita em primeira mão da própria divindade (como a Carga da Deusa). O termo *carregar*, nesse contexto, é originalmente maçônico, e indicava uma série de instruções.

círculo: O espaço de trabalho de uma Bruxa, geralmente criado com energias pessoas e naturais. Existe um círculo entre o mundo comum e o dos poderes elevados. Círculos podem ser feitos em qualquer lugar. O termo *círculo* muitas vezes indica um ritual em grupo aberto que faz ritos de Bruxaria. O termo *circulado* é usado por muitas Bruxas para indicar as pessoas com quem se praticam rituais, como em "Sou circulado com Phoenix e Gwion".

coven: Grupo ritual de Bruxas que age em perfeito amor e confiança. Alguns grupos de Bruxas Tradicionais usam o termo *cuveen* como alternativa.

covenstead: O território do coven de uma Bruxa. Um *covenstead* de um coven é sua base de operações.

Cowan: Termo usado para se referir a quem não é Bruxa. Originalmente, a palavra era maçônica, e referia-se aos não maçons.

Craft: Abreviação de *Witchcraft* (Bruxaria). O termo *the Craft* (Arte ou Artifício, em tradução livre) se referia originalmente à Franco-maçonaria.

deosil: Andar ou se mover no sentido horário. O sentido horário é a direção-padrão em que a energia se move, e é a maneira como a maioria das Bruxas trabalha em espaços sagrados.

elementos: Os poderes do ar, do fogo, da terra e da água. A maioria das substâncias da Terra pode ser reduzida a essas quatro amplas categorias, e contém atributos geralmente associados a um desses poderes.

esbat: Ritual de Bruxaria feito durante (ou próximo a) uma lua cheia ou nova. Alternativamente, um *esbat* pode ser usado como abreviação para "Ritual de Bruxaria não conectado a um *sabá*".

espaço sagrado: O interior de um círculo mágico. Como alternativa, um cômodo reservado especialmente para trabalhos ritualísticos ou de magia, ou um lugar extremamente poderoso no mundo natural.

espada: Ferramenta geralmente usada para fazer um círculo mágico. Tudo que uma pessoa pode fazer com uma espada pode ser feito com um punhal, e vice-versa.

faca de cabo branco: Faca de cabo branco comumente usada para cortar ou entalhar velas em espaços ritualísticos. Às vezes, é conhecida como *kirfane* ou *kerfan*. A faca de cabo branco tradicional é muitas vezes confundida com a boline.

fada: Nome usado para criaturas invisíveis que compartilham o mundo conosco. Às vezes, são conhecidas como povo das fadas e pequeninas. Apesar de a Disney afirmar o contrário, fadas nem sempre são boazinhas.

intenção: O resultado específico e desejado de um trabalho com magia.

invocação: Um convite a um poder maior para estar presente em um ritual ou trabalho com magia. Em alguns exemplos, invocação é usado como sinônimo de arrebatamento lunar.

Lammas: Outro nome para *Lughnasadh*, originalmente usado por Pagãos anglo-saxões e, mais tarde, por cristãos.

Livro das Sombras: Livro que contém feitiços, rituais, pensamentos e sonhos de uma Bruxa. Se ele é importante e sagrado para você, ele pode ser considerado um Livro das Sombras. A versão mais antiga do Livro das Sombras era reservada exclusivamente para rituais e instruções de Bruxaria. Desde então, muitos Bruxos e Bruxas começaram a ter seus próprios Livros das Sombras.

Lughnasadh: A celebração da primeira colheita, geralmente observada entre 31 de julho e 2 de agosto. Feitiços de *Lughnasadh* vão variar, e o sabá também é chamado de *Lammas* por alguns Bruxos e Bruxas.

Mabon: Nome usado por muitas Bruxas para indicar o Equinócio de Outono. O termo *Mabon* foi usado pela primeira vez pelo Bruxo Aidan Kelly no início dos anos 1970, e significa "filho da mãe". Basicamente, é um feriado de Bruxos e Bruxas Modernos, já que não havia nenhuma celebração *Mabon* na Antiguidade, embora celebrações de colheitas fossem bem comuns.

magia: Energia concedida a uma intenção específica. Muitas Bruxas dizem *magia* em vez de *mágica* para não confundir com a mágica performática de palcos.

Midsummer: Um sabá que celebra o Solstício de Verão, geralmente por volta de 21 de junho[53]. Algumas Bruxas e Bruxos também chamam esse sabá de Litha, sugerido pela primeira vez por Aidan Kelly no início dos anos 1970.

nível: Um símbolo de posição e/ou realização em muitas tradições iniciáticas da Bruxaria.

Pagão: Pessoa que pratica uma tradição espiritual que enfatiza o sagrado da terra e invoca divindades pré-cristãs. Pelo fato de a maioria das tradições pagãs de hoje utilizarem ideias modernas e antigas, às vezes os praticantes são chamados de Neopagãos.

pentáculo: Disco redondo com um símbolo mágico inscrito que é usado tradicionalmente para invocar espíritos, anjos ou demônios. Na maioria das tradições de Bruxaria Moderna, o pentáculo é visto como uma ferramenta de terra e inscrita com um pentagrama. Geralmente, ele é usado para abençoar os elementos e serve como portal para energias magistas e de divindades.

pentagrama: Estrela de cinco pontas. Na maioria das vezes o pentagrama é ilustrado com uma ponta voltada para cima, que representa o triunfo do espiritual sobre o material. Muitas tradições de esquerda usam a estrela com duas pontas voltadas para cima. Em certas tradições Wiccanas, o pentagrama invertido (com duas pontas viradas para cima) é usado para indicar o segundo nível.

Poderosos: Expressão usada para indicar seres divinos, geralmente divindades. Alguns Bruxos e Bruxas também usam o termo Poderosos para indicar as sentinelas invocadas nos aposentos.

---

[53]. No hemisfério norte. No hemisfério sul, a data é celebrada em 21 de dezembro. (N. da T.)

punhal: Faca ou lâmina cerimonial usada para projetar energia magista. Punhais são mais comumente usados para fazer círculos magistas e para as cerimônias de bolo e cerveja, e também no Grande Rito. Tradicionalmente, o punhal é uma lâmina de aço de dois gumes, com cerca de 12 centímetros, com um cabo de madeira. Punhais são raramente usados para cortes físicos.

sabá: Um feriado das Bruxas e Bruxos, na maioria das vezes associado a solstícios e equinócios, e os dias cruzados que ocorrem entre eles.

sabás maiores: Esse termo se refere aos sabás de trimestres cruzados Samhain, Imbolc, Beltane e Lughnasadh (ou Lammas). Os sabás maiores eram originalmente celebrados pelos Celtas da Irlanda. A maioria das Bruxas de hoje celebram uma Roda do Ano de oito raios, com os sabás nos equinócios e solstícios em pé de igualdade com os feriados dos trimestres; mas as primeiras Bruxas públicas modernas originalmente celebravam os solstícios e equinócios na lua cheia próxima a esses eventos. Por serem celebrados em uma data tradicional em vez de na lua cheia, os sabás de trimestres cruzados eram vistos como os sabás "maiores".

sabás menores: Os sabás celebrados nos solstícios e equinócios. Yule, Ostara, Midsummer e Mabon.

Samhain: Um sabá em comemoração à última colheita do ano, celebrado no dia 31 de outubro. Muitas Bruxas e Bruxos comemoram o *Samhain* como o Ano-Novo das Bruxas. O Halloween Moderno descende das celebrações *Samhain* dos Celtas Irlandeses

Semelhante atrai semelhante: Filosofia magista que estimula o uso de itens e ideias semelhantes ao objetivo do magista. Por exemplo, para atrair amor, é bom usar ideias e itens associados ao amor, e não ao oposto. Também sugere que Bruxas atrairão e encontrarão Bruxas semelhantes a si, porque "semelhante atrai semelhante".

sentinelas: Quatro poderes invocados nos pontos cardeais leste, sul, oeste e norte. As sentinelas se associam com as energias elementais do ar, fogo, água e terra. Na tradição dos grimórios, o termo *sentinelas* se referia aos anjos Rafael (leste), Miguel (sul), Gabriel (oeste) e Uriel (norte). Acredita-se que, em geral, a energia proporcionada pelas sentinelas seja de proteção.

sino: A energia de um sino tocado pode ser usada para limpar um espaço de energias negativas.

stang: Uma varinha de madeira, bastão ou forquilha usada em muitos rituais por Bruxas e Bruxos Tradicionais. Frequentemente *stangs* funcionam como ponto focal do ritual, atuando como um altar, e pode ser decorado para representar a mudança de estações.

Summerlands: Lugar para onde as almas vão após a morte antes de reencarnarem neste mundo. O termo *Summerlands* se origiou na Sociedade Teosófica.

tradição: Subgrupo específico da Bruxaria que, em geral, requer uma iniciação. Muitas vezes, tradições têm seu próprio Livro de Sombras, e membros podem traçar sua linhagem a um indivíduo específico, como Gerald Gardner (Wicca Gardneriana) ou Cora Anderson (Tradição Feri).

vasculho: Um nome chique para a vassoura ritualística. Em rituais, basculhos geralmente são usados para varrer energias negativas.

visualização criativa (VC): Uma imagem mental usada em trabalhos com magia para aplicar intento à energia. Visualização criativa (VC) é um dos fundamentos da prática magista.

Wicca: Tradição da Bruxaria Moderna que utiliza algum formato da estrutura ritual revelada pela primeira vez por Gerald Gardner no início dos anos 1950. A Wicca é provavelmente melhor definida por sua estrutura ritual, e não pelas ideias teológicas.

widdershins: Mover-se ou andar em sentido anti-horário. A energia *widdershins* é usada com mais frequência para banimento ou trabalhos magistas agressivos.

Yule: Nome do feriado comemorado no Solstício de Inverno. Muitas tradições natalinas na verdade provêm de antigos feriados pagãos celebrados próximo ao Solstício de Inverno. Alguns Pagãos chamam o feriado de Midwinter, já que ele cai entre o Samhain e o Imbolc (considerados por alguns as datas iniciais do inverno e da primavera, respectivamente).

BIBLIOGRAFIA E RECURSOS EXTRAS

A maioria das bibliografias são uma lista de fontes citadas em um livro, mas esta aqui não. Naturalmente, incluímos os títulos contidos nas notas de rodapé, mas esta também é uma lista de material complementar para quem se interessa por títulos adicionais sobre magia (a maioria do ponto de vista da Bruxaria). A tentativa de escrever um livro sobre um amplo leque de práticas magistas significa que não conseguimos dedicar grandes quantidades de espaço a tópicos que merecem um livro só para si. A maior parte das pessoas ignora bibliografias em livros, mas esperamos que você reserve um tempinho para explorar esta.

Muitos dos livros incluídos nesta bibliografia foram escritos por amigos e conhecidos nossos. Não há nenhum desrespeito, por ou sem querer, quando Jason se refere a eles pelos primeiros nomes nesta bibliografia. É assim que ele os chama, e ponto-final.

American Geosciences Institute. "How Can We Tell How Old Rocks Are?" Acessado em 4 de dezembro de 2021. https://www.americangeosciences.org/education/k5geosource/content/fossils/how-can-we-tell-how-old-rocks-are.

Atkin, Emily. "Do You Know Where Your Healing Crystals Come From?" *The New Republic*, 11 de maio de 2018. https://newrepublic.com/article/148190/know-healing-crystals-come-from. Talvez este seja o melhor artigo (e o mais atual no momento desta escrita) sobre dilemas éticos que enfrentamos quando o assunto é comprar pedras e cristais.

Auryn, Mat. *Psychic Witch: A Metaphysical Guide to Meditation, Magick & Manifestation.* Woodbury, MN: Llewellyn, 2020. As primeiras Bruxas modernas eram bastante focadas em aumentar e dominar os próprios poderes psíquicos. Esse é um aspecto da Bruxaria frequentemente negligenciado, o que torna o livro de Mat um remédio providencial.

Beckett, John. *The Path of Paganism: An Experience-Based Guide to Modern Pagan Practice.* Woodbury, MN: Llewellyn, 2017. Interessado em magia, mas a Bruxaria não é muito a sua praia? Mergulhe no livro de John sobre Paganismo, que ainda apresenta uma visão mágica de mundo, mas sem os caldeirões e chapéus pontudos. E, se você for um Bruxo ou Bruxa completa, este ainda é um ótimo livro para qualquer praticante de politeísmo ou que trabalhe com vários poderes elevados.

Bird, Stephanie Rose. *Sticks, Stones, Roots & Bones: Hoodoo, Mojo & Conjuring with Herbs.* St. Paul, MN: Llewellyn, 2004. Um dos melhores livros sobre ervas mágicas que você vai ler na vida! Stephanie é excelente, e você deveria ler tudo o que ela escreve.

Blackthorn, Amy. *Sacred Smoke: Clear Away Negative Energies and Purify Body, Mind, and Spirit.* Newburyport, MA: Weiser Books, 2019. Tudo o que Amy escreve é maravilhoso. Além desse livro sobre incensos e outros itens que queimam, ela também tem obras sobre óleos essenciais e poções de ervas.

Bogan, Chas. *The Secret Keys of Conjure: Unlocking the Mysteries of American Folk Magic.* Woodbury, MN: Llewellyn, 2018. Interessado em saber mais sobre Conjuro e outras formas de magia norte-americana? Este é o lugar para começar. Conjuro, no entanto, não é Bruxaria, e muitas vezes utiliza a Bíblia cristã em alguns feitiços.

Boxer, Alexander. *A Scheme of Heaven: The History of Astrology and the Search for Our Destiny in Data.* Nova York: W. W. Norton and Company, 2020. Boxer é ateu, mas seu entusiasmo por fazer mapas astrológicos, ao lado de sua lúcida história sobre o desenvolvimento da astrologia, deixará você interessado em como os astros afetam (ou não afetam) sua vida.

Boyer, Corinne. *Under the Witching Tree: A Folk Grimoire of Tree Lore and Practicum.* Londres: Troy Books, 2016. O melhor livro sobre magia com árvores e folclore que já encontramos. Se você ama árvores (e quem não ama?), leia este livro do começo ao fim!

Broedel, Hans Peter. *The Malleus Maleficarum and the Construction of Witchcraft.* Manchester: Manchester University Press, 2003. A tradução de *Malleus Maleficarum* é "O Martelo das Feiticeiras", e era um guia para caçar Bruxas e Bruxos publicado originalmente em 1487. Não somos fãs.

Buckland, Raymond. *Practical Candleburning Rituals: Spells & Rituals for Every Purpose.* 3ª ed. St. Paul, MN: Llewellyn, 1993. Muitos dos feitiços no livro de Buckland exigem muitas velas, o que muitas vezes reduz sua praticidade. Ainda assim, este é um livro extremamente influente, e um dos primeiros dedicados estritamente à magia com velas. Buckland oferece aqui duas versões de cada feitiço, uma para Bruxas e Bruxos, e outra para cristãos. Bem interessante. Também de autoria de Buckland é *Advanced Candle Magick: More Spells and Rituals for Every Purpose.* St. Paul, MN: Llewellyn, 1996. Só no caso de você não ter feitiços suficientes na primeira vez!

Cabot, Laurie, com Tom Cowan. *Power of the Witch: The Earth, the Moon, and the Magical Path to Enlightenment.* Nova York: Delacorte Press, 1989. Laurie Cabot foi uma das primeiras bruxas públicas norte-americanas. Sua influência na Bruxaria é enorme.

Francis James Child, org. *The English and Scottish Popular Ballads, Volume 1.* Boston, MA: Houghton, Mifflin and Company, 1882. Acesso em 5 de dezembro de 2021. Disponível como e-book no Project Gutenberg em: https://www.gutenberg.org/files/44969/44969-h/44969-h.htm#Ballad_6.

Colles, Dr. Abraham. "A Witches' Ladder." *The Folk-Lore Journal* 5, nº 1 (1887): 1-5. https://www.jstor.org/stable/1252510. Leitura essencial se você tem interesse na história da Escada da Bruxa.

Cunningham, Scott. *The Complete Book of Incense, Oils & Brews.* St. Paul, MN: Llewellyn, 1989. (Temos a 21ª impressão de 2000.) Este livro é completo mesmo? Provavelmente não, mas ele contém muita informação e dezenas de misturas e receitas de óleos e incensos.

_____. *Cunningham's Encyclopedia of Crystal, Gem & Metal Magic.* St. Paul, MN: Llewellyn, 1988. (Temos a 18ª impressão de 1997.) Por ser um livro já datado, há algumas pedras faltando e a obra, vez ou outra, mergulha no território da Nova Era, mas ainda assim é uma ótima fonte.

_____. *Cunningham's Encyclopedia of Magical Herbs*. St. Paul, MN: Llewellyn, 1985. (Temos a 23ª impressão de 1997.) É difícil imaginar uma biblioteca completa de Bruxas e Bruxos sem os três livros de Cunningham listados aqui. Algumas partes do material parecem meio datadas (Será que plantas realmente possuem energias "masculinas" e "femininas"? Não pensamos assim), mas há muita informação nesses três livros. De todos os três volumes, provavelmente *Magical Herbs* tenha envelhecido melhor, o que explica em parte por que ele ainda é um *best-seller*.

Darcey, Cheralyn. *The Book of Herb Spells*. NSW, Australia: Rockpool Publishing, 2018. Eu achava que tinha um monte de livros sobre magia até Amanda compartilhar comigo suas contribuições para a bibliografia!

Davies, Owen. *Popular Magic: Cunning-Folk in English History*. Londres: Hambledon Continuum, 2003. Davies escreveu exaustivamente sobre a história da prática magista ao longo dos últimos vinte anos ou mais. Também recomendado, embora não citado neste livro, é *Grimoires: A History of Magic Books*, de Davies, publicado em 2009 pela Oxford University Press.

De Greef, Kimon. "The White Sage Black Market," *Vice*, 24 de agosto de 2020. https://www.vice.com/en_us/article/m7jkma/the-white-sage-black-market-v27n3. Se você está curioso para saber por que comprar sálvia branca pode ser um problema e tanto, leia este artigo.

D'Este, Sorita, e David Rankine. *Wicca: Magickal Beginnings*. Londres: Avalonia, 2008. Este é certamente um dos melhores livros já escritos sobre a história da Wicca. Eu o adoro! Eu também (Jason) tenho uma quedinha pela Sorita. Ela é tão brilhante!

Douglass, Frederick. *Narrative of the Life of Frederick Douglass, an American Slave*. Boston, MA: O Ministério Antiescravidão, 1845. Há algo de estimulante em citar Douglass, um verdadeiro herói norte-americano.

Drysdale, Christopher. *In:* Jason Mankey's *The Witch's Book of Shadows*, 85-88. Woodbury, MN: Llewellyn, 2017.

DuQuette, Lon Milo, e David Shoemaker, orgs. *Llewellyn's Complete Book of Ceremonial Magick: A Comprehensive Guide to the Western Mystery Tradition*. Woodbury, MN: Llewellyn, 2020. Aqui, a magia é bem diferente da do livro que você agora tem em mãos, mas vale a pena uma olhadela se estiver interessado na história e na prática da magia cerimonial. Há dezenas de autores nas páginas desse imenso tomo, incluindo de nosso Jason, que escreve sobre quinhentas palavras da Bruxaria Moderna. Da mesma maneira, recomendamos veementemente qualquer coisa que tenha sido escrita por Shoemaker e DuQuette.

Einhorn, Aliza. *The Little Book of Saturn: Astrological Gifts, Challenges, and Returns.* Newburyport, MA: Weiser Books, 2018. O foco principal desse livro é a função do planeta Saturno na astrologia, mas a apresentação de Aliza sobre a astrologia na primeira terça parte dessa obra é tão acessível que, mesmo que você não esteja interessado em Saturno, ainda assim pode adorar a leitura.

Farrar, Janet e Stewart. *A Witches' Bible: The Complete Witches' Handbook.* Custer, WA: Phoenix Publishing, 1996. Originalmente publicado em 1984 como *The Witches' Way*. Esse livro é a melhor visão até agora sobre o início da Bruxaria Wiccana, e é um dos mais consistentemente usados e folheados em nossas bibliotecas de Bruxaria.

Frazer, Sir James George. *The Golden Bough: The Roots of Religion and Folklore.* Dois volumes. 1890. Reimpressão, Nova York: Crown, 1981. A obra-prima de Frazer tem sido incrivelmente influente no universo da Bruxaria e do Paganismo.

_____. *Folk-Lore in the Old Testament: Studies in Comparative Religion, Legend, and Law.* Dois volumes. Londres: Macmillan and Co., 1918.

Freuler, Kate. *Of Blood and Bones: Working with Shadow Magic & the Dark Moon.* Woodbury, MN: Llewellyn, 2020. O livro de Freuler foi lançado enquanto terminávamos o que agora você tem em mãos, mas é tão bom que corremos para colocá-lo nesta bibliografia!

Gardner, Gerald. *Witchcraft Today.* Londres: Rider and Company, 1954. Jason tem a edição publicada pela IHO em 1999 (que contém números de páginas irregulares). Há muita coisa na obra de Gardner que não é muito aplicável hoje em dia, mas existem alguns momentos ritualísticos aqui e ali que provavelmente interessem aos *nerds* da história. O segundo livro sobre Bruxaria de Gardner foi *The Meaning of Witchcraft* (Londres: Aquarian Press, 1959), que não foi muito melhor. Também citamos aqui a obra de ficção de Gardner de 1949 *High Magic's Aid* (Londres: Michael Houghton, 1949).

Guiley, Rosemary Ellen. *The Encyclopedia of Witches & Witchcraft.* Nova York: Facts On File, 1999. Esse livro foi originalmente publicado em 1989, portanto, alguns dos comentários históricos têm problemas. Mas, se você precisar procurar uma palavra como *vinculação*, vai encontrar uma definição clara e concisa, ao lado de muito contexto histórico. Obra superútil!

Hall, Judy. *The Crystal Bible: A Definitive Guide to Crystals.* Cincinnati, OH: Walking Stick Press, 2004. Este é um dos favoritos de Amanda, e é um ótimo recurso sobre as propriedades metafísicas de pedras e cristais. [*A Bíblia dos Cristais: 3 vols.* São Paulo: Pensamento, publicados respectivamente em 2008, 2010 e 2015.]

Harrison, Karen. *The Herbal Alchemist's Handbook: A Grimoire of Philtres, Elixirs, Oils, Incense, and Formulas for Ritual Use.* San Francisco, CA: Weiser Books, 2011.

Heldstab, Celeste Rayne. *Llewellyn's Complete Formulary of Magical Oils: Over 1200 Recipes, Potions & Tinctures for Everyday Use.* Woodbury, MN: Llewellyn, 2012. Todos os livros "Completos" da Llewellyn são verdadeiros tesouros de informações!

Holland, Eileen. *The Wicca Handbook.* York Beach, ME: Samuel Weiser, 2000. Uma das obras mais úteis e mais completas de todos os tempos sobre correspondências mágicas. Esse livro é um tesouro virtual de informações. Fantástico! De Holland, também recomendamos *The Spellcrafter's Reference: Magical Timing for the Wheel of the Year* (San Francisco, CA: Red Wheel/Weiser, 2009).

Illes, Judika. *Pure Magic: A Complete Course in Spellcasting.* San Francisco, CA: Weiser Books, 2007. Tudo o que Judika escreve é maravilhoso! Às vezes, ela também dá palestras com nossa incrível editora Elysia Gallo em eventos de Paganismo. As aulas são sempre imperdíveis!

John of Monmouth, com Gillian Spraggs e Shani Oates. *Genuine Witchcraft Is Explained: The Secret History of the Royal Windsor Coven & the Regency.* Somerset, UK: Capall Bann, 2012. Esta é a obra mais completa (e exaustiva já dedicada a Robert Cochrane (o idealizador do que veio a ser conhecido como Bruxaria Tradicional) e seu coven original, e é um dos livros favoritos de Jason! Apenas três anos depois da publicação deste livro, Jon Day, o cofundador da Capall Bann, faleceu, e, com ele, Day, sua casa editorial. A morte de Day significou que *Genuine Witchcraft* nunca teve uma segunda edição, e atualmente as cópias custam várias centenas de dólares na internet. Se você é um *nerd* da história, vale a pena correr atrás desse livro (ou pegar emprestado de um amigo por algumas semanas!).

K, Amber. *True Magick: A Beginner's Guide.* St. Paul, MN: Llewellyn, 1990. Tínhamos a versão original do que muita gente chama de "o pequeno livro verde", que foi publicado como uma brochura de grande difusão. Uma segunda edição revista e ampliada foi publicada em 2006, também pela Llewellyn. A escrita de K é impressionante, e sua feitiçaria, potente. Este é outro ótimo ponto de partida!

Kelden. *The Crooked Path: An Introduction to Traditional Witchcraft.* Woodbury, MN: Llewellyn, 2020. A maioria dos livros da categoria Bruxaria Tradicional é difícil de acompanhar, muitas vezes intencionalmente, mas não é o caso de Kelden. Este é um dos dois livros para escolher se você estiver interessado em rituais de Bruxaria não Wiccanos. (O outro livro está aí embaixo — continue lendo!)

King, Graham. *The British Book of Spells & Charms.* Londres: Troy Books, 2019. Por muitos anos King foi proprietário do Museum of Witchcraft and Magic em Boscastle, Inglaterra. Se algum dia você for à Cornualha, dê uma paradinha nesse museu.

Kynes, Sandra. *Llewellyn's Complete Book of Correspondences: A Comprehensive & Cross-Referenced Resource for Pagans & Wiccans.* Woodbury, MN: Llewellyn, 2013. Esse livro faz jus ao título. Há mais informação aqui do que a maioria das Bruxas vai precisar.

_____. *Llewellyn's Complete Book of Essential Oils: How to Blend, Diffuse, Create Remedies, and Use in Everyday Life.* Woodbury, MN: Llewellyn, 2019. Esse livro contém 336 páginas. Ficamos 36 páginas discutindo sobre óleos, então, há mais coisas aqui para quem busca expandir o próprio conhecimento. [*O Livro Completo dos Óleos Essenciais*. São Paulo: Pensamento, 2021, 376 pp.]

LeFae, Phoenix. *What Is Remembered Lives: Developing Relationships with Deities, Ancestors & the Fae,* Woodbury, MN: Llewellyn, 2019. Buscando construir relações com divindades e outros poderes elevados? Este é o melhor ponto de partida. Somos grandes fãs da Phoenix. Todos os livros dela são maravilhosos.

Lightfoot, Najah. *Good Juju: Mojos, Rites & Practices for the Magical Soul.* Woodbury, MN: Llewellyn, 2019. Esse livro é uma excelente introdução à feitiçaria e também para praticantes experientes.

Long, Carolyn Morrow. *Spiritual Merchants: Religion, Magic, and Commerce.* Knoxville, TN: University of Tennessee Press, 2001. Esse livro é uma história de lojas e plantas mágicas, especialmente as voltadas para Conjuros e Vodu. A leitura é tão divertida quanto esclarecedora.

Maggie Fox. "Mystery of Exotic Infectious Disease Traced to Aromatherapy Room Spray." CNN, atualizado em 24 de outubro de 2021. https://www.cnn.com/2021/10/23/health/aromatherapy-melioidosis-mystery/index.html. Você acha que colocar pedras aleatórias na sua água é legal. Não é, não.

Mankey, Jason. *Transformative Witchcraft: The Greater Mysteries.* Woodbury, MN: Llewellyn, 2019. Nesse livro, Jason passa muito tempo (*um tempão*, na verdade) falando sobre limpeza, elaboração do círculo e construção do cone de poder.

_____. *The Witch's Athame.* Woodbury, MN: Llewellyn, 2016. Meu primeiro livro, do qual tenho imenso orgulho. Acredito que os rituais aqui presentes funcionaram extremamente bem!

_____. *The Witch's Book of Shadows.* Woodbury, MN: Llewellyn, 2017. Incluímos esse livro principalmente por conta do trecho de Christopher Drysdale sobre a Tábua de Esmeralda.

_____. *Witch's Wheel of the Year: Circles, Solitaries & Covens.* Woodbury, MN: Llewellyn, 2019. Este faz parte da lista porque contém 24 maneiras diferentes de montar o espaço sagrado, incluindo versões da Wicca e da Bruxaria Tradicional.

Mankey, Jason, e Laura Tempest Zakroff. *The Witch's Altar.* Woodbury, MN: Llewellyn, 2018. Talvez o livro mais útil que já ajudei a escrever (até este aqui). Nem toda Bruxa ou Bruxo tem punhal, mas praticamente todos têm um altar!

Miller, Jason. *Protection & Reversal Magick: A Witch's Defense Manual.* Franklin Lakes, NJ: New Page Books, 2006. Procurando mais técnicas magistas defensivas? Este é o livro certo. Aliás, é de outro Jason!

Mooney, Thorn. *Traditional Wicca: A Seeker's Guide.* Woodbury, MN: Llewellyn, 2018. Elaborado especialmente para Bruxas e Bruxos interessados em Feitiçaria iniciática, esta é a melhor introdução à Bruxaria estilo Gardneriano e Alexandrino do mercado. Thorn também é um escritor incrível, e uma de nossas pessoas favoritas.

Morrison, Dorothy. *Bud, Blossom, & Leaf: The Magical Herb Gardener's Handbook.* St. Paul, MN: Llewellyn, 2001. Você sabia que às vezes Jason envia a Dorothy mensagens particulares sobre futebol profissional? Talvez eles sejam os dois únicos Bruxos que entendam dessas coisas.

Nelson, Bryan. "The World's Ten Oldest Living Trees." Treehugger, atualizado 19 de outubro de, 2020. https://www.treehugger.com/the-worlds-oldest-living-trees-4869356.

Orapello, Christopher e Tara-Love Maguire. *Besom, Stang & Sword: A Guide to Traditional Witchcraft, the Six-Fold Path & the Hidden Landscape.* Newburyport, MA: Weiser Books, 2018. Um olhar completo e facilmente digerível sobre a Bruxaria de uma perspectiva não Wiccana.

Pearson, Nicholas. *Stones of the Goddess: Crystals for the Divine Feminine.* Rochester, VT: Inner Traditions, 2019. Não achávamos que nada seria capaz de substituir *Cunningham's Encyclopedia of Crystal, Gem & Metal Magic*, mas esse livro provavelmente substitui. A obra não apenas é abrangente como, também, contém imagens coloridas de cada pedra apresentada no livro. A sequência de Nicholas, *Crystal Basics: The Energetic, Healing & Spiritual Power of 200 Gemstones*, publicada em 2020, é tão boa quanto!

Purkis, Diane. "Witches in Macbeth." British Library, 15 de março de 2016. https://www.bl.uk/shakespeare/articles/witches-in-macbeth#.

Randolph, Vance. *Ozark Magic and Folklore.* Nova York: Dover Publications, 1967. Originalmente publicado em 1947. O que torna este livro interessante é o fato de ele conter muita magia folclórica indígena dos Ozarks nativos (e, antes disso, mais provavelmente da Alemanha e da Escócia). Ao longo dos anos, algumas pessoas o usaram para argumentar que havia uma tradição genuína autoidentificada como Bruxaria entre os Ozarks americanos, mas uma leitura crítica deste livro tem argumentos contrários a isso.

Raven, Gwion. *The Magick of Food: Rituals, Offerings & Why We Eat Together.* Woodbury, MN: Llewellyn, 2020. Curioso com as coisas mágicas que você tem na cozinha? Gwion ensina. E ele também é um irmão de coven. Temos amizade com Bruxos e Bruxas realmente legais.

RavenWolf, Silver. *To Ride a Silver Broomstick.* St. Paul, MN: Llewellyn, 1990. Todos os livros de RavenWolf são cheios de conselhos sobre práticas magistas e feitiços fáceis de fazer. Ela também é como a "mãe do livro" de Bruxos e Bruxas da Geração X e de Millennials.

Riske, Kris Brandt. *Llewellyn's Complete Book of Astrology: The Easy Way to Learn Astrology.* Woodbury, MN: Llewellyn, 2007. Há muitos livros desse estilo "Completo" da Llewellyn nesta bibliografia, pois eles são ótimos!

Ross, John, org. *The Book of Scottish Poems: Ancient and Modern.* Edimburgo: Edinburgh Publishing, 1884. Livros como este são ótimas fontes de inspiração para bolar palavras para feitiços ou rituais!

Smith, Steven R. *Wylundt's Book of Incense.* York Beach, ME: Samuel Weiser, 1989. Amanda e Matt são grandes fãs desse livro, e acreditam que é uma das melhores introduções a quem trilha o caminho da magia. Também contém fórmulas para misturas de incensos exclusivas!

Starhawk. *The Spiral Dance: A Rebirth of the Ancient Religion of the Goddess.* Edição de 20º aniversário. Nova York: HarperCollins, 1999. Originalmente publicado em 1979. Talvez esse seja o livro mais importante sobre Bruxaria que já foi escrito. Starhawk é uma escritora extraordinária, e sua influência é imensa. [*A Dança Cósmica das Feiticeiras.* São Paulo: Pensamento, 2022.]

Taylor, Astrea. *Intuitive Witchcraft: How to Use Intuition to Elevate Your Craft.* Woodbury, MN: Llewellyn, 2020. Falamos um pouco sobre intuição e sua utilidade na magia em algumas destas páginas, mas Astrea escreveu um livro inteiro a respeito. Um livro belíssimo sobre prática magista em Bruxaria Moderna.

Tyson, Donald. *Ritual Magic: What It Is & How to Do It.* St. Paul, MN: Llewellyn, 1992. Uma história concisa da prática magista, ao lado de excelente material sobre como proceder e espiadelas na magia praticada em várias tradições espirituais e religiosas. Esse foi um dos primeiros livros de Jason sobre magia, e foi uma ajuda tremenda para moldar a prática dele.

Valiente, Doreen. *Natural Magic.* Custer, WA: Phoenix Publishing, 1986. Doreen foi aclamada como a "mãe da Bruxaria Moderna", e o título é apropriado. Além disso, ela e Jason fazem aniversário no mesmo dia, um fato que ele salienta em todas as suas bibliografias.

Webster, Richard. *Llewellyn's Complete Book of Divination: Your Definitive Source for Learning Predictive & Prophetic Techniques.* Woodbury, MN: Llewellyn, 2017. Não temos certeza se a adivinhação cai na mesma aba da "magia", motivo por que ela não está incluída neste livro, mas, se você quiser saber mais sobre técnicas divinatórias, este é um ótimo lugar para começar!

Zakroff, Laura Tempest. *Sigil Witchery: A Witch's Guide to Crafting Magick Symbols.* Woodbury MN: Llewellyn, 2018. Nosso livro contém algumas páginas sobre magia sigilosa; Tempest escreveu um livro inteiro sobre sigilos. Esse é um livro maravilhoso que levará sua magia sigilosa a outro nível. Sim, Jason escreveu um livro com Tempest, mas, mesmo que não tivesse escrito, ainda recomendaríamos esse livro sem pestanejar. Enquanto escrevíamos este livro que você tem em mãos, Jason começou a ler *Anatomy of a Witch*, de Tempest, publicado pela Llewellyn em 2021. UAU! Destinado a ser outro clássico, *Anatomy* é recomendado para qualquer pessoa que queira incorporar por inteiro a prática magista.

AGRADECIMENTOS

A ideia para este livro me ocorreu pela primeira vez (Jason) no lugar em que se originam todas as minhas ideias para livros: o chuveiro. Depois de finalizar *The Horned God of the Witches*, passei um tempo devaneando no banheiro e bolei os contornos básicos do que você agora tem em mãos. Depois de colocar a cueca (eu fiz isso?), enviei a Matt, empolgado, algumas mensagens sobre a ideia, perguntando se ele estaria interessado em entrar na dança e ajudar com a feitiçaria. Ari, levando ou não os créditos, é parte de tudo o que escrevo e rapidamente foi adicionada ao projeto. Por ser uma das melhores Bruxas que conhecemos, Amanda foi a peça final do quebra-cabeça.

Este livro foi escrito durante a COVID-19, que apresentou vários desafios. O plano inicial era fazer reuniões a cada duas semanas, discutir magia e, então, passar um tempo em nossa sala de rituais elaborando feitiços em grupo. Conseguimos fazer isso algumas vezes, mas, à medida que a crise piorou, descobrimos que a maioria de nossas noites mágicas agora se limitavam a chamadas de Zoom e a maior parte de nossa feitiçaria compartilhada estava sendo feita em um grupo do Facebook, e não cara a cara.

Apesar dos obstáculos, ainda sinto que este livro foi um esforço conjunto, e, se umas frases aqui e ali parecerem contraditórias, é por causa disso. Por que existem tantos livros sobre magia no mercado? Porque cada um interpreta a magia de um jeito ligeiramente diferente, e isso vale para as quatro pessoas (e vários colaboradores de fora) que elaboraram este livro.

Quero agradecer à Amanda e ao Matt por suas inestimáveis contribuições a este livro. Com suas sugestões, conhecimento e sabedoria, tudo foi possível. Vocês dois estão entre os melhores Bruxos que conheço. Ari é minha rocha e meu compasso mágico: seu nome pertence a este livro, mesmo que você não tenha certeza disso.

Agradecimentos especiais aos que dedicaram tempo e *expertise* a esta obra: Martha Kirby Capo, Ian Chambers, Lilith Dorsey, Katie Gerrard, Gwyn, Phoenix LeFae, Irisanaya Moon, Thorn Mooney, Jessica Ripley, Alura Rose, Bader Saab e Astrea Taylor. Tenho profundo respeito e amor por todos vocês.

Suas contribuições tornaram este livro muito melhor. Obrigado por nos permitir mostrar às pessoas que existem muitas abordagens magistas. Um agradecimento especial a Lisa Jade, que contribuiu com um trecho maravilhoso sobre magia com bonecos para este livro que, infelizmente, acabou cortado da edição final devido a limitações de espaço. Cada pessoa a quem agradecemos aqui é companheiro de escrita, e seus trabalhos são maravilhosos e dignos de aprender!

Um viva especial a nossos amigos Callie e Firman por entreterem Ari e a mim durante as ordens de isolamento social. Essas noites de vinho a distância não apenas nos mantiveram animados como também nos ajudaram a ficarmos sãos durante um período difícil.

Ari quer agradecer à sua família, especialmente ao clã Kuchta: Brian, Allison, Tim, Christy, Mary, Nick, Mike e, sobretudo, Kevin (pai) e Monica. Jason também manda um oi especial a Big Kev e Monica, que deram um apoio tremendo nos últimos oito anos ou o que quer que seja. Ari também deseja agradecer à sua mãe, mas ela ficaria horrorizada pela filha ter escrito um livro sobre Bruxaria, então, deixaremos o nome dela de fora.

Amanda deseja agradecer a seus agregados magistas, que a ajudaram a se transformar na Bruxa que ela é hoje: Alisa, Nikki, Didi, Susan, Melissa, as Midnight Margaritas, Community Seed, OS e seu queridíssimo Tio Rabbit. E à sua família, pelo apoio: Corrinne, Stuart e Rebecca.

Matt agradece à sua família da Serpent Kiss, Ile Ire, sua mãe Carol, sua avó Joyce, e sua mãe e bisavó Margret, e também Kitt, seu Rei Cervo, por seu estímulo e apoio sem fim!

Ao longo de oito livros agradeci muita gente, portanto, parece redundante repetir os nomes mais uma vez, então não o farei. Mas não se iludam, agradeço demais a meus amigos da comunidade de autores pagãos e ao pessoal maravilhoso da Llewellyn, que continua publicando meus rabiscos. Agradeço ainda mais a quem compra esses livros e diz coisas legais sobre eles na maioria das vezes: vocês são as pessoas para quem escrevemos.

Salve!

Jason Mankey, com Matt Cavalli, Amanda Lynn e Ari Mankey

SOBRE OS AUTORES

Jason Mankey é Sumo-Sacerdote Gardneriano de terceiro grau e ajuda a administrar dois covens de bruxaria em San Francisco Bay Area com sua esposa, Ari. É palestrante popular em eventos pagãos e sobre bruxaria na América do Norte e na Grã-Bretanha, e foi reconhecido por seus colegas como uma autoridade sobre o Deus Cornífero, a história da Wicca e influências ocultas no *rock and roll*. Jason escreve na internet, em *Raise the Horns*, no Patheos Pagan e para a revista impressa Witches & Pagans. Você pode segui-lo no Instagram e no Twitter: @panmankey.

Matt Cavalli pratica artes mágicas há mais de vinte e cinco anos. É Bruxo Gardneriano iniciado, professor de rituais e magias, e talentoso *performer* drag. Matt tem obsessão doentia por filmes de horror dos anos 1980, e na maior parte dos dias pode ser encontrado rondando a loja de suprimentos mágicos e rituais Serpent's Kiss, em Santa Cruz, na Califórnia.

Amanda Lynn se dedica à Bruxaria desde criança. Durante treze anos foi sacerdotisa em sua comunidade local, onde desenvolveu uma predileção por criação de rituais e feitiçaria. Hoje em dia, quando não está fazendo longas caminhadas em cemitérios ou circulando com alguém de um de seus covens, estuda aromaterapia, esoterismo e magia intuitiva. Você pode encontrá-la com frequência conferindo novidades musicais e usando muito *glitter*.

Ari Mankey pratica Bruxaria e elabora feitiços há mais de vinte anos. Além do Ofício, dedicou sua vida à ciência da medicina e em desenvolver o sorvete perfeito sabor uísque. Com o marido, Jason, administra dois covens em San Francisco Bay Area.

ESCREVA PARA O AUTOR

Se você quer entrar em contato com o autor ou gostaria de mais informações sobre este livro, escreva para o autor aos cuidados da Llewellyn Worldwide Ltd. e transmitiremos sua solicitação. O autor e o editor gostam de ouvir o que você tem a dizer e saber o que achou deste livro, e também como ele o ajudou. A Llewellyn Worldwide Ltd. não pode garantir resposta a todas as cartas escritas ao autor, mas todas serão encaminhadas. Escreva para:

Jason Mankey
% Llewellyn Worldwide
2143 Wooddale Drive
Woodbury, MN 55125-2989

Favor colocar um envelope selado endereçado a si mesmo para resposta, ou US$1,00 para cobrir despesas. Se você não mora nos EUA, coloque um cupom de resposta postal internacional.

Muitos autores da Llewellyn têm sites com informações adicionais e fontes. Para mais informações, visite nosso site em http://www.llewellyn.com